周禮

【清】方苞 集注
金曉東 校點

上海古籍出版社

图书在版编目(CIP)数据

周礼 /（清）方苞集注；金晓东校点. —上海：
上海古籍出版社，2023.1（2025.3重印）
（国学典藏）
ISBN 978-7-5732-0571-1

Ⅰ.①周… Ⅱ.①方… ②金… Ⅲ.①礼仪－中国－周代 ②官制－中国－周代 ③《周礼》－注释 Ⅳ.
①K224.06

中国版本图书馆 CIP 数据核字（2023）第 004498 号

本丛书为 2021—2035 年国家古籍工作规划重点出版项目（普及读物类）

国学典藏
周　礼
［清］方苞 集注
金晓东 校点
上海古籍出版社出版发行
（上海市闵行区号景路 159 弄 1—5 号 A 座 5F　邮政编码 201101）
(1)网址：www.guji.com.cn
(2)E-mail:guji1@guji.com.cn
(3)易文网网址：www.ewen.co
江阴市机关印刷服务有限公司
开本 890×1240　1/32　印张 23.25　插页 5　字数 464,000
2023 年 1 月第 1 版　2025 年 3 月第 2 次印刷
印数:2,101—2,900
ISBN 978-7-5732-0571-1
B.1302　定价:98.00 元
如有质量问题，请与承印公司联系

前　言

金晓东

一、《周礼》概述

《周礼》在汉代最初名为《周官》，始见于《史记·封禅书》。这部书是周代统治天下所设职官的记录，汉代古文经学家认为是周公所订正，并以这套制度创造了太平盛世，即所谓"周公致太平之迹"。西汉人征引《周礼》，多称《周官》，如《史记·封禅书》引《春官·大司乐》之文"《周官》曰：冬日至，祀天于南郊，迎长日之至"。荀悦《汉纪·成帝纪》载刘向语："歆以《周官》十六篇为《周礼》，王莽时，歆奏以为礼经，置博士。"刘歆改《周官》为《周礼》，自此，《周官》、《周礼》二名并行，东汉也有称《周官礼》者。《周礼》全书约四万五千字，叙述大一统国家分官设职的详细规划。全书分天官、地官、春官、夏官、秋官、冬官六部。

二、方苞与《周官集注》

方苞（1668—1749），字凤九，一字灵皋，晚号望溪，学者称望溪先生，安庆府桐城县人，清代著名学者、散文大家。尊奉程、朱理学和韩、欧散文，其文清真雅淡，饶有法度，被奉为桐城派创始人，与刘大櫆、姚鼐被后世尊为"桐城三祖"。方苞一生著述众多，有《方望溪先生全集》传世，其早期著述汇集在《抗希堂十六种》之中。长期以来，学界关于方苞研究多集中于其文学成就，对其礼学成就则关注较少。然方苞于经学用力颇深，其《周官集注》在清代礼学史上亦占有重要地位。杨向奎评价方苞周礼之学"实开清代今文经学之门"（《清儒学案新编》第二卷《望溪学案》），章太炎先生在《訄书·清儒第十二》中评价方苞"出自寒素，虽未识程朱深旨，其孝友严整，躬行足多矣"，颇为中肯。

《周官集注》十二卷，成书于康熙五十九年（1720）。方苞认为所谓"周礼"一名，本质是被王莽授意刘歆窜改所致。这部周公当年用以"致太平"的礼书，本名该是"周官"而非"周礼"，方氏故而坚持使用"周官"命名其撰述如《周官集注》、《周官析疑》等。方苞的经学主张为"平生心力所竭，惟在别择先儒经义"，汇集选择诸家之说，"大指在发其端绪"，使学者容易推求，故对于经文中名物训诂、条例推求之说则不取。方苞言著《周官集注》本旨为"直指本义"（《条例》第六），故其书体例仿照朱熹《四书集注》例，如：

> 凡承用注疏及掇取诸儒一二语串合己意者，皆不复识别；全述诸儒及时贤语，则标其姓字。正解本文者居前，总论居后，不分世代为次。
>
> 注疏及诸儒之说，必似是而非者，乃辨正焉。于先郑及注、疏，皆分标之。诸儒举姓字，若主是说者多，则曰"旧说"。
>
> 推极义类，旁见侧出者，以圈外别之。或前注通论大体而中有字句应辨析者，辞义奇零，无可附丽，虽正解本文亦缀于后，或以圈外别之。

《周官集注》引述前代诸儒（如朱熹、程颢、张载、蓝田吕氏等）及时贤（如李光坡、李光地等）之语则标其姓名字号，于"先郑"（郑众）与后学注疏之说则皆分别标著，较普遍的学说则统称"旧说"。在解说方面,正面解说经文者居前,总论则居后。方氏对注疏与诸儒之说凡似是而非者,则作辨正。《周官集注》重点是对《周礼》经文作阐发,语言上避免过于枝蔓的解说,其征引多为历代大家之言,且择善而从,辨析清晰,语言简洁,故清四库馆臣在《四库全书总目》提要中评价此书:"训诂简明,持论醇正,于初学颇为有裨。"因此,《周官集注》非常适合初学者作为研读《周礼》的入门读本。

三、本次整理的底本与凡例

《周官集注》存世有清《抗希堂丛书》刻本、清《四库全书》抄本等,本次整理以清文渊阁《四库全书》本为底本,以方氏《抗希堂丛书》本为校本。整理过程可以看到《四库全书》缮写者对于方氏抗希堂本之修正,也可以看到《四库全书》本在抄写中出现的人为失误。但整体上讲,《四库全书》本质量尚好。本次整理,参考了杨天宇教授《周礼译注》的句读、陈戍国教授《三礼》的白文。整理凡例如下:

一、方氏所引前人旧说较多,颇多櫽栝,凡经勘对,方氏有所櫽栝者,一般不按引文处理,不加引号。

二、统一字形,异体字如灾(烖)、县(縣)、吹(龡)、美(媺)、法(灋)、艰(囏)等,基本统一为标准简体字形。若文意所需,则酌情保留繁体字、异体字等。

三、底本明显讹误的予以改正,并出校说明;其他异文可供参考的,则酌情出校。

四、《集注》引用《周礼》等经文有出入者,如卷三"令地贡,以敛财赋,以均天下之政",方苞注引《土均职》作"皆以地之美恶为轻重而均齐之",《周礼》经文作"皆以地之美恶为轻重之法而行之",则保留方氏原文,一般不出校。

五、为方便读者,今据《周礼》经文提取职官名作为条目,以使眉目清楚,便于阅读。

  整理过程中,湖南大学蒋鹏翔教授赠送其影印的阮刻《十三经注疏》,山东省图书馆唐桂艳主任、辛镜之先生帮助查找校本,北京大学沙志利教授、王丰先教授、杜以恒博士、张鸿鸣博士,中国人民大学朱宝元博士,山东大学李振聚研究员、马清源研究员、胡培培博士、解树明博士、张恩标同学等同道多方赐教。整理者不辞谫陋,挂一漏万,祈请方家斧正为盼。

目 录

前　言 / 金晓东 / 1

周官集注原序 / 方苞 / 1
总　说 / 方苞 / 1
条　例 / 方苞 / 1

卷一　天官冢宰第一 / 1
　叙　官 / 1
　大　宰 / 13
　小　宰 / 25
　宰　夫 / 32
　宫　正 / 36
　宫　伯 / 38
　膳　夫 / 40
　庖　人 / 44
　内　饔 / 46
　外　饔 / 48
　亨　人 / 49
　甸　师 / 50
　兽　人 / 51

　渔　人 / 53
　鳖　人 / 54
　腊　人 / 55
　医　师 / 55
　食　医 / 56
　疾　医 / 58
　疡　医 / 59
　兽　医 / 61

卷二　天官冢宰第一 / 62
　酒　正 / 62
　酒　人 / 66
　浆　人 / 67
　凌　人 / 68
　笾　人 / 70
　醢　人 / 73
　醯　人 / 75
　盐　人 / 76
　幂　人 / 77
　宫　人 / 78

1

掌　舍 / 79
幕　人 / 80
掌　次 / 81
大　府 / 83
玉　府 / 86
内　府 / 87
外　府 / 89
司　会 / 90
司　书 / 92
职　内 / 94
职　岁 / 95
职　币 / 96
司　裘 / 97
掌　皮 / 99
内　宰 / 100
内小臣 / 104
阍　人 / 106
寺　人 / 107
内　竖 / 108
九　嫔 / 109
世　妇 / 110
女　御 / 111
女　祝 / 112
女　史 / 113
典妇功 / 114
典　丝 / 115

典　枲 / 117
内司服 / 118
缝　人 / 120
染　人 / 121
追　师 / 121
屦　人 / 122
夏　采 / 124

卷三　地官司徒第二 / 126

叙　官 / 126
大司徒 / 137
小司徒 / 150
乡　师 / 157
乡大夫 / 161
州　长 / 165
党　正 / 167
族　师 / 168
闾　胥 / 170
比　长 / 171
封　人 / 172
鼓　人 / 173
舞　师 / 176
牧　人 / 177
牛　人 / 178
充　人 / 179
载　师 / 181

闾　师 / 183
县　师 / 184
遗　人 / 187
均　人 / 188

卷四　地官司徒第二 / 190

师　氏 / 190
保　氏 / 193
司　谏 / 194
司　救 / 195
调　人 / 196
媒　氏 / 198
司　市 / 200
质　人 / 205
廛　人 / 206
胥　师 / 207
贾　师 / 208
司　虣 / 209
司　稽 / 209
胥 / 210
肆　长 / 211
泉　府 / 211
司　门 / 213
司　关 / 214
掌　节 / 216
遂　人 / 218

遂　师 / 222
遂大夫 / 224
县　正 / 226
鄙　师 / 227
酂　长 / 227
里　宰 / 228
邻　长 / 229
旅　师 / 229
稍　人 / 230
委　人 / 231
土　均 / 233
草　人 / 234
稻　人 / 234
土　训 / 236
诵　训 / 236
山　虞 / 237
林　衡 / 239
川　衡 / 239
泽　虞 / 240
迹　人 / 241
卝　人 / 242
角　人 / 242
羽　人 / 243
掌　葛 / 243
掌染草 / 244
掌　炭 / 244

掌　荼 / 244

掌　蜃 / 245

囿　人 / 246

场　人 / 246

廪　人 / 247

舍　人 / 248

仓　人 / 250

司　稼 / 251

舂　人 / 251

饎　人 / 252

槀　人 / 252

卷五　春官宗伯第三 / 255

叙　官 / 255

大宗伯 / 266

小宗伯 / 278

肆　师 / 285

郁　人 / 291

鬯　人 / 292

鸡　人 / 294

司尊彝 / 295

司几筵 / 298

天　府 / 300

典　瑞 / 302

典　命 / 307

司　服 / 309

典　祀 / 313

守　祧 / 313

世　妇 / 314

内　宗 / 316

外　宗 / 317

冢　人 / 318

墓大夫 / 321

职　丧 / 322

大司乐 / 323

乐　师 / 331

卷六　春官宗伯第三 / 335

大　胥 / 335

小　胥 / 336

大　师 / 337

小　师 / 340

瞽　矇 / 342

视　瞭 / 343

典　同 / 344

磬　师 / 345

钟　师 / 346

笙　师 / 347

镈　师 / 349

韎　师 / 350

旄　人 / 350

籥　师 / 351

籥　章 / 351	御　史 / 388
鞮鞻氏 / 353	巾　车 / 389
典庸器 / 353	典　路 / 396
司　干 / 354	车　仆 / 397
大　卜 / 354	司　常 / 398
卜　师 / 358	都宗人 / 402
龟　人 / 359	家宗人 / 402
菙　氏 / 360	神　仕 / 403
占　人 / 360	
筮　人 / 362	**卷七　夏官司马第四** / 405
占　梦 / 363	叙　官 / 405
视　祲 / 364	大司马 / 416
大　祝 / 365	小司马 / 428
小　祝 / 371	军司马阙 / 429
丧　祝 / 372	舆司马阙 / 429
甸　祝 / 374	行司马阙 / 429
诅　祝 / 374	司　勋 / 429
司　巫 / 375	马　质 / 430
男　巫 / 376	量　人 / 432
女　巫 / 377	小　子 / 434
大　史 / 377	羊　人 / 435
小　史 / 381	司　爟 / 436
冯相氏 / 382	掌　固 / 437
保章氏 / 383	司　险 / 439
内　史 / 385	掌　疆阙 / 440
外　史 / 387	候　人 / 440

环　人 / 441

挈壶氏 / 441

射　人 / 442

服不氏 / 447

射鸟氏 / 448

罗　氏 / 448

掌　畜 / 449

司　士 / 450

诸　子 / 454

司　右 / 457

虎贲氏 / 458

旅贲氏 / 459

节服氏 / 460

方相氏 / 461

卷八　夏官司马第四 / 462

大　仆 / 462

小　臣 / 465

祭　仆 / 466

御　仆 / 467

隶　仆 / 468

弁　师 / 468

司甲阙 / 471

司　兵 / 471

司戈盾 / 472

司弓矢 / 473

缮　人 / 477

槁　人 / 478

戎　右 / 479

齐　右 / 480

道　右 / 480

大　驭 / 481

戎　仆 / 482

齐　仆 / 483

道　仆 / 484

田　仆 / 484

驭　夫 / 485

校　人 / 486

趣　马 / 490

巫　马 / 490

牧　师 / 491

廋　人 / 491

圉　师 / 492

圉　人 / 493

职方氏 / 493

土方氏 / 503

怀方氏 / 504

合方氏 / 505

训方氏 / 505

形方氏 / 506

山　师 / 506

川　师 / 507

原　师 / 507

匡　人 / 508

撩　人 / 508

都司马 / 509

家司马 / 509

卷九　秋官司寇第五 / 511

叙　官 / 511

大司寇 / 521

小司寇 / 527

士　师 / 532

乡　士 / 537

遂　士 / 539

县　士 / 541

方　士 / 542

讶　士 / 544

朝　士 / 545

司　民 / 548

司　刑 / 549

司　刺 / 550

司　约 / 551

司　盟 / 553

职　金 / 554

司　厉 / 556

犬　人 / 556

司　圜 / 557

掌　囚 / 558

掌　戮 / 558

司　隶 / 560

罪　隶 / 561

蛮　隶 / 562

闽　隶 / 562

夷　隶 / 563

貉　隶 / 563

卷十　秋官司寇第五 / 564

布　宪 / 564

禁杀戮 / 564

禁暴氏 / 565

野庐氏 / 565

蜡　氏 / 567

雍　氏 / 568

萍　氏 / 569

司寤氏 / 569

司烜氏 / 570

条狼氏 / 571

修闾氏 / 572

冥　氏 / 573

庶　氏 / 574

穴　氏 / 574

翨　氏 / 575

柞　氏 / 575

薙　氏 / 576
硩蔟氏 / 577
翦　氏 / 577
赤发氏 / 578
蝈　氏 / 578
壶涿氏 / 579
庭　氏 / 580
衔枚氏 / 580
伊耆氏 / 581
大行人 / 582
小行人 / 588
司　仪 / 592
行　夫 / 601
环　人 / 602
象　胥 / 602
掌　客 / 603
掌　讶 / 608
掌　交 / 610
掌　察阙 / 611
掌货贿阙 / 611
朝大夫 / 611
都　则阙 / 612
都　士阙 / 612
家　士阙 / 613

卷十一　冬官考工记第六 / 615
总　叙 / 615
轮　人 / 623
舆　人 / 635
辀　人 / 638
筑　氏 / 646
冶　氏 / 646
桃　氏 / 648
凫　氏 / 649
栗　氏 / 654
段　氏阙 / 656
函　人 / 656
鲍　人 / 658
𫘥　人 / 660
韦　氏阙 / 662
裘　氏阙 / 662
画　缋 / 662
钟　氏 / 665
筐　人阙 / 665
㡛　氏 / 665

卷十二　冬官考工记第六 / 667
玉　人 / 667
楖　人阙 / 674
雕　人阙 / 674
磬　氏 / 674

矢　人 / 675

陶　人 / 678

旊　人 / 679

梓　人 / 680

庐　人 / 685

匠　人 / 688

车　人 / 699

弓　人 / 703

附录　四库全书总目提要 / 719

周官集注原序

方　苞

朱子既称《周官》遍布周密，乃周公运用天理熟烂之书，又谓颇有不见其端绪者，学者疑焉。是殆非一时之言也。盖公之兼三王以施四事者，具在是书。其于人事之始终，百物之聚散，思之至精而不疑于所行，然后以礼、乐、兵、刑、食货之政，散布六官而联为一体。其笔之于书也，或一事而诸职，各载其一节以互相备，或举下以该上，或因彼以见此，其设官分职之精意半寓于空曲交会之中，而为文字所不载。迫而求之，诚有茫然不见其端绪者，及久而相说以解，然后知其首尾皆备，而脉络自相灌输，故叹其遍布而周密也。余尝析其疑义以示生徒，犹苦旧说难自别择，乃并纂录，合为一编，大指在发其端绪，使学者易求，故凡名物之纤悉，推说之衍蔓者，概无取焉。盖是经之作，非若后世杂记制度之书也。其经纬万端以尽人物之性，乃周公夜以继日穷思而后得之者，学者必探其根源，知制可更而道不可异，有或易此，必蔽亏于天理，而人事将有所穷，然后能神而明之，随在可济于实用。其然则是编所为发其端绪者，特治经者所假道，而又岂病其过略也哉。

康熙庚子冬十有一月桐城方苞序。

总　说

方　苞

孟子曰："周公思兼三王，以施四事，其有不合者，仰而思之，夜以继日，幸而得之，坐以待旦。"

程子曰："有《关雎》、《麟趾》之意，然后可行《周官》之法度。"

张子曰："《周礼》惟《大宰职》难看。盖无许大心胸，记得此，复忘彼。其他五官便易看，止一职也。"

朱子曰："《周官》遍布周密，乃周公运用天理熟烂之书。"

又曰："制度之书，惟《周礼》《仪礼》可信。《周礼》必竟是出于一手。"

又曰："惟《周礼》为周道盛时圣贤制作之书。若《国语》《戴记》皆衰周文字，其间有杂入一时僭窃之礼。"

又曰："《周礼》好看，广大精密，周家之法度在焉。"

又曰："看《周礼》第一要见得圣人公平意思。"

又曰："胡氏父子以为是王莽令刘歆撰此，恐不然。《周礼》是周公遗典也。"

又曰："五峰以《周礼》为非周公致太平之书，谓如'《天官·冢宰》却管甚宫闱之事？'其意只是见后世宰相请托宫闱，交结近习，以为不可。殊不知此正人君治国平天下之本，岂可以后世之弊而并废圣人之良法美意哉？又如'王后不当交通外朝'之说，他亦是惩后世之弊。《仪礼》中分明载此礼。"

又曰："今人不信《周官》，若据某言，却不恁地。盖古人立法无所不有，天下有是事，他便立此一官，只是要不失正耳。且如女巫之职，掌宫中巫祝之事，凡宫中祈祝皆在此人。如此，便无后世巫蛊之事矣。"

又曰："天官是正人主之身，兼统百官；地官主教民之事，大纲已具矣。春、夏、秋、冬之官，各有所掌，如太史等官属之宗伯，盖以祝、史之事用之祭祀；职方氏等官属之司马，以司马主封疆之政，最是。大行人等官属之司寇，难晓。按《仪礼·觐礼》，诸侯行礼既毕，出乃右肉袒于庙门之东。王曰：'伯父无事，归宁乃邦。'然后再拜稽首，出自屏。此所谓'怀诸侯则天下畏之'也。所以属之司寇。如此等处，皆是合着如此，非圣人私意。"

张南轩曰："凡井田、封建、取士、建官、礼乐、刑政虽起于上世，莫备于周，是皆周公心思之所经纬，本诸三代而达之者也。周公之心，孟子发明之至矣。"

李景斋曰："仲长统以为《周礼》礼之经，《礼记》礼之传。盖《礼记》多春秋战国间事，未若是书之纯于周礼也。"

孙氏曰："《周官》晚出，孔、孟既无明言，不幸刘歆用之而大坏，王安石用之而益坏，儒生学士真以为无用于后世矣。然究观其书，以道制欲，以义防利，以德胜威，以礼措刑，蔼然唐虞三代之意，非春秋战国以后所能仿佛也。学者欲知先王经制之备，舍此书将焉取之？"

条　例
方　苞

一、《汉·艺文志》列《周官》五篇于礼家,后人因谓之"周礼",其实乃成周分职命事之书也。《春秋传》曰"先君周公作周礼",而所称则是书所无。盖周公监于二代,以定五礼,必有成书,谓之"周礼",用别于夏、殷。散亡既久,其存者如《仪礼》十七篇,犹其支流。若是书则六官程式,非记礼之文,故复其旧,仍曰《周官》。

一、诸儒掇取五官近似者,以补《冬官》,甚无义理。李耜卿云:"若本无《冬官》,则《地官·乡师职》之匠师、《仪礼·大射礼》之工人士梓人、《觐礼》之啬夫,何代之官?当系何所?"足破群疑。今一仍其旧,即一官之属,偶有意为错简者,亦不敢割附他职。

一、依朱子《集注》例,凡承用注疏及掇取诸儒一二语申合己意者,皆不复识别;全述诸儒及时贤语,则标其姓字。正解本文者居前,总论居后,不分世代为次。

一、注疏及诸儒之说,必似是而非者,乃辨正焉。于先郑及注、疏,皆分标之。诸儒举姓字,若主是说者多,则曰"旧说"。

一、推极义类,旁见侧出者,以圈外别之。或前注通论大体而中有字句应辨析者,辞义奇零,无可附丽,虽正解本文亦缀于后,或以圈外别之。

一、诸儒取后世政法与《周官》比证,其有所发明者,别为《周官馀论》。是编直指本义,故弗采录,其深切治体者,略举数端以著圣人经理民物之实用,俾学者勿徒以资文学也。

一、字义已诂者不再见,制度名物之详见他职及诸经者,曰"见某篇",一字具二义,则各诂本文下。

卷一　天官冢宰第一

汉河间献王好古书,购得《周官》五篇。武帝求遗书,得之,藏于秘府,诸儒皆莫之见。哀帝时,刘歆校理秘书,始著于《录》、《略》,以《考工记》补《冬官》之阙。歆门人河南杜子春能通其读。郑众、贾逵受业于杜。汉末马融传郑康成,康成所注行世,《周官》最后出,而起于刘歆,故后儒或疑为伪作。然汉文帝得魏文侯时乐工,献《春官·大司乐》章,而太史公《封禅书》引《周官》"冬日至,祀天于南郊,迎长日之至;夏日至,祭祇,皆用乐舞,而神乃可得而礼",则为周人之书明矣。北宋程子、张子皆尊信之。朱子谓此经周公所作,但当时行之恐未能尽,后圣虽复损益可也,若肆为排抵,则愚陋无知之人耳。

冢,大也。宰,主也。天统万物,冢宰统众官,故曰"天官"。不言司者,不主一官之事也。宗伯亦不言司,鬼神非人所主故也。

叙　官

惟王建国,辨方正位,体国经野,设官分职,以为民极。

【集注】

　　建,立也。辨东西南北之方,以正左祖、右社、面朝、后市之位。体国中之广狭,以经野外、都邑、郊关、沟涂之界。设六官之属而分以职事,皆所以安民生,定民志,而使遵王之道,所谓为之极也。○左祖、右社、面朝、后市乃正位之事,非体国也。王城面九里,畿内面五百里,近郊、远郊、甸、稍、县、疆之地,各有所任,人有所宜,事取其便,皆量国中之体势,以定野外之经制。五等之国,以次而杀,则其野外都邑,郊关沟涂,大小远近,必与相称。盖辨方以正位,体国以经野,设官以分职,文虽对立,而义则相承也。

　　乃立天官冢宰,使帅其属,而掌邦治,以佐王均邦国。

【集注】

　　总治六官之职,故曰"邦治"。均者,使上下、尊卑、贫富、远迩各得其平也。凡经连言"邦国"者,据诸侯也;特言"邦"或言"国"者,多据王国也。不先言"均王国"而言"均邦国"者,言王国恐不兼诸侯,故举外以包内也。

　　治官之属:大宰,卿一人;小宰,中大夫二人;宰夫,下大夫四人;上士八人,中士十有六人,旅下士三十有二人,府六人,史十有二人,胥十有二人,徒百有二十人。

【集注】

　　百官总焉,则谓之"冢",列职于王则称"大",义各有当也。旅,众也。下士治众事者,自大宰至旅下士,转相副贰,皆王臣也①。府掌官契以治藏,史掌官书以赞治,皆其官长所自辟除。胥掌官叙以治叙,徒掌官令以征令,乃民给徭役者。胥,读如"谞",谓其有才知,为什长。○诸官皆府少而史多,府常在史上,唯御史百有二十人,且在府上,以凡治者受法令,事繁且要也。凡有府兼有史者,各共其事也。或有史而无府,无所藏也。角人、羽人等则有府而无史,以藏税物,而当职文书少,事可兼也。腊人、食医等府、史俱无。专官行事,更无所须也。惟天府府多于史,所藏物重也。自大宰至旅下士凡六十三人,而府、史、胥、徒止百五十人,五官亦然,盖吏省则其禄易给。吏有禄则人知自爱,汉犹仿此意,故贤人君子往往出于其间。后世吏胥日众,以天下之事付之游手之民,而又夺其庸,是授以具而教之为奸也。○李耜卿曰:《典命》"大夫同四命",而此分为中下,盖若侯、伯同七命,子、男同五命,而爵则有高下耳;《典命》"公之卿三命",《掌客职》"士视诸侯之卿礼",注言"士以三命而下为差",似据此。

宫正,上士二人,中士四人,下士八人,府二人,史四人,胥四人,徒四十人。

【集注】

　　正,长也。序官不以尊卑为先后,而以缓急为次第,故宫正隶前,内宰等隶后。凡命官曰"正"者,总其政也;曰"司"者,察其事也;曰"典"者,守其法也;曰"职"者,主其业也;曰"掌"者,专其任也;曰"师"者,训其徒也;曰"氏"者,世其官也;曰"人"者,称其材也。其馀

---

① "臣",抗希堂本作"官"。

如宫伯、膳夫、山虞、林衡之类,则各因其职事以起义也。

宫伯,中士二人,下士四人,府一人,史二人,胥二人,徒二十人。

膳夫,上士二人,中士四人,下士八人,府二人,史四人,胥十有二人,徒百有二十人。

【集注】

美物曰珍膳。膳夫,食官之长。

庖人,中士四人,下士八人,府二人,史四人,贾八人,胥四人,徒四十人。

【集注】

庖之为言苞也,裹肉曰苞苴。贾,主市买,知物价。

内饔,中士四人,下士八人,府二人,史四人,胥十人,徒百人。

【集注】

饔,和也。熟食须调和,故曰饔。

外饔,中士四人,下士八人,府二人,史四人,胥十人,徒百人。

亨人,下士四人,府一人,史二人,胥五人,徒五十人。

甸师，下士二人，府一人，史二人，胥三十人，徒三百人。

【集注】
郊外曰甸。天子藉田在甸，故称甸师。此官主地事，而不列地官者，以天子躬耕，又共野荐，给薪蒸，故次亨人也。徒三百人者，用以耕耨，《周语》所谓"庶人终亩"也。

兽人，中士四人，下士八人，府二人，史四人，胥四人，徒四十人。
渔人，中士二人，下士四人，府二人，史四人，胥三十人，徒三百人。
鳖人，下士四人，府二人，史二人，徒十有六人。
腊人，下士四人，府二人，史二人，徒二十人。

【集注】
兽肉干曰腊。

医师，上士二人，下士四人，府二人，史二人，徒二十人。
食医，中士二人。
疾医，中士八人。
疡医，下士八人。
兽医，下士四人。
酒正，中士四人，下士八人，府二人，史八人，胥八人，

周　礼

徒八十人。

酒人,奄十人,女酒三十人,奚三百人。

【集注】

凡奄不称士者,皆府、史之类也。女酒与奚为什长,若胥、徒,皆庶人之妻,愿给事而受廪饩者。注引《汉法》以为"女奴",非也。为齍盛、齐酒、笾豆之实以事天地、宗庙,不宜用罪人。《秋官·司厉》,惟盗贼之女子谓之奴,入于舂、槀,则女奴不共他职,而他职之女奚不得为奴明矣。女酒及奚,凡三百三十人,舂、槀事校繁重,而女舂抌止二人,奚五人,女槀十有六人,奚四十人,盖给役者司厉所入女奴,而女舂、女槀及其奚特监视教导之,二职不列女奴及其数者,以司厉职有明文且以罪入,数不可定也。

浆人,奄五人,女浆十有五人,奚百有五十人。
凌人,下士二人,府二人,史二人,胥八人,徒八十人。
笾人,奄一人,女笾十人,奚二十人。
醢人,奄一人,女醢二十人,奚四十人。

【集注】

豆实不尽于醢,醢人所掌,惟四豆之实,故主醢而不谓之豆人也。

醯人,奄二人,女醯二十人,奚四十人。
盐人,奄二人,女盐二十人,奚四十人。
幂人,奄一人,女幂十人,奚二十人。

【集注】

巾幂以覆饮食之物,故次饮食后。

宫人,中士四人,下士八人,府二人,史四人,胥八人,徒八十人。

掌舍,下士四人,府二人,史四人,徒四十人。

【集注】

舍,行所解止之处。

幕人,下士一人,府二人,史二人,徒四十人。

掌次,下士四人,府四人,史二人,徒八十人。

大府,下大夫二人,上士四人,下士八人,府四人,史八人,贾十有六人,胥八人,徒八十人。

玉府,上士二人,中士四人,府二人,史二人,工八人,贾八人,胥四人,徒四十有八人。

内府,中士二人,府一人,史二人,徒十人。

外府,中士二人,府一人,史二人,徒十人。

司会,中大夫二人,下大夫四人,上士八人,中士十有六人,府四人,史八人,胥五人,徒五十人。

【集注】

会,大计也。日计曰成,月计曰要,岁计曰会。

司书,上士二人,中士四人,府二人,史四人,徒八人。

【集注】
　　主会计之簿书。

　　职内,上士二人,中士四人,府四人,史四人,徒二十人。
　　职岁,上士四人,中士八人,府四人,史八人,徒二十人。

【集注】
　　不曰职出而曰职岁者,岁有丰凶,所出一以岁为准,而不得过也。

　　职币,上士二人,中士四人,府二人,史四人,贾四人,胥二人,徒二十人。
　　司裘,中士二人,下士四人,府二人,史四人,徒四十人。
　　掌皮,下士四人,府二人,史四人,徒四十人。
　　内宰,下大夫二人,上士四人,中士八人,府四人,史八人,胥八人,徒八十人。
　　内小臣,奄上士四人,史二人,徒八人。

【集注】
　　奄人通内外之令,领女奚之属,其事有断不可缺者。然考《周官》内小臣四人,寺人五人,其馀司服用者,通天、地二官,四十五人,数既甚少,而爵以士者又不过四人,其上有内宰、宫正、小宰、大宰层累而督察之,则亦安能为国患哉？或又以刑人不宜近嫔御,亦非也。士大夫他行皆善,而独不能自戒于声色者多矣。若少动于邪,既服刑而自惩艾,安在其不可改行迁善也。刑人多矣,而为奄者不过四十五人,其近王后者不过九人,则必简其能补前行之恶者可知矣。诸职称"奄",言其精气之闭藏而已,惟王之正内,谓之寺人,言能侍御于王,必其才行之出类者也。至内小臣称士,则非有士行者不足以充之。

阍人,王宫每门四人,囿游亦如之。

【集注】

墨者使守门。

寺人,王之正内五人。

【集注】

"正内"注:"路寝也。"疏谓:"后之正寝,若王之路寝,不得称内。"《春秋传》"寺人披自称刑臣",则寺人奄也。王志长曰:"冢宰一官,凡阍、寺、嫔、御之职,服膳管库之司,皆属焉。自冢宰失职而后有女宠之祸,有阉寺之变,有内藏之私,有宫市之患,有奢侈百出之弊,凡先王治天下之本,莫不废坏焉。"

内竖,倍寺人之数。

【集注】

　　童稚未有遽犯宫刑者。按:《春秋传》,庚宗妇人之子,叔孙以为竖;又孔氏之竖浑良夫,长而美,通于伯姬。则竖非刑人也。其选入及出之于外必有定期,竖为未冠之称,则将冠而出之可知矣。寺人五而竖倍之者,正内曰近王后,职事亲要,刑馀之人,善良者不多觏,故取童稚之纯一者备焉。

　　九嫔。

【集注】

　　嫔,妇也。《昏义》曰:"天子后,立六宫、三夫人、九嫔、二十七世妇、八十一御妻。"夫人不列职者,夫人之于后,犹三公之于王,坐而论妇礼,无官职。或曰:"以九嫔德优者摄,如三公之摄以六卿而无分职也。"

　　世妇。

【集注】

　　不言数者,君子不苟于色,有妇德者充之,无则阙。

　　女御。

【集注】

　　《昏义》所谓御妻,御犹进也,侍也。○蜀冈陈氏曰:"世妇、女御不言数者,有其人乃有其位,故其数不可常也。以名官之义推之,世妇谓有子而可以为王继世之妇人也。古者妇人无子则出。卿大夫之妻名世妇,亦必有子以继世者也。女御谓宫中女子为王所幸御者,盖圣王之治,内无怨女,外无旷夫,宫中女子必有限年出嫁之制,而世妇则义不可出,女御亦不便遽出,故列职而任之以事,必至易世之后,然后世妇之有子者或出从其子,或别宫以居之,女御则少者出嫁,而老者归其母家。戴妫有子既立而弑,犹大归于陈,则古制可知矣。"

女祝四人,奚八人。
女史八人,奚十有六人。

【集注】
　　其职掌王后之礼职,内治之贰,以诏后治内政,则非有道艺而知礼法者莫能任也。其诸择嫔妇之贤者而为之与?

典妇功,中士二人,下士四人,府二人,史四人,工四人,贾四人,徒二十人。

【集注】
　　典,主也。

典丝,下士二人,府二人,史二人,贾四人,徒十有二人。
典枲,下士二人,府二人,史二人,徒二十人。
内司服,奄一人,女御二人,奚八人。

【集注】

　　有女御者,以衣服进。或当于王,广其礼,使无色过。

缝人,奄二人,女御八人,女工八十人,奚三十人。
染人,下士二人,府二人,史二人,徒二十人。
追师,下士二人,府一人,史二人,工二人,徒四人。

【集注】

　　追,治玉石之名。《诗》云"追琢其章"。男子首服在《夏官·弁师》者,夏时阳盛,万物长大,长大乃冠,妇人直取首服配衣,故与衣连类列此。

屦人,下士二人,府一人,史一人,工八人,徒四人。
夏采,下士四人,史一人,徒四人。

【集注】

　　夏,翟羽色。《禹贡》徐州贡夏翟之羽,后世或无,故染鸟羽,象而用之,谓之夏采。

大学之道,治国平天下,必本于修身齐家,而其原又在格物致知、诚意正心,盖必如此而后表里无隔,细大毕贯。冢宰之属,骤视之若纷杂琐细,而究其所以设官之意,则天子诚意正心,修身、齐家、治国、平天下之事皆统焉。所以为父师之任而非五官之比也。至于格物致知之学,则师氏、保氏导养有素,而随事而究察焉者皆是也。

大　宰

大宰之职,掌建邦之六典,以佐王治邦国:一曰治典,以经邦国,以治官府,以纪万民;二曰教典,以安邦国,以教官府,以扰万民;三曰礼典,以和邦国,以统百官,以谐万民;四曰政典,以平邦国,以正百官,以均万民;五曰刑典,以诘邦国,以刑百官,以纠万民;六曰事典,以富邦国,以任百官,以生万民。

【集注】

典,常也,经也,法也。六典,治、教、礼、政、刑、事之书也。大宰总六官,故并建之。经,理之使画一也。纪,详理而不遗也。扰,犹驯也。统,合而率之也。诘,告而戒之也。纠,约而束之也。府以藏货贿器物,故惟天、地二官曰官府。府亦云教者,稽其良苦,时其燥湿,谨其出入,皆有教也。春官虽有天府,而所掌者祖庙之守藏,与天、地二官之府异,故不言府而第举百官也。师田之礼,昭文章,明贵贱,顺少长,习威仪,进退有度,左右有局,故曰正百官。四丘出甲,更番征役,故曰均万民。刑不上大夫,而曰以刑百官者,刑不为大夫设,而有罪亦不能废刑也。任者,属之事以尽其力也。独于冬官言任者,水土之政,尤劳且繁。

以八法治官府:一曰官属,以举邦治;二曰官职,以辨邦治;三曰官联,以会官治;四曰官常,以听官治;五曰官成,以经邦治;六曰官法,以正邦治;七曰官刑,以纠邦治;八曰官计,以弊邦治。

【集注】

官属,六官之属也。官职,六职也。官联,六联也。官成,八成也。官计,六计也。俱见《小宰职》。官常,所领之事各有故常也。官法,《小宰职》所谓以法掌祭祀、朝觐、会同宾客之戒具也。官刑,《司寇职》所谓四曰官刑,上能纠职也。弊,断也。以分之所守言,则曰官职,以事之所服言,则曰官常,其实一也。上分职以授下,故曰辨。下服常以报上,故曰听。官府八成,有一定条格,故曰经。七事之法,有施舍治讼,故曰正。联与常独曰"官治",主于核其人也;馀皆曰"邦治",主于举其事也。

以八则治都鄙:一曰祭祀,以驭其神;二曰法则,以驭其官;三曰废置,以驭其吏;四曰禄位,以驭其士;五曰赋贡,以驭其用;六曰礼俗,以驭其民;七曰刑赏,以驭其威;八曰田役,以驭其众。

【集注】

则,亦法也。都鄙,公卿大夫采地。王子弟食邑在畿内者,以有邑,故曰都,在国之鄙,故曰鄙。祭祀有废置,毋得僭差,都家祭祀,必致福于国,国有大故,则令祷祠,所以驭其神也。废,犹退也。退其不能者,举贤而置之。吏即服官者,若府史之属,则其长所自辟除,非王朝废置所及。法则示以职之所守也,故曰官。废置,核其人之所堪也,故曰吏士、学士也。赋,农田所入。贡,其馀诸职之贡物也。私邑之用,王朝之供,各有定分,而又时其岁之丰凶,事之繁简,是都鄙之用皆王朝所制也,故曰以驭其用。其封内刑赏得自专,恐妄作威福,故都家之狱讼必上于国,则赏亦不敢专行可知。虽假以威福之柄,而仍操之自上,故曰以驭其威。

以八柄诏王驭群臣:一曰爵,以驭其贵;二曰禄,以驭其富;三曰予,以驭其幸;四曰置,以驭其行;五曰生,以驭其福;六曰夺,以驭其贫;七曰废,以驭其罪;八曰诛,以驭其过。

【集注】

诏,告也。夺,夺其田禄也。废,罢黜也。诛,责让也。于爵禄后即继以驭幸者,人君于嬖幸而滥以爵禄,最乱政之大者,故先之。人之行能各有所宜,三宅、六事、百司,置之必当其位,所以驭也。古者刑不上大夫,故独言宥之以生者而不及于杀也。《刑典》曰"以刑百官",示王章之不可犯也,而非以是驭之也,故八柄止于废与诛。然曰"生以驭其福",则罪大恶极而不免于刑祸者不必言矣。《春秋传》曰"淫而无罚福也";故有罪而赦宥可以谓之福。古者人臣去国三年,然后收其田里,则在国者虽夺其田禄,必不使至于甚困,故曰以驭其贫。

以八统诏王驭万民:一曰亲亲,二曰敬故,三曰进贤,四曰使能,五曰保庸,六曰尊贵,七曰达吏,八曰礼宾。

【集注】

统者,统合于上,而系属于下也。敬故,不慢旧也。贤,有德行者。能,通道艺者。保庸,安有功者。达吏,府、史、胥、徒才行特出,则达之使为王官也。礼宾,宾礼诸侯,所以示民亲仁善隣。○朱子曰:"通道艺,则识得许多事物之理,所以属能。"

以九职任万民:一曰三农,生九谷;二曰园圃,毓草木;三曰虞衡,作山泽之材;四曰薮牧,养蕃鸟兽;五曰百工,饬化八材;六曰商贾,阜通货贿;七曰嫔妇,化治丝枲;八曰臣妾,聚敛疏材;九曰闲民,无常职转移执事。

【集注】

三农,上、中、下之等也。九谷,或曰黍、稷、秫、稻、麻、大小豆、大小麦。或曰无秫、大麦,有梁、苽。树果蓏曰圃,园其樊也。掌山泽之官曰虞,掌川林之官曰衡,并举虞、衡,示所作之材兼川林也。山泽之民无名号,故借虞、衡以表之。泽无水曰薮。牧,地之不可田而利畜牧者。八材,八方之材也。金玉曰货,布帛曰贿,化者变其形以为器物也。行曰商,处曰贾。阜,积之也。通,转之也。八材曰饬者,引以绳墨,式以模范也。丝枲曰治者,沤楺煮练以达其性也。嫔,有夫之妇也。不曰女妇,而曰嫔妇者,非有夫之妇,虽蚕绩而不责以布帛之贡也。故《闾师职》曰:"任嫔以女事,贡布帛。"疏材,草木根实可食者。古所谓臣妾,后世之仆婢也。《春秋传》:"皂臣舆,舆臣隶,隶臣僚,僚臣仆,仆臣台。"

以九赋敛财贿:一曰邦中之赋,二曰四郊之赋,三曰邦甸之赋,四曰家削之赋,五曰邦县之赋,六曰邦都之赋,七曰关市之赋,八曰山泽之赋,九曰币馀之赋。

【集注】

邦中，在城郭者。四郊，去国百里。邦甸，二百里。家削，三百里。邦县，四百里。邦都，五百里。按：闾师掌国中四郊之赋。任农以耕事贡九谷，任圃以树事贡草木，任工以饬材事贡器物，任商以市事贡货贿，任牧以畜事贡鸟兽，任嫔以女事贡布帛，任衡以山事贡其物，任虞以泽事贡其物。则农即以谷为贡，馀七者即以所贡之物为赋明矣。此职邦、郊、甸、稍、县、都之田赋，则农所贡公田之九谷也。其馀赋则圃牧、嫔妇之贡也，关市之赋即商贾百工之贡也，山泽之赋即虞衡之贡也。园圃、薮牧即邦、郊、甸、稍、县、都之地，农、工、商、贾、嫔妇、臣妾、闲民即邦、郊、甸、稍、县、都、关市、山泽之民。以九职制九赋，以九赋待九式，贡物之外，别无所谓赋，其义甚明。康成乃谓"口率出泉"，节卿郑氏又谓"即百亩私田制赋"，皆未详考经文故也。币馀，即职币所敛馀币也。馀币乃邦物，而谓之赋者，既已给之，又振之，以归于国，故亦云赋也。家、稍、县、都皆有赋者，其地不尽为采也。都家则各有贡，《司徒职》"制地贡而颁职事"是也。○关市讥而不征，乃文王治岐之政，或以九赋及关市证《周礼》为伪，非也。《孟子》"市廛而不征"，则市有赋矣。《春秋传》"偪介之关，暴征其私"，则远关有常赋矣。

以九式均节财用：一曰祭祀之式，二曰宾客之式，三曰丧荒之式，四曰羞服之式，五曰工事之式，六曰币帛之式，七曰刍秣之式，八曰匪颁之式，九曰好用之式。

【集注】

式，谓用财之节度。刍秣，养马牛禾谷也。匪颁，王所分赐群臣。好用，燕好所赐予。大府九赋，各有所待，用之多少，必与赋相称，所以节之也。职内叙其财以待邦之移用，所以均之也。用三馀一，以三十年之通制国用，尤均节之大者。九式无军旅，盖甲出丘甸，无养兵之费，有事则遗人致道路之委积，出畿则侯国共其资粮，此古者所以薄取于民而财不匮也。先九赋，次九式，而后及于九贡者，大府九式之用，皆以九赋待之，而九贡则别以待吊用也。○李世美曰："九式皆有常制者，惟军旅之用无常，故不颁为式。"○古之师行，未有用馈饷者。齐桓东伐主鲁，西伐主卫。传曰："师出陈、郑之间，共其资粮屝屦。"当时所过，虽以为苦，而齐师岁出，力常沛乎有馀，实由于此。若王师之出，则山泽闲田之所入，方伯连帅之所共，其储偫必有素矣。

以九贡致邦国之用：一曰祀贡，二曰嫔贡，三曰器贡，四曰币贡，五曰材贡，六曰货贡，七曰服贡，八曰斿贡，九曰物贡。

【集注】

邦国独致贡以粟米，皆取之畿内，所以用利而民不劳也。祀贡，凡可共祭祀之用及旅币。记曰"其馀无常货，各以其国之所有"，是也。器贡，银铁、石磬、丹漆也。币贡，玉马、皮帛也。材贡，櫄干、栝柏、篠簜也。货贡，金玉、龟贝也。服贡，织文、绨纻也。斿贡，羽毛也。物贡，杂物、鱼盐、橘柚之属。《大行人》六服因朝而贡，物各有定，此则每岁常贡以当其田赋所宜上供者。楚于周，当在要服，而苞茅，祀贡也；桃弧、棘矢，器贡也。则各以其国之所有，而物非一类可知矣。

以九两系邦国之民：一曰牧，以地得民；二曰长，以贵得民；三曰师，以贤得民；四曰儒，以道得民；五曰宗，以族得民；六曰主，以利得民；七曰吏，以治得民；八曰友，以任得民；九曰薮，以富得民。

【集注】

两，犹耦也。民各有耦，所以系之也。牧者，侯伯有土之君，故曰以地得民。长者，一官之尹，得自辟属吏，故曰以贵得民。师有德行者，儒通道艺者。宗者，历代故家，如怀姓九宗，殷民七族，故曰以族得民。主者，卿大夫之家，有采邑而畜徒隶者，地非所专，食其土利而已，故曰以利得民。吏者，乡邑小吏，位虽卑，当官行法，则民受其约束，故曰以治得民。友者，四民皆有之。任，即任恤之任，彼此相倚赖，则各以类从，故曰以任得民。山林川泽皆有民，而独举薮者，财物众而聚民多也。九两得民，都鄙之所同也，而独曰系邦国之民者，畿内公卿不世国，其民皆天子之民也。外诸侯则得私其民矣，故以九两系之，示牧长不过为天子系属此民，与师儒以下等耳。

正月之吉，始和布治于邦国都鄙，乃县治象之法于象魏，使万民观治象，挟日而敛之。

【集注】

正月，周正建子之月。吉，朔日也。和，调改也。先王通变宜民，议事以制，故每于岁终调制所当改易，即《尧典》所谓"平在朔易"也。象魏，阙也。从甲至甲，谓之挟日。曰象者，非惟书其事，且揭其图使观者易辨也。不曰治法之象，而曰治象之法者，治法之象则似专县其象，曰治象之法然后知并书其法也。《太宰职》不条列所以治邦国者，以六典、八法、八则、八柄、八统、九职、九赋、九式、九

周　礼

贡、九两,天子所以治诸侯与诸侯所以自治其臣民者,皆具于是矣。布治于邦国,即以典、法、则、柄、统、职、赋、式、贡、两颁之也。

乃施典于邦国,而建其牧,立其监,设其参,傅其伍,陈其殷,置其辅。

【集注】

牧,公、侯、伯、子、男,守土以牧民者。监,方伯连帅相监临者。参,谓三卿。伍,谓五大夫。殷,众也,谓众士也。辅,府史胥徒,庶人在官者。〇五大夫贰三卿者各一,其二则小宗人、小司寇也。见于《春秋传》者,鲁季孙为司徒,叔孙为司马,孟孙为司空,宗人则夏父弗忌夏尝为之,司寇则臧孙纥尝为之。其不言小,僭也。冢宰职尊任重,常以上卿兼摄,而不别设大夫,故鲁人谓季氏为冢卿。郑备六卿有冢宰,僭也。

乃施则于都鄙,而建其长,立其两,设其伍,陈其殷,置其辅。

【集注】

长,谓公卿大夫、王子弟食采邑者。立两卿,杀于外诸侯也。《宗伯职》"六命赐官",大夫四命,不合立官,而得与公卿并称长。王子弟食邑与三公同者,在五百里疆地;与六卿同者,在四百里县地;与大夫同者,在三百里稍地。大夫量设家吏,不得备两卿、五大夫与公卿等。

乃施法于官府,而建其正,立其贰,设其考,陈其殷,置其辅。

【集注】

正,谓冢宰、司徒、宗伯、司马、司寇、司空也。贰,谓小宰、小司徒、小宗伯、小司马、小司寇、小司空也。考,成也,佐成事者,谓宰夫、乡师、肆师、军司马、士师也。《司空》亡,未闻其考。

凡治,以典待邦国之治,以则待都鄙之治,以法待官府之治,以官成待万民之治,以礼待宾客之治。

【集注】

待,谓法具于此,待事至而应之也。礼,宾礼也。

祀五帝,则掌百官之誓戒,与其具修。

【集注】

祀五帝,四时迎气,各祭其方之帝,并中央之帝为五也。誓戒,百官废职者有刑,重失礼也。具,所当供。修,扫除粪洒。冢宰、司徒所莅祀事,皆首五帝者,四时迎气之祭且莅,则昊天上帝不必言矣。知然者,宗伯以吉礼事邦国之鬼神示,首曰以禋祀祀昊天上帝,小宗伯兆五帝于四郊。《司服职》:"祀昊天上帝则服大裘而冕,祀五帝亦如之。"参伍其文,则其义显然矣。○《司士职》"孤卿特揖",而不言三公,与此经不言"昊天上帝"义同。○《易大传》"帝出乎震",则四时迎气,各祭其方之帝,而以人帝配之,固有此义。屈原《九章》"令五帝以折中,戒六神与向服",则祭五帝而以六佐配之,秦以前固有其制,非吕氏《月令》之臆说也。先儒或以郑氏据纬书之妄,遂谓五帝之称汉以后始有之,而疑《周官》为伪,误矣。

前期十日,帅执事而卜日,遂戒。

【集注】
　　前期,前所诹之日也。十日,散齐七日,致齐三日。执事,宗伯、大卜之属。既卜,遂戒百官以始齐。

及执事,视涤濯。及纳亨,赞王牲事。及祀之日,赞玉、币、爵之事。

【集注】
　　涤濯,谓祭之前夕,摡祭器及甑甗之属,此执祀事之始也。纳亨,谓乡祭之晨,纳牲告杀,既杀,以授亨人。凡大祭祀,君亲牵牲,大夫赞之。祭天无祼,故先迎牲,若宗庙之祭,则既祼而后迎牲也。日,旦明也。玉币所以礼神,各如其方之色。爵所以献齐酒,不用玉爵,尚质也。三者执以从王,至而授之。

祀大神示亦如之。享先王亦如之,赞玉几、玉爵。

【集注】
　　祀大神,朝日夕月之类。祀大示,则方泽大社也。注以大神示为天地,是别有五帝之祭列于天地宗庙之上,误矣。盖上帝之尊,非群祀可匹,故特言之,而后以大神、大示并列焉。玉几,所以依神。"亦如之"下,别言"赞玉几、玉爵",则天地不用玉几、玉爵也。享先王不言大者,六享皆然。

大朝觐会同,赞玉币、玉献、玉几、玉爵。

【集注】

时见曰会,殷见曰同。大朝觐,谓同时而至者适众多也。若至者少,则冢宰不与。《小宰职》"凡宾客赞",受爵、受币之事是也。玉币,诸侯享币也。玉献,献国珍异,亦执玉以致之。玉几,王所依也。玉爵,诸侯酢王之爵也。王裸诸侯,大宗伯摄,非冢宰所赞。

大丧,赞赠玉、含玉。

【集注】

助嗣王也。赠玉,既窆,所以送先王。含玉,死者口实,天子以玉。

作大事,则戒于百官,赞王命。

【集注】

《春秋传》曰:"国之大事,在祀与戎。"祭祀已前见,此戎事也。赞王命,谓助王为教令。

王视治朝,则赞听治。

【集注】

王有三朝,外朝断疑狱,内朝在路寝,图宗人、嘉事,惟治朝为正朝,在路门外,司士所掌也。

视四方之听朝,亦如之。

【集注】

谓王巡狩在外时。

凡邦之小治,则冢宰听之。待四方之宾客之小治。

【集注】

重出冢宰,见不复决于王也。如曰凡邦之小治听之,虽谓仍复于王可也。《春秋传》赵武欲一献曰:"武请于冢宰矣。"以得专宾客之小治也。

岁终,则令百官府各正其治,受其会。

【集注】

谓各明正其所治之事也。会,计簿也。

听其致事,而诏王废置。

【集注】

正其治者,正其所当为之事也。听其致事者,听其所已为之事也。废,退不职者;置,仍使居职任事。

三岁,则大计群吏之治,而诛赏之。

【集注】

诛有以刑辟言者，《司烜职》"邦若屋诛则为明竁"是也。有以诘责言者，八柄"诛以驭其过"是也。此兼二者，盖群吏之不职者，每岁之终已废之矣。至三岁大计，任职而有过差者，则诘责之，若奸恶久而后著，则非惟废之，或不免于刑辟也。有功止于赏者，古者能其职，则终守焉，非大才德不得骤进而居公卿之位，故惟加爵命，厚禄赐，以为劝也。

小　宰

小宰之职，掌建邦之宫刑，以治王宫之政令，凡宫之纠禁。

【集注】

宫刑，在王宫中者之刑。刑典太宰所建，而小宰复建宫刑者，以治王宫之政令，而习察其事情，故刑之轻重出入，得与大宰共酌定也。大司寇所掌五刑无宫刑，以小宰建之也。纠，纠其失也。禁，禁其邪也。王宫之政令，宫中之事也。凡宫之纠禁，事在宫外而关涉于宫中者，如世妇之吊事，则有跸卫仪法。内外宗、春官、世妇下及女奚之出入于王宫，则有班次期会，皆有纠禁。旧说凡宫为后宫，非也。曰王宫，则后宫该之矣。正岁以宫刑宪禁于王宫，是也。宫刑使大宰之贰掌之，则虽天子不得私喜怒，而妃妾专妒虐下之患不禁而自弭矣。〇叶氏曰：小宰贰太宰，首王宫之刑禁，盖侍御仆从一有不正，出入起居一有不钦，皆足以害治，故宫刑虽以为王宫之禁，而实以格君心之非。汤制官刑，儆于有位，三风十愆，备及于宫室之隐微。伊尹引以为训,而继之曰:"嗣王祗厥身,念哉。"正此义也。

掌邦之六典、八法、八则之贰,以逆邦国、都鄙、官府之治。执邦之九贡、九赋、九式之贰,以均财节邦用。

【集注】

贰,副也。逆,迎受也。《太宰职》赋先于贡者,论敷政之次第,则由内而达外也。此贡先于赋者,综财用之大凡,则举远以及近也。

以官府之六叙正群吏:一曰以叙正其位,二曰以叙进其治,三曰以叙作其事,四曰以叙制其食,五曰以叙受其会,六曰以叙听其情。

【集注】

叙,尊卑秩次也。治,功状也。情,或身家之私,或职业功绪有当以情白于上者。

以官府之六属举邦治:一曰天官,其属六十,掌邦治,大事则从其长,小事则专达;二曰地官,其属六十,掌邦教,大事则从其长,小事则专达;三曰春官,其属六十,掌邦礼,大事则从其长,小事则专达;四曰夏官,其属六十,掌邦政,大事则从其长,小事则专达;五曰秋官,其属六十,掌邦刑,大事则从其长,小事则专达;六曰冬官,其属六十,掌邦事,大事则从其长,小事则专达。

【集注】

达,决也。如祭祀、齐、丧、宾客、飨食之陈数,庖人内外饔之属,必禀于膳夫,若辨腥臊膻香之物,及割烹煎和,则得专决也。

以官府之六职辨邦治:一曰治职,以平邦国,以均万民,以节财用;二曰教职,以安邦国,以宁万民,以怀宾客;三曰礼职,以和邦国,以谐万民,以事鬼神;四曰政职,以服邦国,以正万民,以聚百物;五曰刑职,以诘邦国,以纠万民,以除盗贼;六曰事职,以富邦国,以养万民,以生百物。

【集注】

太宰所建之六典,即小宰所辨之六职。六典所以治官府百官,六职不覆列者,以职即官府之所守也。六职所谓节财用,怀宾客,事鬼神,聚百物,除盗贼,生百物,皆典之所该也。故于典略之而职则详焉。治典曰"以经邦国,以纪万民",职则曰"以平邦国,以均万民",何也?有经邦国之典,奉职者守经而不失,使各得其分愿,则邦国所以平也。有纪万民之典,奉职者循纪而不违,使各致其力庸,则万民所以均也。教典曰"以安邦国,以扰万民",职则曰"以安邦国,以宁万民",何也?邦国式于教而安,无异义也。上之施教曰"扰",故于典言之;民能服教则宁,故于职言之。政典曰"以平邦国,以均万民",职则曰"以服邦国,以正万民",何也?平者,辑大字小而无所私,故于典言之。服者,建威销萌而不敢犯,故于职言之。均者,赋役有式,番代有常,故于典言之。正者,进退有度,左右有局,故于职言之。事典曰"以富邦国,以生万民",职则曰"以富邦国,以养万民",何也?邦国承其事而富,无异义也。生则著其所以生之理,故于典言之;养则备其所以养之事,故于职言之。春、秋二官,典与职无异辞者,礼有常经,刑有彝叙,邦国万民守典奉职,无异义也。治职平邦国,均万民,与政典同辞者,政典就军旅一事而言,治职则兼礼乐政刑而言也。六典及六职皆不及都鄙者,以邦国该之,所以治官府万民者,邦国、都鄙之所同也。○怀宾客宜列于礼职,乃列于教职者,朝觐会同聘頫之宾客,则礼职和邦国之事该之矣。此所谓怀者,专主于教也。如诸侯岁所贡士,及四方之商旅,则使慕王朝风教之隆,裔荒之贡使,则使知中国礼义之美也。聚百物列于政职者,司马主九畿,职方制贡,各以其所有。

以官府之六联合邦治:一曰祭祀之联事,二曰宾客之联事,三曰丧荒之联事,四曰军旅之联事,五曰田役之联事,六曰敛弛之联事。凡小事皆有联。

【集注】

联事者,一事而诸官共举之也。六者惟敛弛事不纷,然税敛地官之事也,而受法于司书,入于大府,则天官亦有事焉。征役之施舍,亦地官之事也,而国正不及国子,凡国之政事,诸子存游倅,则夏官亦有事焉。

以官府之八成经邦治:一曰听政役以比居,二曰听师田以简稽,三曰听闾里以版图,四曰听称责以傅别,五曰听禄位以礼命,六曰听取予以书契,七曰听卖买以质剂,八曰听出入以要会。

【集注】

成,谓有成籍可覆按也。听者,或以待其治,或以决其争。政,赋也。役,均人所掌力政也。比居,五家为比之籍也。简稽,简册可稽考者,谓卒伍、马牛、车辇、兵器之要簿也。版,户籍。图,地图。称责,谓贷予①。傅,谓附近邻比为证佐。别,谓券书两分。《朝士职》"凡属责者,以地傅,听其辞"是也。旧说礼命为九命之差等,非也。官成待万民之治。其诸闾师、酂长以下,就乡民而授以禄位者与?书契,谓出予入受之凡要。质剂,亦两书一札,同而别之。大市以质,小市以剂,掌于质人。取予以一物言,出入以总数言。八成听政役、师田、闾里而不及赋税者,公田之入有常,且时其丰凶以出税法,其他征敛皆有经式,无争讼也。○李耜卿曰:"取予如司徒散利,遗人施惠,官予之,民取之也。出入如泉府赊贷,旅师春颁秋敛之类。"

以听官府之六计,弊群吏之治:一曰廉善,二曰廉能,三曰廉敬,四曰廉正,五曰廉法,六曰廉辨。

【集注】

官府上群吏之治状,而小宰听之,断以六计也。善,德教洽也。能,政令行也。敬,不懈于位。正,行无倾邪。法,守法不失。辨,临事不惑。○邓氏曰:"善,德之本。能,德之用。敬、正,善之则。法、辨,能之施。而其介在廉,善、敬、正非廉不能,能、法、辨非廉无取。"

以法掌祭祀、朝觐、会同、宾客之戒具,军旅、田役、丧荒亦如之。七事者,令百官府共其财用,治其施舍,听其治讼。

---

① "予",抗希堂本同。按阮元《周礼注疏》校勘记云:"《释文》出'贷予'二字,皆误也。疏引注云'责谓贷子者,谓贷而生子者,以国服为之息是也'。又释经云'称责谓举责生子',则'予'为'子'之误无疑,当订正。"

周　礼

【集注】

　　祭祀、宾客、军旅三,合田役、荒丧为七事。朝觐、会同即宾客之事,不得别为二,故联事以宾客该之也。六联言宾客而不言朝觐、会同,此言朝觐、会同而复言宾客者,宾客所该甚广,如《小司徒职》所谓宾客则诸侯之聘使也。王燕群臣、乡大夫、州长、兴贤才,皆宾客之事。官之联事,细大毕举,故以宾客该之。至小宰所令,不过朝觐、会同之戒具其他宾客之小治,有司供之,不令于小宰,故特出朝觐、会同,以示小宰所令宾客之戒具独此二者,犹祭祀之戒具,小宰通掌之,而大宰所掌独祀五帝、祀大神示、享先王之戒具也。施舍治讼之事纷,非小宰所能遍也,盖亦令百官府治之听之。○王氏曰:"七事即六联,独不见敛弛。令百官府共其财用,治其施舍,则敛弛亦在其中矣。"○王介甫曰:"理其事谓之治,争其事谓之讼。"

凡祭祀,赞玉币爵之事,祼将之事。

【集注】

　　将,送也。王酌郁鬯献尸,尸受而灌地以降神,故谓之祼。天地至尊无灌,宗庙、社稷、山川、四方皆有之。曰"凡祭祀"者,祀五帝、祀大神示、享先王,冢宰赞玉币爵之事,馀祭祀则小宰赞也。祼将,乃小宰通赞。知然者,大祭祀,宗伯莅玉鬯省具以示虔也。凡祭祀,小宗伯将瓒祼奉器以待用也。他职无及祼事者,则赞王祼者惟小宰明矣。其不曰"小祭祀"者,以赞祼兼大祭祀,又或冢宰以丧与疾不得与,则大祭祀之玉币爵亦得摄赞,故以"凡祭祀"该之。

凡宾客赞祼,凡受爵之事,凡受币之事。

【集注】

《宗伯职》"大宾客,摄而载祼",则所赞宗伯也。王不酳宾客,而有受酢,赞者受爵于宾以奉王。曰"凡宾客"者,大朝觐、会同则受爵与币,皆冢宰赞也。不曰"小宾客"者,以赞祼兼大宾客,又冢宰有故则大宾客之爵与币亦得摄赞,故以"凡宾客"该之。

丧荒,受其含、襚、币、玉之事。

【集注】

《春秋传》曰:"口实曰含,衣服曰襚。"凶荒有币玉者,宾客所助以礼神。

月终,则以官府之叙,受群吏之要。赞冢宰受岁会。

【集注】

要会,见《序官·司会》。

岁终,则令群吏致事。正岁,帅治官之属,而观治象之法,徇以木铎,曰:"不用法者,国有常刑。"

【集注】

《凌人职》"正岁十有二月,令斩冰",则正岁,夏之正月也。冢宰县治象之法于正月,岁将终,民方无事也。小宰帅群吏观治象之法于正岁,岁更始,吏将有事也。注据此谓县治象亦以正岁,误矣。吏观法于官府,不必于县之日。小司徒正岁令群吏考法于司徒,以退各宪之于其所治,则吏观法于官府明矣。古者将有新令,必奋铎以警众,文事以木铎,武事以金铎。

乃退。以宫刑宪,禁于王宫。令于百官府曰:"各修乃职,考乃法,待乃事,以听王命。其有不共,则国有大刑。"

【集注】
宪,谓表县之。百官府,谓给事于王宫者,若师氏、大仆等,不独治官之属也。大刑,非特常刑也。宫禁宜严,故刑有加。

宰 夫

宰夫之职,掌治朝之法,以正王及三公、六卿、大夫、群吏之位,掌其禁令。

【集注】
其位司士掌焉,宰夫察其不如仪。

叙群吏之治,以待宾客之令,诸臣之复,万民之逆。

【集注】
恒次叙诸吏之职事,三者之来,则使辨理之。复,反报于王也。逆,谓上书自下而上,故谓之逆。治有以供状言者,小宰以叙进其治,以六计弊群吏之治是也;有以职业言者,宰夫叙群吏之治,考百官府群都县鄙之治是也。盖职业者所当治之事,功状者所已治之迹,故通以治言之。注谓"宰夫主诸臣、万民之复逆",疏谓"宰夫恒次叙太仆、小臣、御仆等,使辨理此复逆之事",皆非也。诸臣、万民之复逆,王与冢宰听断之。其事施行必下于群吏,故叙群吏之治以待之,其文与宾客之令相次,则谓群吏待其事而非宰夫主辨次叙复逆之事可知矣。

掌百官府之征令,辨其八职:一曰正,掌官法以治要;二曰师,掌官成以治凡;三曰司,掌官法以治目;四曰旅,掌官常以治数;五曰府,掌官契以治藏;六曰史,掌官书以赞治;七曰胥,掌官叙以治叙;八曰徒,掌官令以征令。

【集注】
王有征召命令,宰夫辨而施之,或下于其正长,或下于其属旅也。正,即所建之正也。师,即所立之贰也。司,即所设之考也。旅,即所陈之殷也。要,大纲也。凡者,众目之总数,则一目中之科条也。治藏,藏文书器物也。赞治,书法令以助上布治也。治叙,次叙官中当先后之事及徒之应驱役者。征令,趋走给呼召。正与司同曰法者,法之定则正下于司以布之,法之行则司报于正以质之也。

掌治法以考百官府、群都县鄙之治,乘其财用之出入。凡失财用物辟名者,以官刑诏冢宰而诛之,其足用、长财、善物者,赏之。

【集注】
群都,众采邑也。六遂,五百家为鄙,五鄙为县,不及六乡者,举外以包内也。乘,犹计也。失所藏之财贿谓之失财。非所宜用而用

周 礼

之谓之失用。所失之物非货贿,谓之失物。辟名,谓诈为文书以自隐避也。足用,所用无乏。长财,所藏有馀。善物,物无亏损。○王氏曰:"欲知其总数则宜言会,欲知其别数则宜言乘。此欲知失财用物与足用、长财、善物者,故言乘而不言会也。"

以式法掌祭祀之戒具与其荐羞,从大宰而视涤濯。

【集注】

荐,脯醢也。羞,庶羞、内羞。小宰以法掌祭祀之戒具,而宰夫复以式法掌之者,小宰所令特物所当供耳,宰夫则并详其用财之多寡,故曰式法。

凡礼事,赞小宰比官府之具。

【集注】

比,校次之。凡礼事,谓宾客、军旅、田役、荒丧之事也。祭祀则兼掌其戒而六事则独比其具者,祭祀多王所亲莅也,故小宰戒事而宰夫申之,惟恐其不豫也。六事,小宰戒之,则承事者知庀矣。财用之式出于冢宰,故供具必宰夫比之。

凡朝觐、会同、宾客,以牢礼之法,掌其牢礼、委积、膳献、饮食、宾赐之飧牵,与其陈数。

【集注】

牢礼、委积,若大行人五牢五积、四牢四积、三牢三积之属。膳献,殷膳、大牢及上介禽献之属,飨礼九献主饮,食礼九举主食,宾赐谓中间加赐,故特文以别之。

凡邦之吊事,掌其戒令,与其币、器、财用,凡所共者。大丧、小丧,掌小官之戒令,帅执事而治之。三公、六卿之丧,与职丧帅官有司而治之。凡诸大夫之丧,使其旅帅有司而治之。

【集注】
　　大丧,王、后、世子。小丧,夫人以下。小官,士也。于宰夫所掌戒令曰"小官",则冢宰所戒令独"大官"可知矣。于三公、六卿之丧曰官有司,则旅所帅为家有司可知矣。

岁终则令群吏正岁会,月终则令群吏正月要,旬终则令正日成,而以考其治。治不以时举者,以告而诛之。

【集注】
　　岁终,周季冬建亥之月。正,定也。旬,十日也。治不时举者,谓违时令失期会。

正岁,则以法警戒群吏,令修宫中之职事。书其能者与其良者,而以告于上。

【集注】
　　赞小宰警戒宫中之群吏也。良,犹善也。上,谓小宰、大宰也。岁终,冢宰诏王废置。三年,大计群吏之治而诛赏之。凡有位者,皆不遗矣。此能者、良者，盖王宫宿卫之士庶子，宫伯所掌也，故因令宫中之职事而及之。士庶子虽未仕，以卫王宫则亦有职事。

宫 正

宫正掌王宫之戒令、纠禁。以时比宫中之官府、次舍之众寡，为之版以待。

【集注】

戒，戒其怠逸也。令，令所当为也。纠，纠其过恶也。禁，禁其未然也。官府之在宫中，若膳夫、玉府、内宰、内史之属。次，人直处。舍，退休处。官府次舍、执事宿卫之人有众寡，宫正以时校次之，版其人名籍也。待，待戒令及比。

夕击柝而比之。国有故则令宿，其比亦如之。

【集注】

有故，非常也。《文王世子》曰："公若有出疆之政，庶子以公族之无事者守于公宫。"《夏官诸子职》："国有大事，则帅国子而致于太子，惟所用之。"既曰"夕击柝而比之"，又曰"国有故则令宿"者，平时当夕者番代，有故则尽入宿卫也。

辨外内而时禁，稽其功绪，纠其德行，几其出入，均其稍食，去其淫怠与其奇邪之民。

【集注】

　　兴事造业为功,功事有伦为绪。稍食,禄禀也。民,宫中吏之家人及司隶所掌皆是。淫,放滥也。邪,恶也。曰奇邪者,政教之行,人皆良正,有独为邪恶者,则奇单而无与为伍也。○既辨外内而禁其非时出入,复几其出入之犯禁者。

　　会其什伍而教之道艺。月终则会其稍食,岁终则会其行事。凡邦之大事,令于王宫之官府次舍,无去守而听政令。

【集注】

　　去守,离部署也。

　　春秋,以木铎修火禁。

【集注】

　　火星以春出,以秋入,故因天时以戒。此修宫中之火禁也。司烜所修则国中之火禁。

　　凡邦之事,跸宫中、庙中,则执烛。

【集注】

　　跸,禁止行者。凡邦事,王出则跸宫中、庙中,无跸则执烛也。社稷五祀之祭在宫中,先王先公之祭在庙中。

大丧则授庐舍,辨其亲疏贵贱之居。

【集注】

　　庐,倚庐也。舍,垩室也。亲、贵居庐,疏、贱居垩室。《杂记》:"大夫居庐,士居垩室。"

　　官府,群吏所居。次舍,士庶子宿卫者所居也。自辨内外而时禁,至去其淫怠与其奇邪之民,谓群吏也。以执事于宫中,故辨外内而讥其出入。以有职守,故稽其功绪。以有徒隶,故去其淫怠奇邪之民。会其什伍,教之道艺,谓士庶子也。以群萃于周庐,故会其什伍。以无职守,故教之道艺。月终会其稍食,岁终会其行事,则群吏、士庶子之所同也。均其稍食者,时其事之烦简劳逸而上下之也。会其稍食者,总而计之也。于士庶子不言均其稍食者,月终则均秩,于《宫伯职》见之矣。

宫　伯

宫伯掌王宫之士庶子,凡在版者,掌其政令,行其秩叙,作其徒役之事。

【集注】

　　秩,禄廪也。叙,才等也。魏氏谓"师氏、保氏教之已详,故宫伯惟掌其政令",非也。师氏、保氏所教,乃与太子共学者。宫正、宫伯所掌,则宿卫之士庶子也。宫正既教之道艺,故宫伯不复掌耳。

授八次、八舍之职事。

【集注】

卫王宫者,必居四角、四中,便徼候也。

若邦有大事作宫众,则令之。

【集注】

作宫众,使从太子以守卫也。

月终则均秩,岁终则均叙。

【集注】

王介甫曰:"秩,秩酒、秩膳之类,日月有焉,故月终均之。劳逸剧易之叙,宜以岁时更焉,故岁终则均之。"王明斋曰:"秩,谓禄之高下。一事而功有勤惰,则为之上下其食。叙,谓位之等级。一官而才有升降,则为之先后其次。月终均秩则禄有不同,故宫正因而会其稍食。岁终均叙则能有不同,故宫正因而会其行事。此即所谓行其秩叙。"

以时颁其衣裘,掌其诛赏。

【集注】

叶氏曰:"宫正、宫伯所掌,如汉之郎卫。大仆、虎贲、司隶所掌,如汉之兵卫。"

宫正兼掌群吏、士庶子,故曰官府次舍,统宫内之直庐也。宫伯掌士庶子之宿卫者,故曰八次、八舍,独宫外之周庐也。宫正之职在会其什伍,教之道艺,稽其功绪,纠其德行,会其行事,几其出入,均其稍食。宫伯之职在授以职事，行其秩叙，作其徒役，颁其衣裘，行其诛赏，如六官之有贰，其事必相须而成，正之职繁则独举其纲，贰之职专，则并详其目也。独士庶子有授职事之文者，群吏当官有常职，无俟于特授也。宫正不行诛赏者，群吏之诛赏则冢宰诏之。士庶子之诛赏，则宫伯行之。而宫正所谓会其行事者，正冢宰诛赏之所凭也。宫伯专行诛赏者，士庶子无官守，其为诛赏也微，必以达于冢宰则烦且渎矣。若有位者之诛赏，虽冢宰必以诏王而不敢专也。古所谓诛，多以谴诃责让而言。《记》曰："齿路马有诛。"《春秋传》"诛屦于徒人费。不得，鞭之，见血"，是也。

膳　夫

膳夫掌王之食、饮、膳、羞，以养王及后、世子。

凡王之馈食用六谷，膳用六牲，饮用六清，羞用百有二十品，珍用八物，酱用百有二十瓮。

【集注】

六谷，稌、黍、稷、粱、麦、苽。苽，彫胡也。六清，水、浆、醴、凉、医、酏。羞出于牲及禽兽，以备滋味，谓之庶羞。珍谓淳熬、淳母、炮豚、炮牂、捣珍、渍熬、肝膋也。酱谓醯醢。此总言馈食之物有此数，非一日而尽用之也。王安石谓："人主当享备物。"以康成注此经，辞不别白。而康成之误，则因《醢人职》"王举则共醢六十瓮"，《醯人职》"王举则共醯物六十瓮"，遂谓王日一举备用此数，不知醯、醢二职所共，乃朔月月半举盛馔时，以备择用，《内饔职》"选百羞、酱物、珍物，以俟馈"是也。在礼，王与后同庖，日中而馂，不敢暴天物也，乃曰备百有二十品之羞,罄百有二十甕之醢与醢物乎。况笾豆有数,岂能尽陈百有二十品之羞,而醯醢以甕共,则贮以待岁时之需而非一朝而罄之明矣。

王日一举,鼎十有二,物皆有俎。

【集注】

杀牲曰举。王日一举,以朝食也。鼎十有二,牢鼎九,牛一、羊一、豕一、鱼一、腊一、肠胃一、肤一、鲜鱼一、鲜腊一;陪鼎三,膷一、臐一、膮一。牲肉熟于各鼎,升于各俎,陪鼎之实,即庶羞在豆者,无俎。鼎实经无明文,疑疏所列,乃朔月月半之馈,常日虽十有二鼎,而所用不过少牢,《玉藻》"天子日食少牢,朔月大牢"是也。《记》曰:"天子无故不杀牛。"又曰:"天子社稷皆大牢。"则群小祀不敢用也,而乃日以自奉乎。

以乐侑食。膳夫授祭,品尝食,王乃食。

【集注】

侑,犹劝也。祭谓刌肺脊以祭也。礼,饮食必祭,示有所先。品尝者,每物皆尝之,以导尊者也。

卒食,以乐彻于造。

【集注】

彻于造食之处。殽羞所未遍,尚可共日中之馂也。

王齐,日三举。

【集注】
或曰不食馂馀也。或曰"三"当作"不",文误也。

大丧则不举,大荒则不举,大札则不举,天地有灾则不举,邦有大故则不举。

【集注】
大故,寇戎之事及刑杀也。《传》曰:"司寇行戮,君为之不举。"

王燕食,则奉膳、赞祭。

【集注】
燕食,谓日中与夕食。奉朝之馀膳。所祭者牢肉。

凡王祭祀、宾客食,则彻王之胙俎。

【集注】
宾客食谓王与诸侯礼食于庙也。胙俎最尊,馀则其属,彻之。

凡王之稍事,设荐脯醢。

【集注】
稍事,谓小事而饮酒。

王燕饮酒则为献主。

【集注】
龟山杨氏曰:"说者谓:君臣之义,不可以燕废,故以膳夫为主。非也。礼,受爵于君前,则降而再拜。燕所以安群臣嘉宾也,而使有登、降、拜、揖之劳,是以犬马畜之矣。故膳夫为主,而王不自献酬焉。廪人继粟,庖人继肉,此孟子所谓养君子之道也。"

掌后及世子之膳羞。

【集注】
王则亲馈,后、世子则主其馔之数,而内饔馈焉。

凡肉脩之颁赐,皆掌之。

【集注】
脩,脯也。加姜、桂锻治为脩,以盐干之者谓之脯。

凡祭祀之致福者,受而膳之。

【集注】
《春秋传》"受脤"、"归脤"。受脤谓君祭以肉赐大夫,归脤谓大夫祭归肉于公。王臣亦然。致福,谓归胙于王也。王氏曰:"若畿内都鄙、山川及四海、五岳、四渎,古帝王之在其国都,或王五服之亲,凡以王命而祭者,皆归胙于王。"

以挚见者亦如之。

【集注】

挚,羔雁之属。

岁终则会,惟王及后、世子之膳不会。

【集注】

王、后、世子之膳不会,非凡用,皆不会也。盖品味有常,不敢以异物供,无所用其会,非恣其欲而不为之限度也。故王、后之服不会,饮酒不会,膳禽不会,皆以有常式也。世子则服不敢备,多寡惟王命而服会矣;饮无常期,疏数惟王命而酒会矣;食无加献,有无惟王命而膳禽会矣。惟膳则朝夕有常,故与王、后同也。比事以观,则其义显然矣。

庖　人

庖人掌共六畜、六兽、六禽,辨其名物。

【集注】

六兽,麋、鹿、熊、麕、野豕、兔。或曰兽人冬献狼。又《内则》无熊,当有狼,而熊不属。六禽,雁、鹑、鷃、雉、鸠、鸽。

凡其死、生、鲜、薨之物,以共王之膳,与其荐羞之物,及后、世子之膳羞。

【集注】

凡谓计数之荐,亦进也。鲜,生肉。薨,干肉。于王之荐羞独曰物者,如天子牲孕不食之类。

共祭祀之好羞。

【集注】

若荆州之鳢鱼、青州之蟹胥,非常物也。或曰若文王之菖歜、曾晳之羊枣之类。

共丧纪之庶羞,宾客之禽献。

【集注】

丧纪,谓虞祔。禽献之数,见《掌客职》。

凡令禽献,以法授之,其出入亦如之。

【集注】

令,令兽人也。出,以付将命者。入,宾客不尽用,礼终而以归于有司者。其出也以法授将命者,其入也仍以法授兽人。

凡用禽献,春行羔豚,膳膏香;夏行腒鱐,膳膏臊;秋行犊麛,膳膏腥;冬行鲜羽,膳膏膻。

【集注】

用禽献,谓煎和以献于王也。行,及时而用之也。牛脂香,大膏臊,鸡膏腥,羊脂膻。腒,干雉。鱐,干鱼。犊,牛子。麑,鹿子。鲜,鱼也。羽,雁也。羔豚物生而肥,犊麑物成而充,腒鱐暵热而干鱼,雁水涸而性定,此八物者,得四时之气尤盛,故又用休废之脂膏以煎和之。

岁终则会,惟王及后之膳禽不会。

【集注】

膳夫所掌正膳也,故王、后、世子皆不会。禽献为加,则世子亦会焉。

内 饔

内饔掌王及后、世子膳羞之割亨煎和之事,辨体名、肉物,辨百品味之物。

【集注】

体名,脊、胁、肩、臂、臑之属。肉物,胾燔之属。详见《少牢》及《公食大夫礼》。

王举,则陈其鼎俎,以牲体实之。

【集注】

初陈鼎于镬西,取牲体于镬以实鼎,后陈鼎于阼阶下,其俎皆陈于鼎西南,取于鼎以实俎。实鼎曰脀,实俎曰载。

选百羞、酱物、珍物以俟馈。

【集注】

选以俟馈,则知醢人、醯人所共百二十瓮乃奉以待饔人之选,而非一朝而罄之矣。

共后及世子之膳羞。

辨腥、臊、膻、香之不可食者,牛夜鸣则庮。羊泠毛而毳,膻。犬赤股而躁,臊。鸟皫色而沙鸣,狸。豕盲视而交睫,腥。马黑脊而般臂,蝼。

【集注】

庮,朽木臭也。泠,谓毛长。毳,谓总结也。皫,色无泽也。沙,澌也。狸,气郁也。般臂,臂毛有文。蝼,蝼蛄臭也。盲视,戴《记》作"望视"。

凡宗庙之祭祀,掌割亨之事。

【集注】

止言割亨者,煎和所以致味,鬼神尚质,不贵亵味。

周 礼

凡燕饮食,亦如之。凡掌共羞、脩、刑、膴、胖、骨、鱐,以待共膳。

【集注】

燕饮,与诸臣燕。燕食,日中及夕食也。掌共,共当为具。刑,铏羹也。胖如脯而腥者,膴朊肉大脔用以祭者,鱼亦有之。骨,牲体也。

凡王之好赐肉脩,则饔人共之。

外 饔

外饔掌外祭祀之割亨,共其脯①、脩、刑、膴,陈其鼎俎,实之牲体、鱼、腊。

【集注】

视内饔所共少胖骨鱐者,于牲体鱼腊该之也。

凡宾客之飧、饔、飨、食之事,亦如之。

【集注】

飧,客始至之礼。饔,既将币之礼。飨食之礼,献举各以命数。

---

① "脯",原作"膴",抗希堂本同,据阮刻《周礼注疏》改。

邦飨耆老、孤子,则掌其割亨之事。飨士庶子亦如之。

【集注】
耆老,谓国老、庶老及死事者之父祖。孤子,死事者之子。

师役,则掌共其献、赐脯肉之事。

【集注】
献,谓酌其长帅。

凡小丧纪,陈其鼎、俎而实之。

亨 人

亨人掌共鼎、镬,以给水火之齐。

【集注】
齐,多少之量。

职外、内饔之爨亨煮,辨膳羞之物。

【集注】
职,主也。辨膳羞之物,以为爨亨煮久暂缓急之齐也。其物之美、恶,则饔者辨之矣。

祭祀共大羹、铏羹。宾客亦如之。

【集注】

大羹，肉汁不致五味。铏羹，加盐菜。铏羹皆陪鼎，腳臐膮牛用藿，羊用苦，豕用薇，调以五味，盛之铏器，即谓铏羹，于豆即谓庶羞。

甸　师

甸师掌帅其属而耕耨王藉，以时入之，以共齍盛。

【集注】

王以孟春躬耕帝藉，王三推，三公五推，卿诸侯九推，庶人终千亩，即甸师所帅胥徒也。齍读为"粢"，稷也。谷以稷为长，在器曰盛。

祭祀，共萧茅。

【集注】

萧，香蒿也。《诗》："取萧祭脂。"《郊特牲》："萧合黍稷，臭阳达于墙屋。"茅，以共祭之苴，亦以缩酒。《士虞礼》："束茅长五寸，立于几东，谓之苴。"《戴记》："缩酌用茅。"

共野果蓏之荐。

【集注】

场人凡祭祀共果蓏,此则专荐宗庙与。

丧事,代王受眚灾。

【集注】

既殡,大祝作祷辞授甸人,使以祷藉田之神,代王受眚灾。《周官》惟此条义难明。盖周公以嗣王生长富贵,必知稼穑之艰难,乃能知小民之依,而所其无逸,故特为此礼以示不躬耕帝藉以事上帝神示,则王宜受眚灾。今以丧废藉,非得已也,故甸师可代受焉,则无故而不亲耕,以共粢盛,其为神示所不享明矣。

王之同姓有辠则死、刑焉。

【集注】

刑人于市,而王族则刑杀于甸师氏。《记》曰:"刑于隐者,不与国人虑兄弟也。"

帅其徒以薪蒸,役外内饔之事。

【集注】

役,为给役也。木大曰薪,小曰蒸。

兽　人

兽人掌罟田兽,辨其名物。

周 礼

【集注】

　　于田中设罟,以除野兽、害人物及稼者。

冬献狼,夏献麋,春秋献兽物。

【集注】

　　狼残物,麋害稼,故以时罟而献之。兽物,凡野兽皆可献,无定物也。○李耜卿曰:"狼膏温,故于冬献之。麋膏凉,故于夏献之。"

时田,则守罟,及弊田①,令禽注于虞中。

【集注】

　　守罟,备兽触攫。弊,止也。虞中,虞人所植虞旗之中也。注,聚也。

凡祭祀、丧纪、宾客,共其死兽、生兽。

【集注】

　　共其完者于庖人。

凡兽入于腊人,皮毛筋角入于玉府。

【集注】

　　干之以为脯脩,不必皆完。

----

① "弊",原作"币",据阮刻《周礼注疏》及下释文改。

凡田兽者,掌其政令。

【集注】

凡田兽,谓百姓之猎者。《王制》"四时之田",天子、诸侯、大夫既杀,纵民使猎,民居山泽间者,亦不禁其取兽。角人以时征齿角,凡骨物于山泽之农是也。其所获或当献于公,及争禽之讼,皆兽人掌之,盖天子、诸侯蒐狩之政令掌于司马,而兽人所掌则百姓田猎之政令也。

渔 人

渔人掌以时渔,为梁。

【集注】

梁,谓偃水两畔中央为关空,以笱承之。《月令》:"季冬命渔师为梁。"

春献王鲔。

【集注】

王鲔,鲔之大者,出河南巩县。至春浮阳乃入西河,至漆沮上龙门,故周人取以献新。献所无也。《月令》:"季春荐鲔于寝庙。"

辨鱼物,为鲜薧,以共王膳羞。凡祭祀、宾客、丧纪,共其鱼之鲜薧。凡渔者,掌其政令。凡渔征,入于玉府。

【集注】

渔征,谓须骨可饰器物者。

鳖　人

鳖人掌取互物。

【集注】

互,谓有甲相交互也。蒯胡龟鳖之属,介物龟为长,而以鳖命官,主食献也。

以时簎鱼鳖龟蜃,凡狸物。

【集注】

簎,谓以杈刺泥中搏取之,兼言鱼者,簎互物而适得鱼,亦不弃也。狸物,藏伏于泥中者,若鱻刀含浆之属。

春献鳖蜃,秋献龟鱼。
祭祀共蠯、蠃、蚳以授醢人。

【集注】

蠯,蛤也,或曰蟒也。蠃,螔蝓,或曰螺通。蚳,蚁子白者,可为醢。《国语》曰:"虫舍蚳蠛。"

掌凡邦之籍事。

【集注】
凡有取于水中皆掌之。

腊　人

腊人掌干肉,凡田兽之脯、腊、膴、胖之事。

【集注】
大物解肆干之谓之干肉。腊,小物全干。

凡祭祀,共豆脯,荐脯、膴、胖,凡腊物。宾客、丧纪,共其脯腊,凡干肉之事。

【集注】
田猎一为干豆,则祭祀宜有豆脯。○李耜卿曰:"胖,半体也。《少牢》曰司马升羊右胖,司士升豕右胖。"

医　师

医师掌医之政令,聚毒药以共医事。

【集注】

药之物恒多毒。人气不和,必用偏胜之物以攻之,用之不当,则反害于人,曰"聚毒药",使医者慎所用也。

凡邦之有疾病者,疕疡者造焉,则使医分而治之。

【集注】

疕头疡及秃,疾甚曰病。《疾医职》曰:"凡民之有疾病者,分而治之。"而此职曰邦,盖虽统万民而以王宫百官府为主也。以是推之,则王、后、世子及公孤六卿之疾,必医师亲治可知矣。

岁终,则稽其医事,以制其食:十全为上,十失一次之,十失二次之,十失三次之,十失四为下。

【集注】

十全,非谓十人皆愈,但知可治不可治者,十人皆中,则为上耳。

食 医

食医掌和王之六食、六饮、六膳、百羞、百酱、八珍之齐。

【集注】

食饮膳羞、酱珍,制作有常法,而食医和其齐者,酌天时与王气体之所宜也。

凡食齐视春时，羹齐视夏时，酱齐视秋时，饮齐视冬时。

【集注】

饭宜温，羹宜热，酱宜凉，饮宜寒。

凡和，春多酸，夏多苦，秋多辛，冬多咸，调以滑甘。

【集注】

《内则》："枣、栗、饴、蜜以甘之，堇、荁、枌、榆、免、薧、滫、瀡以滑之。"

凡会膳食之宜，牛宜稌，羊宜黍，豕宜稷，犬宜粱，雁宜麦，鱼宜苽。

【集注】

会，成也。谓其味相成，或曰合也。

凡君子之食恒放焉。

【集注】

放，依也。齐和虽以王为主，大夫以上亦依之。

疾 医

疾医掌养万民之疾病。四时皆有疠疾：春时有痟首疾，夏时有痒疥疾，秋时有疟寒疾，冬时有嗽上气疾。

【集注】

痟，酸削也。首疾，头痛也。嗽，欬也。上气，逆喘也。

以五味、五谷、五药养其病。

【集注】

五味，醯、酒、饴、蜜、姜、桂之属。五谷，麻、黍、稷、麦、豆。五药，草、木、虫、石、谷。

以五气、五声、五色视其死生。

【集注】

五气，五脏所出气也。肺气热，心气次之，肝气凉，脾气温，肾气寒。五声，言语宫、商、角、徵、羽也。五色，面貌青、赤、白、黑、黄也。察其盈、虚、休、王，吉凶可知。

两之以九窍之变，参之以九藏之动。

【集注】

阳窍七,阴窍二。窍之变谓开闭非常。正藏五,又有胃、旁胱、大肠、小肠。藏之动,谓脉至与不至也。两者,谓九窍与所视为两,两与九藏为三。○易氏曰:"九窍见于外,睹其证之变而有通塞之二候,故曰两。九藏藏于内,察其脉之动而有浮、中、沉之三部,故曰参。"

凡民之有疾病者,分而治之,死终则各书其所以,而入于医师。

【集注】

少者曰死,老者曰终,疾医、疡医各八人,以共王宫百官府之医事,犹惧不给,岂能遍及万民。疑万民之疾大且危者,然后医士治焉。其馀则受方于医师而未列职者,皆使分治,其有功效,亦官给之食也。先王之世不独爵,必当贤,即医者亦不能幸而得食,所以能制百事之宜而尽万物之性也。○王明斋曰:"先王立医师使掌众医,分治民疾,计其功而制其食,使医者无求于病家,则心清而业精,病者不必酬医,则药之所及者广而活者众矣。"

疡　医

疡医掌肿疡、溃疡、金疡、折疡之祝药、劀、杀之齐。

【集注】

肿疡,瘰疬瘤癭,壅肿而不散者。溃疡,痈疽之类。金疡,刀创也。折疡,跌跌者。祝当为注,谓附着药也。刮,刮去脓血。杀,谓以药食其恶肉。或曰祝,《素问》所谓祝由也。后世有以气封疡而徙之者,盖其遗法。○李耜卿曰:"此官有兽医,夏官又有巫马。祝药并行,牛马且然,则人可知。"

凡疗疡以五毒攻之,以五气养之,以五药疗之,以五味节之。

【集注】

五毒,五药之有毒者。节之,节成其药之力也。旧说五气当为五谷,或曰五气播于四时,必顺时气,人之气乃可养。《疾医职》曰"以五气、五声、五色视其死生",则知为五脏之气矣。此曰以五气养之,则知为五行之气矣。疾医不及此者,以首列四时皆有疠疾,则养之宜顺时气,不必言矣。或曰《疾医职》所云亦五行之气也,凡症顺于时气则生,逆则死。

凡药以酸养骨,以辛养筋,以咸养脉,以苦养气,以甘养肉,以滑养窍。

【集注】

以类相养也。酸,木味,木根着地中,似骨。辛,金味,金缠合异物,似筋。咸,水味,水流行地中,似脉。苦,火味,火出入无形,似气。甘,土味,土含载四者,似肉。滑,物通利往来,似窍。

凡有疡者,受其药焉。

兽 医

兽医掌疗兽病,疗兽疡。

【集注】

畜贱于人,故病与疡同医。

凡疗兽病,灌而行之,以节之,以动其气,观其所发而养之。

【集注】

节之,视其骤趋之节也。其气动于内,则病之形发见于外,然后可以得养之之宜。

凡疗兽疡,灌而劀之,以发其恶,然后药之,养之,食之。

【集注】

既曰灌之,而又曰药之,以药傅其外也。兽病则第以药灌而遂养之。

凡兽之有病者,有疡者,使疗之,死则计其数,以进退之。

卷二　天官冢宰第一

酒　正

酒正掌酒之政令,以式法授酒材。

【集注】

　　式法,作酒之法式也。《月令》:"乃命大酋,秫稻必齐,曲蘖必时,湛饎必洁①,水泉必香,陶器必良,火齐必得。"授酒材,以授酒人也。

凡为公酒者亦如之。

【集注】

　　谓乡射饮酒,以公事作酒者,亦以式法及酒材授之,使自酿。

辨五齐之名,一曰泛齐,二曰醴齐,三曰盎齐,四曰缇齐,五曰沉齐。

---

①　阮元校记:"饎",浦镗云《月令》作炽。

【集注】

　　泛者,成而滓浮泛泛然。醴,犹体也,成而汁滓相将。盎,犹翁也,成而翁翁然,葱白色。缇者,成而红赤。沉者,成而滓沉。自醴以上尤浊,以茅缩而酌之,盎以下差清。谓之齐者,每有祭祀,以度量节作之。

　　辨三酒之物,一曰事酒,二曰昔酒,三曰清酒。

【集注】

　　事酒,因事而造,旋用之。清酒,则滓汁少澄。昔酒,则旧醳之酒也。酒酋久则愈明洁。《记》谓明清与盎酒于旧醳之酒,则其品尤贵可知矣。五齐祭祀所用,不致其味,故曰"辨名"。三酒人所饮,务致其实,故曰"辨物"。

　　辨四饮之物,一曰清,二曰医,三曰浆,四曰酏。

【集注】

　　清谓醴之沛者。医,《内则》所谓"或以酏为醴"也。凡醴浊酿酏为之,则少清。浆,旧说亦酒之类。汉时名为载浆,或曰梅浆、蔗浆之类也。《内则》有黍酏,酏饮粥稀者之清也。五齐止用醴为饮者,取醴恬味不似酒。

　　掌其厚薄之齐,以共王之四饮、三酒之馈,及后、世子之饮与其酒。

【集注】

　　五齐、三酒、四饮皆酒人、浆人所作，酒正惟辨其厚薄之齐。馔，陈设也。后、世子不言馔，亦不言饮，与酒之数者不具设也。

　　凡祭祀，以法共五齐、三酒，以实八尊。大祭三贰，中祭再贰，小祭一贰，皆有酌数。惟齐酒不贰，皆有器量。

【集注】

　　大祭，王服大裘、衮冕所祭也。中祭，王服鷩冕、毳冕所祭也。小祭，王服希冕、玄冕所祭也。贰，副贰也。三贰、再贰、一贰，皆谓三酒、五齐献神，神有定位，献有定数，无副益之尊。酌数，献酬之数也。三酒虽有贰尊，而献酬则有定数，八尊及贰尊所容皆有限量。

　　共宾客之礼酒，共后之致饮于宾客之礼医、酏糟，皆使其士奉之。

【集注】

　　糟，医酏不泲者。士，谓酒人、浆人、奄士。奉，捧持之也。

　　凡王之燕饮酒，共其计，酒正奉之。

【集注】

　　共其计者，献酬多少，度当足也。郑刚中曰："不参计于礼饮，而奉于燕饮，使王知戒。"

凡飨士庶子，飨耆老、孤子，皆共其酒，无酌数。

【集注】
以醉为度。

掌酒之赐颁，皆有法以行之。

【集注】
法尊卑之差。

凡有秩酒者，以书契授之。

【集注】
有秩酒者，谓老臣。《王制》："九十日有秩。"○王介甫曰："授以书者使知所得之数，授以契者使执以取酒。"

酒正之出，日入其成，月入其要，小宰听之。

【集注】
谓所出之酒，日有成，月有要也。必小宰听之者，治王宫之政令，则自后、世子、夫人、嫔、御、群王子，皆不得妄取矣。○王介甫曰："特谨其出，异于馀物，慎酒之意也。"

岁终则会。惟王及后之饮酒不会。以酒式诛赏。

【集注】

诛赏作酒之美恶者。

酒 人

酒人掌为五齐、三酒,祭祀则共奉之,以役世妇。

【集注】

独言以役世妇者,王之裸献,冢宰、小宰赞之,故用此,见后之裸献,春官宫卿世妇赞之也。知非天官世妇者,天官世妇所掌独女宫之具,内羞之物,而宫卿世妇则比祭祀之具,诏王后之礼事也,以给世妇庙中之役,故酒人用奄。

共宾客之礼酒、饮酒而奉之。

【集注】

礼酒,飨燕所用。饮酒,食时酳口者。二者酒人自奉之。若王不亲飨食,而使人以酬币侑币致之,则共酒以往与陈酒同。

凡事共酒而入于酒府。

【集注】

凡事,谓王之三酒之馔。燕饮之酒,以及后、世子之馔,士庶子、耆老、孤子之飨赐颁之行,秩酒之授,凡酒正所掌者。酒府,酒正之府也。入于酒府,以酒正掌其法,或自奉之,或使属士,或令掌事者及其人自取,别于祭祀、宾客,酒人必自奉之,或自共酒以往也。

凡祭祀,共酒以往。

【集注】

前曰祭祀则共奉之,以役世妇,盖王及后所亲之祭祀也。此共酒以往,而不言奉,则王所不亲。

宾客之陈酒亦如之。

【集注】

谓饗饩之酒,自有奉之者,以酒从往。

浆　人

浆人掌共王之六饮:水、浆、醴、凉、医、酏,入于酒府。

【集注】

醴即四饮之清也。凉,冰水也,暑月用之。酒正不辨水凉,无厚薄之齐也。或曰浆以水和米而煮之,去滓存汁。医即《内则》所谓醷,梅浆也。酏即饴,和汤可饮。

共宾客之稍礼。

【集注】

　　稍礼,非飧饔,王间以给宾客者。

共夫人致饮于宾客之礼:清醴、医、酏糟,而奉之。

【集注】

　　醴则清,医、酏则糟也。注谓后屈于王,故无醴,夫人不体王,得备之。非也。王之致于宾客者酒也。后之致饮于宾客者,医、酏之糟也。医、酏非酒人所掌,故特见其文,若《浆人职》共六饮,宾客之稍礼且共之,则王燕飨、后致饮之正礼不必言矣。故独载夫人致饮之礼也。后致饮独载医、酏者,酒正属士所奉止此也。其四饮皆浆人奉之,于夫人之致饮奉之,则后不必言矣。○疑后六饮皆致,夫人止致其三耳。盖王致飧牢委积,后致笾豆壶浆,凡宾客所需之物,无不备矣。使水、浆、醴、凉不致宾客,安从取之?《掌客职》诸侯相为宾,夫人致八壶,则不止三饮矣,况王、后乎?既有后致饮之礼,复设夫人致饮之礼者,或后崩而夫人摄内治,则宜有宾客之事,又或来朝聘者为夫人父母之邦,则虽后在彼,此亦得致礼也。

凡饮共之。

【集注】

　　谓凡礼事之饮。

凌　人

凌人掌冰正。岁十有二月,令斩冰,三其凌。

【集注】

系十有二月于正岁者,明为夏正之十有二月也。凌,冰室也。三其凌,谓三倍其冰,为消释度也。

春始治鉴,凡外内饔之膳羞鉴焉。凡酒浆之酒醴亦如之。

【集注】

鉴如甄,大口,以盛冰,置食物于中,以御温气。酒浆,酒人、浆人也。

祭祀共冰鉴,宾客共冰。

【集注】

不以鉴往,嫌使停膳羞。

大丧共夷槃冰。

【集注】

夷之言尸也。实冰于夷槃,置尸床下,所以寒尸。大丧,王及后、世子也。独言共大丧之冰者,宾食皆用冰,则宫中之小丧共冰不必言矣。颁冰及国之老疾,则卿大夫士之丧、浴不必言矣。经于他事多举下以该上,以举上则疑于下之不得用也。此独举上以该下,不疑也。不曰凡丧共冰者,曰凡丧共冰,不知大丧之用夷槃也。曰大丧共夷槃冰,则凡丧共冰而不用夷槃,具见矣。《春秋传》命夫命妇丧浴用冰,及孟献子所称,皆侯国之制也。天子之士比侯国卿大夫,得用冰可知。○夷,旧说训尸。以义测之,夷,等也。《丧大记》曰:"自小敛以往用夷衾。"盖大敛衣物加多,衾必更宽大与相等,然后可遍覆。夷槃疑亦称敛衣之多寡而为之制,《记》曰:"君设大盘造冰焉。""大夫设夷盘造冰焉。"则夷不宜以"尸"训,明矣。此统曰"夷槃"者,或以兼后、世子,或《记》所称非周制也。

夏颁冰,掌事。秋,刷。

【集注】

刷除冰室。

笾 人

笾人掌四笾之实。

【集注】

笾,竹器如豆,其容实皆四升。

朝事之笾,其实麷、蕡、白、黑、形盐、膴、鲍鱼、鱐。

【集注】

《戴记》建设朝事,宗庙荐血腥之事也。熬麦曰麷。蕡,枲实也。稻曰白。黍曰黑。形盐,筑盐为虎形也,《春秋传》曰"盐虎形"。膴,脄生鱼为大脔。鲍,于楅室中糗干者。鱐,析干之。

馈食之笾,其实枣、栗、桃、干䕩、榛实。

【集注】
　　馈食,荐熟也。今吉礼存者,特牲、少牢、诸侯之大夫士祭礼也。不祼不荐血腥,而自荐熟始,是以皆云馈食之礼。干䕩,干梅也。榛,似栗而小。

加笾之实,菱、芡、栗、脯,菱、芡、栗、脯。

【集注】
　　加笾,谓尸既食,后亚献尸所加之笾,重言之者,以四物为八笾也。菱,芰也。芡,鸡头也。

羞笾之实,糗饵,粉餈。

【集注】
　　按《少牢》,宾长致爵受酢,宰夫羞房中之羞于尸,天子之礼,宾长受酢后,亦当设此内羞,以笾盛之,故曰羞笾。糗,熬大豆与米也。粉,豆屑也。或曰,此二物皆粉,稻米、黍米所为。合蒸曰饵,饼之曰餈,或曰饵粉饼也。《说文》饵,屑米为粉,然后水调之。餈,稻饼也。谓炊米烂而捣之。粉餈,以豆为粉糁餈上也。

凡祭祀,共其笾荐羞之实。

【集注】
　　凡祭祀,谓四时禘祫等。荐羞,皆进也。未食未饮曰荐。据朝践馈献时未献前所荐之笾豆。羞则尸食后酢尸讫所进,即加笾之实也。

丧事,及宾客之事,共其荐笾、羞笾。

【集注】

丧事之笾,谓殷奠时。祭祀曰"笾荐羞之实",宾丧则曰"荐笾、羞笾"者,天官世妇帅女宫而濯溉,则祭祀之笾豆掌于世妇,笾人独掌其实耳,若宾丧则并掌其器也。知女宫所濯溉不兼宾丧之器者,以下曰及祭之日莅陈女宫之具也。盖丧事则世妇有著位焉,不暇莅濯溉,宾客事纷,则有司共之可矣。内宗荐加笾豆,佐传笾豆,兼宾客之飨食何也?共荐传而不共濯溉也。且《春官世妇职》惟"大宾客之飨食",王后乃与,则荐传之事亦仅矣。

为王及后、世子共其内羞。

【集注】

王及后、世子,或有私亲燕赐,则为共其内羞也。注谓共王、后、世子饮食,则经文当曰共王及后、世子之内羞。临川王氏谓王及后、世子以此内羞共礼事,而笾人、醢人为之共。又引《世妇职》以为此内羞所共为祭事。果尔,则独为后共而不得曰为王及世子共。且祭祀丧纪宾客之事即为后共,不应别见此文。

凡笾事掌之。

【集注】

薛氏谓供奉之职，官府敬君有素，故先王而后祭祀，内人朝夕王所，故先祭祀而后王。非也。膳羞所以养生，故先言王而后及于祭祀。笾豆所以奉鬼神，故先言祭祀而后及于王，义各有当也。且膳夫祭祀彻王之胙俎，非以共神也。庖人共祭祀之好羞，非牺牲之正也。内外饔、烹人职在掌王、后、太子朝夕常膳，其于祭祀，独掌割烹，奉牲、献血、登荐之重礼不与也，故先言其本职，而后及其兼事。至酒之肇，本为元祀，故先五齐，醴盐齐菹并笾豆之实，故先祭祀。浆非所以共神，故六饮皆以奉生人，皆于其职事别之，而以官府内人为义，则不可通矣。

醢　人

醢人掌四豆之实。

【集注】

有笾人而无豆人者，笾实果、谷、鱼、盐、脯、腒皆易成，故统于一官。豆实醢物、醯物杂而难成，非一官所能共，而豆实又不尽于醯醢之物也。盐亦笾实，而别列一职者，共百事之盐，笾实其一耳。

朝事之豆，其实韭菹、醓醢、昌本、麋臡、菁菹、鹿臡、茆菹、麋臡。

【集注】

豆，木器。荐豆节数，与四笾同时，皆后设之。醢，肉汁也。昌本,昌蒲根。三臡,亦醢也。作醢及臡者,必先膊干其肉,然后莝之,杂以粱曲及盐,渍以美酒,涂置瓶中,百日而成。有骨为臡,无骨为醢。凡不言菹者皆齑,昌本之类是也。菁,蔓菁也。茆,凫葵,即荇菜也。凡菹醢皆以气味相成,其详未闻。

馈食之豆,其实葵菹、嬴醢、脾析、蠯醢、蜃、蚳醢、豚拍、鱼醢。

【集注】

脾析,牛百叶也。蜃,大蛤。拍或曰当为膊,豚胁。嬴、蠯、蚳见《鳖人职》。

加豆之实,芹菹、兔醢、深蒲、醓醢、箈菹、雁醢、笋菹、鱼醢。

【集注】

芹,楚葵也。蒲蒻入水深,故曰深蒲。箈,水中鱼衣。笋,竹萌。或曰深蒲,蒲始生衣中子。箈,箭萌。

羞豆之实,酏食糁食。

【集注】

酏,饘也。《内则》曰:"取稻米,举糔溲之,小切狼臅膏,以与稻米为酏。"又曰:"糁,取牛羊豕之肉三如一,小切之,以稻米二、肉一合以为饵,煎之。"

凡祭祀,共荐羞之豆实。宾客、丧纪亦如之。为王及后、世子,共其内羞。王举则共醢六十瓮,以五齐、七醢、七菹、三臡实之。

【集注】

齐当为齑。五齑,昌本、脾析、蜃、豚拍、深蒲也。七醢,醓、赢、蠯、蚔、鱼、兔、雁醢。七菹,韭、菁、茆、葵、芹、箈、笋菹。三臡,麇、鹿、麋臡也。凡醢酱所和,细切为齑,全物若牒为菹,菜肉通。祭祀不复曰豆荐羞之实,宾客、丧纪亦不复曰荐豆、羞豆者,义已具于笾人也。此以下与笾人异,以王举不共笾实,惟有豆实。

宾客之礼,共醢五十瓮。

【集注】

按掌客,上公之礼,醯醢百二十瓮。侯、伯百瓮,子、男八十瓮。此共醢五十瓮,并醯人所共为百瓮,乃侯伯飨饩之礼,举中言之。

凡事共醢。

醯 人

醯人掌共五齐、七菹,凡醯物。以共祭祀之齐菹,凡醯酱之物。宾客亦如之。

【集注】

　　连言酱者,合醯与酱而成之物,则醯人掌之也。下云宾客之礼,据飨饩,此云宾客,据飧食,及以币致之。

　　王举,则共齐、菹醯物六十瓮,共后及世子之酱、齐、菹。宾客之礼,共醯五十瓮。凡事共醯。

【集注】

　　曰共齐、菹醯物六十瓮,则知醯人五齐、七菹为酱物矣,则知醯物之无醯与齌矣。

盐　人

　　盐人掌盐之政令,以共百事之盐。

【集注】

　　政令,谓敛散、收藏之法。

　　祭祀共其苦盐、散盐。

【集注】

　　苦读为盬,谓出于盐池,不涑治而可用者。散盐,煮水为之。

　　宾客共其形盐、散盐。

王之膳羞共饴盐,后及世子亦如之。

【集注】

饴盐,盐之恬者。

凡齐事,鬻盐以待戒令。

【集注】

齐事,和五味之事,煮盐涑治之。

幂　人

幂人掌共巾幂。

祭祀以疏布巾幂八尊。

【集注】

八尊,即酒正所实八尊。注以疏布者,天地之神尚质。

以画布巾幂六彝。

【集注】

注:"布画云气,宗庙可以文。"疏:"天地亦有䍙罍之彝,用疏布,宗庙亦有八尊,用画布,互举以明义。"俱未知何据。

凡王巾,皆黼。

【集注】
　　凡四饮三酒笾豆俎簋之属,巾皆用黼。黼者,绘以斧形,近刃白,近銎黑。

宫　人

宫人掌王之六寝之修。

【集注】
　　路寝一,小寝五。路寝以治事,小寝以燕息。修,扫除也。

为其井匽,除其不蠲,去其臭恶。

【集注】
　　井,漏井,所以受水,令之渗坑也。匽,谓匽猪,盖霤下之池,受畜水而流之者,今之阴沟也。蠲,犹洁。

共王之沐浴。凡寝中之事,扫除、执烛、共炉炭,凡劳事。四方之舍事亦如之。

【集注】
　　从王适四方及会同所舍,六寝劳亵之事,皆以士人共之,使王出入起居,罔有不钦也。

掌　舍

掌舍掌王之会同之舍。设梐枑再重。

【集注】

　　梐枑谓行马,联三木交互,树之以为遮列。再重者,以周卫有内外列也。车宫、壝宫,止宿则设之。

设车宫、辕门。

【集注】

　　王行止宿险阻之处,备非常。次车以为藩,则仰车以辕表门。

为坛,壝宫,棘门。

【集注】

　　王行止宿平地,筑坛,坛边低垣围绕者曰壝。棘门,以戟为门。

为帷宫,设旌门。

【集注】

　　王行昼止,有所展肆,或食息,张帷为宫,则树旌以表门。车宫曰设,陈列之也,坛壝则筑土起堳埒,帷则置杙杙系纲,故并曰为。于帷宫独曰设旌门者,恐疑帷宫本具旌门,故加设以明异事。

无宫则共人门。

【集注】

王行有所逢遇,若住游观,陈列周卫,则立长大之人以表门。

凡舍事,则掌之。

幕　人

幕人掌帷、幕、幄、帟、绶之事。

【集注】

王出宫则有是事。在旁曰帷,在上曰幕。幕施于帷上,皆以布为之。四合象宫室曰幄,幄设于帷幕之内,王所居之帐也。帟,王在幕若幄中,坐上承尘。幄、帟皆以缯为之。绶,缘也。凡四物者,皆以绶连系焉。〇王氏曰:"王在宫则幕人掌其事,自朝觐、会同以下则共之。而掌次张焉。"

凡朝觐、会同、军旅、田役、祭祀,共其帷幕幄帟绶。
大丧,共帷幕帟绶。

【集注】

为宾客饰也。帷以帷堂,或与幕张于庭,帟在柩上承尘。

三公及卿大夫之丧,共其帟。

【集注】

士无帟,王加惠则赐之。《檀弓》:"君于士有赐帟。"此举三公,不及诸侯与孤,下掌次举诸侯与孤,不及三公者,诸侯再重,则三公不必言矣。孤、卿大夫不重见掌次,故《幕人职》略焉。

掌　次

掌次掌王次之法,以待张事。

【集注】

法,大小丈尺。或曰即下所列设张之物与其数也。

王大旅上帝,则掌毡案,设皇邸。

【集注】

大旅,《大宗伯职》"国有故则旅上帝及四望"是也。举大旅则圜丘之祭不必言矣。毡案,设床于幄内,而加毡也。邸,后版也,即屏风,染羽象凤凰色以饰之。

朝日、祀五帝则张大次、小次，设重帟、重案。合诸侯亦如之。

【集注】
朝日，春分拜日于东门之外。祀五帝于四郊。次谓幄也。大幄，初往所止居也。小幄，祭退俟处。《祭义》："周人祭日，以朝及暗。"虽有强力，孰能支之，是以退俟与诸臣代有事焉。合诸侯谓殷同，为坛于国门外，故张次。重帟，复帟。重案，床重席也。

师田，则张幕，设重帟、重案。

【集注】
不张幄者，临众，王或回顾占察。

诸侯朝觐会同，则张大次、小次。

【集注】
大次，亦初往所止居。小次，即宫待事之处，亦掌次为诸侯张。

师田，则张幕设案。

【集注】
谓诸侯从王师田者。

孤卿有邦事，则张幕设案。

【集注】

谓以事从王,若以王命出也。王之孤三人,不言公,如诸侯礼。

凡丧,王则张帟三重,诸侯再重,孤卿大夫不重。

【集注】

此诸侯,谓三公、王子母弟,若畿外诸侯,非掌次所及也。

凡祭祀,张其旅幕,张尸次。

【集注】

旅,众也。公卿以下即位于所祭祀之门外以待事,为之张大幕。尸则有惺,居以更衣。

射则张耦次。

【集注】

耦,俱升射者,次在洗东。《大射礼》:"遂命三耦取弓矢于次。"天子射皆六耦。

掌凡邦之张事。

大　府

大府掌九贡、九赋、九功之贰,以受其货贿之入,颁其货于受藏之府,颁其贿于受用之府。

【集注】
　　九职之贡曰功者,皆民功所成,又以别于邦国之九贡也。内府都受九贡、九赋、九功之货贿,则受藏、受用之府皆内府也。盖货若金玉、丹铅之类,可久藏者;贿若布帛、皮革之类,宜及时以用而久之则朽蠹者,故贮之必异所也。旧说,受用之府为职内,或曰外府,皆非也。职内掌赋入之总,辨其用而不受其物,外府则所掌惟邦布。

　　凡官府都鄙之吏及执事者,受财用焉。

【集注】
　　执事谓为官执掌其事,有营造合用官物。

　　凡颁财,以式法授之。关市之赋以待王之膳服,邦中之赋以待宾客,四郊之赋以待稍秣,家削之赋以待匪颁,邦甸之赋以待工事,邦县之赋以待币帛,邦都之赋以待祭祀,山泽之赋以待丧纪,币馀之赋以待赐予。

【集注】
　　待,犹给也。膳服,即羞服也。稍秣,即刍秣也。赐予,即好用也。大宰九式并言"丧荒",此独言"丧"者,荒之用出于三十年之所积故也。以九赋待九事,亦总其大略可以赡给,非截然不相通,盖材物、泉布可以互易,盈歉多寡可以酌剂,职内所谓"叙其财以待移用"是也。邦中、四郊、削、甸、县、都之赋,皆粟米也。古者以粟米易百物,故匪颁、工事、币帛皆用粟米,其宾客、祭祀、稍秣,上得转移而用之者,不必言矣。

凡邦国之贡,以待吊用。凡万民之贡,以充府库。

【集注】
吊用,凶礼之五事也。注疏谓九贡之外,别有九赋,为口出泉,据此,不知此以邦国之贡而并及之也。盖邦国之九贡与畿内九职所贡,其物多同,彼以待四方之事,此则充府库以待畿内之事,即上九式之用也。

凡式贡之馀财以共玩好之用。

【集注】
必禁王之有玩好,势将不行,以馀财共之,则知不可以耗天下之经费矣。

凡邦之赋用,取具焉。

【集注】
赋用,用赋也。凡邦之赋用,如军旅、田役、施惠以及百府有司禄廪之类,九式所不载者。

岁终,则以货贿之入出会之。

玉 府

玉府掌王之金玉、玩好、兵器,凡良货贿之藏。

共王之服玉、佩玉、珠玉。

【集注】

《戴记》:"大圭长三尺,天子服之。"《玉藻》:"天子佩白玉而玄组绶。"《诗》传:"佩玉,上有葱衡,下有双璜、冲牙,蝾珠以纳其间。"珠玉,琢玉为珠,以贯冕弁。王五冕,旒数不同,而玉皆十有二,又有皮弁、韦弁、冠弁,其会玉亦十二。

王齐,则共食玉。

【集注】

王齐,食玉屑。

大丧,共含玉、复衣裳、角枕、角柶。

【集注】

含玉,璧形而小,以实口。复,始死招魂也。衣裳,生时所服。角枕,以枕尸。角柶,角匕也,以楔齿,令可饭含。

掌王之燕衣服、衽席、床笫,凡亵器。

【集注】

燕衣服，谓巾絮、寝衣、袍襗之属。第，簀也。衽席，卧席也。亵器，清器，虎子之属。王之燕衣服、凡亵器皆掌于玉府，则冢宰、小宰得检察，虽以良货贿共之，而毋敢作淫巧以荡上心矣。

若合诸侯，则共珠槃、玉敦。

【集注】

敦，槃类，珠玉以为饰。合诸侯，割牛耳取其血，歃之以盟。珠槃以盛牛耳，尸盟者执之。敦盛血。

凡王之献金玉、兵器、文织、良货贿之物，受而藏之。

【集注】

文织，画及锦绣。或曰凡织而有文者，九贡、九赋、九功及四方币献并入内府。故旧说玉府所受，乃群下私献于王者。然聘礼私觌，亦币献之常，未闻别有私献于王之礼。盖内府所受，百工所成，王命献之，而以为善，则藏于玉府以待王用耳。曰物者，良货贿所成之物，而非货贿也。

凡王之好赐，共其货贿。

内　府

内府掌受九贡、九赋、九功之货贿、良兵、良器，以待邦之大用。

【集注】

受,受之大府也。大用,九式及吊用也。九赋亦有货贿者,角人、羽人、掌葛皆征其物,以当邦赋,则知周官和通上下,备法以利民,凡有货贿者,皆得入以代赋,不独山泽之农。

凡四方之币献之金玉、齿革、兵器,凡良货贿入焉。

【集注】

诸侯朝聘所献国珍,先入掌货贿,入其要于大府,乃通于内府。○陈及之曰:"金玉、兵器、良货贿分掌于二官者,玉府所掌乃贡式馀材所作,及兽人、渔人所入之物,专以共王玩好及赐予,内府则通掌九贡、九赋、九功之货贿及四方币献,以待邦之大用也。"○九贡、九赋、九功之货贿不言良者,良苦兼受也。兵与器独言良者,其不良者司兵及用器者受之也。币献之货贿独言良者,庭实非良不荐也。货贿皆良则兵与器不必言矣。邦之大用货贿则良苦各有所待,若兵与器之锡,则必褒有德,劳有功,是以非良不用也。聘物好赐,必以良货贿共奉,亦此义也。凡邦国之贡,以待吊用,故聘物好赐,亦于币献取之。

凡适四方使者,共其所受之物而奉之。

【集注】

王所以遗诸侯者。

凡王及冢宰之好赐予，则共之。

【集注】

冢宰待四方宾客之小治，或有所善，亦赐予之。

外　府

外府掌邦布之入出，以共百物，而待邦之用，凡有法者。

【集注】

布，泉也。其藏曰泉，其行曰布，义取于水泉之流布也。共百物者，或作之，或买之，百物有赋贡所不及者，则以布市焉。布之出者，赐予市赉也。其入者，国所鼓铸，廛人所敛，闾师所入，及民当出粟米、丝麻而或以布代者。

共王及后、世子之衣服之用。

【集注】

王、后、世子衣服用泉布者，按《典妇功职》"共王及后之用"者，惟内嫔妇之功，或有所不能备也。邦国之嫔贡，九职之妇功，成于外工者多矣，而不以共，何也？王、后、世子之衣服，非内嫔妇之功，则不用。其有不备，转以布市之，亦所以示节制，防广侈也。

凡祭祀、宾客、丧纪、会同、军旅,共其财用之币赍、赐予之财用。

【集注】
　　赍,行道之财用也。《聘礼》:"问几月之币赍。"币,即布也。禹发庄山金,铸币济民。不曰共其币赍,而曰财用之币赍者,量所应用财物而给之币,以为赍也。曰"赐予之财用"者,若王命赐以宫室、衣服而无夙成者,亦量其所用财物而给以布。

凡邦之小用,皆受焉。

【集注】
　　皆受,皆来受也。布权百物而通之,故小用皆取给于此。

岁终则会,惟王及后之服不会。

司　会

司会掌邦之六典、八法、八则之贰,以逆邦国、都鄙、官府之治。

以九贡之法致邦国之财用,以九赋之法令田野之财用,以九功之法令民职之财用,以九式之法均节邦之财用。

【集注】

闾师掌国中、四郊之赋,而所列皆贡物,且农之九谷与诸职之物同曰贡,明贡之外别无所谓赋也。县师掌邦国、都鄙、稍、甸、郊里之贡赋,别无任民令贡之法者,一同于闾师所掌也。注疏谓九赋为口出泉,据此既云以九赋之法令田野之财用,复云以九功之法令民职之财用,似分而为二,不知财用之最多者,莫如九谷,而皆出于田野,惟关市币馀无九谷,国中山泽亦有耕者,故举其多而以田野为主,皆征其九谷也。至于园圃、山泽、薮牧、关市既非谷土,虞衡、圃牧、工商、嫔妇、臣妾、闲民又非农者,所执之业既殊,所贡之物亦异,不得不别而为二,非既征其贡,又责以赋,如汉以后口率出泉之制也。

掌国之官府、郊野、县都之百物财用,凡在书契版图者之贰,以逆群吏之治,而听其会计。

【集注】

野,甸稍也。书,记录簿书也。契,取予敛散所执以为验也。版,户籍。图,土地形象,田野广狭。

以参互考日成,以月要考月成,以岁会考岁成。以周知四国之治,以诏王及冢宰废置。

【集注】

凡事之用财,有分用者,有总司者,并出财者,各有簿书,所谓参以考之也。官有联事,彼此互见,所谓互以考之也。惟日成纷杂,易于抵冒,参互以得其实,则月要、岁会虽大积而无误矣。此承上官府、郊野、县都百物财用而为言也。而继以周知四国之治者,司会掌六典、八法、八则之贰，以逆邦国、都鄙、官府之治，是邦国各上其计于岁终也。《月令》：每岁季秋，制诸侯来岁所赋于民轻重之法，贡职之数。则古者邦国之日成、月要、岁会皆达于天子可知矣。盖必知其年之丰凶，而后可酌其所赋于民轻重之法；必知其国用之多寡，而后可定其贡职之数也。"诏王及冢宰废置"，总上群吏之治、四国之治而言之。

司 书

司书掌邦之六典、八法、八则、九职、九正、九事邦中之版，土地之图，以周知入出百物，以叙其财，受其币，使入于职币。

【集注】

九正，即九职之赋贡也，变文言正以著其惟正之供也。九事，即九式也，以用财言之，则曰"式"，以用财所为之事言之，则曰"事"。叙，比次也。受其币，谓受录其馀币，而为之簿书也。知九正不兼侯国之贡者，以下言邦中之版图，及知夫家器械、六畜凡掌税敛者，受法皆畿内之事也。司会所掌有九贡，而司书无之者，邦国之贡其大经该于六典，至于民财、器械、田野、夫家、六畜之数，则非王朝之吏所能及也。山林、薮泽之数则具在职方矣。司会统财用之计，故九贡、九赋、九功皆会焉，其职与司书异矣。

凡上之用财用，必考于司会。

【集注】

凡上之用财用,谓九式外若王及冢宰好赐予之类。必考于司会者,司会以九式均节财用,苟其事不当得执奏。

三岁则大计群吏之治,以知民之财器械之数,以知田野夫家六畜之数,以知山林川泽之数,以逆群吏之征令。

【集注】

民之财,所积粟、米、丝、麻百物也。山林、川泽、童枯则不税。凡逆治状,则以迎受言。逆财用,则以钩考言。此恐群吏滥征,故知其本数以钩考之。

凡税敛,掌事者受法焉。及事成,则入要贰焉。

【集注】

税敛掌事者,若《地官》闾师、旅师等,九赋之外别无九贡,著于闾师职者甚明。旧说乃谓贡赋之外别有税敛,误矣。此及《小司徒职》所谓"税敛之事",即税敛九赋、九贡之事也。详见《地官》。

凡邦治考焉。

【集注】

考其法于司书。

职　内

职内掌邦之赋入,辨其财用之物,而执其总。以贰官府、都鄙之财入之数,以逆邦国之赋用。

【集注】

　　掌赋入者,九贡、九赋、九功之入皆掌之。赋乃总名,下言赋者皆此类也。辨财用之物,处之使种类相从。总谓簿书之种别,与大凡官府财入谓内府、外府凡入货贿者,皆是。都鄙财入留于郊里、野鄙、甸稍、县都以待用者,其副皆在职内。赋入独曰邦者,以入于王朝者言之也。赋用曰邦国者,九赋所待半用之于侯国也。前曰"以逆邦国之赋用"者,预计其当用之数也。后曰"以逆职岁与官府财用之出"者,钩考其已用之数也。

凡受财者,受其贰令而书之。

【集注】

　　受财,受大府之颁而藏之者,若内府、外府、玉府是也。大府以其令之贰下职内故受而书之。注谓"受于职内以给公用",非也。凡出财用,皆受法于职岁。疏谓职内亦有留货贿之府,故得出给,益误矣。

及会,以逆职岁与官府财用之出。

【集注】

并钩考职岁出财之数,及各官府所用之数也。财入之数,并言官府、都鄙,而财用之出,独言官府者,以守藏言,则官府、都鄙异所,不可以无别;以出用言,则都鄙之财亦官府出而用之也。

而叙其财,以待邦之移用。

【集注】

九式之用,各有所当。一岁中九赋之入有盈歉,所待之用有多少,则移其有馀以济不足,故叙以待之。注独主馀见之财,非也。盖并本岁所入之财叙之。

职　岁

职岁掌邦之赋出,以贰官府、都鄙之财出赐之数,以待会计而考之。

【集注】

九贡、九赋、九功之入,或藏于官府以待王朝之用,或贮于都鄙以待畿内之用。出之数,九式有经制者,下文"凡官府、都鄙群吏之出财用,受式法"者是也。赐之数,下文"凡上之赐予,以叙与职币授之"者是也。

凡官府、都鄙群吏之出财用,受式法于职岁。

凡上之赐予，以叙与职币授之。
及会，以式法赞逆会。

【集注】

助司会钩考群吏之计。

职 币

职币掌式法以敛官府、都鄙与凡用邦财者之币。

【集注】

所敛之币，谓给公用之馀。

振掌事者之馀财。

【集注】

振，收也。掌事谓以王命有所作为。上敛币者，日用经费之馀也。此振财者，有兴作之事而馀也。

皆辨其物而奠其录，以书楬之，以诏上之小用赐予。

【集注】

奠，定也。录，籍也。楬，标其上也。

岁终,则会其出。凡邦之会事,以式法赞之。

司 裘

司裘掌为大裘,以共王祀天之服。

【集注】
　　大裘,黑羔裘,服以祀天,示质也。大裘之上,又有玄衣,与裘同色。○李耜卿曰:"宋元祐时议北郊,皆以五月服大裘为难行。按:《司服职》'祀昊天上帝则服大裘而冕,祀五帝亦如之'。若以五月祀帝,不可服大裘,则四月祀赤帝,六月祀黄帝,又可服乎?"杨氏曰:"苍璧、黄琮以象天地之性者,不容不异冕服。王之所服以事天地者,不容不同,但夏至不用大裘耳。屦人之屦,犹辨四时之宜,则冕服可知矣。"

中秋献良裘,王乃行羽物。

【集注】
　　良,善也。中秋鸟兽毛毨①,因其良时而用之。行羽物,谓赐群臣。中秋鸠化为鹰,中春鹰化为鸠,顺其始杀,与其将止,而大颁羽物,故《罗氏职》中春亦行羽物。

季秋献功裘,以待颁赐。

----
① "毛",抗希堂本同,阮刻《周礼注疏》作"毨"。

【集注】

功裘，人功微粗，谓狐青、麛裘之属。功裘以待颁赐，则良裘王所服，不待言矣。

王大射，则共虎侯、熊侯、豹侯，设其鹄。诸侯，则共熊侯、豹侯。卿大夫，则共麋侯。皆设其鹄。

【集注】

大射，谓王将有郊庙之事，以射择朝觐诸侯与群臣及邦国所贡之士以助祭也。此经诸侯谓三公及王子弟封于畿内者，不言孤。孤六命，与卿同，自大夫以上将祀其先祖，亦与其臣射以择之。士不大射，无臣可择也。凡大射，各于其射宫。侯者，其所射也。以虎、熊、豹、麋之皮饰其侧，又方制之以为准，谓之鹄，著于侯中。王之大射，自射虎侯，诸侯射熊侯，卿大夫以下射豹侯。诸侯之大射，自射熊侯，群臣射豹侯。卿大夫之大射，则君臣共麋侯焉。谓之侯者，以警不宁之诸侯。谓之鹄者，取小鸟难中。用虎、熊、豹、麋之皮，示服猛讨迷惑者。或曰《春秋》书多麋害稼之物。

大丧，廞裘，饰皮车。

【集注】

廞，兴也，若《诗》之兴，谓象似而作之。凡为神之偶衣物，必沽而小。或曰与廞乐同义，陈之也。皮车，遣车之革路。

凡邦之皮事，掌之。岁终则会，惟王之裘与其皮事不会。

【集注】

以此知妇人之不裘也。

掌　皮

掌皮掌秋敛皮,冬敛革,春献之。

【集注】

革需揉治,故至冬乃敛。皮革逾岁干久乃可用。献之,谓献其良者于王以入司裘给王用。

遂以式法颁皮革于百工。

【集注】

式法,作物所用多少故事。百工,《冬官》裘氏、韦氏、函人之类。

共其毳毛为毡,以待邦事。

【集注】

毳毛,细缛者。

岁终,则会其财赍。

【集注】

　　财，谓所入皮革本数及出给所馀。赍，则出给之数也。○赍，疑谓泉布也。经于《掌皮》曰"会其财赍"，于《典妇功》曰"授女功之事赍"。盖练治皮物、丝麻，所用物琐细，故给以布使自备之也。外府掌邦布，凡祭祀、宾客、丧纪、军旅共其财用之币赍，亦用以通百物与。

内　宰

　　内宰掌书版图之法，以治王内之政令，均其稍食，分其人民以居之。

【集注】

　　人民，奄、奚之属。王内之职，惟内小臣奄四人为上士，则其馀皆人民也。在版之奄奚，其执事有常；在图之宫寝，其居处有列，所谓版图之法也。王之后宫非外臣所得入也，故绘其图，然后可以分人民之所居。郑刚中谓："小宰所治之王宫，乃王之六寝。内宰所治之内宫，乃后、夫人所居。"非也。凡宫正、宫伯所掌者，王宫之群吏、士庶子，或布周庐，或次宫内，不与嫔妇相接者也。内宰所治者，奄奚之属，与嫔妇时接者也。小宰兼掌之，故统之曰王宫。内宰分掌之，故别之曰王内耳。

　　以阴礼教六宫，以阴礼教九嫔，以妇职之法教九御，使各有属，以作二事。正其服，禁其奇邪，展其功绪。

【集注】

阴礼,妇人之礼。后象王立六宫,亦正寝一,燕寝五。教者,不敢斥言之,谓之六宫。九御,女御也。九九而御于王,因以号焉。使各有属者,自夫人下至女御,三三为属。二事,丝、枲之事。展,录也。绪,业也。三夫人分掌六宫,曰教六宫,则后、夫人兼之矣。二十七世妇分属九嫔,曰教九嫔,则世妇视此矣。特出九御之妇职者,以世妇以上无丝、枲之功事也。○内官不列三夫人,而浆人掌夫人致饮于宾客之礼,则知次于后而居九嫔之上者,有夫人矣。犹师氏、保氏不言教太子,而《诸子职》"国有大事,帅国子而致于太子,惟所用之",则知师氏、保氏所教国子,乃与太子共学者,而太子亦在其中矣。

大祭祀,后裸献,则赞,瑶爵亦如之。

【集注】

大祭祀,谓祭宗庙。王既祼,后乃从后祼也。《祭统》曰:"君执圭瓒祼尸,大宗执璋瓒亚祼。"乃夫人不与而摄耳。献谓王荐腥、荐熟,后从后献。瑶爵,谓尸卒食,王既酳尸,后亚献其爵,以瑶为饰。○郑刚中谓:"礼三献至九献,后皆用瑶爵。"未知何据。

正后之服位,而诏其礼乐之仪。

【集注】

荐彻之礼,当与乐相应。位谓房中、户内及阼所立处。

赞九嫔之礼事。

【集注】

助九嫔赞后之事。九嫔赞后荐玉齍，荐彻豆笾。

凡宾客之祼献、瑶爵，皆赞。

【集注】

谓王同姓及二王后来朝觐为宾客者，后亚王而祼以礼宾。献，谓王飨燕，亚王献宾也。瑶爵，亚王酬宾也。《坊记》曰："阳侯杀缪侯而窃其夫人，故大飨废夫人之礼。"

致后之宾客之礼。

【集注】

宾客，谓诸侯来朝觐及畿内同姓诸侯之夫人会见王后者，礼如致饮之类。

凡丧事，佐后使治外内命妇，正其服位。

【集注】

内命妇谓九嫔、世妇、女御。外命妇，卿大夫之妻，或曰士妻亦为命妇。丧言"凡"，则王及后、世子以下皆是。注谓"使其属之上士"，非也。盖诏后使春官世妇、内宗、外宗治之。又谓"王命其夫，后命其妇"，亦非也。《记》曰："夫人之不命于天子，自鲁昭公始也。"凡爵命，必统于天子。

凡建国，佐后立市，设其次，置其叙，正其肆，陈其货贿,出其度、量、淳、制,祭之以阴礼。

【集注】
　　王立朝,后立市,阴阳之义也。次,谓吏所治,思次,介次。叙市,行列也。正其肆者,物各异肆,正之使不杂也。淳谓幅广。制谓匹长。《天子巡守礼》:"制币丈八尺,纯四咫。"阴礼,妇人之祭礼。始立市,体地道,以后主之。既立,则无复与其事,夫人过市有罚,是也。

　　中春,诏后帅外内命妇始蚕于北郊,以为祭服。
　　岁终,则会内人之稍食,稽其功事。

【集注】
　　内人,谓九御。

　　佐后而受献功者,比其小大与其粗良而赏罚之。

【集注】
　　献功者,九御之属。《典妇功》曰:"及秋献功。"○王介甫曰:"小大比其制,粗良比其功。"

　　会内宫之财用。

【集注】
　　据膳夫、庖人、内饔职所共,独王及后、世子之饮食膳羞,则夫人以下皆各使女奚治之。故内宰会其财用,均其稍食。盖必如此,然后事不冗,而人皆得其节适。先王之政,所以即人之心而无微不达也。"内宫"当作"内官",文误也。《周语》"内官不过九御"。凡"内",对"外"而言也。无外宫而曰内宫,则义无所处矣。

正岁,均其稍食,施其功事,宪禁令于王之北宫而纠其守。

【集注】

均,犹调度也。施,犹颁也。北宫,后之六宫。谓之北宫者,系于王,明用王之禁令令之。守,宿卫者。

上春,诏王后帅六宫之人而生穜稑之种,而献之于王。

【集注】

上春,亦谓正岁,以春事将兴,故曰上春。夫人以下分居后之六宫。每宫九嫔一人,世妇三人,女御九人;其馀九嫔三人,世妇九人,女御二十七人,从后惟其所燕息焉。从后者五日而沐,其次又上,十五日而遍云。先种后熟谓之穜,后种先熟谓之稑。王耕藉,后生种而献之,以共郊庙,不敢不亲,且使知稼穑之艰难也。○郑刚中曰:"穜稑,该九谷之先种后熟、后种先熟者,非谷名也。"

内小臣

内小臣掌王后之命,正其服位。

【集注】

命谓使令所为。或言王后,或言后,通耳。

后出入,则前驱。若有祭祀、宾客、丧纪,则摈,诏后之礼事,相九嫔之礼事,正内人之礼事,彻后之俎。

【集注】

摈,为后传辞,有所求为。曰诏、曰相、曰正,异尊卑也。俎谓后受尸之爵,饮于房中之俎。

后有好事于四方,则使往。有好令于卿大夫,则亦如之。

【集注】

后于其族亲所善者,使往问遗之。好事,以物问遗也。好令,以言问劳也。

掌王之阴事、阴令。

【集注】

阴事,群妃御见之事。汉时掖庭令昼漏不尽八刻,日录所记[①],推当御见者。阴令,王所求为于北宫。

---

① "日",抗希堂本同,阮刻《周礼注疏》作"白"。阮元校记云卷二"白录所记",宋本、岳本、嘉靖本、《汉制考》同。闽、毛本"白"误作"日",监本误"目"。宋本"记"下空阙一字,盖本作"白所记录"。按《汉官旧仪》有此条,作"白录所记"。

阍 人

阍人掌守王宫之中门之禁。

【集注】

　　王有五门,外曰皋门,二曰库门,三曰雉门,四曰应门,五曰路门。路门一曰毕门。中门,于外内为中,雉门也。序官言"每门",此言"中门"者,盖举"中"以例之。或曰"每门"者,中门内之三门也。其外二门则虎贲及司隶之属守之。郑刚中曰:"外二门,臣民皆得入,雉门内则不得妄入,故于此有禁。"

丧服、凶器不入宫,潜服、贼器不入宫,奇服、怪民不入宫。

【集注】

　　凶器,明器也。潜服,若衷甲者。贼器,器之可以戕人者。怪民,狂易。

凡内人、公器、宾客,无帅则几其出入,以时启闭。

【集注】

　　三者出入,当须使者符节乃行。时,谓漏尽。

凡外内命夫命妇出入，则为之辟。

【集注】
　　辟行人，使无干也。内命夫，卿大夫士之在宫中者。

掌扫门庭。大祭祀、丧纪之事，设门燎，跸宫门、庙门。

【集注】
　　燎，地烛也。以百苇布缠之，蜡涂其上。天子百，公五十，侯伯子男皆三十。

凡宾客亦如之。

【集注】
　　宾客飨食在庙，燕在寝。

寺　人

寺人掌王之内人及女宫之戒令，相道其出入之事而纠之。

【集注】
　　内人，女御也。女宫，女奚之属。

若有丧纪、宾客、祭祀之事,则帅女宫而致于有司。佐世妇治礼事。掌内人之禁令。

【集注】

有司谓春官宫卿、世妇。佐世妇,则二十七世妇也。

凡内人吊临于外,则帅而往,立于其前而诏相之。

【集注】

从世妇所吊,或自哭其亲族。立其前者,贱也。贱而必诏相之者,出入于王宫,不可阙于礼。

内　竖

内竖掌内外之通令,凡小事。

【集注】

内,后六宫。外,卿大夫。所通独小事之令也。知然者,王之阴事,阴令内小臣掌之。不曰"掌通内外小事之令",而曰"掌内外之通令",凡小事者,所掌不独内外小事之令,而兼给小事也。使童竖者,以其无与为礼,出入便疾。

若有祭祀、宾客、丧纪之事,则为内人跸。

【集注】

三事为内人跸者,皆谓在庙时。祭祀在庙,禘祫四时之祭也。宾客在庙,飨食时也。丧纪在庙,丧朝庙及祖奠、遣奠时也。

王后之丧迁于宫中,则前跸。及葬,执亵器以从遣车。

【集注】

丧迁者,将葬,朝于庙。亵器,振饰颒沐之器。遣车,载遣奠牲体,置于椁四隅者。

九 嫔

九嫔掌妇学之法,以教九御妇德、妇言、妇容、妇功,各帅其属而以时御叙于王所。

【集注】

妇德谓贞顺,妇容谓婉娩。九嫔既习于德、言、容、功,又备于从人之道,是以教女御也。群妃御见之法,卑者先,尊者后。女御八十一人当九夕,世妇二十七人当三夕,九嫔当一夕,三夫人当一夕,后当一夕,十五日而遍,自望后反之。孔子曰:"日者天之明,月者地之理。阴契制,故月上属为天,使妇从夫放月纪。"○蜀冈陈氏曰:"《女御职》'掌御叙于王之燕寝',乃当夕也。此经以时御叙于王所,乃时节以礼见,或有庆慰,九嫔各帅其属以进见耳。曰'王所'者,或于王之燕寝,或于后宫,无定所也。"

凡祭祀,赞玉齍,赞后荐、彻豆笾。

【集注】

玉齍,玉敦,受黍稷器。注谓"后进之而不彻",非也。无彻豆笾,而玉齍乃不彻者,"赞后"之文,设于"赞玉齍"之下者,如曰"赞后玉齍,荐,彻豆笾"则似赞后进玉齍,而自荐彻豆笾也。

若有宾客,则从后。大丧,帅叙哭者,亦如之。

【集注】

诸侯来朝,王亲飨燕,后从王。帅,犹道也。后哭,众次叙者乃哭。

世 妇

世妇掌祭祀、宾客、丧纪之事,帅女宫而濯摡,为齍盛。

【集注】

摡,拭也。为,犹差择。祭祀黍稷,春人春之,饎人炊之,皆不使世妇,故知为乃差择也。

及祭之日,莅陈女宫之具,凡内羞之物。

【集注】

莅,临也。内羞,房中之羞。

掌吊临于卿大夫之丧。

【集注】

王后所不亲吊,则使世妇往。不言公孤,不必言也。后与宾客之事,而吊事多不亲者,入诸臣之家也。《女巫职》:"若王后吊,则与祝前。"盖若后之父母、王之周亲,则不容不亲吊也。知非掌王后吊临之礼事者,《女御职》:"从世妇而吊于卿大夫之丧。"

女 御

女御掌御叙于王之燕寝。

【集注】

于王之燕寝,则王不息后宫。使女御掌御叙,卑者不敢专妒也。

以岁时献功事。

【集注】

丝枲成功之事。

凡祭祀,赞世妇。

周 礼

【集注】

　　助其帅荽女宫。

　　大丧,掌沐浴。

【集注】

　　男子不死于妇人之手,王丧之沐浴,则止共汤物也。

　　后之丧,持翣。

【集注】

　　翣,棺饰也。汉制,翣方扇以木为匡,广二尺,两角高二尺四寸,柄长五尺,以布覆之。天子八翣,后同。

　　从世妇而吊于卿大夫之丧。

女　祝

　　女祝掌王后之内祭祀,凡内祷祠之事。

【集注】

　　内祭祀,宫中灶、门、户。祷,疾病求瘳。祠,报福。

　　掌以时招、梗、襘、禳之事,以除疾殃。

【集注】

以时者,谓随其事时,不必要在四时也。招,谓招取善祥。梗,捍御恶之未至也。襘,犹刮也,刮去见在之灾。禳,攘也,推却见在之变异。鬼神之事,妇人信之尤酷。圣人因人情之所不能已,制为正祀,领于礼官,则淫祀不禁而自止矣。

女 史

女史掌王后之礼职。

【集注】

于后所行之礼命之曰职而女史掌之,使朝夕恪勤凛然于职之不易尽,则骄肆懈惰之习无自而生矣。

掌内治之贰,以诏后治内政。逆内宫,书内令。

【集注】

内治之法,本在内宰,书而贰之。逆内宫者,谓六宫所有功事,及所用财物、粟米皆钩考之。内令,后令也。内宫,亦当作内官。

凡后之事,以礼从。

【集注】

亦如太史之从王。

典妇功

典妇功掌妇式之法,以授嫔妇及内人女功之事赍。

【集注】
　　妇式,妇人事之模范。嫔妇,九嫔、世妇。

　　凡授嫔妇功,及秋献功,辨其苦良、比其小大而贾之,物书而楬之。以共王及后之用,颁之于官府。

【集注】
　　作二事者女御,授功乃独言嫔妇者,内宰以妇职教九御,使各有属,以作二事。九御分属九嫔世妇,故授功专责之嫔妇,使各监省其属也。苦读为盬,觕也。大小,长短、广狭也。贾,估其直也。知此职所授受独内嫔妇之功者,以独共王与后之用,又外嫔妇之功,典丝、典枲受之也,非宫中所缲绩,王与后不用,而所用兼苦良,亦所以劝内职,彰女教也。疏谓"以待王及后之用,故藏于内府",非也。内府都受九贡、九赋、九功之货贿,非王及后之私藏也。盖凡丝枲布帛,皆藏于内府,其成于内人者,则以共王及后之用。若夫邦国所贡,九职所入,成于外工者,则以共邦之百用耳。王之燕衣服,玉府掌之,盖既成而后以入于玉府。

典　丝

典丝掌丝入而辨其物,以其贾楬之。

【集注】

丝入,谓九职嫔妇所入,及邦国之嫔贡。

掌其藏与其出,以待兴功之时。

【集注】

时者,若温暖宜缣帛,清凉宜文绣。

颁丝于外内工,皆以物授之。

【集注】

以物授之者,若缣帛则授以素丝,文绣则授以彩丝。《内工》注谓"女御",非也。《典妇功》"授嫔妇及内人功",则内人即女御可知矣。此曰"工",所以别于内官,盖女酒、女浆之属,及其奚也。列于天官职者,奚女近千人,其无事之时必颁功而授赍可知矣。外工,黄氏谓"诸侯夫人、大夫妻",亦非也。王礼事所用缣、帛、组、文非内工及外命妇所能具,必颁于闾阎之嫔妇,故谓之外工。

凡上之赐予亦如之。

【集注】

谓赐以丝物。

及献功,则受良功而藏之,辨其物而书其数,以待有司之政令,上之赐予。

【集注】

先郑谓"良当为苦",非也。典枲受苦功而藏之,当为良耳,不惟典丝所共丧祭之物宜用良功,即典枲所待颁赐亦不宜用苦功也。其苦功不言所颁受者,内府掌受九贡、九赋、九功之货贿,而典妇功所楬良苦之功并颁于内府,则内府受之,不必言矣。

凡祭祀,共黼画、组就之物。

【集注】

黼画,衣服及依巾幂也。组就,以组为就,冕旒也。白与黑谓之黼。采色一成曰就。

丧纪,共其丝、纩、组、文之物。

【集注】

丝以给线缕,纩以充衣绪。组者,《士丧礼》:"握手,玄纁里,着组系。"《内则》曰:"屦,着綦。綦,屦系。"是用组之事也。青与赤谓之文。

凡饰邦器者,受文、织、丝、组焉。

【集注】

谓茵席、屏风之属。

岁终,则各以其物会之。

典 枲

典枲掌布、缌①、缕、纻之麻草之物,以待时颁功而授赍。

【集注】

缌,十五升布抽其半者。白而细疏曰纻。缕,线也。草,葛苘之属。《典丝职》曰"掌丝入"者,以别于内嫔妇之献茧也。此职不曰"枲入"者,麻草皆九职所贡,不必言也。曰"掌布、缌、缕、纻之麻草之物"者,麻草之物不独用于布、缌、缕、纻而典枲所掌惟此也。授赍,注谓"给麻草",非也。颁功则已给麻草矣。盖给以泉布,使自具练治麻草之器物,兼偿其劳也。于颁丝曰"内外工",则枲可知也。于颁枲曰"授赍",则丝可知也。

及献功,受苦功,以其贾楬而藏之,以待时颁。

【集注】

注谓"丝为良功,枲为苦功",非也。果尔,则既分二职,第曰"受

---

① "缌",原作"丝",据下文及阮刻《周礼注疏》改。

其功"可矣。

颁衣服,授之,赐予亦如之。

【集注】
帛言待有司之政令,布言颁衣服,互文。

岁终,则各以其物会之。

内司服

内司服掌王后之六服,袆衣、揄狄、阙狄、鞠衣、展衣、缘衣,素沙。

【集注】
狄,当为翟,雉名。伊雒而南,素质,五色皆备成章曰翚。江淮而南,青质,五色皆备成章曰摇。王后之服,刻缯为之形而采画之,缀于衣以为文章。袆衣画翚者,揄狄画摇者,阙狄刻而不画,此三者皆祭服。从王祭先王则服袆衣,祭先公则服揄狄,群小祀则服阙狄。鞠衣,黄桑服也,色如鞠尘,象桑叶始生。《月令》:"季春,荐鞠衣于先帝,告桑事。"展,当作"襢",以礼见王及宾客之服。《诗》曰:"瑳兮瑳兮,其之展也。"缘当作"褖",御于王之服,亦以燕居。袆衣玄,揄狄青,阙狄赤,展衣白,褖衣黑。素沙,白缚也。六服皆袍制,以白缚为之里。王之吉服九,韦弁以下常服三,与后鞠衣以下三服同。但王之祭服六,而后惟三翟,以天地山川社稷之祀后、夫人不与也。

《玉藻》"王后袆衣,夫人揄狄。君命阙翟,再命鞠衣①,一命襢衣,士褖衣。"

辨外内命妇之服,鞠衣、展衣、缘衣,素沙。

【集注】
　　内命妇之服:鞠衣,九嫔也。展衣,世妇也。褖衣,女御也。外命妇,其夫孤,则鞠衣。卿大夫则展衣。士则褖衣。三夫人及公之妻,其阙狄以下乎?侯伯之夫人揄狄,子男之夫人亦阙狄,惟二王后袆衣。

凡祭祀、宾客,共后之衣服,及九嫔世妇凡命妇,共其衣服。共丧衰亦如之。

【集注】
　　凡命妇,谓女御及外命妇也。再命受服,则下士之妻不共。外命妇,唯王祭祀、宾客,以礼佐后,得服此上服,于其家则降焉。外命妇为王服齐衰,于后无服。九嫔以下及女御于王服斩衰,于后服齐衰。○疏"外命妇于后无服",据《仪礼·丧服传》,但义有未安。《春官·司服》:"凡丧,为天王斩衰,为王后齐衰。"《昏义》"为后服齐衰,服母之义也",恐宜通内、外命妇言之。○注"于其家则降焉",据《特牲》、《少牢》礼,大夫妻不服展衣。

后之丧,共其衣服,凡内具之物。

---

① "鞠",抗希堂本同,阮刻《礼记正义》作"袆"。

【集注】

　　后丧所共衣服,袭时十二称,小敛十九称,大敛百二十称,内具纷帨、线纩、鞶裘之属。

缝　人

　　缝人掌王宫之缝线之事,以役女御,以缝王及后之衣服。

【集注】

　　女御裁缝王及后之衣服,则为役助之,馀则专焉。王昭禹谓"女御非王宫八十一之数",非也。王后之衣,必内人典司,非于八十一女御取之,则并谓之女工可矣。惟系内人,而非女工之比,故奄人为之役。

　　丧,缝棺饰焉。

【集注】

　　《丧大记》曰:"饰棺,君龙帷,三池,振容,黼荒,火三列,黻三列,素锦褚,加帷荒,纁纽六,齐五采,五贝,黼翣二,黻翣二,画翣二,皆戴圭,鱼跃拂池。君纁戴六,纁披六。"此诸侯之礼也。《礼器》曰:"天子八翣,诸侯六翣,大夫四翣。"

　　衣翣柳之材。

【集注】

柳,即帷荒,或曰柳车也。翣与柳,皆先缠衣,其材乃以张饰。或曰翣亦以柳木为之。

掌凡内之缝事。

【集注】

不独衣服。

染 人

染人掌染丝帛。凡染,春暴练,夏纁玄,秋染夏,冬献功。

【集注】

暴练,练其素而暴之。纁,绛也。土托位南方,赤与黄共为纁。玄纁,天地之色,以为祭服。石染当及盛暑热润始湛研之,三月而后可用。染纁术,见《考工记·锺氏》。染玄无考,夏翟羽备五色,染以象之。

掌凡染事。

追 师

追师掌王后之首服,为副、编、次,追衡、笄,为九嫔及外内命妇之首服，以待祭祀宾客。

【集注】
　　副之言覆，所以覆首为之饰，服之以从王祭祀。编，编列发为之，服之以桑。次，次第发长短为之。所谓髲髢，服以见王。王后燕居，亦缃笄总而已。追，犹治也。《诗》云："追琢其章。"衡，维持冠者。笄，卷发。王后之衡笄皆以玉为之。唯祭服有衡，垂于副之两旁，当耳，其下以紞悬瑱。外内命妇衣鞠衣、展衣者服编，衣褖衣者服次。非祭祀、宾客，佐后于其家，亦降焉。据此，则《诗》曰："副笄六珈。"《记》曰："夫人副袆。"皆《周礼》之末失也。岂二王之后用之，而其后列国皆僭，如盏斝之及尸君与？曰"外内命妇"者，既举九嫔，则内命妇、世妇以下也，不可以先公卿之妻。《内宰职》"正丧之服位"，则曰"内外命妇"者，兼夫人及九嫔也。凡并举命夫、命妇，则曰"外内"者，命夫之贵者多在外也。此经不统之曰"内外命妇"者，正服位，辨舄屦及出入，可统称内命妇；若追师之设，本以共后、夫人、九嫔之首服，而因及于外内命妇，故别言之也。○注据《少牢馈食礼》，大夫妻不服编次。

丧纪共笄绖亦如之。

屦　人

　　屦人掌王及后之服屦。为赤舄、黑舄、赤繶、黄繶、青句、素屦、葛屦。

【集注】

曰"服屦"者，明服各有屦也。复下曰舄，禅下曰屦。絇，当为絇，著舄屦之头，以为行戒。繶，缝中紃也。凡屦舄皆有繶，有絇，有纯，三者同色。云"赤繶、黄繶、青絇"者，杂互言之。素屦，大祥时所服，无絇、繶、纯。葛屦，自赤舄以下夏则用葛为之，冬则用皮。列素屦下者，见素屦亦用葛与皮也。〇凡屦舄，各象其裳之色。《士冠礼》玄端、黑屦、青絇繶纯，素积、白屦、缁絇繶纯，爵弁、纁屦、黑絇繶纯是也。王吉服九，舄有三等。赤舄为上冕服之舄也。下有白舄、黑舄。王后吉服六，唯祭服有舄。玄舄为上，袆衣之舄也。下有青舄、赤舄。鞠衣以下皆屦耳。凡舄之饰，如缋之次。赤繶者，王黑舄之饰；黄繶者，王后玄舄之饰；青絇者，王白舄之饰。王及后之赤舄皆黑饰，后之青舄白饰。凡屦之饰，如绣次。黄屦白饰，白屦黑饰，黑屦青饰。天子诸侯吉事皆舄，其馀唯服冕衣翟著舄。士爵弁纁屦，黑絇繶纯，尊祭服之屦饰，从缋也。〇按《诗》周公"赤舄几几"，韩侯"玄衮赤舄"，岂皆王之加赐与？

辨外内命夫命妇之命屦、功屦、散屦。

【集注】

自大夫以上有命舄。独言命屦者，举下以包上也。命屦，与服而俱命者。功屦，人功细致，若掌裘之功裘。散屦，则常所服用及丧屦也。命夫、命妇，谓再命以上受服者，注疏之说于经无考，姑阙疑焉。〇《郑志》："赵商问'《司服》王后六服之制，目不解，请图之。'答曰：'大裘、衮衣、鹜衣、毳衣、绨衣、玄衣，此六服皆纁裳赤舄。韦弁衣以靺，皮弁衣以布，此二弁皆素裳白舄。冠弁服黑衣裳而黑舄，冠弁玄端。袆衣玄舄，首服副，从王见先王。揄狄青舄，首服副，从王见先公。阙翟赤舄，首服副，从王见群小祀。鞠衣黄屦，首服编，以告桑。襢衣白屦,首服编,以礼见王。褖衣黑屦,首服次,以御于王后服①。三翟则着三舄,玄、青、赤。服鞠衣以下则着三屦,黄、白、黑。妇人质,不殊裳,屦舄皆同裳色也。'"○《追师职》曰:"为九嫔及外内命妇之首服。"此职第曰辨者,命屦初命时官给之,其后则与功屦、散屦皆自为,与衡笄用玉石、可服上赐以终身者异,故第辨其法式也。

凡四时之祭祀,以宜服之。

【集注】

祭祀而有素屦、散屦者,惟大祥时。王光远曰:"夏葛冬皮,此随时之宜。吉祭用赤舄、命屦之等,丧祭有素屦、散屦,此随事之宜。"

夏　采

夏采掌大丧以冕服复于太祖,以乘车建绥复于四郊。

【集注】

太祖,始祖庙也。乘车,玉路。绥当作緌,以旄牛尾为之,注于干首。于太庙以冕服,不出宫也。四郊以緌,出国门所建也。复者各依命数,天子则十二人,各服朝服。祭仆复于小庙,隶仆复于小寝、大寝。而太祖四郊之复,则属夏采者,太祖四郊,为祭之最尊,王莅事,赞王者冢宰,故特设此职于天官,以领复事,而他无所掌也。

----

① 后,抗希堂本同,阮刻《周礼注疏》引作"之"。

○复者,人之终也。《春秋传》晋侯有疾,秦医和谓赵孟曰:"国之大臣,荣其宠禄,任其大节。有灾祸兴,而无改焉,必受其咎。今君至于淫以生疾,将不能图恤社稷,祸孰大焉?主不能御,吾是以云也。"王之宫寝内外,起居饮食,无一不关于冢宰,必君之身终而后师保之责尽焉。此天官之属,所以终于夏采也。

朱子曰:"冢宰一官,兼领王之膳、服、嫔、御,此最设官之深意。盖天下之事,无重于此。"又曰:"《冢宰》一篇,周公辅道成王,垂法后世,用意最深切处,欲知三代人主正心诚意之学,于此可见其实。"○李耜卿曰:"冢宰贰王,统百官,均四海,而诸官所掌不越居、处、服、御、财、赋、丝麻之事。呜呼,此圣人之议道自己者也。盖饮食男女,人之大欲存焉。自公卿以下至于庶人,或有所制而不敢纵,或有所求而未必逞。若尊为天子,富有四海,何求而不应哉?何惮而不为哉?以是大欲而势足以恢其邪心,于以治天下国家焉,吾不知其可也。周公知百官之得其统,四海之得其均,其要在王身,是故先以宫室安其身焉,次以饮食理其体焉,继以赋式节其用焉,终以内宫佐其德焉。析其事则至纤至悉,若无关于政治之要,而观其用意,本末兼修,内外交饬,以正君身,其至醇至备者乎。一之以大宰之权,分之以小宰、内宰之任,一起居、一饮食、一货用、一择采,进御多寡丰约,用舍去取,大臣皆得与闻之,而天子不得以自私,女子小人不得以窃惑。而司是职者,必名德之选。是以上知之君,就焉而益正;中材之主,守焉而寡过。盖正心诚意之实功,而治天下国家之本统也。"

卷三　地官司徒第二

徒，众也。地载万物，司徒任地，教扰万民，故曰"地官"。

叙　官

惟王建国，辨方正位，体国经野，设官分职，以为民极。乃立地官司徒，使帅其属而掌邦教，以佐王安扰邦国。

【集注】

扰，驯习也。以地官掌教者，礼官所教秀民而已。土地人民皆隶于地官，而亲民之吏属焉。必地官掌教乃能尽天下而无一人之不教。古之圣人所以务明明德于天下，而非汉唐之治所及也。

教官之属：大司徒，卿一人。小司徒，中大夫二人。乡师，下大夫四人。上士八人，中士十有六人，旅下士三十有二人。府六人，史十有二人，胥十有二人，徒百有二十人。

【集注】

乡师,每二人分掌三乡之事,相左右也。

乡老,二乡则公一人。乡大夫,每乡卿一人。州长,每州中大夫一人。党正,每党下大夫一人。族师,每族上士一人。闾胥,每闾中士一人。比长,五家下士一人。

【集注】

老,尊称也。《春秋传》刘文公自称"天子之老"。王畿附郭百里内为六乡,外为六遂。三公与王论道,因以道明民,故使乡民观德焉。正、师、胥,皆长也。正之言政也。师之言帅也。胥,有才知之称。自族师以下,即其里之贤者,民自推择,因而秩之,所谓"使民兴能,入使治之"也。○何氏曰:"六乡不过七万五千家,而官则万九千馀,何以禄之? 盖比长即上农夫,闾师则受二家之田,族师则受四家之田,皆自耕以给衣食。党正、州长以上,然后官赋之禄耳。"

封人,中士四人,下士八人,府二人,史四人,胥六人,徒六十人。

【集注】

聚土曰封。《春秋传》"楚城沂,使封人虑事,以授司徒"。此职文"凡封国,设其社稷之壝,封其四疆",则宜为地官之属明矣。

鼓人,中士六人,府二人,史四人,徒二十人。

周 礼

【集注】

其职兼掌金,而曰"鼓人"者,所掌四金,皆以节鼓也。

舞师,下士二人,胥四人,舞徒四十人。

【集注】

鼓、舞乃民间通用之乐,必属地官,于教民乃便。

牧人,下士六人,府一人,史二人,徒六十人。

【集注】

掌牧六牲,以共祭祀,亦地事也。

牛人,中士二人,下士四人,府二人,史四人,胥二十人,徒二百人。

【集注】

司徒物土,土爰稼穑,故牛人属焉。宗伯典礼,礼以时行,故鸡人属焉。司马主兵,军行飨馌,莫便于羊,故羊人属焉。司寇掌刑,狱有守禁,故犬人属焉。而祭祀因各共其事。〇王明斋曰:"牧人兼六牲,而官为下士,以职止刍牧,故与鸡人、羊人、犬人同爵。牛人虽主一牲,然其用不止于牲事,所掌财赋为大,故官为中士。马之用尤重于牛,故挍人为下大夫也。"

充人,下士二人,史二人,胥四人,徒四十人。

【集注】

充,博硕肥腯也。牧人养牲于田野,充人养牲于国中。

载师,上士二人,中士四人,府二人,史四人,胥六人,徒六十人。

【集注】

载之言事也,以地事任民而税之。

闾师,中士二人,史二人,徒二十人。

【集注】

乡官有州、党、族、闾、比,以闾名官者,征民之税宜督其亲民者,故闾胥征之,而闾师掌其征之令也。凡贡物入大府,谷入仓人。

县师,上士二人,中士四人,府二人,史四人,胥八人,徒八十人。

【集注】

征野赋贡。名曰县师者,自六乡至邦国,县居中也。

遗人,中士二人,下士四人,府二人,史四人,胥四人,徒四十人。

均人,中士二人,下士四人,府二人,史四人,胥四人,徒四十人。

【集注】

　　均犹平也,主平水土之政令。

　　师氏,中大夫一人,上士二人,府二人,史二人,胥十有二人,徒百有二十人。
　　保氏,下大夫一人,中士二人,府二人,史二人,胥六人,徒六十人。

【集注】

　　与师氏同教国子而别置官与府史者,所掌小学馆舍异所。

　　司谏,中士二人,史二人,徒二十人。
　　司救,中士二人,史二人,徒二十人。
　　调人,下士二人,史二人,徒十人。

【集注】

　　调,和合也。

　　媒氏,下士二人,史二人,徒十人。

【集注】

　　媒之言谋也,谋合异姓,使为婚姻。

　　司市,下大夫二人,上士四人,中士八人,下士十有六人,府四人,史八人,胥十有二人,徒百有二十人。

质人,中士二人,下士四人,府二人,史四人,胥二人,徒二十人。

廛人,中士二人,下士四人,府二人,史四人,胥二人,徒二十人。

【集注】

民居及市中屋舍通曰廛,此所掌廛在市中者。

胥师,二十肆则一人,皆二史。贾师,二十肆则一人,皆二史。司虣,十肆则一人。司稽,五肆则一人。胥,二肆则一人。肆长,每肆则一人。

【集注】

自胥师及司稽,皆司市所自辟除。胥及肆长,市中给繇役者。

泉府,上士四人,中士八人,下士十有六人,府四人,史八人,贾八人,徒八十人。

【集注】

故书"泉"或作"钱"。

司门,下大夫二人,上士四人,中士八人,下士十有六人,府二人,史四人,胥四人,徒四十人。每门下士二人,府一人,史二人,徒四人。

【集注】

主王城十二门。

司关,上士二人,中士四人,府二人,史四人,胥八人,徒八十人。每关下士二人,府一人,史二人,徒四人。

【集注】

王畿面五百里,界首面置三关,亦十二关。

掌节,上士二人,中士四人,府二人,史四人,胥二人,徒二十人。

遂人,中大夫二人。遂师,下大夫四人,上士八人,中士十有六人,旅下士三十有二人,府四人,史十有二人,胥十有二人,徒百有二十人。

【集注】

注"六遂之地,自远郊达于畿,中有公邑、家邑、小都、大都",非也。小司徒、乡大夫掌六乡之政教禁令,遂师、遂大夫各掌其遂之政令禁戒,而《县师职》曰:"掌邦国、都鄙、稍、甸、郊里之地域,而辨其夫家、人民、田莱之数,及其六畜、车辇之稽。"又曰:"凡造都邑,量其地,辨其物而制其域,以岁时征野之赋贡。"则稍县鄙、公邑、私邑乃县师所掌也。六遂独百里至二百里地,遂人掌造县鄙、沟涂形体之法,故曰"以达于畿",非畿内通为遂地也。县师所掌地域人民、田莱之数,兼甸、郊里者为受法于司马,以作众庶,会卒伍。

遂大夫，每遂中大夫一人。县正，每县下大夫一人。鄙师，每鄙上士一人。酂长，每酂中士一人。里宰，每里下士一人。邻长，五家则一人。

【集注】
　　乡大夫、遂大夫以下皆无府、史、胥、徒者，乡大夫乃六卿，不与民治。州长、遂大夫以下则其属吏，转而相承，身亲其事，无所用之。

旅师，中士四人，下士八人，府二人，史四人，胥八人，徒八十人。

【集注】
　　孙氏曰："先王之民，入有保受，出有节传，岂容浮游旅寄于四方。今民以羁为名，官以新甿为职，岂非自狭徙宽，移偏聚之民于广阔之野，上之人当劳来安集之乎？"

稍人，下士四人，史二人，徒十有二人。
委人，中士二人，下士四人，府二人，史四人，徒四十人。
土均，上士二人，中士四人，下士八人，府二人，史四人，胥四人，徒四十人。
草人，下士四人，史二人，徒十有二人。
稻人，上士二人，中士四人，下士八人，府二人，史四人，胥十人，徒百人。
土训，中士二人，下士四人，史二人，徒八人。

诵训,中士二人,下士四人,史二人,徒八人。

山虞,每大山中士四人,下士八人,府二人,史四人,胥八人,徒八十人;中山下士六人,史二人,胥六人,徒六十人;小山下士二人,史一人,徒二十人。

【集注】

虞,度也,度知山之大小及所生者。

林衡,每大林麓下士十有二人,史四人,胥十有二人,徒百有二十人;中林麓如中山之虞;小林麓如小山之虞。

【集注】

衡,平也。竹木生平地曰林,山足曰麓。

川衡,每大川下士十有二人,史四人,胥十有二人,徒百有二十人;中川下士六人,史二人,胥六人,徒六十人;小川下士二人,史一人,徒二十人。

【集注】

川,流水也。

泽虞,每大泽大薮中士四人,下士八人,府二人,史四人,胥八人,徒八十人;中泽中薮如中川之衡;小泽小薮如小川之衡。

【集注】

泽,水所钟也。水希曰薮。于林麓总言之,于泽薮分言之者,麓多为林,而泽薮地各异也。

迹人,中士四人,下士八人,史二人,徒四十人。

【集注】

迹之言跡也,知禽兽处。《春秋传》:"迹人来告,逢泽有介麇焉。"

卝人,中士二人,下士四人,府二人,史二人,胥四人,徒四十人。

【集注】

卝之言矿也。金玉未成器曰矿。

角人,下士二人,府一人,徒八人。
羽人,下士二人,府一人,徒八人。
掌葛,下士二人,府一人,史一人,胥二人,徒二十人。
掌染草,下士二人,府一人,史二人,徒八人。
掌炭,下士二人,史二人,徒二十人。
掌茶,下士二人,府一人,史一人,徒二十人。
掌蜃,下士二人,府一人,史一人,徒八人。
囿人,下士四人,下士八人,府二人,胥八人,徒八十人。

场人，每场下士二人，府一人，史一人，徒二十人。

【集注】

春夏为圃，以种菜蔬，至季秋始筑为场。

廪人，下大夫二人，上士四人，中士八人，下士十有六人，府八人，史十有六人，胥三十人，徒三百人。

【集注】

藏米曰廪，藏谷曰仓。

舍人，上士二人，中士四人，府二人，史四人，胥四人，徒四十人。

仓人，中士四人，下士八人，府二人，史四人，胥四人，徒四十人。

司禄，中士四人，下士八人，府二人，史四人，徒四十人。

司稼，下士八人，史四人，徒四十人。

舂人，奄二人，女舂抌二人，奚五人。

【集注】

舂人职领以女奚，数甚少，盖夫人亲舂，以供齍盛，故女奚助以终事。若牢礼飨食，则女奴入舂，槀者共之，而女奚特差择之耳。抌，抒臼也。

饎人，奄二人，女饎八人，奚四十人。

【集注】

故书"饎"作"䊠"。

稾人，奄八人，女稾，每奄二人，奚五人。

【集注】

稾，读为"犒帅"之"犒"。主冗食者，故谓之犒。稾人职领以女奚者，妇人主馈，且官吏人民给事宫中者，必女奚共食乃便，而因通给外朝之食也。士庶子宿卫王宫，故女奚共其食，而耆老、孤子之飨亦兼焉。其事春秋各一举，不足特设官也。

大司徒

大司徒之职，掌建邦之土地之图与其人民之数，以佐王安扰邦国。

【集注】

必知土地之宜、人民之数，然后可定民之居，制民之产，以安其身而教扰之。安扰邦国之民即所以安扰邦国也。

以天下土地之图，周知九州之地域、广轮之数，辨其山、林、川、泽、丘、陵、坟、衍、原、隰之名物。

【集注】

周之九州,扬、荆、豫、青、兖、雍、幽、冀、并也。东西为广,南北为轮,积石曰山,竹木曰林,注渎曰川,水钟曰泽,土高曰丘,大阜曰陵,水崖曰坟,下平曰衍,高平曰原,下湿曰隰。名物者,十等之名与所生之物。

而辨其邦国都鄙之数,制其畿疆而沟封之,设其社稷之壝而树之田主,各以其野之所宜木,遂以名其社与其野。

【集注】

畿,限也。疆,犹界也。沟,穿地以为阻固也。封,起土界也。社稷,后土及田正之神。壝,坛与埒埼也。田主,田神,诗人谓之田祖。木各有宜,若以松为社,则名松社之野。

以土会之法,辨五地之物生。一曰山林,其动物宜毛物,其植物宜皂物,其民毛而方。二曰川泽,其动物宜鳞物,其植物宜膏物,其民黑而津。三曰丘陵,其动物宜羽物,其植物宜核物,其民专而长。四曰坟衍,其动物宜介物,其植物宜荚物,其民皙而瘠。五曰原隰,其动物宜臝物,其植物宜丛物,其民丰肉而庳。

【集注】

会,计也。九州之域,各有五土,故别其类而总计之,谓之土会之法。毛物,貂、狐、貒、貉之属,缛毛者。鳞物,鱼龙之属。津,润也。羽物,翟、雉之属。核物,梅、李之属。专,圜也。介物,龟、鳖之属,水居陆生者。荚物,荠荚、王棘之属。皙,白也。瘠,臞也。臝物,虎、豹、貔、貘之属,浅毛者。丛物,萑、苇之属。庳,犹短也。一曰皂物,柞、栗之属。膏物,杨、柳之属,理致且白如膏。一曰膏当为櫜,莲芡之实有櫜韬。

因此五物者民之常,而施十有二教焉。一曰以祀礼教敬,则民不苟。二曰以阳礼教让,则民不争。三曰以阴礼教亲,则民不怨。四曰以乐礼教和,则民不乖。五曰以仪辨等,则民不越。六曰以俗教安,则民不愉。七曰以刑教中,则民不虣。八曰以誓教恤,则民不怠。九曰以度教节,则民知足。十曰以世事教能,则民不失职。十有一曰以贤制爵,则民慎德。十有二曰以庸制禄,则民兴功。

【集注】

五地所生之民,形貌既殊,则性质刚柔、轻重、迟速亦异,故必因其常性,而施教以变化之。阳礼,乡射、饮酒之礼也。内宰以阴礼教六宫。家人相怨,多起于妇人,故以阴礼教亲。曰乐礼者,乐必依礼而作也。仪谓拜、跪、揖、让、坐、立之仪。以俗教安即下经所谓"以本俗六安万民"也。民得生养之乐,有戚党之欢,然后勤于作业而不愉。民畏刑,然后能自易其恶,以至于中,故不暴。恤谓灾危相忧,即下经"党相救,州相赒"之类,誓以忧乐相同,彼此共之,则民知恤人即所以利己而不怠矣。度谓宫室车服之制。世事,士农工商不迁其业也。庸,功也。〇李耜卿曰:"上言五地,此言五物者,以形言曰地,以地所生言曰物。"

以土宜之法辨十有二土之名物,以相民宅,而知其利害,以阜人民,以蕃鸟兽,以毓草木,以任土事。

【集注】

"十有二土",谓分野十二邦,上系十二次,或曰即古十二州也。土各有宜。相,占视也。任,谓就地所生,因民所能。

辨十有二壤之物,而知其种,以教稼穑树艺。

【集注】

壤,亦土也。以万物自生焉,则言土,土犹吐也。以人所耕而树艺焉,则言壤。壤,和缓之貌。艺,犹莳也。

以土均之法,辨五物九等,制天下之地征,以作民职,以令地贡,以敛财赋,以均齐天下之政。

【集注】

均,平也。五物,五地之物也。九等,草人所辨,骍刚、赤缇之属。辨五物九等名曰"土均之法"者,田有一易再易,地有五而当一,十而当一,必辨其等,乃可均也。制天下之地征,以作民职,王畿侯国之所同也。"令地贡"者,邦国之九贡也。"敛财赋"者,畿内九赋、九功也。以致邦国故曰令,以征畿内故曰敛。不曰"贡赋"而曰"财赋"者,曰财然后可以该诸职之贡物与门市之泉布也。以均齐天下之政者,《土均职》:邦国、都鄙之政令、刑禁与其施舍,礼俗、丧纪、祭祀,皆以地之美恶为轻重而均齐之。

以土圭之法测土深,正日景,以求地中。日南则景短,多暑。日北则景长,多寒。日东则景夕,多风。日西则景朝,多阴。

【集注】

土圭,所以致四时日月之景也。土深,谓地形之高下。旧说周公营洛于阳城,置中表,四面各置一表,距中表皆千里。于昼漏半验之,景短于中表,其地于日为近南;景长于中表,其地于日为近北。中表景得正时,东表日已跌,是谓景夕;西表日尚未中,是谓景朝。

日至之景,尺有五寸,谓之地中,天地之所合也,四时之所交也,风雨之所会也,阴阳之所和也。然则百物阜安,乃建王国焉。制其畿方千里,而封树之。

【集注】

土圭长尺有五寸,以夏至之日立八尺之表,其景适与土圭等,谓之地中,颍川、阳城皆然。树木沟上,所以表助阻固也。〇河间王氏曰:"西北多山,东南多水,惟地中平壤,为天地之所合。北极下半岁为昼夜,赤道下一岁再冬夏,惟地中为四时之所交。日东近海多风,日西连山恒雨,惟地中乃风雨之所会。日南近日多暑,日北远日多寒,惟地中乃阴阳之所和。"〇于王畿曰"封树"者,规方千里,包高山大陵,不可以沟限,惟起封界树木以表之,故造都鄙则曰"封沟",以室数计亩制地,其域狭也。篇首总言制邦国、都鄙之畿疆曰沟封,后分言制都鄙之地域则曰封沟者,邦国封疆,广狭不齐,地势所宜,或可沟,或止起封界,与都鄙计亩制域,封必以沟者异也。

凡建邦国,以土圭土其地而制其域。诸公之地,封疆方五百里,其食者半;诸侯之地,封疆方四百里,其食者参之一;诸伯之地,封疆方三百里,其食者参之一;诸子之地,封疆方二百里,其食者四之一;诸男之地,封疆方百里,其食者四之一。

【集注】

"土其地"者,度谷土之多少也。"制其域"者,兼所包山林川泽也。必以土圭土其地者,知境内东西南北之高下,然后可以计谷土之多寡,定国邑之面势也。《诗》曰"揆之以日,作于楚室",是以土圭定国邑也。又曰"景山与京",是以土圭度四野也。〇以《诗》及《春秋传》所言鲁、卫封略计之,似《周官》封国之数为可据,核其实与《孟子》所言亦不甚相远,盖《周官》所言者,制其域也,兼名山大川附庸闲田在其封内者而言也。颛臾,鲁附庸,而孔子曰"在邦域之中"是也。所谓食者,则其实封食其土利者也。惟诸公土田陪敦,诸男不能五十里,与《孟子》不合,然见于《春秋》,公惟宋,男惟许、宿,则建国甚稀。至于分土惟三,以诸侯之地方四百里计之,为方百里者十六,其食者三之一。为方百里者五,方十里者三十三,方里者三十三,山陵、林麓、川泽、沟渎、城郭、宫室、涂巷三分去一。馀方百里者三,方十里者五十方,方里者五十四,以一易再易之田相减,并薮牧疆潦之五而当一、十而当一者计之,其为谷土亦约百里耳。盖《孟子》言颁禄,故止计谷土。《周官》言所食,则并其山泽之毛,至邦域之数,则包名山大川附庸闲田之在其封内者耳。如今大州县包络山河,动数百里,而计亩征赋入籍者不过数十里,《周官》、《孟子》封国异数正类此。

凡造都鄙、制其地域而封沟之,以其室数制之,不易之地家百亩,一易之地家二百亩,再易之地家三百亩。

【集注】

《春秋》侵伐及边境则书四鄙,传曰"都城过百雉",又曰"邑有先君之庙曰都",盖都所居,鄙则界也。制其地者,计谷土也。制其域者,兼疆潦薮牧也。以室数制之者,计城邑之室数。于野授田,《王制》:"凡居民量地以制邑,度地以居民,地邑民居必参相得也。"不易之地,岁种之。一易之地,休一岁乃复种。再易之地,休二岁。

乃分地职,奠地守,制地贡而颁职事焉。以为地法,而待政令。

【集注】

注"定地守,谓衡麓虞候之所守",非也。山泽薮牧,并列九职,则衡麓虞候,于作民职具之矣。按《夏官·司险》:"设国之五沟五涂而树之林,以为阻固,皆有守禁。"《掌固》"颁士庶子之守"。凡守者,受法焉以通守政。若造都鄙,则治其固,与其守法,乃此经及《均人》、《土均职》所谓地守也。此经所谓"分地职"、"制地贡",与上经所谓"作民职"、"令地贡"义异。民职,九职也。地职则其地所当承之职事,如当津要,则服输将,给宾客、师旅,近川防则共浚筑。以所职各异,或一事而比邑共承之,故曰分也。上经"令地贡",侯国之贡也,此则都邑之贡。寰内食采者,地非所专,故不曰令而曰制也。"颁职事"即下经所颁职事十有二也。九职已具其中,故知地职非九职也。分地职、奠地守、制地贡皆地法也。而复言以为地法者,以待政令言之也。都鄙有远近,其地有饶瘠,其事有剧易,故所以待王朝之政令者,法各有宜而不可以一致也。○《春秋传》曰:"取于有阎之土,以供王职。取于相土之东都,以会王之东蒐。"东蒐亦王事也,而别言王职者,时康叔入为司寇,必其畿内采邑之职事也。

143

周 礼

以荒政十有二聚万民。一曰散利,二曰薄征,三曰缓刑,四曰弛力,五曰舍禁,六曰去几,七曰眚礼,八曰杀哀,九曰蕃乐,十曰多昏,十有一曰索鬼神,十有二曰除盗贼。

【集注】

散利,贷种食也。弛力,息繇役也。舍禁,山泽不禁也。去几,谓关市去税而几之。知然者,《司关职》"国凶札,无关门之征",犹几也。眚礼,杀吉礼也。杀哀,杀凶礼也。《宗伯职》"以凶礼哀邦国"。杀哀者,节丧吊襘恤之财用,以赈凶荒也。蕃乐,闭藏乐器而不作也。多昏,使娶者不备礼也。索鬼神,求废祀而修之,《诗》所谓"靡神不举"也。饥馑则盗贼多,不可以缓刑而纵之。眚礼、蕃乐似无与民事而以聚万民者,遇灾而惧,以勤恤民,则民之心聚矣。

以保息六养万民。一曰慈幼,二曰养老,三曰振穷,四曰恤贫,五曰宽疾,六曰安富。

【集注】

慈幼,若产子三人,公与之母;二人,公与之饩;十四以下不从征。养老,谓引年之礼。穷谓鳏寡孤独。宽疾,若废疾非人不养者,一人不从政之类。民有田里树畜则能自养矣,而老者、幼者、孤独、鳏寡者,以事故耗败者,疾病无依者,上更有以保息之。《管子》"九惠"之教,一曰老老,二曰慈幼,四曰养疾,七曰通穷,八曰振困,盖本于此。陆贽曰:"先王制赋,不以殖产厚其征,安富之义也。"

以本俗六安万民。一曰美宫室,二曰族坟墓,三曰联兄弟,四曰联师儒,五曰联朋友,六曰同衣服。

【集注】

　　此六者，风俗之根本也。美，善也。《墓大夫职》："令国民族葬。"父之党为宗族，母与妻党为兄弟。同师曰朋，同志曰友。同衣服谓虽有富者，衣服不得独异也。美宫室为本俗之首者，有寝有庙，民安其居，然后乐事劝功而重去其乡。终于同衣服者，民志定，然后礼俗型也。

　　正月之吉，始和布教于邦国都鄙，乃县教象之法于象魏，使万民观教象，挟日而敛之。乃施教法于邦国都鄙，使之各以教其所治民。

【集注】

　　布教于邦国都鄙，布以上诸大纲也。施教法于邦国都鄙，施以下诸细目也。

　　令五家为比，使之相保。五比为闾，使之相受。四闾为族，使之相葬。五族为党，使之相救。五党为州，使之相赒。五州为乡，使之相宾。

【集注】

　　五家暱近，故奇邪使之相保。二十五家则宅舍多矣，故有故而寄托者，使之相受。百家则财力赡矣，故葬具丧役使之相共。五百家则势众强矣，故寇盗使之相救。二千五百家则蓄积厚矣，故襘札使之相赒。万二千五百家则秀民聚矣，故使之宾其贤者。兴贤，国典也，而曰"相宾"者，《乡饮酒礼》"主人就先生而谋宾介"，是使乡人自相推择而宾礼之也。所谓"使民兴贤，出使长之；使民兴能，入使治之"也。〇相保、相受、相葬、相救、相赒、相宾,及十有二职,三物八刑,独列于"布教于邦国、都鄙"之后,与诸职异者,前所列土会、土宜、土均之法,皆地法也。土圭之法,以制王畿,建邦国,造都鄙也。荒政有十二,保息六,本俗六,以聚万民、养万民、安万民也。惟十有二教主于教民而皆教之大纲,故与诸大政并列于前。此四者乃教之细目,亲民之吏所奉守者,故详于"施教法于邦国、都鄙,使各以教其所治民"之后也。

颁职事十有二于邦国都鄙,使以登万民。一曰稼穑,二曰树艺,三曰作材,四曰阜蕃,五曰饬材,六曰通财,七曰化材,八曰敛材,九曰生材,十曰学艺,十有一曰世事,十有二曰服事。

【集注】
　　前九事即九职所任,增其三者,国用制于冢宰,故九职所任皆财赋所从出也。司徒颁教则秀民之学艺,巫史医卜之世事,庶人在官之服事者,其职事不可缺矣。

以乡三物教万民而宾兴之。一曰六德,知、仁、圣、义、忠、和。二曰六行,孝、友、睦、姻、任、恤。三曰六艺,礼、乐、射、御、书、数。

【集注】
　　物,犹事也。兴,犹举也。教成乡大夫举其贤者、能者,以饮酒之礼宾之。圣通而先识五常之德,惟礼不列者,该于六行、六艺也。圣者知之,无不通也,以浅深别之也。忠者信之,积于中也;和者信之,达于外也,以体用别之也。睦亲于九族,姻和于外亲,任信于朋友,恤振忧贫者。五礼,吉、凶、军、宾、嘉。六乐,《云门》、《大咸》、《大韶》、《大夏》、《大濩》、《大武》。五射,白矢、参连、剡注、襄尺、井仪。五御,鸣和鸾、逐水曲、过军表、舞交衢、逐禽左。六书,象形、会意、转注、处事、假借、谐声。九数,方田、粟米、差分、少广、商功、均输、方程、赢不足、旁要。汉时又有重差、夕桀、句股。白矢者,贯侯而见其镞白。参连者,前放一矢,后三矢连中故处,《诗》所谓"四矢反"也。剡注,谓羽头高镞低而去剡剡然。襄尺,谓臣与君射,退一尺而立。井仪,谓四矢贯侯如井。和在式,鸾在衡,《韩诗外传》"升车则马动,马动则鸾鸣,鸾鸣则和应"。逐水曲,谓随水势之屈曲而不坠水也。《穀梁传》"艾兰以为防,置旃以为辕门,以葛覆质以为槷,流旁握御鼜者不得入",是谓过军表。舞交衢,谓行四达之道,车旋应于舞节也。逐禽左,谓御驱逆之车,逐禽使趋君之左以待射。象形,日、月之类。会意,武、信之类,人言为信,止戈为武。会,合人意也。转注,考、老之类,建类一首而文意相授,左右相注。处事,上、下之类,人在一上为上,人在一下为下。假借,令、长之类,一字两用。谐声,江、河之类。方田以御田畴界域,粟米以御质剂变易,差分以御贵贱廪税,少广以御幂积方圆,商功以御功程积实,均输以御远近劳费,赢胸以御隐杂互见,方程以御错糅正负,勾股以御广远高深。

以乡八刑纠万民。一曰不孝之刑,二曰不睦之刑,三曰不姻之刑,四曰不弟之刑,五曰不任之刑,六曰不恤之刑,七曰造言之刑,八曰乱民之刑。

【集注】

　　乱民,乱名改作,执左道以乱政者。不任、不恤亦有刑者,背朋友之付托则不义,安邻里之危困则不仁,此而不惩,则民俗日以偷矣。易不友曰不弟,且退列于不睦、不姻之下者,曰不友则专于兄弟,曰不弟则不逊弟于族姻乡党者该此矣。八者所犯小则扑以教之,所犯大及不悛则归于士。○王东岩曰:"三物、八刑皆言'乡'者,教法始于六乡故也。"

　　以五礼防万民之伪而教之中,以六乐防万民之情而教之和。

【集注】

　　六艺中有礼、乐,不过秀民习之耳。此则通乎万民,故复列之。礼者称情以立文,所以防民之伪,而老、庄、荀氏乃以为化性而起伪,盖溺于俗而不达于先王之礼意也。

　　凡万民之不服教而有狱讼者,与有地治者听而断之,其附于刑者归于士。

【集注】

　　有地治,谓乡州及治都鄙者。附,丽也。士,司寇、士师之属。

　　祀五帝,奉牛牲,羞其肆,享先王亦如之。

【集注】

　　奉,奉承之也。羞,进也。肆,腥解骨体,所谓豚解也。郊先全蒸后豚解，宗庙之祭则无全蒸，先豚解，次爓而熟之，谓之体解。不言祭地者，礼与祭天同。

大宾客，令野修道委积。

【集注】
令，令遗人。少曰委，多曰积，所以给宾客。

大丧，帅六乡之众庶，属其六引而治其政令。

【集注】
属，合聚也。引谓引丧车索也。六乡主六引，六遂主六绋。在棺曰绋，言绳体也。行道曰引，言用力也。

大军旅、大田役，以旗致万民，而治其徒庶之政令。

【集注】
旗，画熊虎。

若国有大故，则致万民于王门，令无节者不行于天下。

【集注】
古者谋及庶人故也。大故，即小司寇所掌询国危、询国迁、询立君也。王崩，苟无他故，及寻常寇兵，无为致万民于王门，注误。节，小行人所达六节。

大荒、大札，则令邦国移民、通财、舍禁、弛力、薄征、缓刑。

【集注】
　　大札，大疫也。于荒政十二之中独举其四者，贡赋天子所制也，故舍禁、弛力、薄征必待司徒之令。刑章，天子所定也，故缓刑必待司徒之令。若有利而自散之，以及眚礼、杀哀、蕃乐、多昏、索鬼神，皆邦国所得自主也。不及去几者，其政微也。不及除盗贼者，盗贼承饥凶而作，乃非常之变，势在必除，无可疑也。于荒政十二之外增其二者，移本国之民与邻国通财，其事尤大，非天子之命不敢专也，故首列之。

岁终，则令教官正治而致事。正岁，令于教官曰："各共尔职，修乃事，以听王命。其有不正，则国有常刑。"

【集注】
　　小宰所令于百官府者，王宫之事也。故于职曰"修于法"，曰"考于事"，曰"待而不用命者"，曰"不共司徒所令"。于教官者，教事也，故于职曰"共于事"，曰"修而不用命者"，曰"不正"。

小司徒

　　小司徒之职，掌建邦之教法，以稽国中及四郊都鄙之夫家九比之数，以辨其贵贱、老幼、废疾，凡征役之施舍，与其祭祀、饮食、丧纪之禁令。

【集注】
五官之长,佐太宰建五典而教法,独小司徒建者,以主六乡而亲民事,犹小宰之建宫刑也。夫家,谓男女既配耦者,以是知周之征役不及单丁、女户、馀夫、处女也。九比,九职之人数也。贵谓卿、大夫、士,贱谓庶人。在官,即《乡大夫职》所谓"服公事者"。征,谓税之。役,谓繇役。施,当作弛。或曰:征役,独力役之征也。

乃颁比法于六乡之大夫,使各登其乡之众寡、六畜、车辇。辨其物,以岁时入其数,以施政教,行征令。及三年则大比。大比则受邦国之比要。

【集注】
登,升而载于册也。众寡谓民之多少。驾牛马曰车,人挽曰辇。物谓弓矢、甲楯、桢干、旗物之属,即大比所谓兵器也。旗物有度式,什器有良苦,故辨之,注、疏并误。颁比法,举六乡则甸、稍、县、都、邦、国视此矣。受比要,举邦国则乡、郊、甸、稍、县、都可知矣。畿内则岁时入其数,侯国则三年入其要,内外详略,各有宜也。

乃会万民之卒伍而用之。五人为伍,五伍为两,四两为卒,五卒为旅,五旅为师,五师为军,以起军旅,以作田役,以比追胥,以令贡赋。

【集注】
先王因农事而定军令,欲其恩足相恤,义足相救,服容相别,音声相识。追,逐寇也。胥,伺捕盗贼也。追胥曰比者,卒伍既定,则各以所居远近相次而追胥也。

乃均土地,以稽其人民而周知其数。上地家七人,可任也者家三人。中地家六人,可任也者二家五人。下地家五人,可任也者家二人。凡起徒役,毋过家一人,以其馀为羡。惟田与追胥,竭作。

【集注】
　一家男女七人以上,则授之以上地,所养者众也。五人以下则授之以下地,所养者寡也。可任,谓丁壮任力役者。羡,饶也。竭作,尽行也。田猎尽行,更番调发,使习于军事也。追胥尽行,守望相助,非远违其闾井也。

凡用众庶,则掌其政教与其戒禁,听其辞讼,施其赏罚,诛其犯命者。凡国之大事,致民大故,致馀子。

【集注】
　大事,戎事也。大故,意外不测之变也。馀子,羡也。

乃经土地,而井牧其田野。九夫为井,四井为邑,四邑为丘,四丘为甸,四甸为县,四县为都,以任地事而令贡赋,凡税敛之事。

【集注】

方里而井，九夫所治之田也。四井为邑，方二里。四邑为丘，方四里。四丘为甸，方八里，旁加一里以治沟洫，则方十里为一成。四甸为县，方二十里。四县为都，方四十里。四都方八十里，旁加十里，乃得方百里，为一同。井牧，其田野者有井则有牧，井牧相间，然后六畜有所养而不伤稼穑也。凡税敛之事，如征纳之期，收掌之人，廪藏之所委输存贮之数，皆是也。即税敛贡赋之事宜，非贡赋外别有税敛。上经会卒伍而令贡赋者，征役有繁简则贡赋有乘除也。此经制井牧而令贡赋，凡税敛之事者，地邑有冲僻，收获有早晚，道路输将有远近，则税敛之事必随地而制其宜也。小司徒专掌六乡，而所载乃井、邑、丘、甸、县、都之制者，比、闾、族、党、州、乡之法，《大司徒职》具之矣，故独载井法以示内而六乡，外而六遂，以及都邑，名虽各异，其地法则皆以九夫为井、四井为邑，积累而区分之也。任土比民之法，错见诸职，《大司徒职》载邦国、封疆、都鄙、室数，次及比、闾、族、党、州、乡之法。《小司徒职》载井、邑、丘、甸、县、都之法。《载师职》载任土之法。《闾师职》载任民作贡之法。《县师职》载赋兵之法。《遂人职》载沟洫之法。其授田则《大司徒职》载不易、一易、再易之田所授多寡之数。《小司徒职》载上地、中地、下地之人所任多寡之数，皆各举其一，彼此互备也。○注谓"此造都鄙、采地制井田异于乡、遂"，非也。井、邑、丘、甸、县、都以田数计之而出税法也。沟、洫、浍、川以经界言之，而通水道也。此经曰"九夫为井"者，以出税法，故止计所耕之地也。《遂人》曰"十夫有沟者以定经界"，故并计所占之地也。井间之沟，沟上之畛，以及疆场之瓜，八家之场圃，皆取于所加百亩之中。且四井为邑，量地制邑亦必取于四井之中，非每井而加百亩，势不能备。然则遂人所谓"十夫"即此经所谓"九夫"，而沟、洫、浍、川之制，井、邑、丘、甸、县、都之法，乃乡、遂、都、鄙之所同也审矣。郑氏之误，起于谓匠人沟、浍之数与遂人不同,不知实无二法,特考之未审耳。详见《匠人》"为沟洫"解。○康成为"乡遂用贡,都鄙用助"之说,朱子终不敢易者,一则以九与十起数之异也。然匠人之法止九夫,与遂人十夫异耳,其有沟、有洫、有浍、有川同也。九夫、十夫,取数虽异,而占地大小相去无几,其不可为以十起数之沟、浍者,亦不可为以九起数之沟、浍也。且谓乡遂多平旷,则最宜于画井矣。谓都鄙包陵麓,则最不宜于画井矣。况建国或在中原,或阻山泽,即乡遂多平旷、都鄙包陵麓之说,亦不可通哉? 一则以四与五起数之异也。然四与五之起数各异,特以异乡、遂、都、鄙之号名耳。必异其号名者,以师田旗物易辨耳,其实田制未尝异也。盖乡遂以五起数,计室数也。都鄙以四起数,计田数也。以田之不易、一易、再易计之,一家所占率二百亩,是合二井而约八九家,积至四甸千一百馀家,在都鄙则名之曰县,在乡遂则合九甸之地约二千五百家而名之曰州,名之曰县。自是以上,都鄙则合四县而名之曰都,乡遂则合十有一县之地约万二千五百馀家而名之曰乡,名之曰遂。室数田数,未尝不符,何不可通行井法哉? 经曰"乃经土地,而井牧其田野",盖通王畿邦国皆用此法,而中举县、都以见例耳。且制地授田,出税赋役,稽夫家畜产之法,见于司徒,见于小司徒,见于乡师及乡遂、群吏之职,叠出互备,不厌其繁,使乡遂用贡、都鄙用助,经界水道,彼此各异,是地法之最大宜特书而详见者,乃竟无一语及此,则为康成之臆说明矣。至孟子所云,尤不可以此注证,盖遂当为野而乡不可以为国中也。○成同之法,注乃以开方计之,然画井必因地势,非必万夫之地截然齐一而为井。《春秋传》所谓"牧皋隰"①,"井沃衍"。《管子》所谓"五而当一"、"十而当一",其遗法也。

---

① "牧皋隰"抗希堂本作"牧隰皋","皋"、"皋"形近而讹。

乃分地域而辨其守,施其职而平其政。

【集注】

分地域谓建邦国、造都鄙、制乡遂也。辨其守,辨其城郭、沟涂之守法也。职,谓九职。政,当作征,税也。知此经所谓施职与大司徒分地职异者,大司徒既曰分地职,又曰颁职事,所颁职事十有二,其九即九职之事,则分地职不得为九职明矣。故曰地职,盖以别于民职也。此经上言分地域而辨其守,下言平其政,则为施九职之事明矣。

凡小祭祀,奉牛牲,羞其肆。小宾客,令野修道委积。大军旅,帅其众庶。小军旅,巡役,治其政令。大丧,帅邦役,治其政教。

【集注】

小祭祀,王玄冕所祭。小宾客,诸侯之使臣。大军旅,谓天子亲行。帅,帅而致于大司徒也。役谓筑军垒、修城堙之役。大丧曰"帅邦役"者,对遂师"道野役"而为言也。

凡建邦国,立其社稷,正其畿疆之封。

【集注】

畿,职方所掌九畿也。

凡民讼,以地比正之。地讼,以图正之。

【集注】

　　地比,田畔邑居相邻接者。

　　岁终,则考其属官之治成而诛赏,令群吏正要会而致事。

【集注】

　　曰"治成"者,所治职事之状,所以别于计簿之成也。属官,谓官中大夫、士及诸职执事王朝者。群吏,谓乡、遂、公、邑之吏及家、削、县、都、私邑之吏。以不尽属于司徒,故别言之。"令群吏正要会而致事"者,使达于治官,不自考而诛赏之也。

　　正岁则帅其属而观教象之法,徇以木铎,曰:"不用法者,国有常刑。"令群吏宪禁令,修法,纠职,以待邦治。

【集注】

　　宪,表县之。观教象之法则曰"帅其属",以教法县于象魏,在外之群吏不能遍观也。宪禁令则曰"令群吏",俾各县于所治也。县师掌都鄙稍甸郊里之治,三年大比,以考群吏,诏废置。小司徒所令即县师所考。

　　及大比,六乡四郊之吏,平教治,正政事,考夫屋及其众寡、六畜、兵器,以待政令。

【集注】

　　"四郊"者,六乡之馀地。宅田、士田、贾田、官田、牛田、赏田、牧田是也。《司马法》:"亩百为夫,夫三为屋,屋三为井。"《小司徒》"稽国中四郊都鄙之夫家九比之数",而大比独"六乡四郊之吏"者,家、稍、县、都之吏,则考之者县师也。颁比法于乡大夫,不及兵器。至大比六乡四郊之吏,则有兵器者,乡大夫、州长、党正职主于教,族师以下始有简兵器之文,体有所宜,事取其便也。古者卒伍兵器皆自具,而汉世有禁民挟弓矢者,可谓昧于治体矣。

乡　师

乡师之职,各掌其所治乡之教而听其治。

【集注】

乡师,每二人共主三乡,故曰各掌其所治乡也。遂之教,治狱讼,皆遂大夫掌之,而乡则乡师掌之者,乡大夫,六卿也,岂暇听乡之教治狱讼哉?其于教则正月颁之乡吏而已,其于治则岁终令群吏会政致事而已,至狱讼则一听之乡师而不与者,体当然也。

以国比之法,以时稽其夫家众寡,辨其老幼、贵贱、废疾、马牛之物,辨其可任者与其施舍者,掌其戒令纠禁,听其狱讼。

【集注】

曰"国比之法"者,五家为比,乃国中属民之法而因以施于乡邑也。稽夫家、辨征役施舍,小司徒之职也,而复列于乡师者,小司徒通掌国中及四郊都鄙,而乡师分掌六乡,遂师分掌六遂,县师掌都鄙也。马牛之物,盖该六畜、车辇而言。《小司徒职》既曰"六畜车辇"而又曰"辨其物",故知为旗物及兵器、役器也。

大役,则帅民徒而至治其政令。既役,则受州里之役要,以考司空之辟,以逆其役事。

【集注】
至,至营作之地也。役要,所遣民徒之数。辟,功作章程。

凡邦事,令作秩叙。

【集注】
邦事,凡有营作征行之事皆是也。秩,常食也。叙,功次也。凡功作之事,其食之多少、功之次叙,皆令监督者计而作之。

大祭祀,羞牛牲,共茅蒩。

【集注】
《大司徒职》"奉牛牲,羞其肆"。乡师复"羞牛牲"者,若宗庙之祭,大司徒羞豚解,则乡师羞体解。又大神示之祀,大司徒不与,或乡师共之也,知非佐大司徒者。宰夫从太宰视涤濯,赞小宰比官府之具,皆特文以见也。蒩或读为藉,《易》曰"藉用白茅",或曰即《士虞礼》所谓苴刌茅,长五寸,束之以承隋祭之物者。○郑刚中曰:"甸师所共之茅以缩酒也,乡师所共之茅以藉也。"

大军旅、会同,正治其徒役与其辇辇,戮其犯命者。

【集注】

辇,马驾。辇,人挽,所以载任器也,军止则以为藩营。《司马法》曰:"夏后氏谓辇曰余车,殷曰胡奴车,周曰辎辇。辇,一斧、一斤、一凿、一梩、一锄,周辇加二版、二筑。"又曰:"夏后氏二十人而辇,殷十八人而辇,周十五人而辇。"徒役辇辇,稍人帅以至,乡师正治之而已。

大丧用役,则帅其民而至,遂治之。及葬,执纛以与匠师御柩,而治役。及窆,执斧以莅匠师。

【集注】

匠师,事官之属。乡师主役,匠师主匠,共主葬引。纛,翳也,以指麾挽柩之役,正其行列进退。窆,下棺也。执斧恐或助匠师。

凡四时之田,前期出田法于州里,简其鼓铎、旗物、兵器,修其卒伍。及期,以司徒之大旗致众庶,而陈之以旗物,辨乡邑而治其政令刑禁,巡其前后之屯,而戮其犯命者,断其争禽之讼。

【集注】

田法,所起人徒及所具器物也。《大司马职》,禁围之地前后有屯百步,车徒未列及既弊后所止也,故乡师巡之。

凡四时之征令有常者,以木铎徇于市朝。

【集注】

徇于朝,使群吏布于六乡也。徇于市,戒国中之民也。

以岁时巡国及野而赒万民之艰阨,以王命施惠。

【集注】

"以王命施惠"者,其职代王巡行,见民艰阨,即以王命发仓廪、出泉布而无所壅遏,不待奏请报可,此圣人虑事之详、忧民之切也。

岁终,则考六乡之治,以诏废置。

【集注】

告王及冢宰。○以是知六乡之吏,小司徒不自考而诛赏之也。六遂则遂大夫主之,其馀县师主之。

正岁,稽其乡器。比共吉凶二服,间共祭器,族共丧器,党共射器,州共宾器,乡共吉凶礼乐之器。

【集注】

吉,祭服。凶,吊服。祭器,簠、簋、鼎、俎之属。丧器,夷槃、素俎、楬豆、輁轴之属。射器,弓矢、楅中之属。宾器,尊俎、笙瑟之属。乡大夫备集此四者,为州党族间有故而不共也。乡器旁使相共,则民无废事,上下相补,则体行而教成。

若国大比,则考教,察辞,稽器,展事,以诏诛赏。

【集注】

此大比群吏之治。考教,乃考其教之行否,如教行于二十五家,然后闾胥为得其职。若三年大比,兴贤能,考德行道艺,则乡大夫之职也。察辞,视吏言事,察其情实。

乡大夫

乡大夫之职,各掌其乡之政教禁令。正月之吉,受教法于司徒,退而颁之于其乡吏,使各以教其所治,以考其德行,察其道艺。

【集注】

州长、党正皆曰"教治政令",而乡大夫则曰"政教禁令"者,乡大夫,六卿也,用其体望以统六乡,而不与治民之事,故曰"受教法于司徒,退而颁之于其乡吏,使各以教其所治"。又曰"令群吏考法于司徒,各宪之于其所治之国"。盖州长、党正始有民治,故《乡大夫职》不言治也。非惟不治民,亦不听群吏之治。《乡师职》"各掌其所治乡之教而听其治",是也。遂大夫则兼听治讼,以无王朝之事也。○魏氏曰:"乡大夫,六卿也,而同受司徒之法,盖在朝则冢宰重,在乡则大司徒重,在军则大司马重。"○王氏详说曰:"《乡大夫》云'政教禁令',《州长》云'教治政令',《党正》云'政令教治',《族师》云'戒令政事',《闾胥》云'闾之征令',《比长》云'比之治',命官之意其轻重皆在一字间。大司徒之职掌邦教而兼土地之图,人民之数,小司徒则掌建邦之教法,乡师则各掌其所治乡之教,而兼听其治矣。若乃六乡之吏,闾胥比长,则于政教之事不足称也,不过掌闾之征令、比之治而已。乡大夫、州长则详于教,党正、族师则详于政,此政教之所以异也。禁令为上,政令次之,戒令又次之,征令为下,比长则于令亦不足称也。"

以岁时登其夫家之众寡,辨其可任者。国中自七尺以至六十,野自六尺以及六十有五,皆征之。其舍者,国中贵者、贤者、能者、服公事者、老者、疾者,皆舍。以岁时入其书。

【集注】
　　征,力役之征也。舍,谓复除,不给役事。晚征而早免之。以国中役事多也。早征而晚舍之,以野外役事少也。入其书谓入于大司徒所舍。独言国中者,公卿、大夫、士及庶人在官者皆聚于国中。乡遂之吏则当官奉职,不在弛舍之列。乡遂大夫,所属无府、史、胥、徒,又升于司徒者始不征于乡,则贤能在乡遂者亦不应舍,故止以国中言之。至老疾则本无可任之理,言国中而野可知矣。小司徒颁比法于乡大夫,使简稽而登诸籍,故曰入其数。乡大夫既登诸籍,故曰入其书。

三年则大比,考其德行、道艺,而兴贤者、能者。乡老及乡大夫帅其吏与其众寡,以礼礼宾之。

【集注】
　　众寡谓众宾,盖乡人来观礼者多少无定数也。兴者,自是而兴起,出其曹也。

厥明，乡老及乡大夫群吏献贤能之书于王，王再拜受之，登于天府，内史贰之。

【集注】
厥，其也。天府，掌宗庙之宝藏者。

退而以乡射之礼五物询众庶。一曰和，二曰容，三曰主皮，四曰和容，五曰兴舞。

【集注】
凡射，众耦皆合，揖让相先，故取其能和。胜不胜相形，娼嫉易生，故取其有容。主皮，贯革也。和容，容体比于礼也。兴舞，节比于乐也。于献贤能之书后即以此为询者，所以兴起群士，为后举之本也。贤能、德行、道艺既成者，故谋于乡先生。五物，材质可造者，故询于众庶。

此谓使民兴贤，出使长之；使民兴能，入使治之。

【集注】
出谓进而为王朝之官也，入谓退而为乡遂之吏也。盖兴其才德之大者而进于王朝，则将为公卿大夫，以临长之，兴其行能之。小者而为乡遂之吏，则遂治其比闾族党之民。此三王之世所以不患选举之不公而百官得其宜、万事得其序也。

岁终，则令六乡之吏皆会政致事。

【集注】

　　会政者,上财用之计也。致事者,各致其一岁所治之职事也。曰"会政"者,舍国政无所用财也。小司徒岁终令群吏正要会而致事,而兼甸、稍、县、都之吏也。小宰岁终令群吏致事,则兼六官之属也。不及会政者,小宰月终受月要,赞冢宰受岁会,则会政不必言矣。

　　正岁,令群吏考法于司徒,以退,各宪之于其所治之国。

【集注】

　　群吏,州长以下。曰"所治之国"者,按《朝大夫职》于都家亦曰"每国",凡地有分界者,通可谓之"国"也。○李耜卿曰:"正月所受,止教法。此所考法,则《小司徒职》所云征役、弛舍、祭祀、饮食、丧纪之禁令皆在焉。"

　　大询于众庶,则各帅其乡之众寡而致于朝。

【集注】

　　大询,询国危、询国迁、询立君也。曰"众寡"者,所致必耆德,无定数也。

　　国有大故,则令民各守其闾以待政令。

【集注】

　　皆聚于闾胥所治处。

以旌节辅令,则达之。

【集注】

民虽以征令行,其将之者无节则不得通。○朱子曰:"古人学校,教养德行、道艺、选举、爵禄、宿卫、征伐、师旅、田猎,只是一项事。"

州　长

州长各掌其州之教、治、政、令之法。正月之吉,各属其州之民而读法,以考其德行、道艺而劝之,以纠其过恶而戒之。

【集注】

读法,读教法也。乡大夫掌政教禁令,党正掌政令教治,而州长独曰掌"教治政令之法",何也?乡大夫,六卿也,其于乡之政教禁令,躬为表仪,执其总以帅属而已。其法之详,则州长掌之,下经所列是也。考德行、道艺、劝戒则有法,祭祀、礼射、丧纪、会民、苁事则有法,师田、行役、戒令、赏罚则有法,大考州里废兴则有法。故《乡大夫职》"正月受教法于司徒,退而颁之于其乡吏",即颁之州长也。盖乡大夫董其成,党正以下承其事,而掌其法者则州长耳。

若以岁时祭祀州社,则属其民而读法,亦如之。春秋以礼会民而射于州序。

【集注】

以礼会民,先行乡饮酒之礼也。州、党之学皆名为序。

凡州之大祭祀、大丧皆莅其事。

【集注】

大祭祀,谓州社稷及山川,因国之在其境内者。

若国作民而师、田、行、役之事,则帅而致之,掌其戒令与其赏罚。

【集注】

致之于司徒也。自党正以下不复言致者,皆州长之所帅也。掌其戒令赏罚,则是于军因为师帅。

岁终,则会其州之政令。正岁,则读教法如初。

【集注】

党正以下皆会政致事,州长独会政而无致事之文者,致所治职事废兴,诛赏行焉,故使群吏各自致于乡大夫;会政则财用之计,苟无侵冒,赏罚不行于其间,故先会而钩考之,然后以达于乡大夫。曰"会其州之政令"者,凡用财,或以政之常经,或出于一时之令也。

三年大比,则大考州里,以赞乡大夫废兴。

【集注】

兴者,或迁其爵命,或重其事任也。

党　正

党正各掌其党之政、令、教、治,及四时之孟月吉日,则属民而读邦法,以纠戒之。春秋祭禜,亦如之。

【集注】

弥亲民者于教亦弥数也。于州曰"治教政令",于党曰"政令教治"者,州长掌读教法,考德行、道艺,故先教。党正掌读邦法、申戒禁、作师田行役,故先政也。邦法者,乡八刑及师、田、行、役之法也。禜,谓雩禜水旱之神。

国索鬼神而祭祀,则以礼属民而饮酒于序,以正齿位。一命齿于乡里,再命齿于父族,三命而不齿。

【集注】

国索鬼神而祭祀,谓大蜡也。正齿位,《乡饮酒义》"六十者坐,五十者立侍,六十者三豆,七十者四豆,八十者五豆,九十者六豆"是也。民三时务农,将阙于礼,故于农隙而教之尊长养老。凡射及饮酒,乡民虽为卿大夫,必来观礼。齿于乡里者,以年与众宾相次也。齿于父族者,异姓虽有老,得居其上也。不齿者,席于尊东,所谓僎也。乡饮酒,国事也,故兼尚爵,非私居燕饮之礼。○朱子曰:"古人贵贵长长,并行不悖,虽曰不齿,亦不相压,故别设一位。"

167

凡其党之祭祀、丧纪、昏、冠、饮酒，教其礼事，掌其戒禁。凡作民而师、田、行、役，则以其法治其政事。

【集注】

亦于军因为旅帅。

岁终，则会其党政，帅其吏而致事。

【集注】

党正以下不曰"政令"者，凡乡大夫有令，皆州长布之，故曰"会其州之政令"。党正以下则奉令承事而已，故第曰"会政"也。然党之所统尚多，故曰"会其党政"，谓合计五族之政也。闾胥以下，无复政之可会，故《族师职》第曰"会政致事"，而不复曰"会其族政"也。

正岁，属民读法而书其德行、道艺。
以岁时莅校比，及大比，亦如之。

【集注】

校比，《族师职》所谓"邦比之法"也。族师校比，而党正莅之。

族　师

族师各掌其族之戒令政事。月吉则属民而读邦法，书其孝弟、睦姻有学者。春秋祭酺，亦如之。

【集注】

酺，或曰为人物灾害之神，或曰即《校人职》所谓"祭马步"，或曰祭社毕而民饮酒也。族长无饮酒之礼，因祭酺而与其民以长幼相献酬焉。族师所掌无教者，虽书孝弟、睦姻有学者，而教事非所能任也。观此则党正以上掌教治者，必德行、道艺足以表众可知矣。《记》曰"能为师然后能为长"，此古之民所以易于观感兴起而政教无壅也。官以师名而曰不足以任教事者，凡知其事而相督察皆曰师，胥师、贾师之类是也。

以邦比之法帅四闾之吏，以时属民而校登其族之夫家众寡，辨其贵贱、老幼、废疾可任者，及其六畜、车辇。

【集注】

邦比之法，闾师以下由族师而定，党正以上据族师而行，故于此详言比法。

五家为比，十家为联；五人为伍，十人为联；四闾为族，八闾为联。使之相保相受，刑罚庆赏相及相共，以受邦职，以役国事，以相葬埋。

【集注】

比长之治，有罪奇邪相及者，五家而已。此合四闾八闾而赏罚相共者，盖军政也。故既曰"五家为比，十家为联"，复曰"五人为伍，十人为联"，明后所言乃军政耳。四闾为族，八闾为联，不复曰百人为卒，二百人为联者，省文也。惟军法进退有度，左右有局，故不死乘伍有刑，一夫先登而合军同赏，非此不足以致果毅、禁冒慢也。

周礼

"以受邦职"以下则因军政而连及之耳。受邦职则共简其游惰,役国事则众察其逋逃,相葬埋则互纠其避匿,非此不足以齐众,非如秦法邻里相坐也。以八闾为限者,过是则难稽也。○刑罚则相及,庆赏则相共。○王明斋曰:"苟定于比,即为伍家取一人,则无居守者。盖比、闾、族、党、州、乡,教训其居民之法;伍、两、卒、旅、师、军,乃部署其勇力,又自会而用之。"○《小司徒职》"凡起徒役,无过家一人",事急役重则然,寻常征役必每减可知矣。此经联法,恐即其制也。盖联十家而出五人,联八闾而出百人,合羡卒计之,乃用其一而存其四,使得居守且无废稼事也。其必联以八闾,何也?军旅之伍必以近而合,使与其类相依,与其长相习,然后以守则固,以战则强。但役必更番,合畿内计之,常数十年而后一从征发,故八闾之人亦不以同时并调为困耳。

若作民而师、田、行、役,则合其卒伍,简其兵器,以鼓铎旗物帅而至,掌其治令、戒禁、刑罚。

【集注】

亦于军因为卒长。

岁终,则会政致事。

闾胥

闾胥各掌其闾之征令。以岁时各数其闾之众寡,辨其施舍。凡春秋之祭祀、役政、丧纪之数,聚众庶,既比则读

170

法,书其敬敏任恤者。

【集注】

祭祀,谓州社、党禜、族酺也。役,田役也。政,力政也。丧纪,大丧及四闾相葬也。闾胥于民尤切,但聚众庶则读法,不及军旅者,教民在平时,军旅事棘,既征发则不必复教之矣。二十五家人民寡,孝友睦姻有学者未易数觏也,故第书其敬敏任恤者。比耦而耕,同井相友,则敬敏任恤者迹可验矣。

凡事,掌其比、觵、挞、罚之事。

【集注】

觵用酒。挞,扑也。皆失礼之罚。既举祭祀、役政、丧纪,而又曰"凡事掌其比"者,上该军旅征发,下该民间相受、相葬、相救、相赒以及合耦、兴锄、移民、救稼之事也。

比　长

比长各掌其比之治。五家相受相和亲,有罪奇邪,则相及。

【集注】

比长即耦耕之民,而曰"掌其比之治"者,五家有所欲治于上,上有所治于五家,比长必与之俱也。

徙于国中及郊,则从而授之;若徙于他,则为之旌节而行之。若无授无节,则惟圜土内之。

【集注】

徙于他,谓出居异乡也。圜土,狱城也。乡中无授,出乡无节,所过则呵问,系之圜土。

封　人

封人掌设王之社壝,为畿封而树之。

【集注】

《大司徒职》"设其社稷之壝",此经于封国亦举社稷,又曰令社稷之职而首言王之社壝,独不举稷者,明祀稷即于社,别无坛壝也。王国外四面五百里,各置畿限,畿上有封,又树木为阻固。○郑刚中曰:"王自为立社曰王社,为民立社曰大社,大社与稷配,此独设社壝,谓王社也。"

凡封国,设其社稷之壝,封其四疆。造都邑之封域者亦如之。

【集注】

天子封五色土为社,建诸侯则各割其方色土与之,使立社。焘以黄土,苴以白茅。

令社稷之职。

【集注】
　　诸有职事于祭祀者，皆冢宰、小宰令之。封人所令，其诸守社稷之坛壝，以及修筑洒扫之职与？

　　凡祭祀，饰其牛牲，设其楅衡，置其絼，共其水稾。

【集注】
　　饰，刷治洁清之也。絼，着牛鼻绳。楅衡，所以持牛，令不得抵触。楅设于角，衡设于鼻。水稾，给杀时洗荐之用也。

　　歌舞牲及毛炮之豚。

【集注】
　　君牵牲入庙，随而歌舞之以歆神。《春秋传》"奉牲以告，曰'博硕肥腯'"。毛炮豚者，爓去其毛而炮之，以备八珍。

　　凡丧纪、宾客、军旅、大盟，则饰其牛牲。

【集注】
　　大盟，会同之盟。

鼓　人

　　鼓人掌教六鼓四金之音声，以节声乐，以和军旅，以正田役。

【集注】
　　单出曰声,杂比曰音。《记》曰"鼓无当于五声,五声弗得不和",故以节声乐。

教为鼓而辨其声用。

【集注】
　　教为鼓,教击鼓者大小之数,又别其声所用之事。或曰教鼜人为之。

以雷鼓鼓神祀,以灵鼓鼓社祭,以路鼓鼓鬼享,以鼖鼓鼓军事,以鼛鼓鼓役事,以晋鼓鼓金奏。

【集注】
　　雷鼓,八面鼓也。神祀,祀天神。灵鼓,六面鼓也。社祭,祭地示。路鼓,四面鼓也。鬼享,享宗庙。大鼓谓之鼖,长八尺。鼛鼓长丈二尺。晋鼓长六尺六寸。磬师掌教编钟,钟师掌钟,镈师掌镈,皆金奏也。○《春秋传》鲁叔孙豹如晋,金奏《肆夏》之三;晋郤至如楚,金奏作于下。镈师掌金奏之鼓,凡祭祀,鼓其金奏之乐,飨食、宾射,亦如之。飨食、宾射皆宾客之事,是金奏用于宾客为多也。此经于祭祀、军事、役事外,别出金奏,亦主宾客之事,但祭祀之乐虽用雷鼓、灵鼓、路鼓,至中有金奏则亦以晋鼓鼓之耳。

以金錞和鼓,以金镯节鼓,以金铙止鼓,以金铎通鼓。

【集注】

錞,錞于也,圜如碓头,大上小下,乐作鸣之。镯,钲也,形如小钟,即《春秋传》所谓"丁宁"。铙,如铃无舌,有秉,执而鸣之。铎,大铃也。四金皆师田所用,地官与司马联事,故鼓人兼掌之。

凡祭祀百物之神,鼓兵舞、帗舞者。

【集注】

兵谓干戚。帗列五采,缯为之,有秉。

凡军旅,夜鼓鼜,军动则鼓其众,田役亦如之。

【集注】

鼜,夜戒守鼓也。动,行也。《司马法》曰:"昏鼓四通为大鼜,夜半三通为晨戒,明旦五通为发昫。"

救日月则诏王鼓。

【集注】

王亲鼓者,重天变也。

大丧则诏大仆鼓。

【集注】

始崩及窆时也。

舞　师

舞师掌教兵舞,帅而舞山川之祭祀;教帗舞,帅而舞社稷之祭祀;教羽舞,帅而舞四方之祭祀;教皇舞,帅而舞旱暵之事。

【集注】

羽,析白羽为之,形如帗。四方之祭祀,四望也。旱暵之事,雩也。暵,热气。皇,析五采羽为之,象凤凰,亦如帗。四者之舞乃民间所通用,故别设舞师以教之。

凡野舞则皆教之。

【集注】

四十人之外,有野人学舞者,教之以待选用,又以备乡遂州党祭祀之舞。

凡小祭祀则不兴舞。

【集注】

小祭祀,王玄冕所祭者,若宫中七祀等则无舞,林泽、坟衍、百物之祭仍有之。

牧　人

牧人掌牧六牲而阜蕃其物，以共祭祀之牲牷。

【集注】

　　六牲，牛、马、羊、豕、犬、鸡。牷，体完具也。

凡阳祀用骍牲毛之，阴祀用黝牲毛之，望祀各以其方之色牲毛之。

【集注】

　　阳祀，南郊及宗庙也。阴祀，方泽及社稷也。望祀，五岳、四镇、四渎也。骍，赤也。黝，黑。色以毛别，既列其色而又曰"毛之"者，色虽纯，毛之美善又各有差等，必次叙以待大小祀之所用也。

凡时祀之牲，必用牷物。

【集注】

　　时祀，四时常祀也。总结上阳祀、阴祀、望祀并四方山川百物。牷物谓体完而色纯也。凡对牺则牷为体完，独言牷则该色纯。○李耜卿曰："天之时祀，日、月以下；地之时祀，五祀、五岳以下。"

凡外祭、毁事，用尨可也。

【集注】

外祭，谓表貉及王行过用事山川。毁谓罷辜、候、禳、毁除殃咎之属。尨，杂色也。

凡祭祀，共其牺牲，以授充人系之。凡牲不系者共奉之。

【集注】

授充人者，殊养之。非时而祭祀则牲不系。

牛 人

牛人掌养国之公牛，以待国之政令。

【集注】

公，犹官也。

凡祭祀，共其享牛、求牛，以授职人而刍之。

【集注】

享牛，正祭之牛。求牛，绎祭之牛。绎曰索祭，故其牲谓之求牛也。职人，谓牧人。充人，职当系牛而养之者。

凡宾客之事，共其牢礼、积膳之牛。

【集注】

　　积所以给宾客之用,在途则遗人职,候馆有积是也。在馆则掌客职。上公飧五牢,饔饩九牢五积;侯伯飧四牢,饔饩七牢四积;子男飧三牢,饔饩五牢三积。膳所以间礼宾客,公侯伯殷膳皆太牢。

　　飧、食、宾射,共其膳羞之牛。
　　军事,共其犒牛。丧事,共其奠牛。

【集注】

　　丧所荐馈曰奠,以未葬无尸,直荐舍于神前也。

　　凡会同、军旅、行役,共其兵车之牛与其牵徬,以载公任器。

【集注】

　　牵徬在辕外,挽牛也。居前曰牵,居旁曰徬。任,犹用也。四丘出甲,凡卒乘之牛,民自共之。此兵车以载官用器,故官共其牛。

　　凡祭祀,共其牛牲之互,与其盆簝,以待事。

【集注】

　　互,悬肉格。盆以盛血。簝,受肉笼。

充　人

　　充人掌系祭祀之牲牷。祀五帝则系于牢,刍之三月。

【集注】

牢,闲也。必有闲者,防禽兽触、啮。凡大祭祀之牲牷皆系养之,特不至三月耳。《周官》言祭祀多首五帝,盖举四时迎气之祭,则圜丘、方泽、明堂等而上者不必言也。

享先王亦如之。凡散祭祀之牲,系于国门,使养之。

【集注】

散祭祀,谓司中、司命、山川之属。不言牷者,兼用厖也。

展牲则告牷。

【集注】

展牲当在祭之前夕。《特牲馈食礼》曰:"宗人视牲,告充;举兽尾,告备。"○李耜卿曰:"展牲亦兼《祭义》所云'朔月月半君巡牲'。穀梁子曰:'郊牛日展觓角而知伤,展道尽矣。'告牷,告完具无伤也。"

硕牲则赞。

【集注】

赞,助也。硕牲谓马、牛,防其奔骇,故助持之。按《司马职》"丧祭奉诏马牲",《校人职》"凡将事于四海山川,则饰黄驹",充人亦当助牵。经于六牲皆各指其物,而此曰硕牲,正以兼马、牛二物耳。不曰赞王,以丧祭并赞司马也。

载　师

载师掌任土之法，以物地事，授地职，而待其政令。

【集注】

　　任土者，任其力势所能生育也。物，物色之以知其所宜也。授地职，即司徒所分地职，谓其地所承于王朝之职事，乡遂、公邑、都家皆有之。知非九职之事者，授民以九职，闾师所掌也。且百工、商贾、臣妾、闲民之所任，不得谓地职，故经于非九职之事者，则以地职别之，如郊之日氾扫反道，乡为田烛，即六乡之地职，馀可类推。○雁门冯氏曰："任土，谓某田当在某地也。"

以㕓里任国中之地，以场圃任园地，以宅田、士田、贾田任近郊之地，以官田、牛田、赏田、牧田任远郊之地，以公邑之田任甸地，以家邑之田任稍地，以小都之田任县地，以大都之田任疆地。

【集注】

　　㕓，市中地。里，民居也。宅田，或曰居郭外者之宅地，以备民之益多；或曰致仕者之家所受田也。士田，所以养升于太学之士也。士庶子宿卫王宫者，宫伯行其秩，而大司乐、乐师、大胥无及学士之秩者，则别有以养之可知矣。贾田，在市之贾人其家所受田也。官田，庶人在官者其家所受田也。牛田、牧田，畜牧者之家所受田也。公邑，谓六遂馀地，天子使大夫治之，稍、县、疆、采邑外馀地亦然。

181

五百里甸服,故乡遂、都家之馀田为公邑者,通谓之甸。王畿千里,积百同,九百万夫之地也。山陵、林麓、川泽、沟渎、城郭、宫室、涂巷,三分去一,馀六百万夫。又以田不易、一易、再易相通,定受田者三百万家。远郊之内地,居四同,三十六万夫之地也。三分去一,其馀二十四万夫,六乡之民七万五千家,通不易、一易、再易,一家受二夫,则十五万夫之地。其馀九万夫,廛里也,场圃也,宅田也,士田也,贾田也,官田也,牛田也,赏田也,牧田也,九者亦通受一夫,则半农人也。定受田共十二万家,甸、稍、县、都合居九十六同,八百六十四万夫之地,城郭、宫室差少,涂巷又狭,于三分所去六而存一,以十八分之十三率之,馀六百二十四万夫之地,通上中下,六家而受十三夫,定受田二百八十八万家,其在甸七万五千家为六遂,馀则公邑。

凡任地,国宅无征,园廛二十而一,近郊十一,远郊二十而三,甸、稍、县、都皆无过十二,惟漆林之征二十而五。

【集注】

上经以廛里任国中之地,国宅谓列居国中者,所谓里也,故无征,与廛之在市者异。征税轻近而重远,近者多役故也。漆林加重,以自然而生,不假人力也。论者多以《周官》甸、稍、县、都之十二为疑,然孟子言三代皆十一,特所出粟米,外此尚有力役之征。《禹贡》"百里赋纳总,二百里纳铚,三百里纳秸服",则外此不输总、秸服。输将者,赋必有加可知矣。此经所谓近郊十一,即公田之入也。自远郊二十而三,以及甸、稍、县、都之十二,皆量其力役之繁简而以他贡物足之。其九谷之贡,则不过公田所入。《春秋传》所谓"谷出不过藉"也。角人、羽人掌葛职,凡山泽之农,征其齿角、骨物、羽翮、葛材、草贡,以当邦赋之政令,则凡九谷及力役之征,皆可以他物充。

凡宅不毛者有里布，凡田不耕者出屋粟，凡民无职事者出夫家之征。

【集注】
　　宅不毛，不种桑麻也，故罚以嫔贡之布。屋粟，三家之税粟也。夫家之征，一夫百亩之税及其家所出士徒车辇繇役也。周之彻法，亦八家同养公田，而有屋粟者，亦取公田之入以八计而税其三耳。

以时征其赋。

【集注】
　　征赋者，闾师、遂师，而以时令征者，载师也。

闾　师

闾师掌国中及四郊之人民、六畜之数，以任其力，以待其政令，以时征其赋。

【集注】
　　掌六畜之数者，农事之本也。

凡任民，任农以耕事，贡九谷；任圃以树事，贡草木；任工以饬材事，贡器物；任商以市事，贡货贿；任牧以畜事，贡鸟兽；任嫔以女事，贡布帛；任衡以山事，贡其物；任虞以泽事，贡其物。

【集注】
　　草木，谓葵、韭、果、蓏之属。曰"以时征其赋"，而所列皆九职之贡物，则贡之外别无赋明矣。特以地计则曰九赋，以职言则曰九贡耳。

　　凡无职者出夫布。凡庶民不畜者祭无牲，不耕者祭无盛，不树者无椁，不蚕者不帛，不绩者不衰。

【集注】
　　载师、闾师之罚，轻重不同。朱子谓"前以待士大夫之有土者，后乃庶民"，薛氏谓"载师所罚乃都家之长、公邑之吏"，皆非也。盖《载师》"凡民无职事者出夫家之征"，谓医卜、巫觋、媒妁之类，其事不列于九职者也。此无职者，则闲民虽无常职，而未尝无事，故罚止于夫布。《载师》"凡宅不毛者有里布"，荒其园圃者也。此独不树，未尝不毛，故罚止于不椁。《载师》"凡田不耕者出屋粟"，受田而不耕者也。此不耕者，谓工、商、薮、牧之类，本未受田，故罚止于无盛。其事本异，故罚亦异耳。独举庶民者，士大夫有田禄则不在此列。

县　师

　　县师掌邦国、都鄙、稍、甸、郊里之地域，而辨其夫家、人民、田莱之数,及其六畜、车辇之稽。三年大比,则以考群吏而以诏废置。

【集注】

　　地域、田莱之数,小司徒掌之。乡遂之吏,各掌其夫家、人民、六畜、车辇之稽,而复使县师通掌之。且外及于邦国者,以有军旅、会同、田役之戒,则受法于司马,以作众庶、会卒伍,不可不备知其数也。既掌事,则大比因诏废置,所以考群吏者,不厌其详也。县师虽兼郊里,而所专掌则都、鄙、稍、甸,故列职先都、鄙、稍、甸而后及郊里,犹小司徒虽兼都、鄙而所专掌乃国中四郊,故列职先国中四郊,而后及都鄙也。

　　若将有军旅、会同、田役之戒,则受法于司马,以作其众庶,及马牛、车辇,会其车人之卒伍,使皆备旗鼓兵器,以帅而至。

【集注】

　　受法于司马者,知所当征众寡。按《左传》,郑人受兵于大宫,楚人授师子焉以伐随,又郑火,授兵登陴,先儒遂谓甲楯甸丘自具兵器,临时授之。然考《周官·乡大夫》"大比,考夫屋及其众寡、六畜、兵器",此职"会车人之卒伍,使皆备旗鼓、兵器以帅而至",《族师》"合卒伍则简兵器",《里宰》"比六畜、兵器",而《司戈盾》军旅、会同,所授止贰车、乘车之戈盾及旅贲、虎士之戈盾,则卒伍兵器皆自备可知矣。《左氏》所传或春秋时列国之变法,或所谓授兵者亦止授将校,辞未别白耳。

凡造都邑，量其地，辨其物，而制其域。

【集注】
　　都谓大都、小都，邑谓公邑、家邑也。辨其物即《司徒职》①所谓"以土均之法，辨五物九等"也。山林、川泽、丘陵、坟衍、原隰，其间谷土多寡不均，其谷土又有不易、一易、再易之分，故必辨其物，然后可以制其域。县师通掌天下之兵赋，而所制地域独都鄙者，六遂之域遂人制之，六乡之域小司徒制之也。

以岁时征野之赋贡。

【集注】
　　野，谓甸、稍、县、都。载师、闾师、县师职事相近而各异。载师所掌任土之法也，闾师所掌任民之法也，县师所掌赋兵之法也。三职皆曰时征其赋，而载师、县师通掌畿内之地事，盖掌其征之令，非亲征之也。《里宰职》曰"以待有司之政令而征其财赋"，《遂师职》曰"以征财赋"，则知六遂之财赋里宰征之，而遂师执其总矣。六乡之财赋，必闾胥征之，而闾师执其总矣。公邑、都家之财赋，必其二十五家之长征之，而公邑之吏、都家之宰执其总矣。《族师》、《酂长职》皆曰"作民而师、田、行、役则帅而至"，《稍人职》曰"以县师之法作其同徒、车辇以帅而至"，则丘乘卒伍之政，县师亦不亲也。

---

① 此指《大司徒职》。

遗　人

遗人掌邦之委积，以待施惠；乡里之委积，以恤民之艰阨，门关之委积，以养老孤；郊里之委积，以待宾客。野鄙之委积，以待羁旅；县都之委积，以待凶荒。

【集注】
　　乡里，通乡、遂、甸、稍、县、都而言。民之艰阨，无地无之，故知通乎畿内也。县都之委积最多，故以待凶荒，且便于内外移用也。不言甸、稍之委积者，委人掌甸、稍之聚，而军旅共其委积薪刍，则甸、稍之委积并掌于委人以共师旅可知矣。遗人掌待施惠，故军旅之委积不列也。道路之委积，又以师役与宾客会同并列者，共之者委人而遗人掌其颁之令也。待宾客、羁旅既列《遗人职》，复列《委人职》者，遗人颁委积，委人共薪刍也。《大府》邦中、四郊、甸、稍、县、都之赋，各有所待。而此职郊、野、县、都之委积，委人职甸、稍之委积，又各有所待，何也？岁赋不尽输于王朝，其存者各贮其地以为委积。

凡宾客、会同、师、役，掌其道路之委积。凡国野之道，十里有庐，庐有饮食；三十里有宿，宿有路室，路室有委；五十里有市，市有候馆，候馆有积。

【集注】

庐可暂止,路室可止宿,候馆则楼可观望者也。

凡委积之事,巡而比之,以时颁之。

【集注】

巡者,所掌非一地也。六乡之赋,闾师征之。六遂之赋,遂师征之。县都之赋,其邑宰征之。甸、稍之赋,委人敛之。则委积各贮于有司,以待遗人之比颁可知矣。道路之积谷,共之者仓人,治之者廪人,则凡委积可知矣。

均 人

均人掌均地政,均地守,均地职,均人民、牛马、车辇之力政。

【集注】

"均地政"者,均所征财赋也。"均地守"者,司险、掌固所颁守法。凡民皆有任焉,而其事有剧易,守者有众寡,故必通计一国一都应守之人,或私助财役,或轻重其力政、赋贡以相准,《司险职》所谓"移甲役财用",亦其一端也。"均地职"者,所承职事虽有常,而亦时有剧易也。司徒制地贡,奠地守,分地职,而复设均人以均之,盖惟恐情事上壅,政有偏而不举也。

凡均力政,以岁上下。丰年则公旬用三日焉,中年则公旬用二日焉，无年则公旬用一日焉。

【集注】

　　丰年，人食四鬴之岁也。人食三鬴为中岁。人食二鬴为无岁，谓岁无赢储也。注"《易》坤为均"，盖以冬三月用民二十七日大重为疑。然十月纳禾稼，日至而土功毕，公私可用之期不过一月，公旬用三日，盖九日也。若以旬为均，则第曰用三日可矣。

凶札则无力政，无财赋，不收地守、地职，不均地政。

【集注】

　　财赋即上经所谓地政也。既曰"无财赋"，又曰"不均地政"者，有财赋然后可施均法，既无财赋，则法亦无所施耳。地守曰收，则守法中有相助之财赋益明矣。地职亦曰收者，设所承浚筑、输将、供积之职事，一岁适寡，有必别有所入以当之，而宽其剧者之赋贡，所谓"均地职"，即此类也。

三年大比，则大均。

卷四　地官司徒第二

师　氏

师氏掌以美诏王。

以三德教国子：一曰至德，以为道本；二曰敏德，以为行本；三曰孝德，以知逆恶。教三行：一曰孝行，以亲父母；二曰友行，以尊贤良；三曰顺行，以事师长。

【集注】

　　国子，公卿大夫之子弟，师氏教之，而世子亦齿焉。以学君臣、父子、长幼之道。大司徒以六德、六行、六艺教万民，而师氏、保氏分为二职者，师氏所教十五、二十入大学者也，保氏所教八岁、十三入小学者也。或以六德、六行，或以三德、三行，而变其名义者，司徒以乡三物教万民而宾兴之，要其终而言之也。自十五入学至四十而仕，则成人之事备矣。故知仁、圣、义、忠、和之德无不详也，孝、友、睦、姻、任、恤之行无不著也。师氏所教，乃国子始入学者，六德未可遽求，必使知人之所得于天而粹然至善者为道之本，而后六德可驯致也。崇高富贵，易于浮惰，必使知勤敏为行之本，而后六行可渐推也。有父兄在，睦姻任恤之行，不可得而见也，第使知亲父母、尊贤良、事师长而百行有基矣。若六艺，则小学所必亲，故无异教也。于孝行之外别教孝德，而曰"以知逆恶"者，非知人之逆恶，自知其逆恶也。师氏主教太子,太子之事父母也,师保奉之,动必以礼,于孝行无由显悖,故特教以孝之实得于心者,使知于父母之教。阳奉而阴违则为逆,偷为不义则为恶,而太子之逆恶不可纠结也,故伸其教于国子,犹周公之抗世子法于伯禽也。师氏无教太子之文者,古者太子入学,与胄子齿,故以国子该之也。国子本宜学于大学,以太子故教于虎门之左,则教太子不必言矣。贤良即同学之秀出者。师教以道艺者,师氏、大乐正、小乐正之类是也。长司其政令者,诸子、宫正、宫伯之类是也。○知仁、圣、义、忠、和之德乃养以道艺而后成者,此曰"以为道本",则知以天命五常之德、粹然至善者言也。孝行以敬为先,而此独曰"以亲父母"者,王公之子于父母多尊而不亲也。○以此经次第观之,首曰"以三德教国子",似以太子群王子而言。继曰"掌国中失之事以教国子弟",似兼王之族姓而言。继曰"凡国之贵游子弟学焉",乃言公卿大夫之子弟。旧说相承既久,今姑仍之。

居虎门之左,司王朝。

【集注】

虎门,路寝门也。王日视朝于路寝之门外。司,察也,察王之视朝,有善道可行,则前以诏王。

掌国中失之事,以教国子弟。

【集注】

中,得礼也。失,失礼也。不曰"凡中失之事",而曰"国中失之事"者,以先世王太子、王子弟善败之迹告之,使知鉴戒也。

凡国之贵游子弟学焉。

【集注】

　　游谓无职司。师氏、保氏所教皆未冠,与太子齿相次,以共学者,故国之选俊不与。若太子,既冠成人,则必博选天下孝悌、博闻、有道术者,使与居处出入,而不专于贵游子弟矣。

凡祭祀、宾客、会同、丧纪、军旅,王举则从。

【集注】

　　举犹行也,故书作"与",读去声。○职专于教太子及国子,而王举则从者,祭祀、军旅、丧纪,国子必从太子。而会同、宾客,诸子亦作群子以从王,故师氏、保氏帅之以观于政事,亦所以为教也。

听治亦如之。

【集注】

　　谓王于野外听朝。

使其属帅四夷之隶,各以其兵服守王之门外且跸。

【集注】

　　门外,中门之外。东方、南方,其服布,其兵剑。西方、北方,其服旃,其兵弓矢。王门以夷隶守之者,使王朝夕出入惕于德失政散则四夷弗宾,又使荒裔之人知朝廷礼义之盛,以为声教也。

朝在野外则守内列。

【集注】

内列,藩营之在内者。

保　氏

保氏掌谏王恶。

【集注】

未有美而诏之,故曰"以美诏王"。有恶而后谏,故曰"掌谏王恶"。○天子师保有公孤。师氏中大夫,保氏下大夫,盖专为教太子设者,而其职首曰"以美诏王"、"谏王恶"何也？使太子益严于师、保也。王且以美诏,王之恶且谏,则所以诏谏太子者不可玩忽明矣。《春秋传》晋侯问楚子,锺仪对曰"其为太子也,师保奉之,以朝于婴齐而夕于侧也",则职专于教太子可知。

而养国子以道,乃教之六艺:一曰五礼,二曰六乐,三曰五射,四曰五驭,五曰六书,六曰九数。乃教之六仪:一曰祭祀之容,二曰宾客之容,三曰朝廷之容,四曰丧纪之容,五曰军旅之容,六曰车马之容。

【集注】

戴《记》:"祭祀之容,齐齐皇皇;宾客之容,穆穆皇皇;朝廷之容,济济翔翔；丧纪之容，累累颠颠；军旅之容，暨暨詻詻；车马之容，匪匪翼翼。"

凡祭祀、宾客、会同、丧纪、军旅，王举则从，听治亦如之，使其属守王闱。

【集注】

闱，宫中之巷门。

司　谏

司谏掌纠万民之德而劝之朋友，正其行而强之道艺，巡问而观察之，以时书其德行道艺，辨其能而可任于国事者。

【集注】

兴贤兴能，学校之政备矣。复设司谏之官，以察万民之德者，恐野有遗贤也。如农夫之孝弟强果者，胥徒之淳实廉干者，幼未知学不得列于庠序而宾兴之，故劝之朋友，使近学士，正其行，使知大人之事，强之道艺，使务学以自广。久之而德修行进，道通艺习，则可任国事矣。惟其未列于庠序，故劝之朋友；惟所习者小人之事，故正其行；惟时过而学，故道艺必强之而后能，此先王所以立贤无方而国无废事也。○管仲治齐，乡长五属大夫，复事公，亲问贤才，犹用《周官》遗意。然聪明质仁为义，好学者与拳勇股肱之力同问，则知其时学校之政已废矣，故曰王者之迹熄也。○以非学士，故第以能而可任于国事为言,其德行道艺出众而为贤者,未易数觏也。

以考乡里之治,以诏废置,以行赦宥。

【集注】
废置以吏言,赦宥以民言。罢民之出圜土而反于国中者,三年不齿,其坐嘉石而役诸司空者,乡里任之则宥而赦之。司谏巡问观察,果能改其前行之恶,然后行赦宥也。

司　救

司救掌万民之邪恶、过失,而诛让之,以礼防禁而救之。

【集注】
邪恶,其性质不良而未丽于罪者。过失,则已形于事者。古者重刑,且责让之,未即罪也。

凡民之有邪恶者,三让而罚,三罚而士加明刑,耻诸嘉石,役诸司空。

【集注】
罚谓挞击之也。加明刑者,去冠饰而书其邪恶之状,著之背也。嘉石,朝士所掌。

其有过失者,三让而罚,三罚而归于圜土。

【集注】

亦加明刑,昼任以事,夜收之狱,其收教之期视坐嘉石者每加,以其罪已著也。

凡岁时有天患民病,则以节巡国中及郊野,而以王命施惠。

【集注】

郑刚中谓:"乡师及此职皆以王命施惠,欲恩归于王,非圣人制法意也。盖列其职曰'以王命施惠',则遇民艰阨立可赈救,无奏请期报之难,而所在有司不得阻格耳。"○郑刚中曰:"乡师巡国及野,以王命施惠,岁之常也,故不持节。此则有天灾人患而特遣巡视,故执节以为信。"

调　人

调人掌司万民之难而谐和之。

【集注】

难,相与为仇雠。

凡过而杀伤人者,以民成之,鸟兽亦如之。

【集注】

　　过本无意也。成,平也,以乡里之民共和解之。

凡和难,父之雠辟诸海外,兄弟之雠辟诸千里之外,从父兄弟之雠不同国,君之雠视父,师长之雠视兄弟,主友之雠视从父兄弟。

【集注】

　　和之使辟,不得就而雠之。主谓大夫、君、父兄之雠而可和者,以过而杀伤也。

弗辟,则与之瑞节而以执之。

【集注】

　　弗辟,必怙势而弱其敌者也,故官持瑞节,执而放诸异国。邦国用玉节。周制,九服外,薄四海用瑞节者,征信于所放之国也。若执而治其罪,则无事瑞节。

凡杀人有反杀者,使邦国交雠之。

【集注】

　　反,复也。复杀之者,欲除害弱敌也。邦国交雠之,诸侯得之即加戮也。

凡杀人而义者,不同国,令勿雠,雠之则死。

【集注】

"杀人而义"者，如夫为寄豭穿窬，夜入人室之类。令勿雠而仍不使同国者，恐相遇而不能忍也。虽不同国而仍令勿雠，雠之则死者，恐其迹之他国也。父之雠虽已和，尚使辟诸海外，亦恐迹而得之。

凡有斗怒者，成之；不可成者则书之，先动者诛之。

媒　氏

媒氏掌万民之判。凡男女自成名以上，皆书年月日名焉。

【集注】

判，半也，主合其半，成夫妇也。《丧服传》曰"夫妻判合"。成名，谓子生三月，父母名之。

令男三十而娶，女二十而嫁，凡娶判妻、入子者，皆书之。

【集注】

判妻，出妇也。入子，或媵女既入夫家，未御而夫死，改适人者。或曰再嫁而携其子入夫家者。书之息争端也。

中春之月，令会男女。于是时也，奔者不禁。若无故而不用令者罚之。司男女之无夫家者而会之。

【集注】

无故而不用令，谓非丧祸而娶不以仲春也。周之仲春，丑月也，故《诗》曰"迨冰未泮"。奔谓听其相从而不必备礼也。男女之无夫家者，谓鳏寡也。若始婚者，第可言未嫁娶，不可谓无夫家。覆出此文，明会而不禁其奔者，惟鳏寡也。始婚者，媒妁通之，父母主之，岂得自相会哉。世人多以此病《周官》，然圣人曲成万物而使不纳于邪，义即在此。单丁女户、无主婚者，或因怨旷以致淫逸，或相争夺以成狱讼，岂若天子之吏以王命会之而听其奔为正大而无弊乎？

凡嫁子娶妻，入币纯帛，无过五两。

【集注】

纯当作缁，庶人纳币用缁帛，士大夫乃以玄纁束帛，天子加谷玉，诸侯加大璋。五两，十端也。○叶氏曰："先王之世，详婚姻之礼而薄其物，此婚姻所以及时，男女所以得正也。"

禁迁葬者与嫁殇者。

【集注】

迁葬，或出母改适无子，而前子欲迁以祔父；或曰民徙家而迁旧丧以祔新丧也。殇，十九以下未嫁而死者，生不相接，死而合之，非礼也。

凡男女之阴讼,听之于胜国之社。其附于刑者,归之于士。

【集注】

阴讼,中冓之事。

此经首言始婚者,次言娶判妻入子者,次言鳏寡,节次甚明,但其文恐有错简。若移"若无故而不用令者罚之"于"令男子三十而娶,女子二十而嫁"之下,移"司男女之无夫家者而会之"于"令会男女"之下,则无可疑矣。然就本文亦可通。

司　市

司市掌市之治、教、政、刑、度量禁令。

【集注】

禁物靡,亡者使有,利者使阜,害者使亡,靡者使微。以及伪饰之禁,过市之罚,属游饮食之禁皆所以教也。治谓在民出入交易之事。政谓在官几征敛散之法。度,丈尺也。量,豆、区、斗、斛之属。

以次叙分地而经市。

【集注】

经,界也。次叙,见《内宰职》。

以陈肆辨物而平市。

【集注】
陈犹列也。物同使列肆于一区,则美恶相校易辨而市价自平矣。即《肆长职》所谓"名相近者相远,实相近者相尔"也。

以政令禁物靡而均市。

【集注】
物靡者,易售而无用。争取靡者则常货或滞而市不均矣。

以商贾阜货而行布。

【集注】
布谓泉也。

以度量成贾而征儥。

【集注】
儥,买也。物有定价则买者有所征。

以质剂结信而止讼。
以贾民禁伪而除诈。

【集注】

　　贾民，胥师、贾师之属。伪以物言，诈以人言。

以刑罚禁虣而去盗。
以泉府同货而敛赊。

【集注】

　　民货不售，敛而买之，民无货赊，贳而予之，则以货来者同得售而不至于折阅，货之积者同得散布而民赖其用，故曰同货。

　　大市日昃而市，百族为主。朝市朝时而市，商贾为主。夕市夕时而市，贩夫贩妇为主。

【集注】

　　主言其多者也。大市者，乡邑之民以百物交易，必日昃远邑乃可至。商贾市以朝者，商以货来而贾居之，或求货于贾，或议转物，每穷日之力，必以朝乃便。贩夫贩妇市以夕者，所贩乃朝夕所求之物，市之者亦近市之人也。

　　凡市入，则胥执鞭度守门，市之群吏平肆、展成奠贾，上旌于思次以令市。市师莅焉，而听大治、大讼；胥师、贾师莅于介次，而听小治、小讼。

【集注】

　　市入，市者入也。鞭度一物二用，其干刻丈尺，系鞘于上以为鞭。展成谓既成议者则展其物以待判决,奠贾谓未售者则定其贾以待求索,即贾师所掌也。上旌悬之市师司市也。

凡万民之期于市者,辟布者,量度者,刑戮者,各于其地之叙。

【集注】
期谓欲卖买期决于市也。辟,开通也,泉府掌以征布敛不售之货于市辟。布疑谓民之欲受泉而纳财物者。量度者谓处斗斛及丈尺之牙侩。

凡得货贿、六畜者亦如之。三日而举之。

【集注】
亦如之,亦各于地之叙也。举之,谓登诸册籍,使逾时而求者可验也。《春秋传》"仲尼使举是礼也,以为多文辞",《管子》"时简稽马牛之肥瘠,其老而死者皆举之"。

凡治市之货贿、六畜、珍异,亡者使有,利者使阜,害者使亡,靡者使微。

【集注】
使有、使阜,起其价以征之也。使亡、使微,抑其价以却之也。害谓奇器异物,无当于民用者,作无益,害有益,故使之无。靡者尚可用,但费财而导侈,故使之微。《周官》详于市政,即此一节,足以消游惰,阜百物,备天灾,厚民俗,非细故也。

凡通货贿,以玺节出入之。

【集注】
　　玺节,印章也。

国凶荒札丧,则市无征而作布。

【集注】
　　古者作钱币以救凶荒,以耕九馀三,谷粟之积者多也。若无谷粟则泉布无权,后世兵火水旱,贵人富商有抱其金玉锦绣而死者,政无常经,民非本富故也。

凡市伪饰之禁,在民者十有二,在商者十有二,在贾者十有二,在工者十有二。

【集注】
　　潜溪邓氏曰:"在民若以水和米、麻代丝之类,在商若以石为玉、冀产为扬产之类,在贾若饰今为古、饰陈为新之类,在工陶中窳铜和锡之类。"

市刑:小刑宪罚,中刑徇罚,大刑扑罚。其附于刑者,归于士。

【集注】
　　宪罚,播其肆也。徇,遍巡以示众也。扑,挞也。

国君过市则刑人赦,夫人过市罚一幂,世子过市罚一帟,命夫过市罚一盖,命妇过市罚一帷。

【集注】
邓氏曰:"刑人赦者,士师协日刑杀,君欲免之,则会其期而赦之,盖非是无过市也。举国君则王可知。"

凡会同、师役,市司帅贾师而从,治其市政,掌其卖儥之事。

【集注】
市司,司市也。

质　人

质人掌成市之货贿、人民、牛马、兵器、珍异。

【集注】
人民,奴婢也。平物贾者,贾师、质人专掌质剂,所谓成者,两人交易,入质剂于质人,则一成而不可变,其欺伪相负者,后得质讼治之,各有程期。○《书》曰"臣妾逋逃",《诗》曰"人有民人,女覆夺之",即奴婢也。古者盗贼之子女始为奴,岂罪隶舂槀之外,或以赐群臣,故得相鬻与?百里奚自鬻于秦养牲者,则鬻身者周时亦间有之,但秦汉间始名为奴婢耳。

凡卖儥者质剂焉。大市以质，小市以剂，掌稽市之书契。

【集注】

大市，人民、牛马之属，用长券。小市，兵器、珍异之属，用短券。民自贸易则曰质剂，官取予于市则曰书契。贾师掌国之卖儥，则官有取予于市可知矣。

同其度量，壹其淳制，巡而考之，犯禁者举而罚之。

【集注】

犯禁者不独罚之，且书其所犯于册籍，使惧而不敢再也。淳制见《内宰职》。

凡治质剂者，国中一旬，郊二旬，野三旬，都三月，邦国期。期内听，期外不听。

【集注】

野，甸稍也。

廛　人

廛人掌敛市絘布、总布、质布、罚布、廛布而入于泉府。

【集注】

绝布,列肆之税。总布,或曰总当为儳,无肆立持者之税也;或曰读如租稯之稯,守斗斛铨衡者之税也。质布,犯质剂者所罚。罚布,犯市令者所罚。廛布,诸物邸舍之税。○既有廛布、絘布,不应又为列肆之税,絘从次,思次、介次皆听治讼之所也,岂讼于市者必先入布,如束矢、钧金之类与?总布疑即民买赊官物之泉,肆长分收而总会于廛人,故以总名。

凡屠者敛其皮角筋骨,入于玉府。

【集注】

以当廛布,有馀则以布敛之。

凡珍异之有滞者,敛而入于膳府。

【集注】

珍异,四时食物也。

胥 师

胥师各掌其次之政令,而平其货贿,宪刑禁焉。察其诈伪、饰行儥慝者而诛罚之。

【集注】

價当作"卖"。慝，恶物也。卖慝而曰"饰行"者，今市中卖伪物多使老弱疾者，诈为有急而使人不疑，所谓饰行也。

听其小治小讼而断之。

贾　师

贾师各掌其次之货贿之治，辨其物而均平之，展其成而奠其贾，然后令市。

【集注】

辨其物之良苦，使各有等差。良苦相均，始得其平。

凡天患，禁贵價者，使有恒贾。

【集注】

三代圣王所以恤民惠商，其法曲备，而谷物之积，所在皆有之，故遇天患可禁贵卖者。后世救荒则以增价招商为善政，时势各有宜也。價当作"卖"。

四时之珍异亦如之。

【集注】

荐宗庙之物。

凡国之卖儥,各帅其属而嗣掌其月。

【集注】

嗣,以次更代也。

凡师役会同,亦如之。

司　虣

司虣掌宪市之禁令,禁其斗嚣者,与其虣乱者,出入相陵犯者,以属游饮食于市者。若不可禁,则搏而戮之。

【集注】

以属游,群聚而游也。

司　稽

司稽掌巡市而察其犯禁者,与其不物者而搏之。

【集注】

不物,衣服视占不与众同,及所操物不如品式。

掌执市之盗贼以徇,且刑之。

【集注】

徒徇者不必刑,若盗贼则必以徇且刑之,所谓附于刑者归于士也。市之大刑扑罚,又曰"凡有罪者挞戮而罚之",则归于士者惟盗贼可知矣。

胥

胥各掌其所治之政,执鞭度而巡其前,掌其坐作出入之禁令,袭其不正者。

【集注】

市有坐作之禁令者,有司稽巡,当起立。袭,掩捕也。

凡有罪者,挞戮而罚之。

【集注】

罚,使出布。

肆　长

肆长各掌其肆之政令，陈其货贿，名相近者相远也，实相近者相尔也，而平正之。

【集注】

尔亦近也。均是物也，而其贾或倍蓰十百千万，故必辨其名实。

敛其总布，掌其戒禁。

【集注】

《贾师职》曰"凡国之卖儥，各帅其属而嗣掌其月"，贾师之属肆长也，买赊官物之布必肆长敛之可知矣。其或日终而总计之，或旬终而总计之，以会于廛人，故曰总布与？

泉　府

泉府掌以市之征布，敛市之不售、货之滞于民用者，以其贾买之，物楬而书之，以待不时而买者。买者各从其抵，都鄙从其主，国人、郊人从其有司，然后予之。

【集注】

抵，故贾也。于此见圣人爱民之实，而后世平准、均输借以浚民者，不得假托也。买货必从所司者，官收滞货，本以利民，必实有需用然后予之。若远商大贾，转货逐利，则不予也。货之滞者，逾时必腾跃，故设禁如此。

凡赊者，祭祀无过旬日，丧纪无过三月。

【集注】

赊，贳也。

凡民之贷者，与其有司辨而授之，以国服为之息。

【集注】

民有急贷于官，第归其本而服国事以当其息也。《禹贡》"三百里纳秸服"，《周官》"服公事"者，他如服劳、服役，皆以任其力为义。而郑氏以王莽之受息释之，误矣。○贵与马氏曰：赊贷者，三代之法也。三代之时，非直周公之圣可行，虽中主能行之。三代之后，非直王莽之矫诈、介甫之执拗不可行，虽贤哲亦不能行，其故何也？盖三代之时，寰宇悉以封建，天子所治不过千里，公侯则自百里以至五十里，卿大夫又各有食邑，分土而治，上之所以治其民者，不啻祖父之于子孙，家主之于臧获，虽诸侯、卿大夫不必皆贤，然既世守其地与民，则不容不视为一体，故奸弊无由生而良法可以世守。自封建变为郡县，人君宰制六合，穹然于上，郡守县令更代无常，发政施令不过受成于胥吏，不独赊贷一事，凡琐细繁密之制，执而行之，必反为民病。世儒治《周官》不能识其大本，求其精意，而好举其制之琐细繁密者以为疑,所谓不通时变也。

凡国事之财用取具焉。岁终则会其出入而纳其馀。

【集注】

凡国事之财用,取具于泉府,以在市而通百物也。外府、泉府为通职,《外府职》曰"凡祭祀、宾客、丧纪、会同、军旅,共其财用之币赍,赐予之财用",盖九职贡物所无而为邦用所必需者,则外府共其布,泉府市其物也,纳其馀入于职币也。

司 门

司门掌授管键,以启闭国门。

【集注】

管,籥也。键谓牡。用管以启,用键以闭。

几出入不物者,正其货贿。凡财物犯禁者举之。

【集注】

正当读征,谓税其物也。财物犯禁者,如木不中伐,布帛不中数,量用器不中度之类。言举而不言罚者,门近于市矣,故举之使受罚于质人也。○陈及之曰:"即司市所谓饰伪之禁,在民、商、贾、工者各十有二是也。"

以其财养死政之老与其孤。

【集注】

谓门关之委积。死政,死国事者。

祭祀之牛牲系焉,监门养之。

【集注】

散祭祀之牲系于门。监门,门徒也。

凡岁时之门,受其馀。

【集注】

受祭门之馀。

凡四方之宾客造焉,则以告。

【集注】

造,至也。

司 关

司关掌国货之节,以联门市。

【集注】

货节,玺节也。

司货贿之出入者,掌其治禁与其征廛。

【集注】

廛人敛廛布,司关复有征廛者,或留货于关,以待野鄙之交易而不入于门市也。

凡货不出于关者,举其货,罚其人。

【集注】

暂举其货俟诘问,或挞其人,或罚以布,而仍还其货也。《司圜职》"凡圜土之刑人也不亏体,其罚人也不亏财",《司市职》有罪者挞戮而罚之,凡罚多以财言也。若举为悉没其货,则财之亏逾量矣,而复罚以财,必无是法也。○王氏曰:"'出'下,疑脱'入'字。"

凡所达货贿者,则以节、传出之。

【集注】

商或取货于山泽野鄙,而无司市之玺节,至关,关为之玺节及传以出之,其有玺节者亦为之传。传如后世移过文书。

国凶札则无关门之征,犹几。
凡四方之宾客叩关,则为之告。

215

【集注】

叩犹至也。

有外内之送令,则以节、传出内之。

【集注】

外自侯国、都鄙而入者,内自王都而出者。送令谓奉贡献及赍文书者。

掌 节

掌节掌守邦节而辨其用,以辅王命。

【集注】

邦节,即下所列诸节也。王有命则别其节以授使者。旧说谓珍圭、牙璋、谷圭、琬圭、琰圭,非也。圭璋之用,典瑞辨之。此职所辨者节也,盖圭璋以达王命,以节辅之。

守邦国者用玉节,守都鄙者用角节。

【集注】

诸侯于其国中,公卿、大夫、王子弟于其采邑,有命亦以节辅之。

凡邦国之使节,山国用虎节,土国用人节,泽国用龙节,皆金也,以英荡辅之。

【集注】

英荡,函器,盛此节者。邦国之使节,使邦国者所执也。小行人所达谓之天下之节,则邦国都鄙使者所执也,非王官所掌,而式法亦自掌节出。○英荡为函器则不得云辅,别本作"簜",干宝曰:"英刻书也,簜竹箭也,刻书所事,以助使节之信。"

门关用符节,货贿用玺节,道路用旌节,皆有期以反节。

【集注】

道路,主治五涂之官,谓乡遂大夫也。凡由门者,司门为之节。由关者,司关为之节。其商则司市为之节。以征令及家徙,则乡遂大夫为之节。变司市言货贿者,货贿非必由市也。变乡遂言道路者,公邑、小都、大都之吏皆主治五涂,各有民也。疑符节、玺节乃刻竹书所由加印篆,行者自执之。旌节则道路之官使人持之以送行者,非朝聘及赍贡赋无所用之。

凡通达于天下者,必有节以传辅之。

【集注】

在境内惟家徙及转货乃有节,暂出者不必有也。

无节者有几则不达。

【集注】

诘逋逃及奸宄也。

遂 人

遂人掌邦之野。

【集注】

郊外曰野。遂人所掌惟造县鄙形体之法及治沟洫,兼甸、稍、县、都其他政令,惟掌六遂公邑及家、稍、县、都之政令,则县师掌之。

以土地之图经田野,造县鄙形体之法。五家为邻,五邻为里,四里为酇,五酇为鄙,五鄙为县,五县为遂,皆有地域,沟树之,使各掌其政令、刑、禁,以岁时稽其人民,而授之田野,简其兵器,教之稼穑。

【集注】

遂之邻、里、酇、鄙、县,与乡之比、闾、族、党、州同法而异其名者,师、田、行、役各以旗物帅其众庶而至,异其名乃便识别耳。

凡治野:以下剂致甿,以田里安甿,以乐昏扰甿,以土宜教甿稼穑,以兴耡利甿,以时器劝甿,以彊予任甿[①],以

[①] "彊",原作"疆",据阮刻《周礼注疏》及下注文改。

土均平政。

【集注】

变民言甿,异内外也。致犹会也。虽受上田、中田及会之以下剂为率,谓可任者家二人也。乐如酺蜡之类,昏谓嫁娶之礼。兴耡者,地有丰凶,兴起群甿使彼此相助,则交得其利,若移用其民以救其时事及五党相赒之类是也。疆当作"壃",古者壃埸有瓜,口众者多予之,所以任其力。政读为征,以土之肥墽均平其税及力役之征。

辨其野之土,上地、中地、下地,以颁田里。上地夫一廛,田百亩,莱五十亩,馀夫亦如之。中地夫一廛,田百亩,莱百亩,馀夫亦如之。下地夫一廛,田百亩,莱二百亩,馀夫亦如之。

【集注】

莱谓休不耕者。馀夫亦如之,谓所受之田亦有莱也。乡受田无馀夫之文,以输将服公事者,皆近取于乡也。乡之上地无莱,以近城郭,人畜多,易粪也。

凡治野,夫间有遂,遂上有径;十夫有沟,沟上有畛;百夫有洫,洫上有涂;千夫有浍,浍上有道;万夫有川,川上有路,以达于畿。

【集注】

遂、沟、洫、浍,深广见《匠人》。径容牛马,畛容大车,涂容乘车。

一轨道容,二轨路容,三轨曰达于畿,则家、稍、公邑、县、都沟洫之制皆遂人主之。○曰治野,以作沟、洫、畛、涂言也,故计所占之地。而曰十夫,其实耕者乃一井九夫之地耳。《匠人》所谓"方十里为成",即此经千夫之地,而耕地则九百夫。《匠人》所谓"方百里为同",即此经万夫之地,十而耕地则九万夫。《诗》曰"十千维耦",盖举其成数,犹三十三里少半里而曰终三十里也,不足据以破《周礼》。○明斋王氏曰:"凡疏导之法,挽漕之便皆于是在,而封植以息争端,设险以限戎马,实寓其中矣。自遂、沟、径、畛而下,民自治之。至洫、涂、浍,必上之人创之,合众力修治。若川与路,则非一方之民所能办,必损府库之积,移用其民乃可成。军礼所谓大役任众者也。"○浚仪王氏曰:"禹尽力乎沟洫,浚畎浍,距川,遂人五沟五涂之制,因乎古也。沟洫之成,自禹至周,非一人之力。沟洫之坏,自周至秦,非一日之积。"

以岁时登其夫家之众寡及其六畜、车辇,辨其老幼废疾与其施舍者,以颁职作事,以令贡赋,以令师田,以起政役。

【集注】
老幼废疾,不可任者也。其可任而施舍者,盖贵贱贤能也,而不列言之者,乡近国,中多君子,遂远郊,多野人,不惟贵者、服公事者不若六乡之多,即贤能之兴亦甚少,故遂大夫及群吏职皆无稽贵贱贤能之文,而于遂人略言之。职,九职。事,兼学艺、世事、服事。政役谓土功及输将所用,即师田徒旅而事则异,故更列之下经,所谓凡事致野役而师田作野民是也。

若起野役,则令各帅其所治之民而至,以遂之大旗致之,其不用命者诛之。

【集注】
役谓师田,若有功作也。遂之大旗,熊虎也。遂人、遂大夫合用鸟隼之旗以致众,故得与大司徒同用大旗。

凡国祭祀,共野牲,令野职。

【集注】
共野牲,入于牧人,以待事也。

凡宾客,令野修道而委积。

【集注】
委积于庐宿,市令令遗人也。凡宾客兼大司徒、小司徒所令。

大丧,帅六遂之役而致之,掌其政令,及葬帅而属六綍。及窆,陈役。

【集注】
致役,致于司徒,给墓上事及窆也。綍,举棺索也。大丧之正棺殡启朝及引,六乡役之;载及窆,六遂役之。

凡事致野役而师田作野民,帅而至,掌其政治禁令。

【集注】

凡事,谓力政之事。

遂 师

遂师各掌其遂之政令戒禁,以时登其夫家之众寡、六畜车辇,辨其施舍与其可任者。经牧其田野,辨其可食者。周知其数而任之,以征财征。作役事则听其治讼。

【集注】

辨其可食者,如牧地则不可食也。遂人辨上地、中地、下地之等,而遂师则周知其数。遂人令贡赋而遂师征财征,遂人起政役而遂师作役事,遂人令师田而遂师掌军旅田猎之政令。或举其纲,或详其目也。不曰井牧而曰经者,井法遂人之所掌也。○项氏曰:"可任者又有家三人、二家五人、家二人之异,故辨之以知民力。"

巡其稼穑而移用其民,以救其时事。

【集注】

四时耕耨敛艾芟地之宜,早晚不同而有天期地泽风雨之急,故移用其民,使转相助,以救时急事也。后世民自为耕,猝有水旱,富者尚能自救,而贫者则坐视其田之芜没,然后知先王设官以移用其民,虑事周而兴利博也。○读法兴贤详于乡,经野劝农详于遂,亦互相备。

凡国祭祀,审其誓戒,共其野牲。

【集注】
审听冢宰、小宰之誓戒,以戒其属吏及民也。遂人共野牲,遂师复共野牲者,遂师各共之以致于遂人,遂人总之以入于牧人也。遂人不审戒誓而遂师审之者,遂人掌野法而不亲民治,遂师则各有分地,凡国祭祀有当执之事、当共之物故也。

入野职、野赋于玉府。

【集注】
野职,八职中贡物也。野赋,农田之入也。所入盖中玉府之用者,农或以物产当邦赋,如齿角、骨物、羽翮、草物之类,故入于玉府。

宾客则巡其道,修庀其委积。

【集注】
巡视其道路修治与否也。庀,具也。

大丧,使帅其属,以幄帟先,道野役。及窆,抱磨,共丘笼及蜃车之役。

【集注】
使帅其属者,太宰或司徒也。以幄、帟先,备张神坐也。磨者,适历执綍者名也。千人分布,六綍疏数有度,名为适历。遂师抱持役版以巡察之。笼,承土器也。蜃车,或曰柩路也,载柳,四轮迫地而行，有似于蜃，因取名焉。或曰蜃者，《掌蜃职》所谓"阛圹之蜃"，车乃载蜃者。

军旅、田猎，平野民，掌其政令，比叙其事而赏罚。

【集注】

平正其行列部伍也。未至师，先以军法部署而行赏罚。帅而至则赏罚一听于大司马若大司徒。

遂大夫

遂大夫各掌其遂之政令，以岁时稽其夫家之众寡、六畜、田野，辨其可任者与其可施舍者，以教稼穑，以稽功事，掌其政令、戒禁，听其治讼。

【集注】

功事，九职之事，民功也。

令为邑者，岁终则会政致事。

【集注】

旧说不言其遂之吏，而言为邑者，容公邑及卿大夫、王子弟之采邑，政令、禁戒遂大夫亦施焉，非也。小司徒通掌国中及四郊都鄙，故所令及群吏。而三年大比，所考止六乡四郊之吏，都、鄙、甸、稍之吏尚别使县师考之,则非遂大夫所及明矣。按遂人掌造县鄙形体之法,岂六乡近国,中虽分乡、州而无城邑,六遂远各有城邑,而因以名其吏与?

正岁,简稼器,修稼政。

三岁大比,则帅其吏而兴甿,明其有功者,属其地治者。

【集注】

兴甿,兴贤能也。因举吏治有功者,而聚敕其馀以职事。稽夫家畜产以及政令、征比、治讼之事,自遂人、遂师、遂大夫以及县正、鄙师、酂长,每职必列,不厌其复,而兴甿止于《遂大夫职》一见之,简、校、宾、兴之法无一及焉,何也?政令、征、比、治讼之事,自遂大夫以下,群吏所掌与乡有同异,故每职备列之。兴贤之典,一同于六乡,覆列之则赘矣,故第言帅其吏以兴甿,而知一准于六乡也。○遂大夫之职与乡大夫异者,听治讼也。县正与州长异者,掌治讼也。鄙师与党正异者,掌祭祀而不及于丧纪、冠昏、饮酒也。酂长与族师异者,治祭祀、丧纪也。里宰与闾胥异者,不掌祭祀、丧纪之数也。邻长与比长异者,赞邑政也。乡大夫不听治讼,六官之长未遑乡邑之治也,故使乡师听之。遂大夫、遂师皆曰"听其治讼"者,遂师所听独财征役事之讼,凡讼并归遂大夫也。遂之治讼分听之者,烦于乡也,乡近王都,国中之讼皆归于乡士矣。遂大夫曰"听治讼",县正曰"掌治讼"者,掌达之于遂大夫而不专决也。乡之中州长大夫、党正掌丧纪、冠、昏,闾胥掌丧纪之数。遂之丧纪仅一见于酂长职,冠、昏、饮酒则并无其文者,乡乃公卿大夫、贤士所萃,故丧纪、冠昏、饮酒礼义备焉,遂则群甿聚居,分卑礼略,不敢以烦有司也。丧纪所关尤重,其士大夫之家则鄼长治之。

凡为邑者,以四达戒其功事而诛赏废兴之。

【集注】

四达,或曰治民之事,大通者有四:夫家众寡也,六畜、车辇也,稼穑耕耨也,旗鼓兵革也。或曰考邑治必旁达四邑以相参,而后贤不肖勤惰可见。或曰为邑者县正也,下达于鄙师、鄼长、里宰、邻长,凡四等;上达于遂大夫、遂师、遂人、大司徒,亦四等。

县　正

县正各掌其县之政令、征、比,以颁田里,以分职事,掌其治讼,趋其稼事,而赏罚之。

【集注】

征,征召也。比,案比也。

若将用野民师、田、行、役,移执事,则帅而至,治其政令。

【集注】

移执事,即《遂师职》所谓"移用其民,以救其时事"也。

既役，则稽功会事而诛赏。

【集注】
　　稽功者，每人而分考其程也。会事者，合计其功事以为役要也。

鄙　师

鄙师各掌其鄙之政令祭祀。

凡作民，则掌其戒令。以时数其众庶，而察其美恶而诛赏。

【集注】
　　察众庶之美恶，将以助遂大夫兴甿也。鄙师所掌独无农事者，其大纲则遂大夫、县正董之，其细目则酂长、里宰亲之。

岁终则会其鄙之政而致事。

酂　长

酂长各掌其酂之政令，以时校登其夫家，比其众寡，以治其丧纪、祭祀之事。

【集注】

校,差次之也。

若作其民而用之,则以旗鼓兵革帅而至。若岁时简器,与有司数之。

【集注】

有司,遂大夫所委属吏也。遂大夫简器岂能遍数?旧说误。

凡岁时之戒令皆听之,趋其耕耨,稽其女功。

【集注】

听谓受而行之也。○古者王内之政令,内宰治之,民家之女功,郑长稽之,所以上下、男女各警其职而事无不举、教无不行也。

里 宰

里宰掌比其邑之众寡,与其六畜兵器,治其政令。

以岁时合耦于锄,以治稼穑,趋其耕耨,行其秩叙,以待有司之政令而征敛其财赋。

【集注】

耜广五寸,二耜为耦,耕必以耦。人之少长、老疾、死丧不齐,故以岁时合之。锄者,里宰所治处,于此合耦使相助,因放而为名。秩叙,受耦相佐助之次第。

邻　长

邻长掌相纠相受。凡邑中之政相赞。徙于他邑,则从而授之。

【集注】

邻长即耦耕之民,故所掌无农事。

旅　师

旅师掌聚野之锄粟、屋粟、闲粟而用之。

【集注】

屋粟,有田不耕者所罚三夫之税粟。闲粟,闲民无职事者所出一夫之征粟。锄粟,民自相助之粟也。古者以政成民,建设长利,不仅恃上之赈恤也。《易》曰"君子以劳民劝相",《春秋传》曰"务穑劝分,盖使民自相助,则所济者博",故《司徒职》"五党为州,使之相賙",《司稼职》"均万民之食而賙其急",《遂人职》"以兴锄利甿",皆使民自相助也。此经所谓锄粟,即所兴以相助者。○锄粟、屋粟、闲粟皆非公田所入,故特设旅师以掌之,各贮其乡里以赈贷平民,给新甿。注疏谓主敛县师所征赋谷,误矣。

以质剂致民,平颁其兴积,施其惠,散其利,而均其政令。

【集注】

兴积即三者之粟。赈者、贷者皆平颁之,不得偏有多少。施其惠者,不责以偿也。散其利者,春颁而秋敛之也。贷者则有质剂。均其政令者,颁敛之期亦不得偏先后也。

凡用粟,春颁而秋敛之。
凡新甿之治皆听之,使无征役,以地之美恶为之等。

【集注】

新甿,来徙家者。治谓有所乞求也。以地美恶为之等,计口而授以上、中、下之田也。○李伦曰:"无征役暂耳,以地美恶为之等者,不易之地一年后征役之,一易者二年,再易者三年。"○遗人、委人所待羁旅以疾病事故滞留者,旅师所掌乃新甿来徙家者,将治而教之,故官以师名。

稍　人

稍人掌丘乘之政令。

【集注】

丘出马,四丘出车一乘,故曰丘乘。盖掌赋兵之政令也。

若有会同、师、田、行、役之事，则以县师之法，作其同徒輂辇，帅而以至，治其政令，以听于司马。

【集注】
　　县师通掌邦、国、都、鄙、稍、甸、郊、里，将有军旅、会同、田、役之戒，则受法于司马，以作其众庶及马牛、车辇，使皆备其旗鼓兵器，以帅而至。乡之帅而至者州长也，遂之帅而至者县正也，家邑则其吏，公邑则其长也。稍人掌丘乘之政令，故以县师之法作之，而因通帅焉。曰以至者，以州长、县正之属至也。同犹调也，凡起役皆更番以人数调之。行役非畿内之土功也，如仲山甫城齐、召伯城谢之类，故不听于司空而听于司马。

大丧，帅蜃车与其役以至，掌其政令，以听于司徒。

委　人

委人掌敛野之赋，敛薪刍，凡疏材、木材，凡畜聚之物。

【集注】
　　旧说委人所掌惟薪刍、疏材而无粟米，非也。果尔，则曰"掌敛野之薪刍，凡疏材、木材，凡畜聚之物"可矣。其曰"敛野之赋"者，盖甸、稍之米粟亦委人掌之也。知然者，遗人所掌无甸、稍之委积，委人兼掌甸、稍之聚而军旅共其委积、薪刍也。薪刍、疏材、木材独于甸、稍敛之者，居王畿之中而环郊、遂便委输也。凡蓄聚之物，谓瓜、瓠、葵、芋，御冬之具。

以稍聚待宾客,以甸聚待羁旅。

【集注】

曰稍聚、甸聚者,独共其薪刍而无粟米也。《遗人职》"郊里之委积以待宾客,野鄙之委积以待羁旅",而此职宾客共其刍薪,军旅共其委积、薪刍,则宾客无委积可知矣。羁旅者,宾客之细也,举宾客则羁旅可知。军旅用广,故甸稍之委积并蓄以待共,而后不虞其乏匮也。

凡其余,聚以待颁赐。

【集注】

余当为"馀"。

以式法共祭祀之薪蒸、木材。宾客共其刍薪,丧纪共其薪蒸、木材,军旅共其委积薪刍、凡疏材,共野委、兵器与其野囿财用。

【集注】

式法,故事之多少也。薪蒸,给炊及燎。木材,给大次、小次之张事。野委,谓委积之分贮四野者。有守者故共其兵器。野囿之财用,谓苑囿藩篱之材。

凡军旅之宾客馆焉。

【集注】

凡军旅之士众惟供其物,而将帅之为宾客者则授馆也。《诗》曰"敦彼独宿,亦在车下",则士众不可遍馆明矣。凡宾客、会同、师、役,遗人掌其道路之委积,而委人复掌之者,遗人掌其颁之令,而委人则供其物也。

土　均

土均掌平土地之致,以均地守,以均地事,以均地贡。

【集注】

土地之政,邦国、都鄙所征于民也。地贡所贡于王朝也。《均人》曰"均地政",乡、遂、公邑并征其财赋也。《土均》曰"均地贡",邦国无粟米之征,都鄙自委积而外所征亦贡物为多也。若九职之事则无所用其均,且均侯国之九职亦非王官所能及也。此职"地事"与《均人》所谓"地职"略同,而变职言事者,畿内会同、师、田、力、役之事皆承职于王朝,故《均人》曰"地职";土均兼掌邦国,则师、田、力、役、宾、旅有自为其国事而非王朝之职事者矣,故统之曰"地事"也。

以和邦国、都鄙之政令、刑、禁与其施舍,礼俗、丧纪、祭祀,皆以地美恶为轻重之法而行之,掌其禁令。

【集注】

政令刑禁、施舍及民之礼俗、丧纪、祭祀皆以地美恶制其轻重之法,则地守、地事、地贡不必言矣。

草　人

草人掌土化之法，以物地相其宜而为之种。

【集注】

化土使美，汉时氾胜之术其遗也。物地，占其形色也。种各有宜，详见《管子·地员》篇。

凡粪种，骍刚用牛，赤缇用羊，坟壤用麋，渴泽用鹿，咸潟用貆，勃壤用狐，埴垆用豕，彊㯺用蕡，轻㯺用犬。

【集注】

粪种，烧兽骨为灰，或捣蕡子以渍其种也。骍刚，色赤而性刚。赤缇，缇色也。坟壤，坟起而解散也。渴泽，故水处。潟，卤也。貆，貒也。勃壤，粉解者。埴垆，黏疏者。彊㯺，强坚者。轻㯺，轻脆者。

稻　人

稻人掌稼下地。

【集注】

下地，水泽之地也。

以潴畜水,以防止水,以沟荡水,以遂均水,以列舍水,以浍写水,以涉扬其芟作田。

【集注】
偃潴者,畜流水之陂也。防,潴旁堤也。遂,田首受水小沟也。列,田之畦畔也。浍,田尾去水大沟也。其用水也,自防之水门以入于沟,自沟以入于遂,舍于列而灌溉通焉。水过大,则以浍泻之于川,而毋使害稼也。所芟草积田中,恐其根附土复生,故舍水于列中,以涉播扬而反之,使其根在上,则槁而澌腐,可以粪田。

凡稼泽,夏以水殄草而芟夷之。

【集注】
此始变泽地为田之法也。泽中草盛,根著于土,虽芟夷,复生甚易。惟夏月积水,土柔,可因水力而绝其本根,然后芟夷蕴崇之,则草不复生而可稼也。

泽草所生,种之芒种。

【集注】
杨慎曰:"即江湖间葑田也。葑菰根繁而纠结,上著泥土,可耕种。郭璞《江赋》'播匪艺之芒种,挺自然之嘉蔬',盖谓此耳。滇南亦有葑田,名曰'海捭'。芒种,稻有芒者。"

旱暵共其雩敛,丧纪共其苇事。

【集注】

雩敛，雩事所发敛也。稻急水，故稻人共之苇，所以闉圹。

土 训

土训掌道地图，以诏地事。道地慝，以辨地物而原其生，以诏地求。王巡守，则夹王车。

【集注】

道，说也。地慝，若瘴蛊及所产恶物害人者。原其生以诏地求，谓物生有时，地所无及物未生则不求。〇王志长曰："地事谓形胜阨塞、边腹冲僻之类。辨地物而原其生，如湍水人轻，浊水人重，幽燕沉劲，吴楚剽疾之类，而物产亦在其中。"

诵 训

诵训掌道方志，以诏观事。掌道方慝，以诏辟忌，以知地俗。王巡守则夹王车。

【集注】

方志，四方记旧事之书，如《春秋传》所谓"不出《郑志》"是也。观事，省方观民设教之事也。方慝，其政俗之恶而宜革者。辟忌，避其语言所忌。

山　虞

山虞掌山林之政令,物为之厉而为之守禁。

【集注】

　　物为之厉,每物有蕃界也。为之守禁,为守者设禁令也。守者即其地之民。占伐林木者,林自有衡,此兼言林者,山内之林即山虞兼掌之。或曰林衡亦受法于山虞也。

仲冬斩阳木,仲夏斩阴木。

【集注】

　　阳木,春夏生者。阴木,秋冬生者。或曰生山南为阳木,生山北为阴木。冬斩阳,夏斩阴,则坚濡调。

凡服耕,斩季材以时入之。

【集注】

　　服,牝服,即车箱,有凿孔,以軫子贯之,故谓之牝服。季犹稚也。服与耕尚柔刃,宜用稚材。或曰季木之老者,车农器最劳,非稚木可任。

令万民时斩材,有期日。

【集注】

《王制》:"草木零落,然后入山林。"

凡邦工入山林而抡材,不禁。

【集注】

抡犹择也。

春秋之斩木,不入禁。

【集注】

万民春秋需材,仅可斩四野之木,不得入山林厉禁。

凡窃木者,有刑罚。

【集注】

《闾师职》"不树者无椁",则宅舍无弃地。此职窃木有刑罚,则原野无耗材。古之治天下至纤至悉也,故蓄积足恃,皆此类也。

若祭山林则为主而修除且跸。

【集注】

为主,主辨护之,若供时用、相礼仪也。修除,治道路场坛。

若大田猎,则莱山田之野。及弊田,植虞旗于中,致禽而珥焉。

【集注】

莱者将田于是,则不除其草莱,使禽兽得生息也。弊田,田者止也。山虞有旗,以主山得画熊虎,其仞数则短。珥者,取禽左耳以效功也。

林　衡

林衡掌巡林麓之政令①,而平其守,以时计林麓而赏罚之。

【集注】

平其地之民守林麓之部分。

若斩木材,则受法于山虞,而掌其政令。

川　衡

川衡掌巡川泽之禁令,而平其守,以时舍其守,犯禁者执而诛罚之。

---

① "政",抗希堂本同,阮刻《周礼注疏》作"禁"。

【集注】

　　泽与川连者,则川衡兼掌之,三时皆可渔,惟别孕之时则官舍止其所守之地,以伺察其犯禁者。林材可时计,网罟之入无可稽寻,非止于其地不可。

　　祭祀、宾客,共川奠。

【集注】

　　川奠,笾豆之实,鱼、鱐、蜃、蛤之属。山林不举奠物者,惟田猎以共干豆。川泽之奠物则不出于田猎也。川衡泽虞不言祭,则为主者,于山林举之则川泽从可知也。田猎则于泽复特举者,泽水所锺不特举不知泽野之可以田也。

泽　虞

　　泽虞掌国泽之政令,为之厉禁,使其地之人守其财物,以时入之于玉府,颁其馀于万民。

【集注】

　　独泽言国者,稻人掌稼下地,则泽可稼者仍颁于民,其馀乃泽虞之所守耳。财物之入于玉府者,犀角、象齿、珠贝之类也。金玉生于山而山虞不言入其财物于玉府者,卝人取之入于职金,而后职金以入于玉府也。

　　凡祭祀、宾客,共泽物之奠。

【集注】

亦笾豆之实,芹、茆、菱、芡之属。

丧纪,共其苇蒲之事。

【集注】

蒲以为席。

若大田猎,则莱泽野及弊田,植虞旌以属禽。

【集注】

泽鸟所集,故注析羽之旌。

迹 人

迹人掌邦田之地政,为之厉禁而守之,凡田猎者受令焉。

【集注】

令谓田猎之时与地。

禁麛卵者,与其毒矢射者。

卝 人

卝人掌金玉锡石之地，而为之厉禁以守之。若以时取之，则物其地，图而授之，巡其禁令。

【集注】

卝，古"矿"字。金未镕、玉在璞曰矿。物地，占其形色也。

角 人

角人掌以时征齿、角、凡骨物于山泽之农，以当邦赋之政令。

【集注】

赋，十一之税也。政令，师田力役也。观此则九职贡物之外别无九赋益明矣。山泽间皆有耕者，特其田不井，因使散处以守财物。

以度量受之，以共财用。

【集注】

骨入漆浣者，以量受其馀，以度度所中。

羽　人

羽人掌以时征羽翮之政于山泽之农，以当邦赋之政令。

【集注】

翮，羽本。

凡受羽，十羽为审，百羽为抟，十抟为缚。

【集注】

《尔雅》"一羽谓之箴，十羽谓之缚，百羽谓之緷"，其名音俱相近。

掌　葛

掌葛掌以时征絺绤之材于山农，凡葛征、征草贡之材于泽农，以当邦赋之政令，以权度受之。

【集注】

凡葛征谓征其已织者。草贡，菅纻之属可缉绩者。古者王畿四面各五百里，而骨物、羽翮、葛材、草贡物皆轻细，征以当赋，乃所以利民。后世郡县万里而置均输平准,且凡物皆取焉,转输出纳,吏得为奸,而民困于无告矣。

掌染草

掌染草掌以春秋敛染草之物,以权量受之,以待时而颁之。

【集注】

染草,茅蒐、橐芦、豕首、紫茢之属。

掌炭

掌炭掌灰物、炭物之征令,以时入之,以权量受之,以共邦之用。凡炭灰之事。

【集注】

凡炭灰、蜃灰、烟煤之类,以共甃砌、浣练、黝垩之用。

掌荼

掌荼掌以时聚荼,以共丧事。

【集注】

以著物也。《既夕礼》"茵著用荼"。

征野疏材之物,以待邦事。凡畜聚之物。

【集注】

荼疏材之类,因使掌焉,征于山泽,入于委人。

掌 蜃

掌蜃掌敛互物蜃物,以共闉圹之蜃。

【集注】

互物,蚌蛤之属。闉犹塞也。圹,穿中也,将井椁先塞下,以蜃御湿也。《春秋传》宋文公卒,始厚葬,用蜃炭。

祭祀,共蜃器之蜃。

【集注】

以饰祭器也。《鄶人职》曰"凡四方山川用蜃器",《春秋传》"天王使石尚来归脤",盛以蜃器,因名焉。

共白盛之蜃。

【集注】

盛犹成也,谓饰墙使白,惟宗庙用之。

囿 人

囿人掌囿游之兽禁,牧百兽。祭祀、丧纪、宾客,共其生兽、死兽之物。

【集注】

以共丧祭、宾客,则不畜珍禽奇兽可知矣。○吴氏曰:"生兽死兽之物,兽人共者,田猎所获也;囿人共者,苑囿所养也。"

场 人

场人掌国之场圃,而树之果蓏珍异之物,以时敛而藏之。

凡祭祀、宾客,共其果蓏,享亦如之。

【集注】

旧说:享谓朝事之笾豆,或曰每月朔荐。非也。祭祀已该此二节,不宜曰亦如之。《外饔职》于祭祀、宾客后继以邦飨耆老孤子士庶子,《槁人职》"凡飨耆老孤子士庶子共其食",此职所共,亦谓是与?

廩　人

廩人掌九谷之数，以待国之匪颁、赒赐、稍食。

【集注】

匪读为分，谓委人所颁诸委积也。赒赐，王所赐予给好用之式也。稍食，廩禄。

以岁之上下数邦用，以知足否，以诏谷用，以治年之凶丰。

【集注】

数犹计也。〇王志长曰："以税人之多少制国用之数，此成周赋法之所以善。以国用之多少制取民之数，此后世赋法之所以不善也。"

凡万民之食，食者人四鬴，上也；人三鬴，中也；人二鬴，下也。

【集注】

六斗四升曰鬴，皆谓一月所食。

若食不能人二鬴，则令邦移民就谷。诏王杀邦用。

凡邦有会同、师、役之事，则治其粮与其食。

【集注】
　　古者师行无馈饷，所谓治粮与食者，令道所经有司共之。《委人职》"军旅共其委积"，《仓人职》"凡国之大事，共道路之谷积"是也。注"行道曰粮"，疏引"乃裹糇粮"以证之，恐未安。《书》曰"峙乃糗粮"，非行者所自赍可知矣。公刘迁豳之事未可为行师常法，食疑谓蔬菜、六畜凡食物也。

大祭祀，则共其接盛。

【集注】
　　接读为一扱再扱之扱。扱以授舂人舂之。大祭祀之谷，籍田所收，藏于神仓者，不以给小用。○《春秋传》曰："鲁祭周公何以为盛？周公盛，鲁公焘，群公廪。"解者曰："焘谓下，故上新各半也。廪谓全用旧谷，少覆以新。"然则谓之接盛者，岂有取于新故之相接续与？

舍　人

舍人掌平宫中之政，分其财守，以法掌其出入。

【集注】
　　政谓用谷之政。分其财守，谓计当用之数，分送宫正、内宰，使守而颁之。出谓出米于廪人，入谓还收其空缺者。○李耜卿曰："财即米也。《丧大记》：'纳财朝一溢米，暮一溢米。'"

凡祭祀,共簠簋,实之,陈之。宾客亦如之。共其礼,车米、筥米、刍禾。

【集注】
方曰簠,圆曰簋。车米、筥米、刍禾之数见《掌客职》。舂人共祭祀之米,饎人为盛,然后舍人实之簠簋而陈之。舂人共宾客牢礼之米,差择之也。舍人则实之筥,载之车,故曰共其礼。

丧纪,共饭米熬谷。

【集注】
饭,含饭也。熬谷,旧说错于棺旁,以惑蚍蜉,岂诱之出而掘去其窟穴与?《丧大记》:熬,君四种八筐,大夫三种六筐,士二种四筐,加鱼腊焉。《士丧礼》设熬旁一筐乃涂。

以岁时县穜稑之种,以共王后之春献种。

【集注】
县之者,欲其风气燥达也。

掌米粟之出入,辨其物。

【集注】
九谷中黍、稷、稻、粱、苽、大豆皆有米,麻、小豆、小麦无米,辨其物则知其用所宜。

岁终则会计其政。

仓　人

仓人掌粟人之藏。

【集注】

谷不去壳,则可久藏。

辨九谷之物,以待邦用。若谷不足则止馀法用,有馀则藏之,以待凶而颁之。

【集注】

馀法用谓赒赐之类。道路之委积不可止也。旧说误。

凡国之大事,共道路之谷积、食饮之具。

【集注】

委人军旅共其委积,此复共谷积者,曰凡国之大事,则兼大丧、大祭,不独军旅也。仓人通掌畿内粟人、道路之委积,遗人令之,仓人出之,廪人治之,委人共之,故四职为联事,而委人、仓人并曰共也。

司　稼[①]

司稼掌巡邦野之稼而辨穜稑之种,周知其名与其所宜地以为法,而县于邑闾。

巡野观稼,以年之上下出敛法。

掌均万民之食而赒其急,而平其兴。

【集注】

均万民之食而赒其急,使民自相赒也。丰穰更事,彼此相通,则交得其利,《司徒职》所谓"五党为州,使之相赒"是也。平其兴犹旅师所谓平颁其兴积也。先王之于农事,始则移用其民以相救,终复均调其食以相赒,则天患之小者举不足以病民矣。

舂　人

舂人掌共米物。

【集注】

米物者,其质之美恶,舂之精粗,非一类也。

[①] 按,"司稼"上当有"司禄"一条,失传也。

祭祀共其齍盛之米，宾客共其牢礼之米，凡飨食共其食米。掌凡米事。

饎　人

饎人掌凡祭祀共盛。

【集注】

盛，炊而共之。

共王及后之六食。凡宾客共其簠簋之实，飨食亦如之。

【集注】

六食谓六谷之饭。

槀　人

槀人掌共外内朝冗食者之食。

【集注】

冗食，谓留治文书及给事者，谓之冗食。以其人自有廪禄，因给事内外朝，不暇自为食，而官共之也。

若飨耆老、孤子、士庶子,共其食。

掌豢祭祀之犬。

【集注】

不豢于饎人者,共至尊,潘瀾戈馀不可亵也。

李耜卿曰:"冢宰掌邦治,举其要耳。其僚属庶尹皆经理王宫之政。至于遂生复性,以宠绥斯民者,未遑也。故设司徒之职,举天王作君作师之事,而致之于民,乃顺承天,万物资生,故曰地官也。教始于郊里,故自小司徒至比长八职,专主六乡,而牧田牛田在乡者,故封人、牧人、牛人、充人四职次之。乡之政有二,曰征役施舍,曰德行道艺。载师至均人五职详征役施舍之事也,师氏至媒氏六职详德行道艺之教也。然则教养之道备矣。施之天下,何以加兹?故曰观于乡而知王道也。王国面朝后市,王门十二,在六乡之内十二关门,则临畿上,今次于乡之下、遂之上者,市虽在国,容五百里疆界中,凡五十里之市皆在焉。门关则连于市,以达货贿者,关市有讥,用节为多,故司市至司关十二职为一类,而掌节附焉。遂人至里宰专及田野之制,稼穑之绪,与六乡互见为义。旅师如乡之闾师也,稍人如乡之县师也,委人、土均如乡之遗人、均人也。而乡有封人、载师、县师,遂有稍人、土均,则通公邑、都鄙、邦国之政皆举之矣。草人、稻人详稼事,养民之原也。土训、诵训通土俗,教民之本也。四职所掌,乡遂、都鄙、邦国皆有焉,故次于土均之后也。若夫山林川泽赋贡之所出,国用赖焉,故自山虞至场人十有五职又次之。冢宰所列九赋九贡之目,尽于此矣。宾祭之所取,军旅、丧纪之所共,膳羞禄廪,凡为九式,用财者将于是乎在,故廪人至槁人职终焉。司徒敷教而教职惟乡官师保等十数人,其间所措理者养民之事居多,先儒疑为司空之错简,是不然。夫先王之世,辨物居方,秀者为士,而朴者为农,下及工商,各有常居,皆有法守。使之父以教其子,兄以教其弟，习其耳目而定其心思，闲其道艺而世其家业，无非以道率民，岂必东胶西序始名教哉？孟子曰'无恒产而有恒心者，惟士为能'，故制民之产，然后驱而之善。若生者不得其情，死者不尽其常，夔夔然丧其降衷秉彝之心，其钝顽无耻者固相率而归于悖戾，不可复制，即常性未移者，亦颓堕委靡，消沮而不复振，则道之不行从可知矣。此司徒一篇所以联教养为一事也。然则司空之职何与？《周礼》为书，委曲周详，无不备者，独至坛兆庙社之法，井田长广之方，附庸闲田所馀之多寡，山林、川泽、城郭、宫室、涂巷三分之乘除，天时有生，耕获何以无失其序，地理有宜，高下何以无拂其性，山川沮泽民居有度焉，兴事任力远近有量焉，宫室之制、器皿之宜、舟车之用，凡数事者虽略见于诸官，而未详其规度，宜皆列职于司空。而春秋战国之世间，阡陌尽地力，相兼以力，相侈以僭，司空一篇，尤其所深病而急欲去其籍者也，其失盖亦久矣。后儒窜缀纷纭，离散全经，区区之心，窃病其援周公以从己也。"

卷五　春官宗伯第三

天地中和之气备于春,宗伯掌礼以教民中,掌乐以教民和,故曰春官。宗,尊也。伯,长也。

叙　官

惟王建国,辨方正位,体国经野,设官分职,以为民极,乃立春官宗伯,使帅其属而掌邦礼,以佐王和邦国。

【集注】
礼谓五礼,其别三十有六。舜命伯夷典三礼,曰:"汝作秩宗。"《国语》曰:"使名姓之后,能知四时之生,牺牲之物,玉帛之类,采服之宜,彝器之量,次主之度,屏摄之位,坛场之所,上下之神祇,氏姓之所出,而率旧典者为之宗。"

礼官之属:大宗伯,卿一人;小宗伯,中大夫二人;肆师,下大夫四人;上士八人,中士十有六人,旅下士三十有二人,府六人,史十有二人,胥十有二人,徒百有二十人。

【集注】

肆,犹陈也。肆师佐宗伯,陈列祭祀之位及牲器粢盛。

郁人,下士二人,府二人,史一人,徒八人。

【集注】

郁,郁金香草也,以和鬯。

鬯人,下士二人,府一人,史一人,徒八人。

【集注】

鬯,酿秬为酒,芬芳条畅于上下也。秬如黑黍,一稃二米。

鸡人,下士一人,史一人,徒四人。

司尊彝,下士二人,府四人,史二人,胥二人,徒二十人。

【集注】

彝亦尊也。实郁鬯者曰彝。彝,法也,言为尊之法也。

司几筵,下士二人,府二人,史一人,徒八人。

【集注】

筵亦席也。铺陈曰筵,藉之曰席。《尚书》"敷重底席",《礼记》"天子之席三重",则筵亦可通谓之席。

天府,上士一人,中士二人,府四人,史二人,胥二人,徒二十人。

【集注】

府以天名,尊所藏,若天物然。

典瑞,中士二人,府二人,史二人,胥一人,徒十人。

【集注】

瑞,信节也。其职曰掌玉瑞、玉器之藏,事神所用为多,故列于礼官。

典命,中士二人,府二人,史二人,胥一人,徒十人。

【集注】

命,谓王命官册书。古者命赐群下,必于祖庙,故冢宰诏王以爵禄驭群臣,而典命、司服则列于礼官。

司服,中士二人,府二人,史一人,胥一人,徒十人。

典祀,中士二人,下士四人,府二人,史二人,胥四人,徒四十人。

守祧,奄八人,女祧每庙二人,奚四人。

【集注】

远庙曰祧,藏迁主焉。庙祧之辨,郑氏、王氏说,详见《礼记·王制》孔疏。守祧用奄与女奚者,岂祭祀虽无女尸,而先后朝,祭服及遗器亦藏于祧与？○疏:天子七庙,通姜嫄庙为八。奄,每庙一人。

世妇,每宫卿二人,下大夫四人,中士八人,女府二人,女史二人,奚十有六人。

【集注】
此女官设府于内,以掌后宫之礼者,上自王后,下及内外宗,皆其所教,以外命妇有齿德者为之,所谓女傅也。内宰自外而治内,春官世妇自内而达外,必如此法制乃备。或以为即天官之世妇,误矣。

内宗,凡内女之有爵者。

【集注】
内女,王同姓之女。有爵,适大夫及士者。曰凡,无常数也。

外宗,凡外女之有爵者。

【集注】
外女,王诸姑姊妹之女,九嫔、世妇、女御,为治官之属。内、外宗,为礼官之属。皆制礼之精意。

冢人,下大夫二人,中士四人,府二人,史四人,胥十有二人,徒百有二十人。

【集注】

冢,封土为丘陇,象冢而为之。《尔雅》:"山顶曰冢。"

墓大夫,下大夫二人,中士八人,府二人,史四人,胥二十人,徒二百人。

职丧,上士二人,中士四人,下士八人,府二人,史四人,胥四人,徒四十人。

【集注】

职,主也。○庄渠魏氏曰:"孝子荒迷中弗能如礼,故特设官相之,先王之体群臣,可谓至矣。"

大司乐,中大夫二人;乐师,下大夫四人,上士八人,下士十有六人,府四人,史八人,胥八人,徒八十人。

大胥,中士四人,小胥,下士八人,府二人,史四人,徒四十人。

大师,下大夫二人。小师,上士四人。瞽矇,上瞽四十人,中瞽百人,下瞽百有六十人。视瞭三百人。府四人,史八人,胥十有六人,徒百有二十人。

【集注】

无目眹谓之瞽,有目眹而无见谓之矇,有目无眸子谓之瞍。瞭,目明者。乐歌必用瞽者,以其审于听也。

典同,中士二人,府一人,史一人,胥二人,徒二十人。

【集注】
　　同,阴律也。不以阳律名官者,同者,同于律也,曰典律不足以包同,曰典同则律可知矣。

磬师,中士四人,下士八人,府四人,史二人,胥四人,徒四十人。
钟师,中士四人,下士八人,府二人,史二人,胥六人,徒六十人。
笙师,中士二人,下士四人,府二人,史二人,胥一人,徒十人。
镈师,中士二人,下士四人,府二人,史二人,胥二人,徒二十人。

【集注】
　　镈,如编钟而大,视大镛则小,独在一簴。《国语》曰:"细钧有钟无镈。"尚大故也。"大钧有镈无钟",尚细故也。

韎师,下士二人,府一人,史一人,舞者十有六人,徒四十人。

【集注】
　　韎,东夷之乐。鞮鞻氏掌四夷之乐,而特设韎师,盖周起岐雍,其化先行于南,次及于北。而东方独阻风教,商奄既诛,淮夷徐戎尚为鲁患,故特设一官。肆东夷之乐,以志王化之难成。《职方》首扬州,亦此义也。

旄人,下士四人,舞者众寡无数,府二人,史二人,胥二人,徒二十人。

【集注】
旄,旄牛尾,舞者所持以指麾。

籥师,中士四人,府二人,史二人,胥二人,徒二十人。

【集注】
籥,舞者所吹。

籥章,中士二人,下士四人,府一人,史一人,胥二人,徒二十人。

【集注】
吹籥以为诗章。

鞮鞻氏,下士四人,府一人,史一人,胥二人,徒二十人。

【集注】
鞻,读如屦。鞮鞻,四夷舞者之所屝也。

典庸器，下士四人，府四人，史二人，胥八人，徒八十人。

【集注】
　　庸，功也。古者有功，多铸器以铭之。《春秋传》："季武子以所得于齐之兵，作林钟而铭鲁功焉。"

司干，下士二人，府二人，史二人，徒二十人。

【集注】
　　干，舞者所持，谓楯也。《春秋传》："万者何？干舞也。"

大卜，下大夫二人；卜师，上士二人；卜人，中士八人，下士十有六人；府二人，史二人，胥四人，徒四十人。

【集注】
　　问龟曰卜。

龟人，中士二人，府二人，史二人，工四人，胥四人，徒四十人。

【集注】
　　工，攻龟。

菙氏，下士二人，史一人，徒八人。

【集注】

燋焌用荆荁之类,即《士丧礼》所谓"楚焞"也。

占人,下士八人,府一人,史二人,徒八人。

【集注】

占蓍龟之卦兆吉凶。

筮人,中士二人,府一人,史二人,徒四人。

【集注】

问蓍曰筮,其占《易》。

占梦,中士二人,史二人,徒四人。
视祲,中士二人,史二人,徒四人。

【集注】

祲,阴阳相侵,渐成祥者。《春秋传》,鲁梓慎曰:"吾见赤黑之祲。"

大祝,下大夫二人,上士四人;小祝,中士八人,下士十有六人;府二人,史四人,胥四人,徒四十人。

丧祝,上士二人,中士四人,下士八人,府二人,史二人,胥四人,徒四十人。

甸祝,下士二人,府一人,史一人,徒四人。

诅祝，下士二人，府一人，史一人，徒四人。
司巫，中士二人，府一人，史一人，胥一人，徒十人。

【集注】
　　古者，民之精爽不携贰者，神明降之，在男曰觋，在女曰巫。圣人用之，使制神之处位次主。

男巫，无数。女巫，无数。其师，中士四人，府二人，史四人，胥四人，徒四十人。
大史，下大夫二人，上士四人；小史，中士八人，下士十有六人；府四人，史八人，胥四人，徒四十人。

【集注】
　　王氏《详说》曰："《玉藻》曰：'左史书动，右史书言。'以《左传》考之，左史即大史，右史即内史。《襄二十五年》载齐太史书崔杼之事，非书动乎？《僖二十八年》载王命内史策命晋侯，非书言乎？"

冯相氏，中士二人，下士四人，府二人，史四人，徒八人。

【集注】
　　冯，乘也。相，视也。世登高台，以视天文之次序。天文属太史。《月令》曰，乃命太史，司天日月星辰之行。

保章氏，中士二人，下士四人，府二人，史四人，徒八人。

【集注】

保,守也。世守天文之变。

内史,中大夫一人,下大夫二人,上士四人,中士八人,下士十有六人,府四人,史八人,胥四人,徒四十人。

【集注】

孙伟夫曰:"史官为宗伯之属,以宗庙典籍具存,非博通之士,莫能胜任也。"

外史,上士四人,中士八人,下士十有六人,胥二人,徒二十人。

御史,中士八人,下士十有六人,其史百有二十人,府四人,胥四人,徒四十人。

巾车,下大夫二人,上士四人,中士八人,下士十有六人,府四人,史八人,工百人,胥五人,徒五十人。

【集注】

巾犹衣也。

典路,中士二人,下士四人,府二人,史二人,胥二人,徒二十人。

【集注】

路,王所乘车。

车仆,中士二人,下士四人,府二人,史二人,胥二人,徒二十人。

【集注】

王志长曰:"戎仆已列五仆中,而春官复设车仆,专掌戎路之政。意者,先王以礼齐天下,而师旅之事,彊力先发为尚,故特以属礼官与?"

司常,中士二人,下士四人,府二人,史二人,胥四人,徒四十人。

都宗人,上士二人,中士四人,府二人,史四人,胥四人,徒四十人。

家宗人,如都宗人之数。

凡以神士者无数,以其艺为之贵贱之等。

【集注】

王氏曰:"艺即掌三辰之法,以犹鬼神示之居,辨其名物。"

大宗伯

大宗伯之职,掌建邦之天神、人鬼、地示之礼,以佐王建保邦国。

【集注】

李耜卿曰："邦礼有五，独言掌吉礼者，礼有五经，莫重于祭，举首以该终也。建，立也。保，安也。正伦理则立，笃恩义则安，上下各得其所而皆安，故曰'建保邦国'也。"

以吉礼事邦国之鬼神示。

【集注】

国家无故，上下和睦，以事天地、宗庙、百神，乃人事之最吉者，故曰吉礼。丧疾祸乱，则祀事不能举矣。都家乡邑，皆有鬼神示之祀，此不言者，统于邦国也。〇丘氏曰："上言神鬼示，上下也。此言鬼神示，内外也。"

以禋祀祀昊天上帝，以实柴祀日、月、星、辰，以槱燎祀司中、司命、风师、雨师。

【集注】

禋之言烟，周人尚臭，烟，气之臭闻者。实柴，实牛柴上也。槱，积也。《诗》曰："芃芃棫朴，薪之槱之。"司中，三能三阶也。司命，文昌宫星。或曰：虚宿下有司命星，主人寿夭。风师，箕也。雨师，毕也。三祀皆积柴实牲体，燔燎而升烟，各举其一，互相备也。冢宰、司徒，所莅祀事，皆首五帝者，举五帝则昊天上帝不必言矣。此不及五帝者，举昊天上帝则五帝可知也。《司寇职》："禋祀五帝，则戒日。"〇程子曰："天与帝，一也。天言其体，帝言其主。"〇朱子曰："说上帝是总说帝，说五帝是五方帝，说昊天上帝只是说天。"〇张氏曰："《尚书》曰'明禋'，《国语》'精意以享曰禋'，郑氏取义于升烟，误矣。"

267

以血祭祭社稷、五祀、五岳，以貍沉祭山林、川泽，以疈辜祭四方百物。

【集注】

不言祭地，此皆地示，祭地可知也。阴祀自血起，贵气臭也。社稷，土谷之神，有德者配食焉。共工氏之子曰句龙，食于社；厉山氏之子曰柱，食于稷。汤迁之而祀弃。五祀者，五官之神，四时迎五行之气于四郊，而祭五德之帝，亦食此神焉。少昊氏之子曰重，为句芒，食于木；该为蓐收，食于金；修及熙为元冥，食于水；颛顼氏之子曰黎，为祝融，食于火；句龙为后土，食于土。五岳，东曰岱宗，南曰衡山，西曰华山，北曰恒山，中曰嵩高山。祭山林曰貍，川泽曰沉，顺其性之含藏也。疈，剖牲胸也。疈而磔之，谓磔禳及蜡祭。《郊特牲》曰："八蜡以记四方。"又曰："蜡之祭也，主先啬而祭司啬也，祭百种以报啬也。飨农及邮表畷、禽兽，仁之至义之尽也。"〇李耜卿曰："祀天神、祭地示，其时其地，详见《大司乐》。而此经以苍璧礼天，以黄琮礼地。《典瑞职》：'四圭有邸以祀天，旅上帝。两圭有邸以祀地，旅四望。'《王制》：'天子祭天地，诸侯祭社稷。'则地示之祭，自不得以社当之。然此经序祭，有社无示。《司徒》、《鼓人职》，以雷鼓鼓神祀，以灵鼓鼓社祭。亦言社而不及示。《典瑞职》，以圭璧礼诸神。祀地之外，不著社稷。《大司乐》，分乐以祭，亦不别著社稷。于祭地之后，二者又言示而不及社，似乎彼此互见，而示祭、社祭，礼无殊也。"〇勉斋黄氏曰："社祭土，稷祭谷，土谷之祭，达于上下，故方丘与社皆祭地也。而《宗伯》序祭，有社无示，举社则其礼达于上下，举示则天子独用之。《鼓人职》不曰'祭示'，而曰'社祭'，亦以其礼达乎上下也。《大司乐》，灵鼓、灵鼗，以祭地示。则示祭社祭，其用同矣。"此说较之贾疏所谓以小该大者，尤为长于理而合于经也。《祭法》，王有大社，又有王社。张子曰："大社祭天下之地示，王社祭京师之地示。"说本《白虎通》。窃意大社立于王宫,乃祭京师之地示。京,大也。师,众也。京师之社,固可称大。王者无外社,系以王则祭天下之地示也。此礼惟王有之,诸侯以下则否。王社所在,书传无文,其即泽中之方丘与?○王志长曰:"五祀在社稷之下,五岳之上,则非门户等可知。但郑氏注五官之神,从五帝而祀于四郊,则天神之属不宜血祭。"○祀则首举昊天上帝,而不及五帝,祭则不言地示,而首社稷者,五帝之祀,已前见矣,而昊天上帝未见,故举之,以见其为天神之首。祀地示则上经已见,故独举社稷以下也。不及四渎者,上举五岳,下及山林川泽,则四渎从五岳之礼,不必言矣。在天为四时,在地为五行,岂四郊迎气,祀五帝于上而用禋祀,祭五官于下而用血祭与?抑别祭而不于迎气之日与?

以肆、献、祼享先王,以馈食享先王,以祠春享先王,以禴夏享先王,以尝秋享先王,以烝冬享先王。

【集注】

旧说,宗庙之祭,有此六享。肆、献、祼、馈食,在四时之上,则是祫也,禘也。肆者,进所解牲体,谓荐熟时也。献,献醴,谓荐血腥也。祼之言灌,灌以郁鬯,谓始献尸求神时也。祫言肆献,禘言馈食,互相备也。○四时常祭之外,莫重于祫、禘,莫多于月祭。肆、献谓祫也,祼谓禘也。不曰"祫"而曰"肆献"者,时祭亦有祫,惟大祫遍献及毁庙之主也。不曰"禘"而曰"祼"者,献之属莫重于祼,周道也。求神于阴,于极远之祖,尤以祼为合,莫之主也。凡祭皆有祼,而独以言禘者,犹六宗皆禋,而独于昊天上帝言禋祀。凡祭皆有血腥爓熟,而曰郊血,大飨腥也。馈食,疑即《周语》所谓"月祀",《戴记》所谓"月祭"也。荐新朔奠,其礼略,故自馈食始,而荐血燔膋之节不备。如注疏则当曰以祼、肆、献、馈食享先王，不当分而为二矣。且小宰赞祼将，司徒奉牛牲，羞其肆，笾人掌馈食之笾，皆已前见，无为复举于此，以见祭之有此三节也。盖举祫则无以别于时祭之祫，举月祭则不足以该朔奠与荐新。既以肆献言大祫，以馈食言月祭，故于禘亦不得独举祭名，而称祼耳。馈奠之礼，所以仁死丧，以三虞后即为吉祭，故朔奠可入吉礼。〇肆，陈也，列也。而考《尚书》"眚灾肆赦"，《春秋》"肆大眚"，《韩非子》"虑事广肆"，似兼周遍之义。大祫遍于列祖，故曰"肆献"。大祝肆享，亦谓大祫也。

以凶礼哀邦国之忧，以丧礼哀死亡，以荒礼哀凶札，以吊礼哀祸灾，以禬礼哀围败，以恤礼哀寇乱。

【集注】

丧礼，亲者服焉，疏者含襚。凶，岁凶。札，疫厉。祸灾，谓水火。《春秋传》，宋大水，鲁使人吊，许不吊灾，君子讥之。禬者，使邻国会合货财以恤之。《小行人职》"若国师役，则命犒禬之"，是也。寇，如《春秋传》晋栾盈、宋鱼石自外入而为贼者。乱，如鲁庆父、齐无知自内而作者。恤者，与之同忧而匡救之也。

以宾礼亲邦国：春见曰朝，夏见曰宗，秋见曰觐，冬见曰遇，时见曰会，殷见曰同。

【集注】

六服之内，以时分来，递更而遍。来以春，则曰朝，来以秋，则曰觐，无四方之别。时见无常期，王将有征讨之事，特召其州方伯连帅，为坛于国外，而命事焉，《春秋传》"有事而会"是也。殷，众也。

旧说，十二岁王如不巡守，则六服尽朝。四时分来，岁终而遍，王亦为坛而命政焉。所命之政，如王巡守。辩见《秋官·掌客职》。

时聘曰问，殷覜曰视。

【集注】
时聘无常期，诸侯或以故不得朝，则遣问起居。殷覜，则王室有故，庆喜吊忧，而六服皆使人来视也。

以军礼同邦国：大师之礼，用众也；大均之礼，恤众也；大田之礼，简众也；大役之礼，任众也；大封之礼，合众也。

【集注】
同谓威其不协僭差者。简众，稽阅车徒之数也。合众者，地有定域，民有常主，所以合其志。大均属军礼，惟均乃可以作师徒，赋马牛、车辇也。大役属军礼，古者城筑，即属役于师旅也。大封属军礼，示侵败王略，则六师及之也。〇《春秋传》，鲁赋于吴八百乘，邾赋六百乘。若为子男则将半。邾以属于吴，而如邾以事晋，盖不独征兵以车乘为差，田役贡赋之数亦如之。故大均属军礼。平丘之会，子产争承曰："郑伯，男也，而使从公侯之贡，惧不给也。"则不均之病众，明矣。

以嘉礼亲万民：以饮食之礼亲宗族兄弟，以昏冠之礼亲成男女，以宾射之礼亲故旧朋友，以飨燕之礼亲四方之宾客，以脤膰之礼亲兄弟之国，以庆贺之礼亲异姓之国。

271

【集注】

嘉，善也。因人心所善而为之制。饮食之礼，谓族食也。《文王世子》篇："族食世降一等。"亲谓昏礼。成谓冠礼。射礼，虽王亦立宾主。王之故旧，为世子时共在学者。脤膰，社稷宗庙之祭肉也。虽主赐兄弟之国，二王后及异姓有大勋劳者亦得赐。《春秋传》："王使宰孔赐齐侯胙。"又曰："宋，先代之后，天子有事膰焉。"《大行人》云："贺庆以赞诸侯之喜。"则亦兼同姓可知。飨燕、脤膰、贺庆之礼达乎诸侯，宾射之礼达乎卿、大夫、士，惟饮、食、昏、冠之礼下逮庶人。而统曰"以亲万民"者，《诗》曰："尔之教矣，民胥效矣。"凡用于朝廷邦国者，皆所以使民观感而亲睦也。古者君之于臣，皆谓之朋友。《诗》曰："我有嘉宾。"又曰："朋友攸摄。"《书》曰："太史友。"是也。

以九仪之命，正邦国之位：壹命受职，再命受服，三命受位，四命受器，五命赐则，六命赐官，七命赐国，八命作牧，九命作伯。

【集注】

每命异仪，贵贱之位乃正。壹命，始命为正吏也，列国之士，于子男为大夫，王之下士亦一命。受职，治职事也。列国之大夫再命，于子男为卿。卿大夫自玄冕而下，如孤之服。王之中士亦再命，则爵弁服。列国之卿三命，始有列位于王，为王臣。王之上士亦三命。公之孤四命，始得具祭器。《礼运》曰："大夫祭器不假，非礼也。"王之下大夫亦四命。则者，地未成国之名。王之下大夫四命，出封为子男，加一等。五命，赐以方百里、二百里之地。或曰，为寰内诸侯，赐以八则也。王之卿六命，得自置其臣，治家邑，如诸侯。王之卿六命,出封加一等。七命为侯伯,方三百里以上为成国,侯伯有功德者加命,得专征伐,为州牧。王之三公亦八命。上公有功德者,加命为二伯,得征五侯九伯。○李耜卿曰:"职服位器,皆曰受者,自下言之。则与官国皆曰赐者,自上言之。牧与伯皆曰作者,必有过人之功德,乃可作而居此位也。"○《春秋传》,管仲辞卿礼曰:"有天子之二守高、国在。"栾盈之奔曰:"陪臣盈得罪于王之守臣。"晋巩朔献捷于周,王使诘曰:"未有职司于王室。"以是知列国之卿必受命于王,然后为有位也。

以玉作六瑞,以等邦国:王执镇圭,公执桓圭,侯执信圭,伯执躬圭,子执谷璧,男执蒲璧。

【集注】

瑞,信也。等,差之也。镇,安也。圭长尺有二寸,以四镇之山为瑑饰,王祭时所执。公,二王之后及三公。双植谓之桓。圭长九寸,以桓为瑑饰,象宫室之有桓楹,所以安其上也。"信"当为"身"。信圭、躬圭,皆长七寸,象人形为瑑饰,而以屈伸为之别。谷所以养人,蒲为席,所以安人,二璧皆径五寸而瑑饰异。○李耜卿曰:"《杂记》赞大行云:'博三寸,厚半寸,剡上,左右各寸半。'圭之形也。璧形圜,内有孔谓之好,孔外谓之肉,肉倍好谓之璧。"

以禽作六挚,以等诸臣:孤执皮帛,卿执羔,大夫执雁,士执雉,庶人执鹜,工商执鸡。

【集注】

挚之言至,所执以自致也。皮帛者,束帛而表以虎豹之皮。羔取其群而不失其类。雁取其候时而行。雉取其耿介而文明。鹜取其不飞迁。鸡取其知时。《曲礼》曰:"饰羔雁者以缋。"《士相见礼》卿大夫执挚以布,而不言缋,盖诸侯之臣与王臣异也。然则天子之孤饰挚以虎皮,公之孤以豹皮与?自雉以下,执之无饰。爵同则挚同,不以命数,故《士相见礼》侯国卿大夫士所执与此同,但饰异耳。凡挚无庭实。○雁非家禽,不时得,又不可畜,盖舒雁也,取其安舒而洁白。膳夫受挚以为膳,则皆恒用之物可知矣。

以玉作六器,以礼天地四方:以苍璧礼天,以黄琮礼地,以青圭礼东方,以赤璋礼南方,以白琥礼西方,以玄璜礼北方。皆有牲币,各放其器之色。

【集注】

礼,谓始告神时荐于神坐。《书·金縢》"周公植璧秉珪"是也。宗庙荐玉,与祼同节,祭天宜当实柴之节也。此圜丘方泽及四郊迎气之祭所用。璧圜,象天;琮八方,象地;圭锐,象春物始生;半圭曰璋,象夏物半死;琥猛,象秋严;半璧曰璜,象冬闭藏,地上无物,惟天半见。币以从爵,若人饮酒有酬币。○不曰四郊而曰四方,疑五岳、四镇、四渎,礼神之玉及牲币皆然。

以天产作阴德,以中礼防之。以地产作阳德,以和乐防之。

【集注】

天产,六牲之属。地产,九谷之属。祭之始,荐血燔膋以求神于幽,所以作阴德也。此近于鬼道,故以礼仪为节,所以防其过。荐黍稷内羞以养神于显,所以作阳德也。此纯乎人道,故以和声合莫,所以防其过。

以礼乐合天地之化、百物之产,以事鬼神,以谐万民,以致百物。

【集注】

李耜卿曰:"此推言礼乐之功用也。人君建中和之极,万民服中和之教,则气之所感,天地䜣合,阴阳相得,煦妪覆育万物。草木茂,句萌达,羽翼奋,角觡生,蛰虫昭苏,胎生者不殰,卵生者不殈,所谓合天地之化,百物之产也。致百物,谓致物产之祥。"○以礼乐合天地之化,如春禘、秋尝,春合舞,秋合声之类。合百物之产,如上经所谓"以天产作阴德,以地产作阳德",及菹醢以水草陆产相间之类。致百物,《大司乐》"六变而诸物皆致"是也。

凡祀大神,享大鬼,祭大示,帅执事而卜日,宿,视涤濯,莅玉鬯,省牲镬,奉玉齍,诏大号,治其大礼,诏相王之大礼。

【集注】

玉鬯,所以灌也。玉齍,所以盛黍稷也。二者惟宗庙社稷用之。注以玉为礼神之玉,非也。知然者,《大宰职》"祀五帝,赞玉币爵之事,祀大神示亦如之",则礼神之玉,赞奉者,大宰也。其职于享先王后,特言赞玉几、玉爵,盖惟以人道享之,乃有几与玉爵也。大宰既赞玉几、玉爵。故宗伯所掌惟玉鬯、玉齍也。于玉齍曰"奉",于玉鬯曰"莅"者,小宰赞祼,宗伯惟莅玉鬯而已。镬,所以烹牲。大号,六号之大者,以诏大祝为祝辞。治犹简,习也。○宿,祭之前夕也。注训申戒,似因大宰视涤濯,然不害宗伯与大宰并视也。

若王不与祭祀,则摄位。

【集注】

摄,代也。王不与祭祀,谓疾与丧。

凡大祭祀,王后不与,则摄而荐豆笾,彻。

【集注】

外祀,后不与。曰大祭祀者,禘、祫及四时之祭也。

大宾客,则摄而载果。

【集注】

载,为也。果宜作"祼"。君无酌臣之礼,故王拜送,而代王酌献。《大行人职》曰:"上公之礼,再祼而酢。"则后祼亦摄为之。或曰,惟后不与则摄也。

朝觐会同,则为上相。大丧,亦如之。王哭诸侯,亦如之。

【集注】

出接宾曰摈,入诏礼曰相。相者五人,卿为上相。或王或嗣王为丧主,拜宾,宗伯亦为上相。哭诸侯,谓薨于其国,为位而哭之。若来朝而薨,则王为之缌麻。《檀弓》:"天子之哭诸侯也,爵弁绖,紂衣。"

王命诸侯,则傧。

【集注】

傧,进之也。王将出命,假于祖庙,立依前,南乡。傧者进,当命者使登。内史由王右以策命之。降,再拜稽首,登,受策以出。诸侯爵禄其臣,则于祭焉。

国有大故,则旅上帝及四望。

【集注】

故,谓凶灾。曰上帝,该昊天上帝与五方帝也。旅,陈也。陈其祭事以祈焉,礼不如祀之备。○旅,山祭也。上帝而曰旅者,遍用事于四郊,所祭非一帝也。《春秋传》郑子产禳火,祈于四鄘。盖其遗制。

王大封,则先告后土。

【集注】

后土,土神也。

乃颁祀于邦国、都家、乡邑。

【集注】

颁其所当祀及其礼。乡邑,公邑也。乡邑之祀,如社禜酺之类。先邦国,次都家,次乡邑,举外以及内也。

《宗伯职》独无"正月之吉,始和布礼于邦国都鄙"云云者,治教政刑,随时损益,礼则一定而不可易,无事每岁和而布之也。礼不下庶人。闺门乡党之礼,则夫人而习之矣。若郊庙、朝廷、邦国之礼,则当官者自肄之,无事县于象魏,使万民观之也。

小宗伯

小宗伯之职,掌建国之神位,右社稷,左宗庙。

【集注】

库门内,雉门外之左右。

兆五帝于四郊,四望四类亦如之。

【集注】

兆,为坛之营域。黄帝亦于南郊。类,有事而特祭也。依四郊四望之礼,故曰四类。即《大宗伯职》所谓"旅上帝及四望"也。社稷宗庙,非时而祭,皆曰类,则四郊四望亦可类明矣。

兆山川、丘陵、坟衍,各因其方。

【集注】

山该林,川该泽,无原隰之兆者。原隰,平土也。社通于上下,为土祭之最盛矣。

掌五礼之禁令与其用等。

【集注】

用等,牲器尊卑之等。

辨庙祧之昭穆。

【集注】

自始祖之后,父曰昭,子曰穆。

辨吉凶之五服、车旗、宫室之禁。

【集注】

丘氏曰:"九章、七章、五章、三章、一章,此吉服也。斩衰、齐衰、锡衰、缌衰、疑衰,此凶服也。"

掌三族之别,以辨亲疏。其正室皆谓之门子,掌其政令。

【集注】

三族,谓父、子、孙。《丧服小记》曰:"亲亲以三为五,以五为九。"正室,適子也。将代父当门,故谓之门子。政令谓分族属,明宗法,不得以卑代尊,以孽代宗之类。

毛六牲,辨其名物,而颁之于五官,使共奉之。

【集注】

　　毛,择毛也。惟大宰不奉牲,总赞王牲事。

辨六齍之名物与其用,使六宫之人共奉之。

【集注】

　　六齍,即六谷。祭有大小,则用有多寡。

辨六彝之名物,以待果将。辨六尊之名物,以待祭祀、宾客。

【集注】

　　六彝,鸡彝、鸟彝、斝彝、黄彝、虎彝、蜼彝。果读为裸。六尊,献尊、象尊、壶尊、著尊、大尊、山尊。按《司尊彝》"惟祭祀陈六彝六尊",此兼言宾客,则飨宾客于庙,陈六尊亦依祭礼四时所用。若在野外飨,则不用祭祀之尊。故《春秋传》云"牺象不出门"也。六彝,专以待祭祀宾客之裸,故别言之。○项氏曰:"名六者之名物所实之物。"

掌衣服、车旗、宫室之赏赐。
掌四时祭祀之序事与其礼。

【集注】

　　序事,序六官之属,所当执之事也。

若国大贞,则奉玉帛以诏号。

【集注】
问事之正曰贞。《国语》"贞于阳卜"。大贞,谓卜立君,卜大封也。玉帛,所以礼神。诏,诏大祝也。号,神号,币号。

大祭祀,省牲,视涤濯。祭之日,逆齍,省镬,告时于王,告备于王。

【集注】
逆齍,受馈人之盛以入也。省镬,视烹腥熟。

凡祭祀、宾客,以时将瓒果。

【集注】
将,送也,犹奉也。祭祀以时奉而授王,宾客以时奉而授宗伯。天子圭瓒,诸侯璋瓒。○小宰赞祼将之事,实郁鬯以授王也。小宗伯将瓒祼,送瓒于小宰,使实之以祼也。旧说,小宗伯以瓒授王,王以授尸,则无所用小宰之赞矣。

诏相祭祀之小礼。凡大礼,佐大宗伯。

【集注】
小礼,谓王有故,不亲,而使大宰、宗伯摄者。或曰,大礼,交神之大节,小礼又其中之节目也。未至职末辄言此者,以此下皆小宗伯专行事,不佐大宗伯,故于中言之,以结上也。

周　礼

赐卿、大夫、士爵,则傧。

【集注】

赐犹命也。

小祭祀,掌事,如大宗伯之礼。大宾客,受其将币之齎。

【集注】

谓所齎来贡献之财物也。凡朝觐,礼毕,于庙致贡,行三享之礼。以玉币致享,既讫,其庭实之物,小宗伯受之。〇大宰赞王受玉,小宰受币,其以币将之,财物则小宗伯受之。财物而使礼官受者,庭实旅百,皆所以享宗庙。《礼器》所载"大飨之礼,各以其国之所有,而无常货"是也。此经之齎与赍同义。

若大师,则帅有司而立军社,奉主车。

【集注】

有司,大祝也。王出军,必先有事于社,及迁庙,载其主以行。《春秋传》:"军行祓社衅鼓,祝奉以从。"《礼记·曾子问》篇:"天子巡守,以迁庙主行,载于齐车。"是也。社之主用石为之。鄢陵之战,晋张幕虔卜于先君,以主车在军故也。

若军将有事,则与祭,有司将事于四望。

【集注】

"若军将有事,则与祭"句,盖军中之祭,小宗伯与焉。若所征之地,近五岳四渎,则使有司将事而不亲也,非遍祭四望。如有事于东方,则祭海岱。即《肆师职》"祭兵于山川"是也。

若大甸,则帅有司而馌兽于郊,遂颁禽。

【集注】

甸读为田。有司,甸祝也。馌,馈也,以禽馈四方之神于郊,郊有群神之兆也。颁禽谓以予群臣。《礼记》:"颁禽,隆诸长者。"《诗传》:"禽虽多,取三十焉,其馀以予大夫士,以习射于泽宫而分之。"以礼官与军事者,军旅不可以无礼也。以礼官与甸事者,田猎不可以无礼也。大宗伯不行者,天地宗庙、社稷之事为重也。

大灾,及执事祷祠于上下神示。

【集注】

曰有司者,专司其事者也。曰执事者,非一官之属。求福曰祷,得求曰祠。

王崩,大肆以秬鬯渳。

【集注】

大肆,大浴也。或曰,始陈尸,伸之。渳,或读为泯,谓浴尸也。大祝以肆鬯渳,小祝赞渳,小宗伯盖察其不如仪。

及执事莅大敛、小敛,率异族而佐。

【集注】

执事,大祝之属。莅,临也。亲敛者当为事官之属。异族佐敛,同姓当序哭也。

县衰冠之式于路门之外。及执事视葬献器,遂哭之。

【集注】

视葬,视其地也。器,明器也。献素献成,皆于殡门外。王哭,则献器者亦哭。

卜葬兆,甫竁,亦如之。既葬,诏相丧祭之礼。

【集注】

兆,墓茔域。甫,始也。竁谓穿圹。丧祭,虞祔也。

成葬而祭墓,为位。

【集注】

祭墓,祭其地之土神也。位,坛位也。

凡王之会同、军旅、甸役之祷祠,肄仪为位。国有祸灾,则亦如之。

【集注】

肄,习也。○李耜卿曰:"祷祠,即上文将事四望,馀兽于郊之类。肄仪为位,至此始言之者,文相足也。祸灾,即上文所谓大灾。上言'祷祠',此言'肄仪为位',亦文相足也。"

凡天地之大灾,类社稷宗庙,则为位。

【集注】

类,依其正礼而为之。无祭天地之文者,与篇首所谓四类互相备也。因天地之灾而类及社稷宗庙,则四郊四望之类不必言矣。

凡国之大礼,佐大宗伯。凡小礼,掌事如大宗伯之仪。

【集注】

凡言大礼者,王亲之。小礼,群臣摄。

肆 师

肆师之职,掌立国祀之礼,以佐大宗伯。立大祀,用玉帛、牲牷。立次祀,用牲币。立小祀,用牲。

【集注】

此立侯国之祀也。王国天神、地示、人鬼之礼,则大宗伯建之矣。其曰佐者,立之者肆师,定而颁之者大宗伯也。此三事虽侯国之礼，而立之者肆师，故首列焉。"以岁时序其祭祀"以下则王朝之祭祀，奉宗伯所建之成法而宣布焉耳。诸侯不祭天地，则无实柴之祀，其宗庙之祭，无旅币，无方之奠。未赐珪瓒，则不敢为鬯。虽赐乐，不敢备六代之舞。故大祀止于玉帛、牲牷。若天子，则圭璧以祀日月星辰，璋邸射以祀山川，不得云次祀用牲币矣。

以岁时序其祭祀及其祈珥。

【集注】

易彦祥曰："《小子职》'珥于社稷，祈于五祀'，《羊人职》'祈珥共羊牲'，与此文同。至《秋官·士师职》则曰：'凡刉珥，奉犬牲。'后郑并改'祈'爲'刉'，且以'珥'当从血为'衈'，引《杂记》衅羊之说。然《羊人》、《小子职》衅积，衅邦器、军器，皆直谓之衅，不应宫兆始成之衅独谓之祈珥。"刘中义云："珥、弭，字之误也。祈谓小祝之祈福祥，弭谓小祝之弭兵灾。"今从之。

大祭祀，展牺牲，系于牢，颁于职人。

【集注】

职人，谓充人及监门，职当系牲而养之者。

凡祭祀之卜日、宿、为期，诏相其礼，视涤濯亦如之。

【集注】

涤濯摡拭，各有节次，故亦诏相之。

祭之日，表齍盛，告洁；展器陈，告备；及果，筑鬻。相治小礼，诛其慢怠者。

【集注】
　　簠以盛稻粱，簋以盛黍稷，有盖，不知其实，故以徽识表之。陈，陈列也。筑鬻，筑郁金煮之以和鬯。○筑与"筑防"、"筑城"之"筑"同义。

掌兆中、庙中之禁令。凡祭祀礼成，则告事毕。

【集注】
　　兆，坛堳域。

大宾客，莅几筵，筑鬻，赞果将。

【集注】
　　酌郁鬯，授大宗伯载祼。

大朝觐，佐傧。共设匪甕之礼。飧食，授祭。

【集注】
　　大朝觐，谓大会同时之朝觐也。若四时常朝，则小行人为承傧。《公食大夫礼》："若不亲食，使大夫以侑币致之。豆实实于甕，簋实实于筐。"匪，或"筐"字之误也。肆师不掌饮食，盖掌其礼而使掌客等共设之。授祭，授宾祭肺也。《大宰职》"大朝觐"与"会同"并列，则为四时常朝者众，此不言会同，则为大会同时之朝觐也。

287

与祝侯禳于畺及郊。

【集注】
　　侯禳,小祝职也。侯,候迎善气。

大丧,大渳以鬯,则筑鬻。

【集注】
　　后、世子丧,浴皆以鬯。

令外内命妇序哭。禁外内命男女之衰不中法者,且授之杖。

【集注】
　　外命男,六乡以出也。内命男,朝廷卿大夫士也。其妻为外命女。《丧服》,为夫之君齐衰不杖。内命女,王之三夫人以下。诸侯丧礼,三日授子杖,五日授大夫杖,七日授士杖。天子之丧礼未闻。

凡师甸,用牲于社宗,则为位。

【集注】
　　社,军社也。宗,迁主也。○李耜卿曰:"甸字疑衍。"

类造上帝,封于大神。祭兵于山川,亦如之。

【集注】

造,即也。为兆以类礼,即祭上帝也。封谓坛也。大神,社及方岳也。山川,盖军之所依止。上经"用牲于社宗",据在军。下云"师不功",据败退后。则此经,其克胜后告天及社之事与?

凡师不功,则助牵主车。

【集注】

助大司马。

凡四时之大甸猎,祭表貉,则为位。

【集注】

貉,师祭也。于立表之处,祭始造军法者。其神盖蚩尤,或曰黄帝。四时之田猎,有曰大者,岂王或不亲,而使司马即事,则为小与?王之会同、军旅、甸役之祷祠,小宗伯为位,而肆师复为师甸。祭祀之位者,小宗伯所掌者,特有祈请。肆师所掌,则师甸之常祭也。将战而用牲于社宗,既胜而告于上帝、大神、山川。田猎而祭表貉,皆常祭也,特有祈请,则其礼宜简于常祭,而乃使小宗伯为位者,其事非常,则所以斟酌其仪位者,非礼官之师不敢专也。肆师则遵循故典而已。师甸,大宗伯不与,故小宗伯专其礼。

尝之日,莅卜来岁之芟。

【集注】

薙草而预卜之,何也?《月令》:"大雨时行,烧薙行水,利以杀草。"《稻人职》:"以涉扬其芟作田。"盖雨行以时,则所芟之草可化为粪,故预卜之。

祢之日,莅卜来岁之戒。

【集注】
问后岁兵寇之备。

社之日,莅卜来岁之稼。

【集注】
卜来岁之稼,则社宜为秋祭。

若国有大故,则令国人祭。岁时之祭祀亦如之。

【集注】
大故,谓水旱凶荒。所令祭者,社及禜酺。国人,乡遂都邑之有司及其民也。岁时之祭祀,《月令》"仲春,命民社"之类。

凡卿大夫之丧,相其礼。

【集注】
易氏曰:"非相其家礼,相国之丧礼,职丧听之者。"

凡国之大事,治其礼仪,以佐宗伯。凡国之小事,治其礼仪而掌其事，如宗伯之礼。

【集注】

统言宗伯者，或佐大宗伯，或佐小宗伯也。国之大事，小宗伯既佐大宗伯，而肆师复佐之，何也？肆师兼治礼仪，又或小宗伯有故，不得与，则摄而佐大宗伯也。国之小事，小宗伯掌之，而肆师复掌之，何也？亦摄小宗伯也。如大师，小宗伯一人在行，一人在丧与疾，则祭祀、宾客不得不以肆师摄矣。不曰大事佐大宗伯，小事佐小宗伯，何也？设王有疾而大宗伯摄祭，则大宗伯之事不得不以小宗伯摄。大宗伯有丧与疾亦然。设小宗伯各有事故，则小宗伯之事亦或以大宗伯摄。

郁　人

郁人掌祼器。

【集注】

谓彝及舟与瓒。

凡祭祀、宾客之祼事，和郁鬯，以实彝而陈之。
凡祼玉，濯之陈之，以赞祼事。诏祼将之仪与其节。

【集注】

祼玉，谓圭瓒、璋瓒。

凡裸事,沃盥。

【集注】

上经既言濯裸玉,则此主共裸者,沃盥之水与器也。

大丧之渳,共其肆器。

【集注】

肆器,陈尸之器。《丧大记》:"君设大盘造冰焉,设床襢第有枕。"此之谓肆器。

及葬,共其裸器,遂狸之。

【集注】

遣奠之彝与瓒也,狸于祖庙阶间,明奠终于此。或曰,乃明器纳之圹中者。

大祭祀,与量人受举斝之卒爵而饮之。

【集注】

斝,受福之嘏,声误也。王酳尸,尸嘏王,此其卒爵也。受饮,卒爵,必与量人者,郁人赞裸时,量人制从献之脯嬁事相成。

鬯 人

鬯人掌共秬鬯而饰之。

【集注】

秬鬯，未和郁者。饰之，谓设巾。

凡祭祀，社壝用大罍，禜门用瓢赍，庙用脩。凡山川四方用蜃，凡祼事用概，凡䐣事用散。

【集注】

罍，瓦器。《春秋传》："日月星辰之神，则雪霜风雨之不时，于是乎禜之。山川之神，则水旱厉疫之灾，于是乎禜之。"门，国门也。瓢谓瓢蠡也。赍，读为齐。取甘瓠割去柢，以齐为尊。脩、蜃、概、散，皆漆尊也。脩，或读为卣。蜃，饰以蜃者。概，尊以朱带者。无饰曰散。〇首社壝，天地之祀，无鬯也。灌鬯以求神也。天地之神，无所不在，社有主，则可以人道求之矣。先儒以《大宗伯》有"莅玉鬯"之文，遂谓天地亦用鬯，非也。《大宰职》"祀五帝及大神示，赞玉币爵"之事，故《宗伯职》特出"莅玉鬯，奉玉齍，以法所掌玉"事。独此二者，乃宗庙社稷所用，不得据此谓天地亦用鬯也。其文总承"祀大神，享大鬼，祭大示"之后者，以"卜日，宿，视涤濯，省镬，诏号"，乃三礼之所同耳。凡祼事，谓宾客之祼事也。不曰宾客用概者，王吊临，共介鬯，则吊临亦用祼也。《郁人》统言祭祀、宾客之祼事。则凡祼事沃盥，谓祭祀、宾客也。此经既条列祭祀所用，而又曰"凡祼事用概"，则谓宾客吊临之祼可知矣。冠礼亦有祼，故以"凡"该之。庙，疑当作"望"，庙用六彝，已见《司尊彝职》，而此经备列诸祼事，不宜遗五岳四渎。旧说祼当为埋，非也。上列四望，下列山川，则埋祭已具矣。〇李耜卿曰："以䐣辜祭四方百物。今既有四方，又曰䐣事者，盖专指百物。以用器有异，故别言之耳。"〇《表记》："天子亲耕，粢盛秬鬯，以事上帝。"或因郊祀以稷配，降神用鬯，连类而及

周 礼

之,尤不足据。

大丧之大渳,设斗,共其衅鬯。

【集注】

斗,所以沃尸也。衅鬯,衅尸之鬯酒也。

凡王之齐事,共其秬鬯。

【集注】

给淬浴。

凡王吊临,共介鬯。

【集注】

以尊适卑曰临。《曲礼》:"挚,天子鬯,王至尊,介为致之。"《檀弓》曰:"临诸侯,畛于鬼神,曰'有天王某甫'。"盖王适四方,舍诸侯祖庙,祝告其神之辞,介于是进鬯。

鸡 人

鸡人掌共鸡牲,辨其物。

大祭祀,夜呼旦以叫百官。凡国之大宾客、会同、军旅、丧纪,亦如之。

凡国事为期，则告之时。

【集注】

告其有司主事者。不曰告之日，而曰告之时者，用事有早暮，如春朝朝日、秋暮夕月之类。

凡祭祀，面禳，衅，共其鸡牲。

【集注】

面禳者，侯禳于畺及郊，四方皆用事焉。衅，衅庙之属。

司尊彝

司尊彝掌六尊、六彝之位，诏其酌，辨其用与其实。

【集注】

位，所陈之处。酌，沛之使可酌，即下经郁齐献酌等。用，谓四时祭祀所用各异。实，郁及醴齐之属。

春祠，夏禴，祼用鸡彝、鸟彝，皆有舟；其朝践用两献尊，其再献用两象尊，皆有罍，诸臣之所昨也。秋尝冬烝，祼用斝彝、黄彝，皆有舟；其朝献用两著尊，其馈献用两壶尊，皆有罍，诸臣之所昨也。凡四时之间祀，追享，朝享，祼用虎彝、蜼彝，皆有舟；其朝践用两大尊，其再献用两山尊，皆有疊，诸臣之所昨也。

【集注】

朝践，谓荐血腥、酌醴，始行祭事。后于是荐朝事之豆笾，既又酌献。朝献，谓尸卒食，王酳之。其变朝践为朝献者，尊相因也。再献者，王酳尸之后，后酳亚献，诸臣为宾，又次后酳盎齐，备卒食之三献。馈献，谓荐熟时，后荐馈食之豆笾。其变再献为馈献，亦尊相因也。凡此九酌，王及后各四，诸臣一，祭之正也。鸡彝、鸟彝，谓刻画其形。舟，尊下台。献读为牺。牺尊，饰以翡翠。或曰，画牺牛形。象尊，饰以象骨。《明堂位》牺象周尊也。昨读为酢。尊以献神，疊则诸臣献尸后所酳，以自酢者。尸酢，王、后即用醴齐、盎齐，尊故也。斝读为稼，斝彝，画禾稼也。黄彝，以黄金为目。《明堂位》："夏后氏以鸡彝，殷以斝，周以黄目。"《郊特牲》："黄目，郁气之上尊也。"著尊，著地无足。《明堂位》："著殷尊也。"壶者，以壶为尊。《春秋传》："尊以鲁壶。"追享，禘祫也。朝享，月朔之祭。《春秋传》："闰月，不告月，犹朝于庙。"蜼，禺属，卬鼻而长尾。大尊，大古之瓦尊。山尊，山罍也，亦刻画为云山之形。彝与尊各用二者，郁鬯与齐皆配以明水，或曰王与后各酳其一也。○追享，谓大祫及禘，皆追远之祭，即《宗伯职》所谓肆献祼也。朝享，谓月朔朝庙之祭，即《宗伯职》所谓馈食也。但此经朝享亦有朝践。而《宗伯职》独言馈食，似从馈食始，岂月朔之祭，自馈食以下礼皆备，而朝践之礼减略，遂独举馈食以为名，犹凡祭皆有血腥爓孰，而曰"郊血，大飨腥，三献爓，一献孰"与？《周官》每同事而异词，所以互发其义也。盖因此经，以见《宗伯职》所谓肆献祼，乃大祫与禘，追享远祖之祭；所谓馈食，乃月朔朝庙之祭。又因《宗伯职》，以见大祫异于时祫，以遍陈毁庙之主，及禘以祼为主，月祭以馈食为主之义也。五齐以实彝尊，则疊之实为三酒可知矣。疊为诸臣所自酢，则尸酢王与后，即用所献之齐，诸臣献尸亦得以齐,可知矣。曰郁齐献酌,则郁合鬯,而仍和以齐可知矣。旧说,惟大事于太庙备五齐三酒,非也。《酒正职》"凡祭祀,以法共五齐、三酒,以实八尊",以义推之,祼用郁齐,朝践馈食所用者,其四齐也。祼用二彝,器异而齐同也。朝践馈食,各用二尊,器同而齐异也。每用二者,《礼器》"君西酌牺象,夫人东酌罍尊",夫妇不相袭也。三酒亦当用三罍。宾礼,九献不数祼,则祭祀可知。疑朝践馈食及酳尸,皆王、后各一献,诸臣各一献也。诸臣之三献,当以同姓、异姓嗣举奠为次,故用三酒。如旧说,王与后各四献,诸臣一献,则于皆有罍之义不可通矣。

凡六彝六尊之酌。

【集注】

凡,如"凡其死生鲜薧"之"凡",谓别而次之也。下有凡酒,而此不言罍者,省文也。

郁齐献酌,醴齐缩酌,盎齐涚酌,凡酒修酌。

【集注】

《礼运》:"玄酒在室,醴盏在户,粢醍在堂,澄酒在下。"以五齐次之,则盏酒盎齐也。献读为"摩莎"之"莎"。煮郁和秬鬯,以盎齐摩莎泲之,出其香汁。《郊特牲》所谓"汁献涚于盏酒"也。醴齐尤浊,和以明酌,泲之以茅,缩去滓,所谓缩酌用茅也。盎齐差清,和以清酒,泲之,所谓盏酒涚于清也。其馀三齐,泛从醴,缇、沉从盎。凡酒,谓三酒也。修,读如"涤濯"之"涤"。涤酌,以水和而泲之。祼用郁齐,朝用醴齐,馈用盎齐,诸臣自酢用凡酒。

大丧,存奠彝,大旅亦如之。

【集注】

存,省也。谓大遣时奠者,朝设夕乃彻。天地至尊,不祼,此得用彝者,亦奠之而已。○文义与"国子存游倅"同,盖存而不用也。虞而立尸,始以神道事焉。魄体尚在殡,故不忍遽以神道求之。四望本宜用祼,以与五帝同祀,且遍于上下百神,故不用祼。此礼义之所以深而通也。

司几筵

司几筵掌五几、五席之名物,辨其用与其位。

凡大朝觐、大飨射,凡封国、命诸侯,王位设黼依,依前南乡设莞筵纷纯,加缫席画纯,加次席黼纯,左右玉几。

【集注】

依,制如屏风。黼依者,以绛帛为质,绣斧于依前。左右设几,优至尊也。纷,白绣也。纯,缘也。莞,细苇也。缫,读为"藻率"之"藻",削蒲蒻展之,编以五采。画,画云气也。次席,桃枝席,有次列成文。

祀先王、昨席,亦如之。

【集注】

昨读为酢,谓祭祀及王受酢之席。尸卒食,王酳之,卒爵,祝受之,又酌授尸,尸酢王,于是席王于户内。

诸侯祭祀席,蒲筵缋纯,加莞席纷纯,右雕几。

【集注】

缋,画文也。

昨席莞筵纷纯,加缫席画纯。筵国宾于牖前亦如之,左彤几。

【集注】

别言"左彤几"于"筵国宾"之后者,示昨席无几也。人道尚左,鬼神尚右。○王昭禹曰:"分布采色曰缋,摹成物体曰画。《考工记》曰:'青与白相次,赤与黑相次。'所谓缋也。又曰:'山以章,水以龙。'所谓画也。"○于诸侯言祭席、酢席之异,则王之祭、酢同席可知矣。于诸侯言祭席、宾筵之异,则王之宾、祭同席可知矣。于诸侯举宾筵,于王不言者,诸侯之席再重,知诸侯相为宾之筵,则王之筵诸侯可知矣。于王先举朝觐、飨射、封国、命诸侯,而后及祭席、酢席,文当然也。若先列祭席,而曰"酢亦如之,朝觐、飨射、封国、命诸侯亦如之",则赘矣。《礼器》"鬼神单席",岂异代之礼与?

甸役,则设熊席,右漆几。

周礼

【集注】

谓有司祭表貉所设席也。

凡丧事,设苇席,右素几。其柏席用萑黼纯,诸侯则纷纯,每敦一几。

【集注】

丧事,谓凡奠也。萑,如苇而细。柏席,迫地之席,苇加其上。或曰载黍稷之席。或曰柏,椁字之讹。椁席,藏中神坐之席也。敦读为焘,焘,覆也。棺在殡则椁焘。周礼虽合葬,若同时在殡,则异几,故曰"每敦一几"也。黼纯,兼上三席,诸侯则以纷别之。

凡吉事变几,凶事仍几。

【集注】

仍,因也。吉事,谓王祭宗庙。祼于室,馈食于堂,绎于祊,每事易几。凶事,谓凡奠,朝夕相因。

天　府

天府掌祖庙之守藏与其禁令。

【集注】

始祖之庙也。禁令,谓防守及陈藏之法。

凡国之玉镇、大宝器藏焉。若有大祭、大丧，则出而陈之；既事，藏之。

【集注】
大祭，禘袷也。

凡官府、乡州及都鄙之治中，受而藏之，以诏王察群吏之治。

【集注】
治中，治职事之簿书。谓之中者，示合于经制也。

上春，衅宝镇及宝器。
凡吉凶之事，祖庙之中沃盥，执烛。季冬，陈玉，以贞来岁之美恶。

【集注】
陈玉以礼神也。

若迁宝，则奉之。

【集注】
若国迁，则奉宝以之新庙也。

若祭天之司民、司禄而献民数、谷数，则受而藏之。

周　礼

【集注】

　　司民，轩辕角也。司禄，文昌第四星，或曰下能也。地官献贤能之书、秋官计狱弊讼及邦之盟书皆登于天府，而不见于本职，何也？此职载受藏治中，以诏王察群吏之治也。载受藏民数、谷数，以祭天之司民、司禄，陈玉而与执事也。若贤能之书，狱讼之计，盟约之文，其得失当否，天府既不纠察，又不与执事，是以散见于二官，而不详于本职耳。○李耜卿曰："秋官有司民之职，孟冬祀司民、司寇，献民数于王。然则地官有司禄之职，献谷数者，必司徒也。"

典　瑞

　　典瑞掌玉瑞、玉器之藏，辨其名物与其用事，设其服饰。

【集注】

　　人执以见曰瑞，礼神曰器。瑞，符信也。服饰，谓缫藉。天府所藏玉，先王之遗物。典瑞所藏，则时王所用。

　　王晋大圭，执镇圭，缫藉五采五就，以朝日。

【集注】

　　晋读为搢，插于衣带间。缫，所以藉玉也。木为中干，用韦衣而画之。或曰，冕缫，织丝为之，圭缫亦然。一帀为一就，五就，五帀也。天子春分朝日，秋分夕月。圭制俱见《玉人职》。

公执桓圭，侯执信圭，伯执躬圭，缫皆三采三就。子执谷璧，男执蒲璧，缫皆二采再就。以朝、觐、宗、遇、会同于王。诸侯相见，亦如之。

【集注】

　　三采，朱、白、苍。二采，朱、绿也。《觐礼》曰："侯氏入门右，坐奠圭，再拜稽首。"于王举朝日则祀，天地宗庙不必言矣。于诸侯举朝、觐、宗、遇、会同，则祭祀不必言矣。

琢圭、璋、璧、琮，缫皆二采一就，以頫聘。

【集注】

　　璋以聘后夫人，以琮享之。琢有圻鄂琢起。遣臣聘，不得执君之圭璧。无桓信躬与蒲谷之文，直琢之而已。

四圭有邸，以祀天，旅上帝。

【集注】

　　邸，本也。于中央为璧，圭本着于璧，而其末四出，一玉俱成。祀天，圜丘之祭。不曰旅五帝，而曰旅上帝者，四时迎气及国有大故，遍祀五帝，孟春之郊，季秋明堂之享，皆用之也。

两圭有邸，以祀地，旅四望。

【集注】

　　祀地，方泽之祭也。○李耜卿曰："《大宗伯》六器与六瑞、六挚相次，则苍璧黄琮，或初致其神，奠玉而礼之，如执挚以见者，故曰礼天礼地。此'四圭有邸'、'两圭有邸'，与'祼圭有瓒'为类，则邸当亦瓒属。《表记》曰：'秬鬯以祀上帝。'则此邸，疑或注秬鬯者。虽不以祼，而奠以享神，故曰祀天祀地。推之下文，圭璧者，是于圭头为器如璧，璋邸射者，是于璋头为器，如邸而射，皆挹鬯爵也。郑氏见《大宗伯》有苍璧黄琮之文，此官无之，而别云'四圭有邸'、'两圭有邸'，遂以苍璧所礼者，冬至圜丘之祀，四圭则夏正郊天，黄琮所礼者，昆仑之祭，两圭则神州之神。又合而一之曰，苍璧为邸，四圭托焉，黄琮为邸，两圭托焉。更无他据，今且阙之。"

　　祼圭有瓒，以肆先王，以祼宾客。

【集注】

　　于圭头为器，可以挹鬯祼祭，谓之瓒。于先王言肆，于宾客言祼者，《宗伯职》"以肆献祼享先王"。以祼代禘，故于此言肆，以明凡祭皆有祼也。祭之祼，灌地以降神，故直言祼宾客，以示无灌地之礼。

　　圭璧，以祀日月星辰。

【集注】

　　圭其邸为璧，取杀于上帝。

　　璋邸射，以祀山川，以造赠宾客。

【集注】

射,剡也。璋有邸而射,取杀于四望。造赠宾客,谓致稍饩时,造馆赠之。使还赠贿,亦执以将命。或以《周官》每以四望与山川并举,疑非五岳四渎,非也。山林川泽、丘陵坟衍皆有兆,而五岳、四镇、四渎尤地示之尊者,故别言之。《小宗伯》职"有司将事于四望",曰于则以地言之,而不得泛指他神示,明矣。

土圭以致四时日月,封国则以土地。

珍圭以征守,以恤凶荒。

【集注】

珍,故书或为"镇"。以征守者,以征召守国诸侯。恤者,开府库振救之,亦谓侯国之有凶荒者。〇李耜卿曰:"掌节之节,守国行道之用也。典瑞之瑞,作事之信也。先儒或谓瑞即节,误矣。"

牙璋以起军旅,以治兵守。

【集注】

牙璋,琢以为牙。齿牙,兵象。

璧羡以起度。

【集注】

羡,隋圆也。此璧本径九寸,旁减一寸以益上下。故高一尺,横径八寸。十寸之尺,十之则为丈。八寸之尺,十之则为寻。从横皆可为度。

驵圭、璋、璧、琮、琥、璜之渠眉，疏璧琮以敛尸。

【集注】

驵当为"组"。渠眉，玉饰之沟瑑也。以组穿联六玉沟瑑之中，于大敛加焉。圭在左，璋在首，琥在右，璜在足，璧在背，琮在腹，盖取象于方明，神之也。六玉，两头皆有孔，又于孔间为沟渠。于沟之两畔稍高为眉瑑。疏璧琮，义未详。

谷圭以和难，以聘女。

【集注】

谷，善也。其饰若粟文然。和难，如《春秋》鲁宣公及齐侯平莒及郯，晋侯使瑕嘉平戎于王。其聘女则以纳征焉。

琬圭以治德，以结好。

【集注】

诸侯有德，王命赐之。《大行人职》："时聘以结诸侯之好。"○所条列无学校之事，则以治德者，岂视学养老之所执与？

琰圭以易行，以除慝。

【集注】

使易恶行而为善，则以此圭责让喻告之。《大行人职》："殷覜以除邦国之慝。"

大祭祀、大旅,凡宾客之事,共其玉器而奉之。

【集注】

玉器,四圭、祼圭之属。

大丧,共饭玉、含玉、赠玉。

【集注】

饭玉,碎玉以杂米。含玉,柱左右齻及在口中者。赠玉,盖璧也。赠用玄纁束帛,天子加以璧。

凡玉器出,则共奉之。

【集注】

玉器出,谓王所好赐也。奉之,送以往,远则送于使者。○祭祀宾客,则始终奉之,俟事毕而藏焉。若王所好赐,及聘使所执,有司所用,丧纪所需,则惟出之时共奉之,以付其人。其应反者,则俟其人之事毕而自反之也。

典　命

典命掌诸侯之五仪、诸臣之五等之命。

周　礼

【集注】
　　五仪,公、侯、伯、子、男之仪。五等,谓孤以下四命、三命、再命、一命、不命也。或言仪,或言命,互文也。

　　上公九命为伯,其国家、宫室、车旗、衣服、礼仪,皆以九为节。侯伯七命,其国家、宫室、车旗、衣服、礼仪,皆以七为节。子男五命,其国家、宫室、车旗、衣服、礼仪,皆以五为节。

【集注】
　　上公,谓王之三公,加命为二伯,与二王之后。国家,谓城与宫之制。公之城方九里,宫方九百步。侯、伯、子、男降杀以两。馀见《司服》、《巾车》、《大行人职》。

　　王之三公八命,其卿六命,其大夫四命。及其出封,皆加一等。其国家、宫室、车旗、衣服、礼仪亦如之。

【集注】
　　四命,中下大夫也。王之上士三命,中士再命,下士一命。

　　凡诸侯之適子,誓于天子,摄其君,则下其君之礼一等；未誓,则以皮帛继子、男。

【集注】
　　誓,命而戒之也。誓与未誓,皆据父在而言。若父卒后,得誓者得与诸侯序。○明斋王氏曰:"立適,周之达礼。然犹兼象贤之意,必贤足以继世,天子乃命为世子,而不得擅易也。"

公之孤四命,以皮帛视小国之君,其卿三命,其大夫再命,其士一命,其宫室、车旗、衣服、礼仪各视其命之数。侯、伯之卿、大夫、士亦如之。子、男之卿再命,其大夫一命,其士不命,其宫室、车旗、衣服、礼仪,各视其命之数。

【集注】

视小国之君者,列于卿大夫之位而礼如子、男也。《周官》公孤不列职,而其名散见于他职。此曰公之孤,则知凡曰孤卿者,乃王之三孤矣。

司 服

司服掌王之吉凶衣服,辨其名物与其用事。

王之吉服,祀昊天上帝则服大裘而冕。祀五帝亦如之。享先王则衮冕,享先公、飨射则鷩冕,祀四望山川则毳冕,祭社稷、五祀则希冕,祭群小祀则玄冕。

【集注】

六服同冕,首饰尊也。先公,谓稷之后,太王之先,不窋至诸盩。群小祀,丘陵、坟衍、四方百物之属。大裘,羔裘也。衮,卷龙衣也。古者冕服十二章。《益稷》:"日、月、星辰、山、龙、华虫作绘,宗彝、藻、火、粉米、黼、黻絺绣。"至周，以日月星辰画于旌旗，《春秋传》所谓三辰旂旗是也。冕服止九章，登龙于山，登火于宗彝，尊其神明也。九章，初一曰龙，次二曰山，次三曰华虫，次四曰火，次五曰宗彝，皆画以为缋；次六曰藻，次七曰粉米，次八曰黼，次九曰黻，皆絺以为绣。衮之衣五章，裳四章，凡九。鷩画以雉，谓华虫也，衣三章，裳四章，凡七。毳画虎蜼，衣三章，裳二章，凡五。希刺粉米，无画，衣一章，裳二章，凡三。玄者衣无文，裳刺黻而已。凡冕服皆玄衣纁裳。希读为絺，或作黹，字之误也。○刘执中曰："《书》称'舜曰，予欲观古人之象'，则天子衣裳之章十有二，其来远矣。且交龙为旂，周之衣不去龙，熊虎为旗，周之裳不去虎蜼，何独日月为常，而去衣章之日月星辰乎？《典命》'上公九命'，以九为节。推而上之，天子衮冕十有二章，明矣。"○享先王以衮冕，则祀天地之服备十二章可知矣。不敢服日月星辰之章以祀先王，与不敢以衮祀先公，其义一也。

凡兵事，韦弁服。

【集注】

以韎韦为弁，又以为衣裳。

视朝，则皮弁服。

【集注】

皮弁服，十五升白布衣，积素以为裳。王受诸侯朝觐于庙，则衮冕。

凡甸,冠弁服。

【集注】

甸,田猎也。冠弁,委貌,即玄冠也。其服缁布衣,亦积素以为裳。诸侯则以视朝。

凡凶事,服弁服。

【集注】

服弁,丧冠也。其服斩衰、齐衰。

凡吊事,弁绖服。

【集注】

弁绖者,如爵弁而素,加环绖。其服锡衰、缌衰、疑衰。

凡丧,为天王斩衰,为王后齐衰。王为三公六卿锡衰,为诸侯缌衰,为大夫、士疑衰,其首服皆弁绖。

【集注】

君为臣服吊服也。锡,麻之滑易者,十五升去其半,有事其布,无事其缕。缌亦十五升去其半,有事其缕,无事其布。疑衰,十四升。疑之言拟,拟于吉也。不见妇人吊服者,与夫同丧服。大夫吊于命妇锡衰,命妇吊于大夫亦锡衰。《丧服》注,凡妇人吊服,吉笄无首、素总。○王为士服,盖同姓五服内及故旧。

311

大札、大荒、大灾,素服。

公之服,自衮冕而下如王之服。侯、伯之服,自鷩冕而下如公之服。子、男之服,自毳冕而下如侯伯之服。孤之服,自希冕而下如子、男之服。卿、大夫之服,自玄冕而下如孤之服,其凶服加以大功、小功。士之服,自皮弁而下如大夫之服,其凶服亦如之。其齐服有玄端、素端。

【集注】

自公之衮冕,至卿大夫之玄冕,皆其朝聘天子及助祭之服。诸侯非二王后,皆玄冕而祭于己。《杂记》曰:"大夫冕而祭于公,弁而祭于己。士弁而祭于公,冠而祭于己。"大夫爵弁自祭家庙,惟孤耳,其馀皆玄冠,与士同。玄冠自祭其庙者,其服朝服玄端。诸侯之自相朝聘,皆服皮弁,乃天子日视朝之服也。丧服,天子诸侯齐斩而已,卿大夫加以大功、小功,士亦如之,又加缌焉。齐服,自公以下至士同,吉则玄衣,凶则素衣,皆谓之端,言其幅之正也。士之衣袂,皆二尺二寸而属幅,是广袤等也。其祛尺二寸,大夫以上侈之,盖半而益一焉。○郑刚中曰:"子男毳而下,如侯伯则上不服鷩可知。侯伯自鷩而下,如公则上不服衮可知。公自衮而下如王,则上不服日月星辰可知。经文谓自衮而下,如王之服,则衮冕而上之章非日月星辰而何?"

凡大祭祀、大宾客共其衣服而奉之。

大丧,共其复衣服、敛衣服、奠衣服、廞衣服,皆掌其陈序。

【集注】

奠衣服，如后世坐上魂衣。廞，陈也。廞衣服，藏于椁中者。○《周官》之文，多举下以该上。惟丧浴之冰及复敛奠廞之服独举上以该下者，不疑于小丧之不共也。

典　祀

典祀掌外祀之兆守，皆有域，掌其禁令。

【集注】

外祀，即《小宗伯》所兆四郊已下。

若以时祭祀，则帅其属而修除，征役于司隶而役之。及祭，帅其属而守其厉禁而跸之。

守　祧

守祧掌守先王先公之庙祧，其遗衣服藏焉。

【集注】

先公之迁主，藏于后稷之庙。先王之迁主，藏于文、武之庙。遗衣服，大敛之馀也。

若将祭祀,则各以其服授尸。

【集注】

尸当服卒者之上服。○程子曰:"古人祭祀用尸,极有意。人之魂气既散,必求其类而依之。人与人既为类,骨肉又为一家之类,已与尸各既心齐洁,至诚相通,以此求神,宜其享之。后世直以尊卑之势,遂不肯行。"○朱子曰:"神主之位东乡,尸在神主之北。"

其庙,则有司修除之;其祧,则守祧黝垩之。

【集注】

修除、黝垩互相备。有司恒主修除,守祧恒主黝垩。黝,黑也。垩,白也。《尔雅》曰:"地谓之黝,墙谓之垩。"○近庙每袝则新之,故止于修除。祧,远。岁久漫漶,故黝垩祖庙,远宜从祧。

既祭,则藏其隋与其服。

【集注】

隋,尸所祭肺脊黍稷之属,藏之以依神。

世 妇

世妇掌女宫之宿戒,及祭祀,比其具。

【集注】

《天官·世妇》:"祭之日,莅,陈女宫之具。"此职又校比之。

诏王后之礼事,帅六宫之人共齍盛。

【集注】

《天官·世妇》"帅女宫濯溉为齍盛",所帅女奚也。此则帅世妇、女御而共之于正祭之日。

相外内宗之礼事。

【集注】

外宗,佐后荐彻豆笾。内宗,佐传豆笾。

大宾客之飨食,亦如之。大丧,比外内命妇之朝莫哭,不敬者而苛罚之。

【集注】

苛,谴也。

凡王后有拜事于妇人,则诏相。

【集注】

《春秋传》,二王后,天子有丧拜焉。设其夫人家在畿内,值王丧赴吊,及后之母、王之世母、叔母、姑姊妹、王师傅之妻,以礼见,后皆当答拜。

凡内事有达于外官者,世妇掌之。

【集注】

以是知为公卿大夫士之妻,有齿德者,备官王宫,而非王之妃嫔也。

内　宗

内宗掌宗庙之祭祀,荐加豆笾,及以乐彻,则佐传豆笾。

【集注】

荐加爵之豆笾也。尸既食,后亚献,为加爵,佐传佐外宗。

宾客之飨食,亦如之。王后有事,则从。
大丧,序哭者。

【集注】

次序内外宗及命妇也。

哭诸侯亦如之。

【集注】

　　天子虽绝期，然王之伯叔兄弟之丧，则宫中必为位而哭也。疏泛言诸侯来朝而薨，未安。内宗所序六宫之哭位，非王之周亲，王哭之而已，非内宗职之所及也。

凡卿大夫之丧，掌其吊临。

【集注】

　　注疏，卿大夫卑，王后不吊临，故遣内宗掌之，非也。若王之尊属、周亲，后之父母，无问爵之尊卑，后必吊临。其馀卿大夫之丧，为王之同姓姻亲者，则使世妇往吊，而内宗掌其礼事，以佐之也。王后之吊，仅一见于《女巫职》，而他无及焉，何也？《内宰》正后之服位，而诏其礼乐之仪。《内小臣》祭祀、宾客、丧纪、摈，诏后之礼事。则后之吊事具矣。

外　宗

外宗掌宗庙之祭祀，佐王后荐玉豆，视豆笾，及以乐彻，亦如之。王后以乐羞齍，则赞。

【集注】

　　凡王之豆笾，皆玉饰之，不言笾，文略也。视豆笾者，谓在堂东未设时，视其实也。齍，黍稷也。齍不言赞、彻者，豆笾且赞、彻，则齍可知矣。荐、彻豆笾，九嫔，内、外宗，三职俱佐后者。九嫔始彻，内宗受之，以传于外宗，然后以授有司。故《内宗职》曰"佐传豆笾"

也。不曰"及彻亦如之",而曰"及以乐彻",不曰"王后羞豋则赞",而曰"王后以乐羞豋则赞"者,明群小祀不用乐,则荐豆羞豋,后或不亲,而外宗亦不赞也。

凡王后之献,亦如之。王后不与,则赞宗伯。

【集注】

献,献酒于尸。

小祭祀,掌事。宾客之事,亦如之。

【集注】

小祭祀,谓宫中门、户、灶之类。宾客,谓女宾客之进见于后宫者,若外宾客飨食之事,则内宰掌之。

大丧,则叙外内朝莫哭者,哭诸侯亦如之。

【集注】

内,内外宗。外,外命妇。若内命妇,则九嫔叙之。序内哭者,与内宗联事,外则其专职也。○注"及"字,乃"外"字之误。

冢　人

冢人掌公墓之地,辨其兆域而为之图。先王之葬居中,以昭穆为左右。

【集注】

　　此昭穆谓继世而王者。

凡诸侯居左右以前,卿、大夫、士居后,各以其族。

【集注】

　　谓王子孙为畿内诸侯、王朝卿大夫士者。旧说居王墓前后之左右,非也。王以昭穆序葬于大祖之左右,其兆域有定,而子孙无穷,将无地以容,且君臣同域,非所以为礼也。盖王之子孙各为兆域,虽以昭穆分左右,而诸侯之兆则稍前,卿大夫士则稍后耳。

凡死于兵者,不入兆域。

【集注】

　　死于兵,谓罪在大辟,及身为不义而见戕者,若执干戈以卫社稷,可转绝其兆域乎?

凡有功者,居前。

【集注】

　　前者,昭穆之中央。

以爵等为丘封之度与其树数。

【集注】

　　王公曰丘,诸臣曰封。

　　大丧既有日,请度甫竁,遂为之尸。

【集注】

　　请度,请所穿广袤之度也。甫,始也。始起土为竁,祭土神则为之尸。

　　及竁,以度为丘隧,共丧之窆器。

【集注】

　　隧,羡道也。丘与隧,大小广袤各有度。窆器,所以下棺,丰碑之属。

　　及葬,言鸾车象人。

【集注】

　　遣车亦设鸾旗。象人,俑也。语巾车之官,将鸾车及象人向圹。

　　及窆,执斧以莅。遂入,藏凶器。正墓位,跸墓域,守墓禁。

【集注】

　　乡师执斧以莅匠师,则此亦莅匠师。葬事大,故二官共临。凶器,明器也。禁,所为茔限。

凡祭墓,为尸。

【集注】
　　或始窆,或复土后,祭墓域之土示,皆冢人为尸也。先儒以是征古有墓祭,误矣。凡祭祖考,无以异姓为尸者,以其气不相属也。以冢人为尸,则外祀可知矣。

凡诸侯及诸臣葬于墓者,授之兆,为之跸,均其禁。

【集注】
　　此即王子孙之为诸侯、卿、大夫者。疏谓统同异姓,误矣。外诸侯则自有冢人,畿内异姓卿大夫,则彼各有祖宗兆域。依昭穆而葬,墓大夫之所掌也。《墓大夫职》独言"令国民族葬",而不及卿大夫者,卿大夫之祖宗皆国民也。以贵而立庙,尚不敢自主其祭,而使宗子主之,况敢去先人之兆域而别葬哉。《墓大夫职》"正其位,掌其度数",则兼卿、大夫、士,而非独庶人可知矣。变卿大夫士而曰诸臣者,兼王族之无爵者而言也。以葬于王墓之左右,故无尊卑皆为之跸。

墓大夫

　　墓大夫掌凡邦墓之地域,为之图。令国民族葬,而掌其禁令。

【集注】

　　族葬，谓五服之内共葬一所，远者别茔。《春秋传》"同族于祢庙"，《礼记》"绝族无移服，亲者属也"，故知以服内为限。

　　正其位，掌其度数，使皆有私地域。凡争墓地者，听其狱讼。

【集注】

　　私地域者，万民墓地同处，而分之使各有区域，得以族葬也。

　　帅其属而巡墓厉，居其中之室以守之。

【集注】

　　厉，茔限遮列处。中之室，官寺在墓中者。

职　丧

　　职丧掌诸侯之丧及卿、大夫、士凡有爵者之丧，以国之丧礼莅其禁令，序其事。

【集注】

　　丧礼，令存者《丧服》、《士丧》、《既夕》、《士虞》，馀亡。事谓小敛、大敛、葬。曰国之丧礼者，自士以上，国皆致礼焉，与庶人异也。

凡国有司以王命有事焉,则诏赞主人。

【集注】
有事,谓含襚赠赗之属。国有司,谓奉王命以至者。

凡其丧祭,诏其号,治其礼。凡公有司之所共,职丧令之,趣其事。

【集注】
公有司,公家之有司也。丧在乡,则乡之有司共其物,在国,则国中之有司共其物。各有定制,不待王命者,则职丧以其制,令之趣之。

大司乐

大司乐掌成均之法,以治建国之学政,而合国之子弟焉。

【集注】
董子曰:"成均,五帝之学。"法,谓教之简之之法。曰"治建"者,国之学政,如乡三物,则司徒所建,大司乐特治之而已。其弦诵之时,歌舞之节,教学之数,则大司乐建之而又治之也。曰"合国之子弟"者,王子弟、公卿大夫之适子、国子之倅、国之俊选皆造也。国子之教于虎门,国子之倅掌于诸子者,春秋合舞合声,皆入于成均。惟士庶子宿卫者，宫正教之道艺，宫伯行其秩序，不复隶大司乐耳。窃疑王宫之士庶子，即国子与其倅，始常入于成均者，考其德行道艺，上不足任卿大夫，而下不至与不帅教者等，故使宿卫于王宫，所以因材而任其力也。

凡有道者、有德者，使教焉，死则以为乐祖，祭于瞽宗。

【集注】

必有道德，乃使为大司乐以主教，而凡有道德者，皆使为之佐也。

以乐德教国子：中、和、祗、庸、孝、友。

【集注】

兴贤能以进于王，要其学之成也。故必备六德六行始学乐者，自养其德性，则以中、和为先，而知仁圣义不可遽求也；以孝、友为先，而睦姻任恤不能遍及也。不敬则心不一，无恒则业不精，故合祗、庸以为六德焉。

以乐语教国子：兴、道、讽、诵、言、语。

【集注】

疏引作诗之义以诂六语，非也。曰"以乐德教国子"者，非谓乐有此六德，谓以乐教人，所以养其六德也。以"乐语教国子"者，非谓乐之语有此六类，谓以乐教人，欲其达此六语也。兴者，引彼物以兴此事。如《春秋传》赵孟曰："吾兄弟比以安尨也，可使毋吠。"穆叔曰："小国为繫,大国省穑而用之。"是也。道者,述古而道其义,如"德正应和曰类,故能载周,以至于今"之类是也。讽者,微吟。诵者,朗读。言者,赋诗以自言其情。语者,赋诗以答人之意也。古之人,不必亲相与言也,以礼乐相示而已。观《春秋传》列国君臣赋诗赠答,彼此各喻其意,非达于六语,何能相应如响耶? 故曰："不学诗,无以言。"

以乐舞教国子舞《云门》、《大卷》、《大咸》、《大磬》、《大夏》、《大濩》、《大武》。

【集注】

《云门》、《大卷》,黄帝乐也。《大咸》、《咸池》,尧乐也。《大磬》,舜乐也。《大夏》,禹乐也。《大濩》,汤乐也。《大武》,武王乐也。独不及文王之乐者,六乐皆陈帝王功德,故用之于祭祀。《二南》所称,多后夫人之事,故用之闺门、乡党、邦国,以化天下也。盖以《驺虞》、《采蘋》、《采蘩》为射节。而诸侯之射也,先行燕礼。卿大夫士之射也,先行乡饮酒之礼。其合乐皆终于《二南》,则无地而不用,无人而不闻,视六乐之用,尤切以遍矣。

以六律、六同、五声、八音、六舞,大合乐以致鬼神示,以和邦国,以谐万民,以安宾客,以说远人,以作动物。

【集注】

六律,合阳声者。六同,合阴声者。十二律以铜为管,转而相生。黄钟为首,其长九寸,各因而三分之,上生者益一分,下生者去一焉。《国语》曰："律所以立均出度也。古之神瞽,考中声而量之以制,度律均钟。"言以中声定律,以律立钟之均也。动物,羽臝之属。大合乐,乃成均习乐之事,其用之则可以格鬼神、动民物,如下文所列祭祀、飨燕之类是也。

乃分乐而序之,以祭,以享,以祀。
乃奏黄钟,歌大吕,舞《云门》,以祀天神。

【集注】

以黄钟之钟、大吕之声为均者,黄钟为阳声之首,大吕为之合。

乃奏大蔟,歌应钟,舞《咸池》,以祭地示。

【集注】

大蔟,阳声第二,应钟为之合。地示谓大社。

乃奏姑洗,歌南吕,舞《大韶》,以祀四望。

【集注】

姑洗,阳声第三,南吕为之合。祀当为"祭"。《典瑞职》"两圭有邸,以祀地,旅四望",《尚书》"望于山川",《春秋传》"江、汉、雎、漳,楚之望也",则不得为天神之祀明矣。祀天神之乐一,而祭地示之乐三者,神之在天者无形,不可以分,示之在地者异所,不容无辨也。六乐,所致地示五,而天神则一,义亦如此。

乃奏蕤宾,歌函钟,舞《大夏》,以祭山川。

【集注】

蕤宾,阳声第四,函钟为之合。函钟,一名林钟。

乃奏夷则,歌小吕,舞《大濩》,以享先妣。

【集注】

夷则阳声第五,小吕为之合。先妣,姜嫄也。周特立庙祀姜嫄,谓之閟宫。盖诸侯不敢祖天子也。《商颂》推契之自出,而举有娀,义亦如此。

乃奏无射,歌夹钟,舞《大武》,以享先祖。

【集注】

无射,阳声之终,夹钟为之合。夹钟,一名圜钟。曰奏者,用乐器也。曰歌者,用人声也。

凡六乐者,文之以五声,播之以八音。

【集注】

言六者,其均,皆待五声八音乃成也。播,被也。〇清溪李氏曰:"每二律,歌奏则成二调。然通谓之一乐者,所用同也。凡此二律者,特为宫耳。其馀四声,盖各以其律从,以成一调,而为八音之节。六乐者,调也。五声者,声也。知声调之分,则知古人作乐之法矣。"

凡六乐者,一变而致羽物及川泽之示,再变而致臝物及山林之示，三变而致鳞物及丘陵之示，四变而致毛物及坟衍之示，五变而致介物及土示，六变而致象物及天神。

【集注】

　　变犹更也。乐成则更奏也。象物，旧说麟凤龟龙。或曰日月星辰成象于天者。或曰风云雷雨之类。每变，所感各异，其义未闻。

　　凡乐，圜钟为宫，黄钟为角，大蔟为徵，姑洗为羽，雷鼓雷鼗，孤竹之管，云和之琴瑟，《云门》之舞，冬日至，于地上之圜丘奏之，若乐六变，则天神皆降，可得而礼矣。凡乐，函钟为宫，大蔟为角，姑洗为徵，南吕为羽，灵鼓灵鼗，孙竹之管，空桑之琴瑟，《咸池》之舞，夏日至，于泽中之方丘奏之，若乐八变，则地示皆出，可得而礼矣。凡乐，黄钟为宫，大吕为角，大蔟为徵，应钟为羽，路鼓路鼗，阴竹之管，龙门之琴瑟，《九德》之歌，《九韶》之舞，于宗庙之中奏之，若乐九变，则人鬼可得而礼矣。

【集注】

　　先奏是乐，以致其神，礼之以玉而裸焉，然后合乐而祭之。孤竹，竹特生者。孙竹，竹枝根之末生者。阴竹，生于山北者。云和、空桑、龙门，皆山名。《春秋传》六府三事，谓之九功。九功之德皆可歌也，谓之九歌。朱子曰："五音无一则不成乐，周礼祭祀，非无商音，但无商调。先儒谓商调是杀声，鬼神畏商调。"○管子曰："商声如离群羊然，则其音最悲，非祭祀所宜也。"○天之体动，故其感较速。地之体静，故其感较迟。然天地皆见在之气，而人鬼则已屈之气,故致之为尤难也。上言五变而致土示,此言八变而地示皆出,何也?上经列序五地土示者,原隰之示耳。《记》曰"大旅具矣,不足以缭帝",则方泽之祭校之原隰之示,其感召必有难易可知矣。或谓上分乐而为六,用之分祭时,此合六而为三,用之合祭时。非也。圜丘方泽,专礼天地,无合祭众神示之义。所谓天神皆降,地示皆出者,谓和气足以动天地,则神示无不来格耳。所用乐与上异,其义未闻。

凡乐事,大祭祀,宿县,遂以声展之。

【集注】

宿县,前夕豫县乐器也。以声展者,省其完否善恶也。独举大祭祀者,视瞭掌大师之县,则凡事用乐以声展者,皆大师,而大司乐弗亲也。

王出入则令奏《王夏》,尸出入则令奏《肆夏》,牲出入则令奏《昭夏》。

【集注】

三夏,皆乐章名。独令奏三夏者,祭祀之乐,大师令奏。

帅国子而舞。

【集注】

当用舞者则帅而往。大司乐帅国子而舞,非贵游子弟弗用也。乐师帅学士而歌彻,凡学士皆得与也。《大胥职》"凡祭祀之用乐者,以鼓征学士",则学士盖兼国子与俊选。

大飨不入牲,其他皆如祭祀。

【集注】
　　此宾客之大飨也。牲杀于庙门外,烹之,升鼎乃入,故曰不入牲。

大射,王出入,令奏《王夏》,及射,令奏《驺虞》。诏诸侯以弓矢舞。

【集注】
　　《驺虞》,《召南》之卒章。舞谓执弓挟矢,揖让进退之仪。此诸侯来朝,将助祭,预于大射者。

王大食,三侑,皆令奏钟鼓。王师大献,则令奏恺乐。

【集注】
　　大食,朔月、月半之馈。大献,献捷于祖。恺,献功之乐。

凡日月食,四镇、五岳崩,大傀异灾,诸侯薨,令去乐。大札、大凶、大灾、大臣死,凡国之大忧,令弛县。

【集注】
　　四镇,谓扬州之会稽、青州之沂山、幽州之医无闾、冀州之霍山。五岳,岱在兖州,衡在荆州,嵩在豫州,华在雍州,恒在并州。傀犹怪也。大傀异灾,谓天地奇变,若星辰奔霣,地震裂之类。大灾,水火也。疏"去乐,据庙中而言;弛县,据路寝常县之乐而言",恐未安。去乐者,屏而不作,其日暂也。弛县者,日久也。知然者,诸侯之丧众多,去乐不能久也。大臣则数少而情戚,《春秋传》知悼子未葬,杜蒉谏鼓钟,《杂记》君于卿大夫比卒哭,不举乐,是以弛县也。日月食,四镇五岳崩,大傀异灾,变虽大,一日之事也。大札、大凶、大忧,非可一日而弭也,则屏乐期有久暂必矣。〇侯国卿大夫数少,故皆以卒哭为期。此经所谓大臣乃孤卿以上,注疏兼大夫亦未安。

凡建国,禁其淫声、过声、凶声、慢声。

【集注】
　　过谓高躁之声。慢谓懈惰之声。凶谓杀伐之声。

大丧,莅廞乐器。及葬,藏乐器,亦如之。

【集注】
　　乐器,明器也。廞,兴也。笙师、镈师、籥师、司干及眡瞭,各主兴作所掌乐器,而大司乐莅之也。

乐　师

乐师掌国学之政,以教国子小舞。

【集注】
　　小舞,即下帗舞以下是也。分教以一节,故谓之小。合之即

331

以舞六乐。

凡舞,有帗舞,有羽舞,有皇舞,有旄舞,有干舞,有人舞。

【集注】

帗舞、羽舞、皇舞,见《舞师职》。旄,旄牛之尾。干,兵器。皆舞者所执。人舞,无所执,以手袖为仪。社稷以帗,辟廱以旄,四方以羽,宗庙以人,山川以干,旱暵以皇。○郑刚中曰:"旄即旄人所教之舞也。夷乐、散乐,宾客之燕乐用之。辟廱用旄,无所考。"

教乐仪,行以《肆夏》,趋以《采荠》,车亦如之。环拜,以钟鼓为节。

【集注】

乐仪,凡行趋登车环拜,其节应乎乐者,皆是也。《肆夏》、《采荠》,皆乐名。人君行步,以《肆夏》为节。趋疾于步,以《采荠》为节。《尔雅》曰:"堂上谓之行,门外谓之趋。"然则王出至堂而《肆夏》作,出路门而《采荠》作。其反入至应门、路门,亦如之。此谓步迎宾客。若车出则登车于大寝西阶之前,反,降于阼阶之前。《尚书传》曰:"天子将出,撞黄钟之钟,右五钟皆应。入则撞《蕤宾》之钟,左五钟皆应。大师于是奏乐。"环拜,谓群臣环列而拜也。朝位东西及南三面,环向天子。

凡射,王以《驺虞》为节,诸侯以《狸首》为节,大夫以《采蘋》为节,士以《采蘩》为节。

【集注】

《采蘋》、《采蘩》见《召南》,《狸首》见《射义》,皆乐章。《射义》曰:"《驺虞》者,乐官备也。《狸首》者,乐会时也。《采蘋》者,乐循法也。《采蘩》者,乐不失职也。"其节见《射人职》。

凡乐,掌其序事,治其乐政。
凡国之小事用乐者,令奏钟鼓。

【集注】

大事则大司乐令奏。

凡乐成,则告备。

【集注】

凡奏乐,八音皆备,一曲终,则为一成。

诏来瞽皋舞,及彻,帅学士而歌彻,令相。

【集注】

来瞽,诏视瞭扶瞽者来入也。皋之言号,告国子当舞者舞也。令相,令视瞭扶工以退也。乐师帅学士而歌彻,承上文小事用乐而言也。小师歌彻,承上文大祭祀而言也。曰帅,则乐师不自歌也。小事,故使学士即事以习声容。

飨食诸侯,序其乐事,令奏钟鼓,令相,如祭之仪。

【集注】

不曰飨食亦如之,而覆举序乐事,令奏钟鼓,令相者,明歌彻则不与也。盖小师职之。

燕射,率射夫以弓矢舞。乐出入,令奏钟鼓。

【集注】

总上祭祀飨食燕射,凡其乐之出入,皆令奏鼓钟。

凡军大献,教恺歌,遂倡之。

【集注】

师还未至,预教瞽矇恺歌。入祖庙则倡之。

凡丧,陈乐器,则帅乐官,及序哭,亦如之。

【集注】

哭此乐器亦序而帅之。

凡乐官,掌其政令,听其治讼。

卷六　春官宗伯第三

大　胥

大胥掌学士之版，以待致诸子。春，入学，舍采，合舞。秋，颁学，合声。

【集注】

学士之版，合国子及乡之选俊而言也。而所致惟诸子，何也？盖国子或入太学，大司乐教之；或在虎门，师氏、保氏教之。国子之倅，或宿卫于王宫，宫伯掌之；或修业于乡学，诸子掌之。国子之在虎门，及国子之倅修业于乡学者，春合舞，秋合声，则并入太学，与众学士比校，而大胥掌致之。舍即释也。菜，蘋蘩之属，释之以礼先师。颁学，分示以所当学，如春秋以《礼》、《乐》，冬夏以《诗》、《书》之类。

以六乐之会正舞位，以序出入舞者。

【集注】

不曰"节"而曰"会"者，舞之节必与声会也。荀卿曰："目不自见，耳不自闻也。而治俯仰、诎伸、进退、迟速，莫不廉制，尽筋骨之力,以要鼓钟之节,而靡有悖逆者。"此言舞与声会之难也。入,入于缀兆也。出,退休也。凡奏乐合舞,人有定数。学士习舞,则更代而遍,故出入无常。

比乐官,展乐器。凡祭祀之用乐者,以鼓征学士。

【集注】

飨燕之乐,则歌舞皆以工。

序宫中之事。

【集注】

清溪李氏曰:"兼序宫中之事,其意深矣。《商书》曰:'敢有恒舞于宫,酗歌于室。'此所以大为之防也。"

小　胥

小胥掌学士之征令而比之,觵其不敬者。巡舞列而挞其怠慢者。

【集注】

征则召之使来,令则使之有为。

正乐县之位,王宫县,诸侯轩县,卿大夫判县,士特县,辨其声。

【集注】

乐县,谓钟磬之属,县于筍虡者。宫县四面,象宫室。轩县,去南面如轩。判县,又空北面。特县,县于东方或阶间。

凡县钟磬,半为堵,全为肆。

【集注】

编钟磬十六枚,而县一虡,谓之堵。钟一堵,磬一堵,谓之肆。半之者,谓诸侯之卿、大夫、士也。诸侯之卿、大夫,半天子之卿、大夫,西县钟,东县磬。士亦半天子之士,县磬而已。不言鼓镈者,鼓镈惟县一。十二辰之零钟,亦惟县一于正乐。县之位该之矣。编县,贵贱有等,全半有数,故特见之。

大 师

大师掌六律、六同,以合阴阳之声。阳声:黄钟、大蔟、姑洗、蕤宾、夷则、无射。阴声:大吕、应钟、南吕、函钟、小吕、夹钟。皆文之以五声:宫、商、角、徵、羽。皆播之以八音:金、石、土、革、丝、木、匏、竹。

【集注】

以合阴阳之声者,声之阴阳,各有合。黄钟,子之气也,十一月建焉，而辰在星纪。大吕，丑之气也，十二月建焉，而辰在玄枵。太蔟，寅之气也，正月建焉，而辰在娵訾。应钟，亥之气也，十月建焉，而辰在析木。姑洗，辰之气也，三月建焉，而辰在大梁。南吕，酉之气也，八月建焉，而辰在寿星。蕤宾，午之气也，五月建焉，而辰在鹑首。林钟，未之气也，六月建焉，而辰在鹑火。夷则，申之气也，七月建焉，而辰在鹑尾。中吕，巳之气也，四月建焉，而辰在实沉。无射，戌之气也，九月建焉，而辰在大火。夹钟，卯之气也，二月建焉，而辰在降娄。辰与建交错贸处，如表里然，是其合也。其相生，则以阴阳六体为之。黄钟，初九也，下生林钟之初六，林钟又上生大蔟之九二，大蔟又下生南吕之六二，南吕又上生姑洗之九三，姑洗又下生应钟之六三，应钟又上生蕤宾之九四，蕤宾又下生大吕之六四，大吕又上生夷则之九五，夷则又下生夹钟之六五，夹钟又上生无射之上九，无射又下生中吕之上六。同位者，象夫妻。异位者，象子母。所谓律娶妻，而吕生子也。黄钟长九寸，其实一籥。下生者，三分去一。上生者，三分益一。五下六上，乃一终矣。文之者，以调五声，使之相次，如锦绣之有文章。播犹扬也。金，钟镈也。石，磬也。土，埙也。革，鼓鼗也。丝，琴瑟也。木，柷敔也。匏，笙也。竹，箫管也。○天籁人声，本有阴阳，而以同律合之也。

教六诗：曰风，曰赋，曰比，曰兴，曰雅，曰颂。

【集注】
　　风言上之教化动于民者。雅，正也，正乐之歌也。颂者，容也，美盛德之形容。赋者，敷陈其事而直言之。比者，以彼物比此物。兴者，先言他物，以引其所咏之辞。诗之起莫先于风谣，有风则有赋、比、兴之三体，由是有雅、颂之二部，故以为序。

以六德为之本,以六律为之音。

【集注】
　　注疏谓有知、仁、圣、义、中、和之德,始可教以乐歌,非也。教国子以乐德且不备知、仁、圣、义,况以求瞽矇乎?盖以中、和、祗、庸、孝、友为诗教之本,使知凡播于乐歌者,皆以兴起人之六德也。以六律为诗之音,所谓律和声比音而乐之也。知此为教瞽矇者,学士之于诗,则小学之教已成矣。

大祭祀,帅瞽登歌,令奏击拊,下管,播乐器,令奏鼓朄。

【集注】
　　登歌,歌者在堂上,贵人声也。下管,吹管者在堂下也。特言管者,贵人气也。拊形如鼓,以韦为之,着以糠。朄,小鼓也。击拊,瞽乃歌,鼓朄,管乃作,故大师帅瞽登歌,则令奏击拊。及堂下奏管播众乐器时,又令奏鼓朄也。先儒或谓大师令奏,而击拊者乃小师,非也。与下"令奏鼓朄"不应同文而异义。

大飨,亦如之。

【集注】
　　疏谓"祭飨、宾射之钟鼓,皆大祝令之",非也。大祝所令,独逆牲、逆尸、侑尸之钟鼓耳。乐事之钟鼓,乃大司乐、乐师令之。

大射,帅瞽而歌射节。

大师，执同律以听军声，而诏吉凶。

【集注】

兵书曰："王者出军之日，授将弓矢，士卒振旅，将张弓大呼，大师吹律合音。商则战胜，军士强；角则军扰多变，失士心；宫则军和，士卒同心；徵则将急数怒，军士劳；羽则兵弱，少威明。"

大丧，帅瞽而廞，作匶，谥。

【集注】

廞，兴也，兴言王之行。或曰陈也，陈其生时行迹也。曰作谥，义已备矣，而加匶者，《记》曰："卒哭而讳，生事毕而鬼事始也。"疑夏殷以前皆卒哭始讳，至周则在匶即作谥而讳名，故以匶谥显此义也。不曰既殡作谥，而曰作匶谥者，大丧兼王及后、世子。在棺曰匶，举匶则义足以包其人，及为在殡时也。

凡国之瞽矇，正焉。

小　师

小师掌教鼓鼗、柷、敔、埙、箫、管、弦、歌。

【集注】

出音曰鼓。鼗如鼓而小，持其柄而摇之，旁耳还自击。柷如漆筲,方二尺四寸,深一尺八寸,中有椎,乐始作,橦其底,及左右击,以起乐。敔如伏虎,背有七十二刻,别有木长尺,栎之以止乐。埙,烧土为之,大如雁卵,锐上平底,有六孔以发声。箫,编以竹,长尺四寸,颂箫尺二寸,象鸟翼,有吹处。大者二十四管,小者十六管。管如篷而小,六孔并两而吹之。弦谓琴瑟。歌,依咏诗也。知鼓非乐器者,以六鼓之声音,皆鼓人教之也。

大祭祀,登歌,击拊。下管,击应鼓。彻,歌。

【集注】
应,鼙也。应与鞞及朔,皆小鼓。其所用别未闻。○小师亦登歌击拊者,或大师有故而摄,犹国之大事,小宗伯既佐大宗伯,而肆师复佐之;国之小事,小宗伯既掌事,而肆师复掌之;皆摄也。令奏击拊,既摄则并摄鼓鞞,不必言矣。下管,击应鼓,则其本职事也。《周官》人数多寡,皆量职事以制之。师氏、保氏,各一人,事不分也。大师二人,一以备军事也。小师四人,虽或摄大师,仍有自共其职者,故事不缺。

大飨,亦如之。大丧,与廞。凡小祭祀、小乐事,鼓鞞。

【集注】
王飨诸侯,彻亦歌雍。《戴记》,彻以振羽,诸侯自相飨也。

掌六乐声音之节与其和。

【集注】

王昭禹曰:"六乐之作,其先后曲直则有节,而大小清浊相应而不相陵则和矣。《国语》曰'声应相保曰和',又曰'大昭小鸣,和之道也'。"

瞽矇

瞽矇掌播鼗、柷、敔、埙、箫、管、弦、歌。

【集注】

瞽矇所播止此者,埙与箫管之空可按,弦有徽可循,柷、敔一声,鼗可执而摇之。若他鼓及钟、磬,击之必于其所,非无目者所能任也,故视瞭掌之。

讽诵诗,世奠系,鼓琴瑟。

【集注】

讽诵诗,盖以讽谏。《国语》"瞍赋矇诵"是也。世奠系,先世所定谱牒。《国语》曰:"教之世为之,昭明德,而废幽昏焉。"故人君燕闲,瞽矇诵诗,并世系以劝戒之,又鼓琴瑟以和平其心志也。

掌《九德》、《六诗》之歌,以役大师。

视　瞭

视瞭掌凡乐事播鼗,击颂磬、笙磬。

【集注】

兼播鼗者,或乐节应用鼗,而瞽矇方各奏他音,则摄代也。磬在东方者曰笙,在西方者曰颂,颂或作庸。《大射礼》:"乐人宿县于阼阶东,笙磬西面,其南笙钟,其南镈,皆南陈。"又曰:"西阶之西颂磬,东面。其南钟,其南镈,皆南陈。"

掌大师之县。凡乐事,相瞽。

【集注】

观此则知凡宿县,皆大师莅之。而大祭祀,则大司乐以声展之也。

大丧,廞乐器,大旅亦如之。

【集注】

凡瞽矇所掌者,视瞭皆代廞之。磬师、钟师,无廞器之文,而视瞭击笙磬、颂磬,且掌大师之县,则廞之者亦视瞭与。

宾射,皆奏其钟鼓。鼜、恺献亦如之。

【集注】

宾射皆奏,则祭祀不必言矣。

典 同

典同掌六律、六同之和,以辨天地四方阴阳之声,以为乐器。

【集注】

律,述气者也。同,助阳宣气,与之同。大师所掌者制律以合声,典同所掌者依律辨声,以为众器也。四方之声,如《管子》及《吕氏月令》所载。

凡声,高声硍,正声缓,下声肆,陂声散,险声敛,达声赢,微声韽,回声衍,侈声筰,弇声郁,薄声甄,厚声石。

【集注】

高谓钟形上大。硍读为䃘,谓声上藏袞然,旋如里也。正谓上下直。下,谓钟形下大。陂谓偏侈。险谓偏弇。达谓其形微大。赢,声有馀也。微谓其形微小。韽,声小不成也。回谓其形微圜。衍,声淫衍无鸿杀也。侈谓中央约。筰,声迫筰,出去疾也。弇,中央宽也。郁,声郁勃不出也。甄犹掉也。石,谓叩之如石。○黄氏曰:"《考工记·钟人》固曰'已厚则石,已薄则播,侈则柞,弇则郁',然《磬人》亦曰'已上则磨其旁,已下则磨其耑',岂非谓声之甚高甚下者乎?然则高正、下陂、险达、微回、侈弇、薄厚,皆言声也。硍缓、肆散、敛赢、韽衍、笮郁、甄石，皆其声之形容也。不然，则声之病也，不得专以钟言之。"

凡为乐器，以十有二律为之数度，以十有二声为之齐量。

【集注】
　　数度，广长也。齐量，侈弇之所容。齐与食医所和之齐同义，谓其分之所际也。盖以十有二律之数为众器之度，以十有二声之齐为众器之量。度必以律之数者，记所谓"百度得数而有常"也。中之所容虽同，而形之回笮弇侈异，则音亦异焉。故必以十有二声为之齐。

凡和乐亦如之。

【集注】
　　和谓调其故器也。或曰，上所言制器之法也。器成而和众声以为乐，仍以十有二律为之数度，以十有二声为之齐量。

磬　师

磬师掌教击磬，击编钟。

【集注】
　　磬亦编，独于钟言之者，钟有不编，不编者钟师掌之。○刘原父曰："宫县,有特磬十二,镈钟十二,皆依辰次陈之,以应其方之律。磬师于磬则兼教之。"

教缦乐、燕乐之钟磬。及祭祀,奏缦乐。

【集注】

燕乐,房中之乐。缦乐,疑即琴瑟别为缦乐者。众音皆合奏以成乐,而琴瑟可独奏也。若杂声则不宜用之祭祀。○或曰弦歌,或曰缦乐,岂与诗相和者为弦歌如清庙之瑟,有声而无诗者则曰缦乐与?

钟　师

钟师掌金奏。

【集注】

金奏,击金以为奏乐之节也。

凡乐事,以钟鼓奏《九夏》:《王夏》、《肆夏》、《昭夏》、《纳夏》、《章夏》、《齐夏》、《族夏》、《祴夏》、《骜夏》。

【集注】

以钟鼓者,《九夏》之奏,惟以钟鼓为节,不比以他音也。夏,大也,乐之大歌有九。《春秋传》:穆叔如晋,晋侯享之,金奏《肆夏》之三。穆叔曰,三夏天子所以享元侯也。《国语》曰:"金奏《肆夏》,繁遏渠。"《王夏》《肆夏》《昭夏》之奏,见《大司乐》职。旧说,四方宾来奏《纳夏》,臣有功奏《章夏》,夫人祭奏《齐夏》,族人侍奏《族夏》,客醉而出奏《祴夏》,公出入奏《骜夏》,义并无考。

凡祭祀、飨食,奏燕乐。凡射,王奏《驺虞》,诸侯奏《狸首》,卿大夫奏《采蘋》,士奏《采蘩》。

【集注】

皆以钟鼓奏之。射之歌节已具《射人职》,复见此者,若泛云凡射掌金奏,则似别有射之金奏,而不见其即以为《驺虞》《狸首》《采蘋》《采蘩》之歌节矣。犹六挚已具《宗伯职》,复见于《射人》,明以射而朝,则各有挚也。

掌鼖,鼓缦乐。

【集注】

鼓如《春秋传》"庄王鼓之"之"鼓"。谓磬师奏缦乐时,击鼖以和之。鼖之声欢,军中所以令鼓也。投壶礼,命弦者曰:间若一。岂射之歌奏以琴瑟节之,而又以鼖和,此独承上而言射节与?

笙　师

笙师掌教吹竽、笙、埙、龠、箫、篪、篴、管,春牍、应、雅,以教祴乐。

【集注】

　　教,视瞭也。竽三十六簧,宫管在中,长四尺二寸。笙长四尺,十三簧,宫管在左。籥如笛,三孔,其中则中声,其上下二孔则声之清浊所由生也。篪长尺四寸,围三寸,七孔,一孔上出,径三分,凡八孔,横吹之。箫长三尺四寸,六孔。舂牍,以竹大五六寸,长七尺,短者一二尺,其端有两空,髹画,以两手筑地。应,亦以竹长六尺五寸,其中有椎。雅,状如漆筒,而弇口,大二围,长五尺六寸,以羊韦鞔之,有两纽,疏画。祴乐,《祴夏》之乐。牍、应、雅,教其舂者,谓以筑地。埙、箫、管,小师教之,复列是职者,岂祴乐中三器之音节与凡乐异与?

　　凡祭祀、飨、射,共其钟笙之乐,燕乐亦如之。

【集注】

　　与钟声相应之笙。

　　大丧,廞其乐器;及葬,奉而藏之。

【集注】

　　惟《笙师》、《镈师》、《籥师》、《司干职》有奉葬器之文,盖笙师所掌竹匏,土木之音备矣。镈师掌金奏之鼓,金革之音备矣。籥师所掌,文舞之器备矣。司干所掌,武舞之器备矣。丝石独无文者,视瞭兼为。瞽矇廞乐器,则弦磬、编钟、鼗鼓皆备矣。丧事弛县,凡廞皆明器也。《视瞭职》无奉而藏之之文者,视瞭卑贱,为诸官陈之,而奉则非其事也。

大旅,则陈之。

【集注】

注疏并释以丧礼,非也。盖国有故,旅上帝及四望,则陈所掌教乐器。其不莅县,以莅县者,大师也。

镈　师

镈师掌金奏之鼓。凡祭祀,鼓其金奏之乐,飨食、宾射亦如之。军大献,则鼓其恺乐。凡军之夜三鼜,皆鼓之,守鼜亦如之。

【集注】

守鼜,常时国中之夜鼓也。镈师所掌,即鼓人所教,而别为二职,何也? 鼓人所鼓,军旅、田役,以及祭祀百物之神,皆地官之事也。镈师所鼓,祭祀、飨食、宾射、大献,皆礼官之事也。惟鼓、鼜二职并列,然镈师鼓恺乐守鼜,而鼓人无之,则知镈师所掌皆王朝之事,其夜鼜惟王亲在行则然。若鼓人,则凡军旅,通掌其鼓与鼜也。○钟师所掌者金奏之节,镈师所掌者金奏之鼓。节而击之者则视瞭。《视瞭职》"宾射,皆奏其鼓钟,鼜、恺献亦如之",是也。如二师自奏,则宾射、鼜、恺之鼓,既列职于镈师,复列职于视瞭,不可通矣。二师无教击钟击镈之文者,《磬师职》曰"教击磬,击编钟",则特县之钟,钟师教之,特县之镈,镈师教之,不必言矣。郊庙,朝廷之乐事,鼓人不与,故金奏之鼓,镈师兼掌之,从所便也。故金奏掌于钟师、镈师,而四金师田所用,则鼓人兼掌之。○或曰,视瞭所奏者,凡乐之鼓钟也。钟师所掌,独金奏之钟,镈师所掌,独金奏之鼓,皆自击之。《镈师职》"凡祭祀,鼓其金奏之乐",则非金奏不鼓可知矣。但于宾射、鼖恺二职并列,终不可通。

大丧,廞其乐器,奉而藏之。

靺　师

靺师掌教靺乐。祭祀,则帅其属而舞之。大飨亦如之。

【集注】

"大飨亦如之",明小宾客之飨食及燕射皆不用也。于大朝觐会同奏之,以示王化所被之远,致此之难,盖君与臣交警之也。

旄　人

旄人掌教舞散乐,舞夷乐,凡四方之以舞仕者属焉。

【集注】

散乐,方隅土风所成之乐,王朝亦备之,以知民风也。四方以舞仕,即能舞是乐者,以属旄人。选舞人,或于中取之。

凡祭祀、宾客,舞其燕乐。

【集注】

作燕乐时,乃舞及四方四夷之乐。

籥　师

籥师掌教国子舞羽吹籥。

【集注】

文舞有持羽吹籥者,所谓籥舞也。《礼记》"秋冬学羽籥",《诗》云"左手执籥,右手秉翟"。

祭祀,则鼓羽籥之舞。宾客、飨食则亦如之。大丧,廞其乐器,奉而藏之。

【集注】

鼓无专掌。《九夏》之鼓,钟师掌之,缦乐之鼛亦属焉。金奏恺乐之鼓,镈师掌之。夜鼛之鼓,鼓人、镈师分掌之。祭祀、飨食、乐事之鼓,大司乐、乐师令之。籥师所鼓,独羽籥之舞耳。

籥　章

籥章掌土鼓、豳籥。

【集注】

土鼓，以瓦为匡，革被二面。豳籥，豳人吹籥之声章。《明堂位》曰："土鼓，蒉桴，苇籥，伊耆氏之乐也。"

中春，昼击土鼓，吹《豳》诗，以逆暑。中秋，夜迎寒，亦如之。

【集注】

《豳》诗，《豳风·七月》也。吹之者，以籥为之声。《七月》言寒暑之事，故迎气则歌之。

凡国祈年于田祖，吹《豳雅》，击土鼓，以乐田畯。

【集注】

田祖，始耕田者，谓神农也。《豳雅》，亦《七月》也。其诗有"于耜举趾，馌彼南亩"，故祈年则歌之。谓之雅者，以其言男女之正也。田畯，古司啬也。

国祭蜡，则吹《豳颂》，击土鼓，以息老物。

【集注】

《郊特牲》："天子大蜡八。伊耆氏始为蜡。岁十二月，合聚万物而索飨之也。"万物至是而老，故祀以息之。而国亦养老焉。《豳颂》，亦《七月》也。其诗有"获稻作酒，跻堂称兕"，故祭蜡息老物则歌之。谓之颂者，以其言岁终人功之成也。朱子曰：一诗不宜析为雅、颂。雅之《甫田》、《大田》，颂之《载芟》、《良耜》，或其类也。《豳》

诗，王业之本，而不陈于宗庙，何也？所言乃田家之事，不可与六代之乐并，又不可与燕乐、缦乐、夷乐杂陈，用以逆暑迎寒，索飨万物，协天时，劝民事，其义精而教溥矣。《二南》女妇之事，以为燕乐而用之于祭祀者，后夫人即事于宗庙，故歌以劝焉。

鞮鞻氏

鞮鞻氏掌四夷之乐与其声歌。祭祀，则吹而歌之，燕亦如之。

【集注】

四夷之乐。东方曰韎，南方曰任，西方曰侏㒇，北方曰禁。王者用四夷之乐，一天下也。下言与其声歌，则上云乐者主于舞。

典庸器

典庸器掌藏乐器、庸器。及祭祀，帅其属而设笋虡，陈庸器。飨食、宾射亦如之。大丧，廞笋虡。

【集注】

庸器，伐国所获之器，若宗鼎、贯鼎，胤之舞衣，密须氏之鼓，及以其兵物所铸铭也。此职设笋虡，视瞭乃县。横者为笋，从者为虡。《礼记》，明器有钟磬，而无笋虡，或异代之制或有而不县也。

司　干

司干掌舞器。祭祀，舞者既陈，则授舞器，既舞则受之。宾飨亦如之。大丧，廞舞器，及葬，奉而藏之。

【集注】

舞器，干戚之属。凡武舞所用者。

大　卜

大卜掌三兆之法。一曰玉兆，二曰瓦兆，三曰原兆。

【集注】

兆者，灼龟发于火，其形可占者，其象似玉、瓦、原之璺罅，用是名之。原，田也。杜子春云，玉兆，帝颛顼之兆；瓦兆，帝尧之兆，原兆，有周之兆。

其经兆之体，皆百有二十，其颂皆千有二百。

【集注】

颂谓繇也。龟兆五而其体百有二十者，旧说兆别分为二十四分，盖以木、火、土、金、水，与春、夏、秋、冬相乘，一岁有二十四气，五行运于其间,各有死生,以此视其衰死王相以决吉凶。○清溪李氏曰:"自五而乘之,再倍为二十五,又倍为一百二十五,其中有五纯体焉。体纯则无生克而不占,故止于百有二十颂,千有二百者,每体以十日占之。"

掌三《易》之法,一曰《连山》,二曰《归藏》,三曰《周易》。

【集注】
　　易者,揲蓍求卦以占也。《连山》首艮,《归藏》首坤。杜子春曰"《连山》宓戏,《归藏》黄帝"。或曰,夏殷之《易》也。《洪范》卜五占用二,盖卜以五行,筮以阴阳。

其经卦皆八,其别皆六十有四。
掌三梦之法,一曰致梦,二曰觭梦,三曰咸陟。

【集注】
　　昼所思为,夜则成梦,出于有因,故曰致。角一仰一俯为觭。觭梦,盖反覆异常者。无心感物谓之咸。陟,升也。精神感而上通,与鬼神合其吉凶。梦之变,尽于此三者矣。

其经运十,其别九十。

【集注】
　　占梦之术虽亡,但视祲别为一职,所掌十辉与占梦全无交涉,注恐误。

以邦事作龟之八命，一曰征，二曰象，三曰与，四曰谋，五曰果，六曰至，七曰雨，八曰瘳。

【集注】

命者，命龟之辞也。征谓征伐。巡狩亦曰征，《春秋传》"先王卜征五年，而岁习其祥"是也。象谓灾变云物。《易》曰："天垂象。"《春秋传》曰："天事，恒象。"与，所与共事也。谋，有所谋为也。果，事成与否也。至，行者归期也。《诗》曰："卜筮偕止，会言近止。"雨，因旱而卜也。瘳，问疾愈否也。

以八命者赞三兆、三《易》、三梦之占，以观国家之吉凶，以诏救政。

【集注】

如孔子赞《易》之赞，盖掌三兆、三《易》、三梦者，各献其占，而大卜则发挥其所以然之理而宣著之。

凡国大贞，卜立君，卜大封，则视高作龟。

【集注】

大封，封国也。视高，以龟骨高者可灼处示宗伯也。卜用龟之腹骨，骨近足者。其部高，春灼后左，夏灼前左，秋灼前右，冬灼后右。作龟谓以火灼之。凡卜法，在祢庙庙门阓外阘西，西面有席，先陈龟于庙门外之西塾上，次正龟于阓外席上，又有莅卜、命龟、视高、作龟六节，尊者宜逸，卑者宜劳，从下向上差之。作龟视高，劳事以大贞，故大卜亲之，大宗伯莅卜，其馀贞龟、陈龟，皆小宗伯为之。

《士丧礼》:"宗人受卜人龟,示高。莅卜受视,反之。"又曰:"卜人坐,作龟。"

大祭祀,则视高命龟。凡小事,莅卜。

【集注】

命龟,告以所卜之事也。《士丧礼》:"宗人即席,西面坐,命龟。"小事既大卜莅卜,则陈龟、贞龟、命龟、视高,皆卜师为之,其作龟则卜人也。

国大迁、大师,则贞龟。

【集注】

正龟于卜位。《士丧礼》"卜人抱龟燋,先奠龟,西面"是也。轻于大祭祀,故不亲命龟。贞龟上有莅卜,亦大宗伯为之,陈龟亦宜小宗伯也。其视高、命龟,卜师。作龟,卜人。

凡旅,陈龟。

【集注】

陈龟。《士丧礼》"卜人先奠龟于西塾上,南首"是也。轻于大迁、大师,故不亲贞龟。莅卜仍大宗伯。贞龟、命龟、视高,皆卜师,作龟亦卜人。

凡丧事,命龟。

周　礼

【集注】

　　重丧礼,次大祭祀也。命龟以上有陈龟、贞龟,亦小宗伯莅卜,仍大宗伯视高,作龟卜人也。知小事而外,莅卜皆大宗伯者,《宗伯职》:"凡祀大神、享大鬼、祭大示,帅执事而卜日。"则丧事、大师、大迁、大封、立君莅卜,不待言矣。

卜　师

　　卜师掌开龟之四兆,一曰方兆,二曰功兆,三曰义兆,四曰弓兆。

【集注】

　　名义俱未闻。

　　凡卜事,视高,扬火以作龟,致其墨。

【集注】

　　大卜不视高者,皆卜师视高。致其墨者,爇灼之,明其兆。○李耜卿曰:"卜有龟焦者,有不食墨者,皆不待兆成而知其凶。夫墨,水也。爇契,火也。火过而阳则焦,水过而阴则不食墨。"

　　凡卜,辨龟之上下、左右、阴阳,以授命龟者而诏相之。

【集注】

上,仰者。下,俯者。左,左倪也。右,右倪也。阴,后弇也。阳,前弇也。诏相,告以其辞及威仪。

龟 人

龟人掌六龟之属,各有名物。天龟曰灵属,地龟曰绎属,东龟曰果属,西龟曰雷属,南龟曰猎属,北龟曰若属。各以其方之色与其体辨之。

【集注】

色谓天龟玄,地龟黄,东龟青,西龟白,南龟赤,北龟黑。龟,俯者灵,仰者绎,前弇果,后弇猎,左倪雷,右倪若。是其体也。东龟南龟,长前后,在阳象经也。西龟北龟,长左右,在阴象纬也。天龟俯,地龟仰,东龟前,南龟却,西龟左,北龟右,各从其耦也。杜子春读果为蠃。

凡取龟用秋时,攻龟用春时,各以其物入于龟室。

【集注】

六龟各异室,秋取龟,及万物成也。攻,治也。治龟骨以春,是时干解不发伤。

上春衅龟,祭祀先卜。

【集注】

衅者，杀牲以血之。《世本》"巫咸作筮卜"，未闻其人。

若有祭祀，则奉龟以往。旅亦如之，丧亦如之。

菙 氏

菙氏掌共燋契，以待卜事。

【集注】

《士丧礼》曰："楚焞置于燋，在龟东。"楚焞，即契所用灼龟也。燋，炬也。

凡卜，以明火爇燋，遂吹其焌契，以授卜师，遂役之。

【集注】

明火，以阳燧取火于日。焌者，契之锐头。以契之锐头柱燋火而吹之也。役之，为卜师共扬火、致墨等役。

占 人

占人掌占龟，以八筮占八颂，以八卦占筮之八，故以视吉凶。

【集注】

　　古者重卜,先筮而后卜。故筮人不必知卜,而卜人必兼通于筮。既得八事之颂,犹恐于龟象未审,复以筮义参决其吉凶,所谓以八筮占八颂也。然筮辞之吉凶,各有其故,皆原于八卦之象与德。其或筮龟,从违各异,则又恐筮人之占未审,故复以八卦之象与德究切其义,所谓以八卦占筮之八故也。不曰占筮之故,而曰八故者,八卦之象与德因事而异,吉凶于八事各有所连也。

凡卜筮,君占体,大夫占色,史占墨,卜人占坼。

【集注】

　　体,兆之象也。色,兆气也。墨,兆广也。坼,兆璺也。体有吉凶,色有善恶,墨有大小,坼有微明。尊者视兆象而已。卑者以次详其馀也。周公卜,武王占之,曰:"体王其罔害。"凡卜象,吉色善墨,大坼明,则逢吉。此已下皆据卜言。兼云筮者,凡卜皆先筮,故连言之。体谓兆之墨,纵横其形体。象似金、木、水、火、土也。龟之四隅,依四时而灼之,其兆直上向背者,为木兆。直下向足者,为水兆。邪向背者,为火兆。邪向下者,为金兆。横者为土兆。色兆,中气色,似有雨,及雨止之等。墨,据兆之正璺处。坼,就正墨傍有奇璺罅者。

凡卜筮,既事,则系币以比其命。岁终,则计其占之中否。

【集注】

　　既卜筮,史必书其命龟之事及兆于策,系其礼神之币而藏焉。

361

《书》曰："王与大夫尽弁，以启金縢之书，乃得周公所自以为功代武王之说。"正命龟书也。

筮　人

筮人掌《三易》，以辨九筮之名，一曰《连山》，二曰《归藏》，三曰《周易》。九筮之名，一曰巫更，二曰巫咸，三曰巫式，四曰巫目，五曰巫易，六曰巫比，七曰巫祠，八曰巫参，九曰巫环，以辨吉凶。

【集注】

此九"巫"皆当为"筮"字之误也。更谓筮迁都邑也。咸犹佥也，谓筮众心欢否也。式谓筮制作法式也。目犹事众。易谓筮所改易。比谓筮与民和。比、祠，谓筮牲与日。参谓筮御与右。环谓筮可致师否也。○刘公是曰："此乃前世通占者九人，其遗法可传者。古者占筮之工，通谓之巫。更、咸、式、目等，皆其名也。巫咸见于他书多矣。易疑为易，古'阳'字，所谓巫阳也。其他虽未闻，不害其有。"○李耜卿曰："《汉书·郊祀志》晋巫所祀，有巫祠之名。亦其一征。"

凡国之大事，先筮而后卜。上春，相筮。凡国事，共筮。

【集注】

相谓更选择其蓍也。

占　梦

占梦掌其岁时，观天地之会，辨阴阳之气。

【集注】

　　天地之会，建厌所处之日辰。阴阳之气，休王前后。建谓斗柄所指，谓之阳建，故左旋于天。厌谓日前一次，谓之阴建，故右旋于天。《堪舆天老》曰假令正月阳建于寅，阴建于戌。

以日、月、星、辰占六梦之吉凶。

【集注】

　　谓日月之行及合辰所在。《春秋传》昭三十一年十二月辛亥朔，日有食之。是夜也，晋赵简子梦童子倮而转以歌，旦而日食。占诸史墨。对曰："六年及此月也。吴其入郢乎？终亦弗克入郢，必以庚辰，日月在辰尾，庚午之日，日始有谪，火胜金，故弗克。"此以日月星辰占梦者。《史记》卫平为宋元君占梦亦然。后世术家有八会，其遗象也，用占梦则亡。

一曰正梦，二曰噩梦，三曰思梦，四曰寤梦，五曰喜梦，六曰惧梦。

【集注】

　　正谓无所感动而自梦。噩,惊愕也。思,觉时所思念也。寤,寐觉也,谓如觉所见而实梦也,如狐突遇申生之类。或曰,疾而迷,及寤而有梦,《传》所传秦穆公、赵简子之梦是也。

季冬,聘王梦,献吉梦于王,王拜而受之。

【集注】

　　聘,问也。平时王有梦,或占或不占,季冬则数将终,岁更始,王有梦,必发币而占之,故曰聘也。献群下之吉梦于王。则王梦有凶,必因占而诏以修省,可知矣。《诗》云:"牧人乃梦,众维鱼矣,旐维旟矣。"乃所献吉梦与。

乃舍萌于四方,以赠恶梦,遂令始难驱疫。

【集注】

　　舍萌犹释菜也。菜始生曰萌。赠,送也。季冬,大难以驱疫,方相氏掌之。

视 祲

视祲掌十辉之法,以观妖祥,辨吉凶。

【集注】

　　辉,日光炁也。

一曰祲,二曰象,三曰镌,四曰监,五曰暗,六曰瞢,七曰弥,八曰叙,九曰隮,十曰想。

【集注】
祲,阴阳气相侵也。象,《春秋传》有云如众赤鸟之类。镌如童子佩觿之觿,谓日旁气,刺日也。监,云气临日,或曰冠珥也。弥者,白虹弥天。叙者,云有次序,如山在日上。隮,虹也。《诗》曰:"朝隮于西。"想者,杂气有似可形想。

掌安宅叙降。正岁则行事,岁终则弊其事。

【集注】
宅,居也。降,下也。人见妖祥则不安其居,此官安之。又次叙凶祸所降之事与其地,使早为之备。行事,谓候气占象也。弊,断也,谓计所占中否多少,并稽召谴之浅深,以验挽回补救之力,大小迟速也。

大　祝

大祝掌六祝之辞,以事鬼神示,祈福祥,求永贞。一曰顺祝,二曰年祝,三曰吉祝,四曰化祝,五曰瑞祝,六曰策祝。

【集注】

永，长也。贞，正也。谓求多历年，得正命也。六祝，旧说俱未安，以义测之：顺祝，天地宗庙之常祝也。《祭统》曰："备者，百顺之名。"《礼器》曰："礼时为大顺，次之天地之祭，宗庙之事，顺也。"年祝，祈年之祝也。吉祝，冠婚嘉礼之祝也。化祝，天地有异灾而祝其消化也。瑞祝，嘉祥见而告于天地宗庙也。策祝，册封诸侯而告于祖庙也。此六祝皆国政之大者，若弭灾兵、远罪疾，则小祝掌之。

掌六祈，以同鬼神示，一曰类，二曰造，三曰襘，四曰禜，五曰攻，六曰说。

【集注】

鬼神不与人同心，灾厉乃作，故以祈礼同之。非时而祭于上帝曰类，非时而祭于祖曰造。襘，都家，《宗人职》所谓"以襘国之凶荒，民之札丧"也。攻如救日伐鼓以兵之类。说则以辞责，如变置社稷，则必以辞责之。董子救日食，祝曰："炤炤大明，瀸灭无光，奈何以阴侵阳，以卑侵尊。"或曰，如汤之祷旱，以六事自责，以说于天也。类、造、襘、禜，皆有牲。攻、说用币。禜见《鄙人职》。

作六辞，以通上下、亲疏、远近，一曰祠，二曰命，三曰诰，四曰会，五曰祷，六曰诔。

【集注】

六祝之辞，典祀所常用也。此六辞因事而特告也。上下，天神地示也。亲疏，由祢至祧墠也。远近，四望五祀之类。命、诰、会，皆质神之辞。命者，命龟之辞。诰者，《尚书》"逸祝册，惟告，周公其后"是也。会者，昭众神而要言。《春秋传》所谓"司慎司盟，名山名川，群神群祀，先王先公，七姓十二国之祖，明神殛之"是也。诔者，至于南郊，称天而诔之。

辨六号，一曰神号，二曰鬼号，三曰示号，四曰牲号，五曰齍号，六曰币号。

【集注】

神号，若昊天上帝。鬼号，若皇祖伯某。示号，若后土地示。币号，若玉曰嘉玉，币曰量币。牲号，若牛曰一元大武之类。齍号，若黍曰芗合之类。

辨九祭，一曰命祭，二曰衍祭，三曰炮祭，四曰周祭，五曰振祭，六曰擩祭，七曰绝祭，八曰缭祭，九曰共祭。

【集注】

九祭皆食祭也。命祭者，《玉藻》"君若赐之食，而君客之，则命之祭，然后祭"是也。衍当为"延"，炮当为"包"，声误也。延祭者，《曲礼》"主人延客祭"是也。包犹兼也。兼祭者，《有司彻》"宰夫赞者，取白黑以授尸，尸受兼祭于豆间"是也。周犹遍也，遍祭者，《曲礼》"殽之序，遍祭之"是也。振祭、擩祭本同，所以异者，尸未食，以菹擩于醢，祭于豆间，是谓擩祭；尸将食，取肝擩于盐，振祭，哜之，加于肵俎。盖振者，先擩复振，而擩者则不振也。绝祭、缭祭本同，所以异者，缭祭，以手从肺本循之，至于末乃绝以祭；绝祭则不循其本，直绝肺以祭。礼多者缭祭，礼略者绝祭。共，授也，王祭食，宰夫授祭。○李耜卿曰："凡此九祭，祭祀及生人饮酒，皆有焉。命祭，以祭祀言之，《特牲》所谓'尸坐，祝命挼祭'是也。衍祭者，尸卒食，主人酳而尸祭。注云，酳犹衍也。在生人则养老执爵而酳是也。兼祭，以生人言之，《公食大夫礼》宾之兼祭庶羞是也。遍祭，以祭祀言之。少牢，尸十一饭，所举所祭周矣。命、衍、炮、周，祭食之式，其别有四也。振、擩、绝、缭，祭食之仪，亦有四者之别也。共祭则凡祭皆有之，故终焉。

辨九拜，一曰稽首，二曰顿首，三曰空首，四曰振动，五曰吉拜，六曰凶拜，七曰奇拜，八曰褒拜，九曰肃拜，以享右祭祀。

【集注】
稽首，首至地稽留，然后举也。顿首，顿地即举。空首，先以两手拱至地，乃头至手，以不至地，故名空首也。振动，战栗变动之拜。吉拜，拜而后稽颡。齐衰，不杖以下丧拜也，此殷之凶拜。周以与顿首相近，故谓之吉。凶拜，稽颡而后拜，三年丧拜也。奇拜，一拜也。或曰先屈一膝，如汉时雅拜。褒读为报，再拜也。肃拜，但俯下手，类后世揖，惟军中有此，在妇人为正拜。臣拜君稽首，敌者顿首，君答臣下空首，所谓拜手也。一拜答臣下，再拜拜神与尸，享，献也，谓朝献、馈献。右读为侑，劝尸食也。九拜不专为祭祀，以祭祀重，故举以言。

凡大禋祀、肆享、祭示，则执明水火而号祝。

【集注】
明水火，司烜所取于日月者。执以号祝，明主人圭洁之德。

隋衅、逆牲、逆尸,令钟鼓,右亦如之。

【集注】

右亦当读为侑。○李耜卿曰:"逆尸,乃逆牲,牲杀乃荐血。衅,荐血也。荐血之后,乃有脾膋隋于主前之礼,盖以自下向上,为言之序。"

来瞽,令皋舞。相尸礼。既祭,令彻。

【集注】

歌与舞必依祭节。故大祝告以乐入之节,而后乐师诏来瞽,大祝告以舞之节,而后乐师皋舞也。

大丧,始崩,以肆鬯渳尸,相饭,赞敛,彻奠。

【集注】

陈鬯以浴尸也。不言相含者,大宰赞含玉也。冬官主敛事,大祝赞之。奠,始死及大小敛之奠。

言甸人读祷。

【集注】

言,语也。甸人,丧事代王受眚灾,大祝为祷辞语之。

付、练、祥,掌国事。

【集注】

付当为祔。凡事皆国事也。他职皆掌事,此独曰掌国事者,未葬,宗庙之祭不行,既祔,主各返庙,则时祭皆行,特嗣王不亲,而大祝掌其事,故特称国事,以别白之也。丧三年不祭,惟祭天地社稷,越绋而行事,则宗庙之祭及群祀,嗣王不亲明矣。《曾子问》,五祀,既葬而行祝毕献,则祔以后,七庙之祭毕,举可知矣。《量人》有宰,祭之文必宰摄也。王亲祭,则掌事者冢宰、宗伯。宰摄则祝掌事,示别也。五祀,祝自献祀,卑故无摄主也。练祥以后,则凡祀王皆亲之,祝自共其职事,而不得曰掌国事矣。

国有大故、天灾,弥祀社稷,祷祠。

【集注】

大故,兵寇也。弥,遍也,遍祀社稷及诸所。祷既则祠以报焉。

大师,宜于社,造于祖,设军社,类上帝,国将有事于四望,及军归献于社,则前祝。

【集注】

郑刚中曰:"大师必载社主及迁庙主以行,故有宜社造祖之祭。此二者,国内之礼。驻军必设军社于其地,以其事类告上帝,此二者国外之礼。"○前四事皆君举而祝从,惟至所征之地,将有事于四望,及军归献社,则大祝独前行致告也。曰"国将有事"者,君不亲也。知然者,《宗伯职》"有司将事于四望",则君不亲明矣。下经过大山川则用事焉,君亲之也,故异文焉。

大会同,造于庙,宜于社,过大山川,则用事焉;反行,
舍奠。

【集注】
反行,舍奠,凡前所告皆奠也。非时而祭曰奠。或曰其礼略也。

建邦国,先告后土,用牲币。
禁督逆祀命者。颁祭号于邦国都鄙。

【集注】
王光远曰:"非所命而祀,则禁之;命之祀而不祀,则督之。"

小　祝

小祝掌小祭祀,将事侯、禳、祷、祠之祝号,以祈福祥,
顺丰年,逆时雨,宁风旱,弥灾兵,远罪疾。

【集注】
侯当作"候"。候嘉庆,祈福祥之属。禳,禳却凶咎,宁风旱之属。弥读曰敉,安也。《周官》于候禳祷祠之事甚详。盖人心冥顽,惟遇疾病灾危,穷而反本,易警发其善心,故圣人以神道设教,使恐惧修省,以思救政,则所益多矣。

大祭祀,逆齍盛,送逆尸,沃尸盥,赞隋,赞彻,赞奠。

周　礼

【集注】

　　隋，尸之祭也。奠，奠爵也。○李耜卿曰："论礼之先后，则逆釐盛当在沃尸盥之后，赞、奠当在赞隋之上。此或文错。至上三者小祝专职，下三者则赞为之，各以其类，不可以后先言矣。"

　　凡事，佐大祝。大丧，赞渳，设熬，置铭。及葬，设道赍之奠，分祷五祀。

【集注】

　　铭，书死者名于旌。《士丧礼》：为铭，各以其物。亡则以缁，长半幅；赪末，长终幅，广三寸。书名于末，曰"某氏某之柩"。重木，置于中庭，取铭置于重。赍，犹送也，送道之奠，谓遣奠也。分其牲体以祷五祀，告王去此宫。王七祀，不及司命、大厉者，平生出入，不以告也。

　　大师，掌衅祈号祝。有寇戎之事，则保郊，祀于社。

【集注】

　　衅，衅鼓也。《春秋传》："君以军行，祓社衅鼓，祝奉以从。"○王氏曰："保郊，保神壝之在郊者。社不在郊，无所事，保祀之而已。保郊所以防患，祀社所以弭兵也。"

　　凡外内小祭祀、小丧纪、小会同、小军旅，掌事焉。

丧　祝

　　丧祝掌大丧劝防之事。及辟，令启。及朝，御柩，乃奠。

【集注】

劝防，引柩也。劝，勖勉前引者。防，备倾侧。辟，开殡也。令启，谓命役人开之。朝谓将葬朝于祖考之庙而后行。御柩，谓发殡宫，辀车载至庙，执纛居前，以御正柩也。奠，即朝庙之奠。侵夜启殡，昧爽朝庙。

及祖，饰棺，乃载，遂御。及葬，御柩，出宫乃代。及圹，说载，除饰。小丧，亦如之。

【集注】

祖，谓将葬，设祭于庭，象生时，出则祖也。饰棺，设柳池纽之属。代谓丧祝二人相与更。或曰至于外，则乡师、遂师代之。

掌丧祭祝号。王吊，则与巫前。

【集注】

丧祭，虞也。《檀弓》："君临臣丧，以巫祝桃、茢，执戈。"

掌胜国邑之社稷之祝号，以祭祀祷祠焉。

【集注】

若亳社是也。存之者，重神也。胜国之社稷，祷祠行焉，且作其祝号，则记所称丧国之社，屋之不受天阳，非礼意也。亳社北牖，特以别于时王之社乡明焉耳。

凡卿、大夫之丧，掌事，而敛饰棺焉。

【集注】

掌事，掌吊临含赠之事也。其馀惟掌敛与饰棺，他不与。

甸　祝

甸祝掌四时之田表貉之祝号。舍奠于祖庙，祢亦如之。

【集注】

貉，或读为百，或为祃，兵祭也。祭于立表之处，故曰表貉。释奠，告将田也。七庙皆告，故言祖及祢。

师甸，致禽于虞中，乃属禽。及郊，馌兽，舍奠于祖祢，乃敛禽。裯牲、裯马，皆掌其祝号。

【集注】

王大田猎，则六师皆作，故曰师田，以别于小田猎也。致禽于虞中，使获者各致于所表虞旗之中。属禽，别其种类。馌兽，即《小宗伯职》所谓"帅有司而馌兽于郊"也。入以奠于祖祢，荐且告反也。敛禽，谓取三十入腊人。裯，祷也。裯牲祷田，多获禽牲，裯马无疾。

诅　祝

诅祝掌盟、诅、类、造、攻、说、襘、禜之祝号。

【集注】

大事曰盟，小事曰诅，皆要誓于神。秋官司盟，掌盟载之法，不掌祝号与辞。类、造、禬、禜、攻、说，大祝所掌也。复列此职者，大祝掌其礼，诅祝荐其辞。

作盟诅之载辞，以叙国之信用，以质邦国之剂信。

【集注】

载辞，载书之辞也。国，王国、邦国、侯国也。信用者，示所要之必用也。叙者，次其事之大小也。叙国之信用，如鲁盟东门氏、叔孙侨如之类。质邦国之剂信，如成王赐周公、太公以盟之类。

司　巫

司巫掌群巫之政令。若国大旱，则帅巫而舞雩。

【集注】

雩，旱祭，天子于上帝，诸侯于上公之神。

国有大灾，则帅巫而造巫恒。

【集注】

帅巫官之属，会常处以待命也。

祭祀,则共匰主及道布及蒩馆。

【集注】
　　主,木主。匰,承主器也。主在庙,藏于石室,合祭则以匰承而至。道布,为神所设巾,中霤礼,以功布为道布,属于几是也。蒩,所以藉祭食。馆,所以承蒩。

凡祭事,守瘗。凡丧事,掌巫降之礼。

【集注】
　　瘗,若祭地示,埋牲玉也。守者,待礼毕然后退。降,下也。巫下神之礼。后世既敛,就巫下禓,其遗法与?

男　巫

男巫掌望祀、望衍授号,旁招以茅。

【集注】
　　注望祀,谓有牲粢盛者。衍读为延,进也。谓但用币致其神。疏望祀者,类造禬禜,遥望而祀之。望衍者,攻说之礼,遥望,延其神以言责之义,并无考。授号,授奉祭者以神之号,使知为某神之至也。神来无方,故曰旁招。

冬堂赠,无方无算。春招弭,以除疾病。王吊,则与祝前。

【集注】

赠，送也。岁终以礼送不祥。无方，无定向也。无算，道里无数也。招，招福也。弭，如"弭兵"之"弭"，除凶祸。○李耜卿曰："方者，如兆山川丘陵等，各因其方，此不祥之气，非可以方拘也。算者，秩祀之神，名号有数，不祥之气，非可以数计也。"

女　巫

女巫掌岁时祓。除衅浴。旱暵，则舞雩。

【集注】

祓除，如三月上巳如水上之类。衅浴，谓以香薰草药沐浴。使女巫舞旱祭，崇阴也。

若王后吊，则与祝前。凡邦之大灾，歌哭而请。

【集注】

与天官女祝前后歌者，忧愁之歌，若《云汉》之诗是也。

大　史

大史掌建邦之六典，以逆邦国之治。掌法以逆官府之治，掌则以逆都鄙之治。凡辨法者考焉，不信者刑之。

【集注】

　　曰建者,废兴损益,得与大宰共酌定也。法则不言建者,该于六典也。辨法,以法争讼者。

　　凡邦国都鄙及万民之有约剂者,藏焉,以贰六官,六官之所登。

【集注】

　　约剂,要盟之载辞及券书也。"六官"二字衍。

　　若约剂乱,则辟法,不信者刑之。

【集注】

　　辟,开也。谓有抵冒盟誓者,则启视约剂,征其然否。

　　正岁年以序事,颁之于官府及都鄙。

【集注】

　　郑刚中曰:"周建子,而四时之事有仍用夏正者,用建寅谓之岁,用建子谓之年。"

　　颁告朔于邦国。

【集注】

　　不曰"颁朔",而曰"颁告朔"者,并每月所行之政令布告于臣民也。先儒以告于庙为告朔,于侯国言之犹可,于颁朔言之则赘矣。春秋闰月不告月,犹朝于庙,既朝于庙,而曰不告月,则为以是月之政令告于臣民审矣。

闰月,诏王居门,终月。

【集注】
门谓路寝门也。明堂路寝及宗庙皆五室十二堂、四门。十二月听朔于十二堂,闰月各于时之门,故于文王在门为闰。

大祭祀,与执事卜日,戒及宿之日,与群执事读礼书而协事。

【集注】
执事,大卜之属。与之者,当视墨。戒谓散斋七日。宿谓致斋三日。

祭之日,执书以次位常。

【集注】
位常,谓所常居之处。

辨事者考焉,不信者诛之。

【集注】

谓抵冒其职事者。

大会同、朝觐,以书协礼事。及将币之日,执书以诏王。

大师,抱天时,与大师同车。

【集注】

天时,谓时日支干,孤虚王相及星辰变动,军众用以行止者。《国语》曰:"吾非瞽史,焉知天道。"大师,瞽官之长也。

大迁国,抱法以前。大丧,执法以莅劝防。

遣之日,读诔。凡丧事,考焉。

【集注】

瞽史知天道,故王崩,累其行,至于南郊,称天以诔之而作谥,然后于遣奠之时读焉。

小丧,赐谥。

【集注】

《周官》小丧皆主王宫言之。卿大夫之丧,小史赐谥,读诔,则此谓赐群王子谥也。

凡射事,饰中,舍算,执其礼事。

【集注】

中,所以盛算。舍,释也。射中则释一算。《乡射礼》曰:"君国中射则皮竖中,于郊则闾中,于竟则虎中。"天子之中未闻。

小　史

小史掌邦国之志,奠系世,辨昭穆。若有事,则诏王之忌讳。

【集注】

志,记也。系世,帝系、诸侯卿大夫世本之属。奠,定也。先王死日为忌,名为讳。旧说,有事专以宗庙言,恐未安。古者大夫殁,君不举其名。王时巡,舍于诸侯之祖庙,亦当有忌讳。《记》所谓"以礼籍入",正小史之事也。○李耜卿曰:"郑刚中谓,外史掌四方之志,乃周志、郑志之类,小史则专志天子诸侯所出之系世,又辨其庙祧之昭穆。是也。诏忌讳,如男女辨姓,东郭偃所谓'君出自丁,臣出自桓',如此类皆所当诏。"

大祭祀,读礼法,史以书叙昭穆之俎簋。

【集注】

大史与群执事,既读礼法,则小史命属史,以书叙群庙之俎簋。

大丧、大宾客、大会同、大军旅,佐大史。凡国事之用礼法者，掌其小事。卿大夫之丧，赐谥，读诔。

冯相氏

冯相氏掌十有二岁、十有二月、十有二辰、十日、二十有八星之位，辨其叙事，以会天位。

【集注】

岁谓太岁、岁星者，东方苍龙之宿，在天右行十二岁一周天。太岁者，岁星之神与岁星相应，而行亦十二岁一周。于地十有二月，谓斗柄月建一辰，十二月而周也。十有二辰，谓子丑寅卯等也。十日，谓甲乙丙丁等也。二十八星，谓东方角亢等二十八次也。叙事，若仲春辨秩东作，仲夏辨秩南讹，仲秋辨秩西成，仲冬辨在朔易。天位，若星鸟正仲春，星火正仲夏，星昴正仲秋，星虚正仲冬之类。其在天各有所居之位，必辨其叙事，乃能与天位相合也。

冬夏致日，春秋致月，以辨四时之叙。

【集注】

冬至，日在牵牛，景丈三尺；夏至，日在东井，景尺五寸。此长短之极，极则气至。春分日在娄，秋分日在角，而月弦于牵牛、东井，亦以其景知气至否，春秋冬夏气皆至，则四时之叙正。

保章氏

保章氏掌天星，以志星辰日月之变动，以观天下之迁，辨其吉凶。

【集注】
　　星谓五星。辰谓日月所会。五星有赢缩圜角，日有薄食晕珥，月有盈亏朓侧匿之变。七者，右行列舍，天下祸福变移，所在皆见焉。○志星辰日月之变动，察天象之顺逆也。观天下之迁，考人事之转移也。必参以人事，然后吉凶可判。如郑不复灾，荧惑退度远宋之类。先星辰于日月者，所掌天星也。致日、致月者冯相氏，掌十辉之法者视祲，而保章氏兼掌其变动何也？凡日月之变动，必以所历分星之度为占。

以星土辨九州之地，所封封域，皆有分星，以观妖祥。

【集注】
　　星土，星所主土也。封域皆有分星。《春秋传》参为晋星，商主大火。《国语》"岁之所在，则我有周之分野"之属是也。以大界言，则曰九州，而州中诸国之封域，于星亦有分焉。其书亡矣，可言者独十二次之分。星纪，吴越也。玄枵，齐也。娵訾，卫也。降娄，鲁也。大梁，赵也。实沉，晋也。鹑首，秦也。鹑火，周也。鹑尾，楚也。寿星，郑也。大火，宋也。析木，燕也。分野之妖祥，主用客星彗孛之气为象。○薛氏曰："十二次之星，丽于九州则为星土，诸侯之封域在此州者,即为其国分星。"

以十有二岁之相,观天下之妖祥。

【集注】

岁星与日同次之月,斗所建之辰也。大岁所在,即岁星所居。岁星明光润泽,赤而角,则其国昌。赤黄而沉,其野大穰。故以其色相观妖祥。《春秋传》曰:"越得岁而吴伐之,必受其凶。"又曰:"岁在颛顼之墟,居其鹑首,而有妖星,告邑姜也。"

以五云之物,辨吉凶,水旱,降丰荒之祲象。

【集注】

物,色也。视日旁云气之色。降,下也。以二至二分观云色,青为虫,白为丧,赤为兵荒,黑为水,黄为丰。《春秋传》曰"凡分至启闭,必书云物为备"故也。○辨吉凶,断句。水旱,断句。辨吉凶,兼天灾人祸。人祸之修救,则下经所云救政序事具之矣。若水旱,则必预降丰荒之祲象,使吏民得早为之备。并降丰象者,知何方丰,何方凶,然后可移用其民,而均其食也。

以十有二风察天地之和,命乖别之妖祥。

【集注】

十有二辰皆有风,吹其律以知和否。《春秋传》,师旷曰:"吾骤歌北风,又歌南风,南风不竞,多死声。"艮为条风,震为明庶风,巽为清明风,离为景风,坤为凉风,兑为阊阖风,乾为不周风,坎为广莫风。四维之风,主两月。乖,微异也。别,相反,或全不与时应也。〇李耜卿曰:"日月星辰居常而有变动,则天下之大异也。星土之妖祥,占在一国。岁之相占,在一岁。五云之物,占在一时。十有二风,月可占。盖以大小久近为序。"

凡此五物者,以诏救政,访序事。

【集注】

《春秋传》,梁山崩,晋侯召伯宗,伯宗问于重人,而得其礼,所谓"访序事"也。

内　史

内史掌王之八枋之法,以诏王治。一曰爵,二曰禄,三曰废,四曰置,五曰杀,六曰生,七曰予,八曰夺。

【集注】

大宰、内史所掌八柄,其次第各异,何也?《太宰职》曰"以八柄诏王驭群臣",言所以用此八柄之道也。故爵禄之后,首曰"予以驭其幸",示不可假以爵禄也。次曰"置以驭其行",必论定而后官也。其当官不职者,则或宥以生,或夺其禄,或废其身,或诘其过,乃用此八柄之次第也。《内史职》曰:"掌王之八柄之法,以诏王治。"则守成法以待用而已。故爵禄之后,继以废、置,用舍明而后天位天禄无旷也。废、置之后,继以生、杀、予、夺,赏罚行而后所废所置竟劝也。先生杀而后予夺者,轻重之伦也。此八柄,自然之次第也。大宰所诏无杀者,古者刑不上大夫,所以示礼下之诚也。然曰生以驭其福,则不宥以生者,该此矣。内史所掌无诛者,古所谓诛,诘责谴呵而已,非法之所及也。

执国法及国令之贰,以考政事,以逆会计。

【集注】

法,一定之法也。令,一时之令也。

掌叙事之法,受纳访,以诏王听治。

【集注】

叙大小之事,受百官之献纳,与王之谘访,以诏王听治也。

凡命诸侯及孤卿、大夫,则策命之。

【集注】

谓以简策书王命。《春秋传》,王命内史叔兴父策命晋侯为侯伯。不及士者,岂士卑且众,王不能一一亲命,或命而不以策与?《诗》曰:"韩侯受命,王亲命之。"则命有不亲者矣。

凡四方之事书,内史读之。

【集注】

诸侯书奏也。或曰若万民之利害为一书,礼俗、政事、治教、刑禁之逆顺为一书,悖逆、暴乱、作慝犹犯令者为一书,札丧、凶荒、厄贫为一书，康乐、和亲、安平为一书。小行人献其书，而内史于暇日读之，使王习察于四方之事也。不曰"读四方之事书"，而曰"凡四方之事书，内史读之"者，曰"读四方之事书"，则似内史自读之；曰"凡四方之事书，内史读之"，则知内史之读为王之听之矣。

王制禄，则赞为之，以方出之。赏赐亦如之。

【集注】

赞，为之辞也。方，版也。

内史掌书王命，遂贰之。

【集注】

凡王之命皆书，且副写藏之也。若专言上所书爵禄之命，则曰掌贰王命可矣。覆举内史，见亲其事，而非付之属史也。《小史职》："大祭祀，读礼法，史以书叙昭穆之俎簋。"则其属史也。王之命内史，亲受而书之，且贰之，则矫假以为不信者，孰敢萌其虑哉。汉、唐以后，中侍口衔天宪，以乱国常，则内史之职废也。

外　史

外史掌书外令，掌四方之志，掌三皇五帝之书。

【集注】

外令，王令下畿外者。四方之志，若鲁之《春秋》，晋之《乘》，楚之《梼杌》。三皇五帝之书，若《春秋传》所谓三坟五典。

掌达书名于四方。

【集注】

古谓字曰名，使四方知书之文字能读之。

若以书使于四方，则书其令。

【集注】

凡聘頫之常，不皆有书。或命以事，或有所访诘，而后有书，故书其令，使后有考也。不覆举外史，此令轻，异于王命之必内史亲书也。不贰之，亦以所令轻也。《虎贲职》："奉书以使于四方。"

御 史

御史掌邦国、都鄙及万民之治令，以赞冢宰。凡治者受法令焉。

【集注】

治令之出，冢宰赞王，复设御史，以赞冢宰，惟恐有偏侧缺失得以补察也。令已定，则皆于御史受之。曰"受法令"者，凡冢宰所掌一定之法，施于邦国、都鄙、万民者，亦御史布之也。

掌赞书。

【集注】

注赞为辞,若《尚书》作诰文。吴氏曰:"内史书王命,外史书外令,御史为二官之属,则赞二官之书。"魏氏曰:"御史所赞,冢宰治令,书写藏其副。"

凡数从政者。

【集注】

凡,总计之也。数,又一一分数之。谓计公卿以下至胥徒,现在空缺者。

巾　车

巾车掌公车之政令,辨其用与其旗物而等叙之,以治其出入。

【集注】

自五路至役车,皆典于公,而非私车也,故谓之公车。

王之五路,一曰玉路,锡,樊缨十有再就,建大常,十有二斿,以祀。

【集注】

　　王在焉曰路。玉路，以玉饰诸末。锡，马面饰。当卢额刻金为之，《诗》所谓"镂锡"也。樊，读如"鞶带"之"鞶"，马大带也。缨，当胸以革为之，或曰夹马颈者，即鞅也。自玉路至象路，其樊及缨皆以五采罽饰之，而就异焉。大常九旗之画日月者，正幅为縿，斿则属焉。

金路，钩，樊缨九就，建大旂，以宾，同姓以封。

【集注】

　　金路，以金饰诸末。钩，娄颔之钩也。《诗》曰"钩膺"，则宜在膺前。金路无锡，有钩，亦以金为之。大旂，九旗之画交龙者。以宾，以会宾客。

象路，朱，樊缨七就，建大赤，以朝，异姓以封。

【集注】

　　象路，以象饰诸末。象路无钩，以朱饰勒而已。大赤，九旗之通帛。异姓，王甥舅。

革路，龙勒，条缨五就，建大白，以即戎，以封四卫。

【集注】

　　革路，鞔之以革而漆之，无他饰。龙，駹也，以白黑饰韦为勒，其色杂，故曰駹。条读为绦，其樊及缨皆以绦丝饰之。不言樊字，脱也。以此言绦，知上三路饰樊及缨皆不用金玉象矣。大白，殷之旗。

四卫,蛮服以内庶姓诸侯守卫王室者。《司马职》"仲秋治兵,王载大常",与此异者,田猎为祭祀,故建祭祀之旗物,以表敬,非即戎比也。

木路,前樊鹄缨,建大麾,以田,以封蕃国。

【集注】

木路,不鞔以革,漆之而已。前,读为"缁翦"之"翦",浅黑也。以浅黑饰韦为樊,鹄色饰韦为缨。不言就数,饰与革路同。大麾不在九旗之列,色黑,夏后氏所建。蕃国谓九州之外,夷服、镇服、蕃服。田所建与《司马职》异者,岂出入在途,及列阵皆载大常,而围禁则建大麾与？或曰同姓以封,异姓以封。或曰以封四卫,以封蕃国。何也？金路不独以封同姓,而同姓之封为多。象路不独以封异姓,而异姓之封为多。故不得为必然之辞。若革路,则惟以封四卫,木路则惟以封蕃国也。

王后之五路:重翟,锡面朱总。厌翟,勒面缋总。安车,雕面鹥总,皆有容盖。

【集注】

重翟,重翟雉之羽为车前蔽也。此后从王祭祀所乘。厌翟,鳞次翟羽使相厌也。此从王宾飨诸侯所乘。安车,朝见于王所乘,以在宫中,故无前蔽。凡妇人车皆坐乘,独此名安车者,以他车有重翟、厌翟等名,此无异物可称也。勒面,谓以如王龙勒之韦为马面饰也。雕者,画之,不龙其韦总。著马勒,直两耳与两镳,以缯为之。鹥,青黑色。容车,帷施于旁者。一名裳帏,一名潼容,皆有容盖。故知重翟、厌翟,谓前蔽也。《诗》曰:"翟茀以朝。"岂夫人始归,得摄盛与?

翟车,贝面,组总,有握。

【集注】
　　翟车,不重不厌,以翟饰车之侧尔。贝面,以贝饰勒之当面也。握,帷幕也。曰有握则无盖矣。此车后乘以桑。

辇车,组挽,有翣,羽盖。

【集注】
　　辇车,不言饰,后宫中从容所乘,但漆之而已。组,所以挽车也。为辁轮,人挽之而行。有翣,以御风尘。以羽作小盖,翳日也。

王之丧车五乘:木车,蒲蔽,犬𧙛尾櫜,疏饰,小服皆疏。

【集注】
　　木车,不漆者。以蒲为蔽,以犬皮为覆笭。又以其尾为戈戟之弢。疏饰,谓以粗布为二物之缘也。小服,刀剑短兵之衣。此始遭丧所乘。

素车,棻蔽,犬𧙛素饰,小服皆素。

【集注】
　　素车,以白土垩车也。棻读为蒎,蒎麻以为蔽。其𧙛服以素缯为缘。此卒哭所乘。

藻车,藻蔽,鹿浅𧜡,革饰。

【集注】

藻,水草,苍色。以苍土垩车,以苍缯为蔽,以鹿夏皮毛浅者为覆笭。又以治去其毛者缘之。此既练所乘。○明斋王氏曰:"下驸车,始以苇为蔽。若用麻布与苍缯,则反精矣。盖即编蘋麻与水草以为蔽耳。"

驸车,萑蔽,然𧜡,髹饰。

【集注】

驸车,边侧有漆饰也。以萑为蔽者,漆则成藩,即吉也。然,果然也,猿属。髹,赤多黑少之韦也。此大祥所乘。

漆车,藩蔽,豻𧜡,雀饰。

【集注】

漆车,黑车也。藩,漆席也。豻,胡犬。雀,黑多赤少之色韦也。此禫所乘。旧说,下经大夫乘墨车,即漆车。然丧车无等,不应士庶人在丧,转得乘大夫之车。或车虽漆而与大夫之漆车异制。或墨车别有谓,而非漆之谓也。

服车五乘:孤乘夏篆,卿乘夏缦,大夫乘墨车,士乘栈车,庶人乘役车。

【集注】

服车,服事者之车。《考工记》"陈篆必正"。夏篆,五采画毂约也。夏缦,冒纮具五采也。墨车,漆而不画。栈车,不革鞔而漆之。役车,方箱,可载任器以共役。后之车别见,而孤卿以下不见。妇人车者,与夫同也。○郑刚中曰:"庶人,指府史胥徒,非在官者,亦徒行耳。"○王氏曰:"《周官》不载三公之车服,下同于孤也。"

凡良车、散车不在等者,其用无常。

【集注】

不在等者,不在服车五乘之等列也。作之有精粗,故有良散之名。此以给游燕及恩惠之赐。

凡车之出入,岁终则会之,凡赐阙之。

【集注】

凡授车必会其入,赐则其人得私有之,故去其籍也。

毁折,入赍于职币。

【集注】

赍,财也。乘官车毁折者,入财以偿缮治之直。

大丧,饰遣车,遂廞之,行之。

【集注】

遣车，见《内竖职》。饰谓设其纮、冒、茵、褶之类。旧说以金象革饰之，乃造车之事。

及葬，执盖从车，持旌。

【集注】

蜃车既设，帷荒不得设，盖是以执而随之。旌，铭旌也。于从车后别言持旌，明旌在车前也。

及墓，呼启关，陈车。

【集注】

关，墓门也。车，贰车也。

小丧，共柩路与其饰。

【集注】

柩路，载柩车。饰，棺饰。注大丧，谓王小丧兼后与世子，非也。《春秋传》：晋荀跞如周，葬穆后。叔向曰，王一岁而有三年之丧二焉。鲁齐归薨，叔向曰，君有大丧，国不废蒐。则后世子不得为小丧，明矣。盖谓群王子三夫人以下，路车以赐诸侯，则群王子夫人嫔妇得称柩路明矣。

岁时更续，共其弊车。

【集注】

更者,易其旧。续者,虽未经久而破坏,以新车续之。其弊车,以共车人材,或有中别用之。

大祭祀,鸣铃以应鸡人。

典 路

典路掌王及后之五路,辨其名物与其用说。

【集注】

说,谓舍车。王后之五路,巾车掌之,此又掌之者,专掌驾脱之节,陈列之次也。

若有大祭祀,则出路,赞驾说。大丧,大宾客,亦如之。

【集注】

祭祀出路,王当乘之也。丧宾则陈之。

凡会同、军旅、吊于四方,以路从。

【集注】

王乘一路,馀路悉从。○易彦祥曰:"谓因会同、军旅而行吊事。"

车　仆

车仆掌戎路之萃,广车之萃,阙车之萃,苹车之萃,轻车之萃。

【集注】
　　萃,犹副也。五者,皆兵车,所谓五戎也。戎路,王在军所乘也。广车,横阵之车也。阙车,所用补阙之车也。苹犹屏也,所用对敌自隐蔽之车也。轻车,驰敌致师之车也。《春秋传》曰:"公丧戎路。"又曰:"其君之戎,分为二广。"又曰:"帅斿阙四十乘。"《孙子·八阵》有苹车。又曰,驰车千乘。五者之制及萃数未尽闻。五戎之正,不言所掌者,巾车所掌革路,即戎路也。其下四戎之正,亦巾车掌之。

凡师,共革车,各以其萃,会同,亦如之。

【集注】
　　巡地及兵车之会,王乘戎路。乘车之会,王虽乘金路,犹共以从,不失备也。

大丧,廞革车。

【集注】
　　遣备革车,则金、玉、象、木不必言矣。言廞革车,则不徒戎路,广、阙、蘋、轻皆有焉。

大射,共三乏。

【集注】

乏,一名容,持旌告获者所以自蔽也。王大射,张三侯。侯后一乏。革车用皮,乏亦用皮,故因使共之宾射。燕射别无共乏者,则车仆兼共之明矣。而独举大射何也?按《司裘》:"王大射,则共虎侯、熊侯、豹侯。""诸侯则共熊侯、豹侯。"是熊侯,诸侯所射,豹侯,卿大夫士所射也。惟大射,朝觐之诸侯,王朝卿大夫皆与,乃张三侯,共三乏。若宾射,卿大夫不与,则惟共虎侯、熊侯。燕射,诸侯不与,则惟共虎侯、豹侯也。司裘共侯,所掌皮也。车仆共乏,所掌革也。

司　常

司常掌九旗之物名,各有属,以待国事。日月为常,交龙为旂,通帛为旜,杂帛为物,熊虎为旗,鸟隼为旟,龟蛇为旐,全羽为旞,析羽为旌。

【集注】

物名者,物异则名异也。属,旧说谓徽识,小旗也。或曰各属于其官府师都州里而藏之,以待用也。通帛,谓大赤,从周正色,无饰。杂帛者,以帛素饰其侧,白,殷之正色。全羽、析羽,皆五采,系之于旞、旌之上,所谓注旄于干首也。凡旗之帛,皆用绛,干首皆有旄,惟全羽、析羽无帛。

及国之大阅,赞司马颁旗物:王建大常,诸侯建旂,孤卿建旜,大夫、士建物,师都建旗,州里建旟,县鄙建旐,道车载旞,斿车载旌。

【集注】

仲冬教大阅,司马主其礼。王之旗画日月,象天明也。诸侯画交龙,一象其升朝,一象其下复也。孤卿不画,言奉王之政教而已。大夫士杂帛,言以先王正道佐职也。师都,六乡、六遂大夫也。谓之师都,都民所聚也。画熊虎者,乡遂出军赋,象其守猛,莫敢犯也。州里县鄙,乃乡遂之官,盖互约言之。鸟隼,象其勇健也。龟蛇,象其扞难辟害也。道车,象路也。王以朝夕燕出入。斿车,木路也。王以田以鄙,全羽、析羽五色,象其文德也。大阅,王乘戎路,建大常,而道车、斿车并从者,如宣王会诸侯于东都而田于甫草,必不废视朝,所谓视四方之听朝是也。道车,在朝,则建大赤。此载旞者,朝夕燕出入也。斿车,正田时,建大麾。此载旌者,小田及巡行县鄙也。○郑刚中曰:"此旗物,司常与大司马,或颁之或辨之。然王与诸侯,或建或载,不出乎大常与? 旂至于旜,则孤卿建之矣,师都又载之。物则大夫、士建之矣,乡遂又载之。旗则师都建之矣,军吏又载之。旟则州里建之矣,百官又载之。旐则县鄙建之矣,郊野又载之。何也? 盖军吏也,孤卿也,师都也,三者不同名,考其实,则皆孤卿而已。平日为孤卿,有事则为军将。在朝为孤卿,食采则在师都,故所互建者,旗也,旜也。所迭载者,亦旗也,旜也。乡遂也,大夫、士也,百官也,州里也,四者不同名,考其实皆大夫、士而已。判而言之,则曰大夫,曰士,合而言之,则曰百官。乡则有州,遂则有里,曰乡遂者,总名也。曰州里者,各举其一以名之。故所互建者,物也,旟也,所迭载者,亦物也,旟也。郊野也,县鄙也,二者不同名,考其实皆公邑之吏而已。乡遂馀地，与夫封王子弟之馀地，谓之公邑，亦谓之闲田。自其地言之，名曰郊野，自天子使吏治言之，名曰县鄙。故所互建者，旒也，所迷载者，亦旒也。"〇王氏曰："旝、旌言'载'，在车故也。其馀言'建'，不必皆在车。《觐礼》'上介皆奉其君之旂，置于宫，皆就其旂而立'是也。"

皆画其象焉，官府各象其事，州里各象其名，家各象其号。

【集注】

杜子春云，画当为"书"。郑康成曰，画云气也。〇注云三者旌旗之细。又云徽识之书，则云某某之事，某某之名，某某之号，非也。盖官府各有事，州里各有名，家各有号，并书于旌旗之上耳。所谓象者，即旌旗也。如孤卿同建旜，大夫、士同建物，而所书则别之曰某司徒之旜，某司空之旜，某大夫、士之物。所谓官府各象其事也。州里之吏，同建旟，则书某州之旟，某里之旟。所谓州里各象其名也。如鲁三家同建旗，则书季氏之旗，孟氏之旗，所谓家各象其号也。各象其事者，各书其事于象也。名号亦然。古文简奥，多如此。观《司马职》，王载大常，诸侯载旂，军吏载旗，师都载旜，乡遂载物，郊野载旐，百官载旟，各书其事与号焉，则此经之义显然矣。〇州里，乡遂也。于乡举大，于遂举细也。县鄙，公邑也。知然者，《司马职》中夏教茇舍曰县鄙，各以其名。而又曰乡以州名，野以邑名，则县鄙为公邑明矣。此不言县鄙者，各象其名，如州里无疑也。

凡祭祀，各建其旗。会同、宾客，亦如之，置旌门。

【集注】

项平甫曰:"各建其旗,所以属众。诸侯助祭,百官执事者各有之。此官共旌,掌舍设之。"

大丧,共铭旌,建廞车之旌,及葬,亦如之。

【集注】

铭旌,王则大常。葬时建之,则在途解脱之,可知矣。

凡军事,建旌旗;及致民,置旗,弊之。甸亦如之。

【集注】

始置旗以致民,民至仆之,诛后至者。

凡射,共获旌。

【集注】

获旌,告获者所持。大射,服不氏唱获。

岁时共更旌。

【集注】

取旧予新。

周　礼

都宗人

都宗人掌都祭祀之礼,凡都祭祀,致福于国。

【集注】

都,或有山川,及因国无主,九皇六十四民之祀,及王子弟自祭其祖,皆归脤于王。旧说,王子弟立祖王之庙,非也。郑祖厉王,鲁有文王之庙,乃僭礼逆祀耳。楚公子围之强横,其娶于郑曰"告于庄、共之庙"。则周之旧典可征矣。

正都礼与其服。若有寇戎之事,则保群神之壝。国有大故,则令祷祠,既祭,反命于国。

【集注】

令,令都有司也。

家宗人

家宗人掌家祭祀之礼,凡祭祀,致福。

【集注】

大夫采地所祀,与都同。若王近属,则自祭其祖,亦归脤于王。

国有大故,则令祷祠,反命。祭亦如之。掌家礼与其衣服、宫室、车旗之禁令。

【集注】

《都宗人职》,令祷祠反命于国。而此于反命下特起"祭亦如之"之文,注谓王又命祭,非也。祷,求也。祠,报也。无缘又命祭,盖王国有大故,而命祷祠于都家者,以其域内有群神之壇也。上所谓都宗祀、家祭祀之礼,祖庙、社稷、五祀之常祀也。都家各以其时用事,不复待命于王。若群神之壇,则或主分星,或主山川,或主因国帝王贤圣,非都家所得擅祀也。故不独有故祷祠,即每岁常祭,至期必以王命令之,祭毕必反命于家。乃备言之者,于都言之,或疑家之礼有异也,于家言之,则都可知矣。犹都曰正,都礼与其服,而家则条举衣服宫室车旗也。有寇戎,保神壇。则于都言之者,不先举群神之壇,则不知其为祷祠于群神也。

神 仕

凡以神仕者,掌三辰之法,以犹鬼神示之居,辨其名物。以冬日至,致天神人鬼。以夏日至,致地示物魅。以禬国之凶荒,民之札丧。

【集注】

此言以神仕都家者,盖都宗人、家宗人,皆官于王朝,以制都家之祀事,其私邑必各有巫祝。若王朝以神仕者,则大祝、司巫之属具矣。犹鬼神示之居,亦都家之鬼神示也。若国之神位,则小宗伯建之矣。都家之地，或为分星所在，则其神也，山川陵麓，则其示也。因国之无主，后者则其鬼也。其坛兆所宜，必图度而后定，所谓犹其居也。必掌三辰之法，然后可以犹鬼神示之居者，如《春秋传》所载，实沉为参神，神降于莘，曰其至之日，亦其物。戊子，逢公以登，而知妖星为告邑姜也。王国天神、地示、人鬼之祭，时地各异，而此以冬日至，致天神人鬼；夏日至，致地示物鬽；则为都家之祭明矣。曰"禬国之凶荒"者，示都家之统于王国，而异于外诸侯也。

李耜卿曰："宗伯掌邦礼，虽兼治神人，而事神为重。故其设官先后，皆以神事次之。小宗伯立鬼神示之位，肆师掌其玉帛牲牷，所以贰大宗伯也。祭莫先于祼，故首以郁人、鬯人、司尊彝。铺筵设同几为依神也，故司几筵次之。陈其宗器，故天府次之。礼之以玉，故典瑞又次之。祭有尊卑，服有等差，故次司服。先鸡人于司尊彝者，明禴祠烝尝，欲及时事也。先典命于司服者，古者于禘，发爵赐服，所谓祭有十伦，此其一也。次典祀、守祧，未祭守之，当祭巡之也。次世妇至外宗，赞王后内事也。祭以追远，丧以慎终，故冢人至职丧次之。礼交动乎上，乐交应乎下，故大司乐至司干二十官次之。贞之梦卜，以知其情，故有大卜八官。假于祝巫，以荐其信，故有祝巫八官。然后有大史四官，详于天道。内史三官，谨于人治。而莫不有祭祀之联事。祭必乘大路，载大常，故继以自巾车至司常四职。都宗人、家宗人，祭有赐禽，有事命祷，故附见焉。虽其间名分之严，教育之方，凶宾军嘉之礼，莫不备举，而无非推仁孝诚敬之心，以及于天下，默契天亲之理，以顺其秩叙命讨之公，此天道之至教，圣人之至德也。

卷七　夏官司马第四

夏于时为火,于卦为离。离为甲胄,为戈兵。《离》上之象曰:"王用出征。"《诗》曰:"如火烈烈,则莫我敢曷。"盖非威明之极,不能用兵以正天下。故司马为夏官,主兵,而以马名官,军政莫重于马也。

叙　官

惟王建国,辨方正位,体国经野,设官分职,以为民极。乃立夏官司马,使帅其属而掌邦政,以佐王平邦国。

【集注】

政,正也。夏后氏命胤侯掌六师,举政典以示众。则邦政之掌于司马,旧矣。凡国事无非政,而独于司马言政者,张皇六师,然后礼乐征伐自天子出,而政行于天下也。

政官之属,大司马,卿一人。小司马,中大夫二人。军司马,下大夫四人。舆司马,上士八人。行司马,中士十有六人,旅下士三十有二人。府六人,史十有六人,胥三十有二人,徒三百有二十人。

【集注】
　　舆,众也。行,谓军行列。晋作六军,而有三行,取名于此。舆司马、行司马,即用官中之士,特在官府,则曰上士、中士,在军则曰舆司马、行司马耳。司马总六军,军事繁重,故史、胥、徒独多。○黄文叔曰:"舆司马掌车,行司马掌卒,军司马兼掌之。"

　　凡制军,万有二千五百人为军。王六军,大国三军,次国二军,小国一军。军将皆命卿。二千有五百人为师,师帅皆中大夫。五百人为旅,旅帅皆下大夫。百人为卒,卒长皆上士。二十五人为两,两司马皆中士。五人为伍,伍皆有长。

【集注】
　　言军将皆命卿,则以下军帅不特置选于六官、六乡之吏德任者使兼官焉。《诗·大雅·常武》:"整我六师。"此王六军之见于经也。《春秋传》曰"成国不过半天子之军",又"王命曲沃伯以一军为晋侯",又"晋作二军"。此诸侯军制之见于传也。

　　一军则二府,六史,胥十人,徒百人。

【集注】
　　在军则置之,罢则已。

司勋,上士二人,下士四人,府二人,史四人,胥二人,徒二十人。

【集注】

勋,功也。军无赏不足以作众,故首司勋。

马质,中士二人,府一人,史二人,贾四人,徒八人。

【集注】

质,平也。主买马,以供军用,而平其贾直。《地官》岁时稽乡、遂、都、鄙之牛马,辨其可任之物。马之在民者,无不足之虑矣。而公马之缺,则官买之。马质宜属校人,今列此者,校人兼掌六马,而戎马之用尤多,其事尤急,故先之。

量人,下士二人,府一人,史四人,徒八人。
小子,下士二人,史一人,徒八人。
羊人,下士二人,史一人,贾二人,徒八人。
司爟,下士二人。徒六人。

【集注】

爟,故书为燋。爟者,民间理爨之火也。

掌固,上士二人,下士八人,府二人,史四人,胥四人,徒四十人。

【集注】

　　国曰固,野曰险。《易》曰:"王公设险,以守其国。"

　　司险,中士二人,下士四人,史二人,徒四十人。
　　掌疆,中士八人,史四人,胥十有六人,徒百有六十人。
　　候人,上士六人,下士十有二人,史六人,徒百有二十人。

【集注】

　　候,迎宾客之来者。《诗》曰:"彼候人兮,何戈与祋。"故列于夏官。其法必每方各上士一人,下士二人,馀六人则掌达于朝,或军行则从也。

　　环人,下士六人,史二人,徒十有二人。

【集注】

　　以环名官,取巡逻周杂之义。在军则置之,与秋官环人掌迎送之职异。

　　挈壶氏,下士六人,史二人,徒十有二人。

【集注】

　　世主挈壶水以为漏,军行必载漏,故属夏官。

　　射人,下大夫二人,上士四人,下士八人,府二人,史四人,胥二人,徒二十人。

服不氏,下士一人。徒四人。

【集注】

服不服之兽。

射鸟氏,下士一人,徒四人。

罗氏,下士一人,徒八人。

掌畜,下士二人,史二人,胥二人,徒二十人。

司士,下大夫二人,中士六人,下士十有二人,府二人,史四人,胥四人,徒四十人。

【集注】

司士隶夏官,以司马论辨官材,习察其人,然后用之各当也。

诸子,下大夫二人,中士四人,府二人,史二人,胥二人,徒二十人。

司右,上士二人,下士四人,府四人,史四人,胥八人,徒八十人。

虎贲氏,下大夫二人,中士十有二人,府二人,史八人,胥八十人,虎士八百人。

【集注】

不言徒而曰虎士,盖勇而有志行者。

旅贲氏,中士二人,下士十有六人,史二人,徒八人。

【集注】
　　以旅名者,言为王心膂也。夹王车而趋,其地尤近,职尤亲,故皆以命士为之,且世职焉。盖必材武过人,忠义素厉,而后得与此选。后世逆乱,多由禁旅,使宿卫皆世臣良士,奸凶岂能煽哉。

节服氏,下士八人,徒四人。

【集注】
　　节服氏隶夏官,以与诸仆联事。凡王有行,无不从也。

方相氏,狂夫四人。

【集注】
　　方相,犹言放想,可畏怖之貌。或曰以其相视而攻疫者,非一方也,故《月令》于大难曰旁磔。

大仆,下大夫二人;小臣,上士四人;祭仆,中士六人;御仆,下士十有二人;府二人,史四人,胥二人,徒二十人。
　　隶仆,下士二人,府一人,史二人,胥四人,徒四十人。
　　弁师,下士二人,工四人,史二人,徒四人。

【集注】
　　弁者,古冠之大称。

司甲,下大夫二人,中士八人,府四人,史八人,胥八人,徒八十人。

司兵,中士四人,府二人,史四人,胥二人,徒二十人。

司戈盾,下士二人,府一人,史二人,徒四人。

司弓矢,下大夫二人,中士八人,府四人,史八人,胥八人,徒八十人。

缮人,上士二人,下士四人。府一人,史二人,胥二人,徒二十人。

槀人,中士四人,府二人,史四人,胥二人,徒二十人。

【集注】

箭干谓之槀。

戎右,中大夫二人,上士二人。

【集注】

右者,参乘。此充戎路之右,田猎亦参乘焉。戎右以中大夫,齐右以下大夫,道右以士者,右取其武,故戎右宜尊。宾祭尚严,故次之,朝夕视朝,武非所尚也。右以戎兼田,以祀兼宾,而仆各异者,右主捍卫其事,可兼宾祀。师、田车行异节,必各有专仆,而后事可闲也。

齐右,下大夫二人。

道右,上士二人。

周 礼

【集注】
　　李子华曰:"自戎右而下无府、史、胥、徒,盖临事取之司右,官非特置也。"

　　大驭,中大夫二人;戎仆,中大夫二人;齐仆,下大夫二人;道仆,上士十有二人;田仆,上士十有二人;驭夫,中士二十人,下士四十人。

【集注】
　　王朝朝暮夕驾税烦,故道仆数最多。田仆亦多者,王田道车、旞车并从也。据《校人职》,驭夫当六十三人,此疑脱。○王志长曰:"戎车之驭,与大驭同为中大夫者,重戎也。而不得同称驭者,重祀也。"

　　校人,中大夫二人,上士四人,下士十有六人,府四人,史八人,胥八人,徒八十人。

【集注】
　　主马者必校视之,故以名官。

　　趣马,下士皂一人。徒四人。

【集注】
　　趣,养马者。《诗》:"蹶维趣马。"

巫马,下士二人,医四人,府一人,史二人,贾二人,徒二十人。

【集注】

巫马,知马祖、先牧、马社、马步之神者,马疾若有犯焉则知之。

牧师,下士四人,胥四人,徒四十人。

【集注】

《地官》:"牧人掌牧六牲。"惟马之为牲者,则牧马。馀皆牧师所掌。

廋人,下士闲二人,史二人,徒二十人。

【集注】

廋之言数。

圉师,乘一人,徒二人;圉人,良马匹一人,驽马丽一人。

【集注】

养马者曰圉。四马为乘。丽,耦也。

职方氏,中大夫四人,下大夫八人,中士十有六人,府四人,史十有六人,胥十有六人,徒百有六十人。

【集注】

主四方之贡。

土方氏,上士五人,下士十人,府二人,史五人,胥五人,徒五十人。

怀方氏,中士八人,府四人,史四人,胥四人,徒四十人。

【集注】

怀,来也。

合方氏,中士八人,府四人,史四人,胥四人,徒四十人。

训方氏,中士四人,府四人,史四人,胥四人,徒四十人。

形方氏,中士四人,府四人,史四人,胥四人,徒四十人。

山师,中士二人,下士四人,府二人,史四人,胥四人,徒四十人。

【集注】

《王制》云:"名山大泽不以封。"故天子立山川之师,以遥掌之使贡,故与职方连类在此。土方氏、形方氏及山师、川师、原师所役,皆司徒之事,而以属司马者,示有不禀职方之度而侵败王略者,则九伐随之也。

川师，中士二人，下士四人，府二人，史四人，胥四人，徒四十人。

原师，中士四人，下士八人，府四人，史八人，胥八人，徒八十人。

匡人，中士四人，史四人，徒八人。

撢人，中士四人，史四人，徒八人。

【集注】
　　主撢序王志，以语天下。○李泰伯曰："天下之情欲上达，故训方氏之职设。人主之志欲下通，故撢人之职设。古者君民一体，上下交孚，而无壅遏之患如此。"

都司马，每都上士二人，中士四人，下士八人，府二人，史八人，胥八人，徒八十人。

【集注】
　　此王臣遥掌都事。

家司马，各使其臣，以正于公司马。

【集注】
　　卿大夫之采地，王不特置司马，各自使其家臣为之，主军赋，以听政于王之司马。公司马，即职文所谓国司马也。

大司马

大司马之职,掌建邦国之九法,以佐王平邦国。制畿封国以正邦国,设仪辨位以等邦国,进贤兴功以作邦国,建牧立监以维邦国,制军诘禁以纠邦国,施贡分职以任邦国,简稽乡民以用邦国,均守平则以安邦国,比小事大以和邦国。

【集注】

独九法曰邦国者,四官所建皆王邦之典,而侯国兼用之,九法则专为侯国而设也。制畿,即下经九畿。设仪,即司仪所掌九仪。进贤,谓诸侯有德者加命为牧伯。兴功,谓诸侯有功者加地进律。牧,八州之牧。监,卒正、连帅以下相监临者。分职,谓王巡狩征伐大小之国,各有所承之职事,《春秋传》所谓"各修旧职"是也。均守,即《司徒职》所谓"均地守",《掌固职》所谓"通守政"也。八则者,王国所以治都鄙,而侯国亦用焉。守均而则平,则内和外固,而国无不安矣。五官之典皆备于九法,而以属司马,何也?不能四征不庭,则五官之典皆不行于天下。《书》曰:"其克诘尔戎兵,以陟禹之迹。"《江汉》之诗言:"召虎南征,疆土是彻。"盖率由周公之典法也。

以九伐之法正邦国,冯弱犯寡则眚之,贼贤害民则伐之,暴内陵外则坛之,野荒民散则削之,负固不服则侵之,贼杀其亲则正之,放弑其君则残之,犯令陵政则杜之,外内乱鸟兽行则灭之。

【集注】

眚，病之也，如贬其爵命，薄其恩礼，挞其附庸之类，与削异。野荒民散，不能自治其国邑，故削之。冯弱犯寡，必雄桀骄蹇之侯也，病之使不能张，则自戢矣。坛谓出其君，置之空埒之地，而更立贤者。暴内，即上贼贤害民；陵外，即上冯弱犯寡。兼是二者，故夺其位。伐者，声罪致讨；侵者，出其不意，而扼其要塞，《诗》所谓"深入其阻"也。要荒之国，负恃险阻，非夺其所恃，终不可服，故利用侵正，执而治其罪也。残，杀也。犯令陵政，则叛上之迹已著。杜之者，使邻国不得交通，环而攻之也。残止于诛其身，灭则泯其宗社。盖舍乱人之类，其或先世有元德显功，则建置族姓叫矣。

正月之吉，始和布政于邦国都鄙，乃县政象之法于象魏，使万民观政象，挟日而敛之。

乃以九畿之籍，施邦国之政职。方千里曰国畿，其外方五百里曰侯畿，又其外方五百里曰甸畿，又其外方五百里曰男畿，又其外方五百里曰采畿，又其外方五百里曰卫畿，又其外方五百里曰蛮畿，又其外方五百里曰夷畿，又其外方五百里曰镇畿，又其外方五百里曰蕃畿。

【集注】

籍，其礼差之书也。政职，谓王巡狩征伐所承之职事。自蛮服以上，乃中国之九州，夷服以下，则《大行人》所谓"蕃国世一见"者。○李耜卿曰："此经即施贡分职，以任邦国也。下经即简稽乡民，以用邦国也。九法皆经理诸侯，惟此二事乃王之所得于诸侯者,故特详之。"

凡令赋以地与民制之,上地食者参之二,其民可用者家三人。中地食者半,其民可用者二家五人。下地食者参之一,其民可用者家二人。

【集注】

此征兵邦国之制。○朱子曰:"赋,兵也。古者以田赋出兵,故谓兵为赋。覆举《遂人职》文者,必知其可任之人数,然后可定征兵之数也。侯国制畿施职,制地令赋,司徒职已具矣,而复列于司马者,必司马董正之,然后疆埸不犯,而政令无壅也。"

中春教振旅,司马以旗致民,平列陈,如战之陈。

【集注】

兵者,凶事,不可空设,故因蒐狩而习之。凡师,出曰治兵,入曰振旅。春教振旅,入而专于农事也。秋教治兵,农事将毕,可出而用之也。

辨鼓铎镯铙之用。王执路鼓,诸侯执贲鼓,军将执晋鼓,师帅执提,旅帅执鼙,卒长执铙。两司马执铎,公司马执镯。

【集注】

路鼓、贲鼓、晋鼓、铎、镯、铙,俱见《鼓人职》。鼙见《钟师职》。

提谓马上鼓,有曲木提持立马髦上者。公司马谓伍长。《鼓人职》"以蘱鼓鼓军事"①,而王执路鼓,军将执晋鼓者,教战,非即戎也。诸侯执贲鼓者,教以敌王所忾也。

以教坐作、进退、疾徐、疏数之节。

【集注】
　　见下经大阅。

遂以蒐田。有司表貉,誓民,鼓遂,围禁。火弊,献禽以祭社。

【集注】
　　春田曰蒐。甸祝掌四时之田,表祃之祝号。则表貉者,甸祝也。乡师出田法,致众庶,而治其政令。则誓民者,乡师也。故通谓之有司。《记》曰:"司徒搢扑,北面誓之。"禁者,虞衡守禽之厉禁也。弊,止也。春田主用火,因焚莱除陈草,皆杀而火止。献禽众,献其所获也。貉,书亦或为祃。

中夏教茇舍,如振旅之陈。群吏撰车,徒读书契,辨号名之用。

【集注】
　　茇,野宿而草舍也,所戒在夜,故辨号名,使闻声可别。撰,择

---

① "蘱",原作贲,据《地官·鼓人》改。

数之也。

帅以门名，县鄙各以其名，家以号名，乡以州名，野以邑名，百官各象其事，以辨军之夜事，其他皆如振旅。

【集注】
帅谓军将。古者军将为营，治于国门。如鲁有东门襄仲，宋有桐门右师，皆上卿为军将者。县鄙谓公邑大夫也。家谓食采地者之臣也。六乡以州名，六遂以邑名，百官各象其事，谓各书其职事于旗物，而因以为号也。夜事，夜中守战之事。

遂以苗田，如蒐之法。车弊，献禽以享礿。

【集注】
夏田为苗，除禽兽之害。稼者，主用车，皆杀而车止。礿，宗庙之夏祭也。

中秋教治兵，如振旅之陈。辨旗物之用，王载大常，诸侯载旂，军吏载旗，师都载旜，乡遂载物，郊野载旐，百官载旟，各书其事，与其号焉。其他皆如振旅。

【集注】
师都，孤卿也。治兵所载旗物，与司常所建互异，何也？旜与物，无事时所建也。故王朝孤卿、大夫、士建之。熊虎之旗，鸟隼之旟，龟蛇之旐，军旅所建也。故师都、乡遂、公邑之吏，合卒伍简车，辇兵器建之。及司马治兵，则师都、乡遂之吏，有莅众而不列阵者，故所建异也。师都之吏,孤卿也。军吏,亦孤卿也。既有军吏,复有师都,而所载各异,何也?孤卿之长师都而为军吏者,既载旗矣,其王子弟,及退居采地之孤卿,则载旜也。乡遂之吏,如州长、县正,各帅其民而致者,既列陈而作旗矣,其乡师、遂师、遂大夫、党正之属,掌政令刑禁而不帅车徒以骤趋于行陈者,则载物也。惟此经所谓郊野,即《司常职》所谓县鄙,而所建所载皆旟,盖公邑之吏,帅民而致,皆身列陈,故旗物无异耳。知然者,县师掌邦国、都鄙、稍甸、郊里之地,有会同、军旅、田役则受法于司马,使各帅其车徒而至,乡之帅而至者州长,遂之帅而至者县正,则公邑之帅而至者,必其吏也。乡遂之吏,有不列陈者,故所载异。公邑之吏,无不列陈者,故所载同也。然则乡遂之吏列陈者,安载载旗也。知然者,大阅群吏,以旗物各帅其民而致,则乡遂之吏必仍载旟,与公邑之史载旟同矣。其曰群吏作旗,群吏弊旗,即谓旜旟也。惟或载旟,或载旜,故以旗包之也。百官亦载旟,何也?从王而治军旅,故建军旅之旗物以示威也。苃舍治兵称名各异,何也?苃舍,乡以州名,野以邑名,则野为遂明矣,故县鄙为公邑。治兵乡遂载物,则郊野必公邑也。其或曰县鄙,或曰郊野,何也?凡公邑皆谓之县,掌于县师。而其地在四鄙,其曰郊野,又以见远郊及六遂之馀地,亦间设公邑也。治兵列师都,而不及大夫有采者,于百官包之也。苃舍,则以家包孤卿、大夫、王子弟也。列县鄙于家之前者,公邑也。先公邑与家,而后乡遂者,苃舍之礼,辨号名以习夜事,远者难辨,故先之,近者易辨,故后之也。○经文"乡遂载物",而谓列陈者仍载旟,何也?以核其事实而知之也。六卿茌其私邑曰师都,监六乡曰乡大夫,而治兵则为军吏。乡大夫既为军吏,则载旗矣。州长、县正以旗物各帅其民而致,则必载平时所建之旟矣。其载物者,独乡遂之吏不列陈者耳。犹司士所掌朝位,三公北面,孤东面,卿大夫西面。而周制常以六卿兼公孤,则卿之兼公者必北面矣,兼孤者必东面矣。其西面者,独不兼公、孤之卿耳。

乡师于四时之田所治者，政令、刑禁、争讼也。遂师所掌者，禁令、赏罚也。遂大夫所掌，无军事。党正以法治师田、行役之政事。此四职者皆莅众而不列陈，则所载旗物必别于列陈者可知矣。惟乡师职巡前后之屯，而戮其犯命者，近于军事。然曰巡前后之屯，则不与围禁，明矣。盖仍治其徒庶之政令耳。

遂以狝田，如蒐田之法。罗弊，致禽以祀祊。

【集注】
狝，杀也。罗，网也。祊，当为"方"。秋田主祭四方，报成万物。《诗》曰："以社以方。"春夏曰献禽，秋冬曰致禽者，物成而获多，故属而聚之，然后取其上杀以献也。

中冬教大阅，前期，群吏戒众庶，修战法。

【集注】
春辨鼓铎镯铙，夏辨号名，秋辨旗物，至冬大阅简军实，而兼教上三者。群吏，乡师以下。

虞人莱所田之野为表，百步则一，为三表，又五十步为一表。田之日，司马建旗于后表之中。群吏以旗物鼓铎镯铙，各帅其民而致。质明，弊旗，诛后至者。

【集注】
莱，芟除其草莱，令车徒可列陈也。表，所以识行列也。四表相去仅三百五十步，盖表太远，则费时多，田狩将不及事矣。质，正也。

乃陈车徒，如战之陈，皆坐。群吏听誓于陈前，斩牲，以左右徇陈，曰，不用命者斩之。

【集注】
　　皆坐，当听誓。群吏，诸军帅也。车徒当陈于后表之北。《记》曰："司徒搢扑，北面誓之。"惟陈于后表之北，故誓必北面，誓毕，然后司马南面，令鼓，而车徒以次而前也。

　　中军以鼙令鼓，鼓人皆三鼓，司马振铎，群吏作旗，车徒皆作。鼓行，鸣镯，车徒皆行，及表乃止。三鼓，摝铎，群吏弊旗，车徒皆坐。

【集注】
　　中军，中军之将也。鼓人，师帅、旅帅也。或曰：《鼓人职》"军动则鼓其众，田役亦如之"。中士六人，各直一军。司马，两司马也。鸣镯者，伍长也。摝铎，止行息气也。以《春秋传》考之，君虽在军中，军别有主将，蒐狩列职于司马，则中军宜司马也。而《太仆职》"凡军旅田役，赞王鼓"，岂王先鼓之，而后司马以鼙令与？

　　又三鼓，振铎，作旗，车徒皆作。鼓进，鸣镯，车骤徒趋，及表乃止，坐作如初。乃鼓，车驰，徒走，及表乃止。鼓戒三阕，车三发，徒三刺，乃鼓退，鸣铙且却，及表乃止，坐作如初。

【集注】

鼓戒，若戒攻敌也。鼓一阕，车一发，徒一刺，三而止。象敌服锐，所以止鼓，车徒皆行，及表乃止，第一表也。车骤徒趋，及表乃止，第二表也。车驰徒走，及表乃止，第三表也。盖群吏致民于后表之中，陈而皆坐，尚未行也。故至第一表曰车徒皆行。由第一表至第二表象师之进，故曰鼓进。由第二表至第三表则极矣，象伐国之附其城，对敌之薄其陈，故车发徒刺，而鼓退也。注疏并误。凡此坐作、进退、发刺之节，四时所同，而独于大阅言之者，民事至冬而毕，然后车徒可详简也。○注："天子六军，三三而居一偏，皆中军自阅。"非也。以理推之，司马主中军，监临群吏，其五军之帅，亦各阅其属，每军各立四表，如中军之式。诸侯、师都之吏，则各帅其属，分隶六军，中军不遍阅也。盖古者，兵车一乘，用士七十五人，而大阅之表，相去仅百步，必单乘如墙而进，始能容其骤趋、驰走，而及表而止，乃得截然齐一。虽各阅其属，分班鳞次，犹恐难遍，况以中军遍阅六军乎？知必分班以进者，每军万人，若车徒平列，远者当在三数里之外，其坐作、进退、发刺之节，虽本军耳目，不能尽及也。○大阅时，疑遍阅六军之士，而车不尽阅。《鲁颂》："公车千乘，公徒三万。"以法考之，三万人仅充三百馀乘之用。天子万乘，若尽阅之，则无地以陈，无人以供。《传》载鲁人大蒐于红①，自根牟至于商卫，革车千乘，合鲁东西封略以为言，则知非尽陈于所蒐之地矣。鲁蒐尽陈革车，以三桓变旧制，分公室，各自为军，恐数有虚冒，故备陈而数之。先王之世，不料民而知其多寡，况车数乎？盖乡遂之吏，岁时校登车辇，其法已悉矣。《司徒职》："惟田竭作。"盖更番而教之。虽大阅，岂能尽试乡遂、都鄙正羡之卒。谓之大者，惟此备六军之数，若三时之田，虽六军不必备也。

---

① "于红"，抗希堂本无。

遂以狩田，以旌为左右和之门，群吏各帅其车徒，以叙和出，左右陈车徒，有司平之。旗居卒间以分地，前后有屯百步，有司巡其前后。险野，人为主。易野，车为主。

【集注】
　　冬田为狩。言守取之，无所择也。和之义，当为面，为角。《国策》："见棺之前和。"凡物皆得称。注"军门曰和"，非也。"以叙和出"，以次第出左右两和门也。"左右陈车徒"，以下皆列陈之事。盖车徒既出军门而趋围禁，则左右陈之，有司平其行列，每百人为卒，则植旗其间，以分所占之地，必广狭如一。古者天子不合围，故六军分为二阵，而驱逆之车当旁禁地之前后，各有屯百步，以待田毕屯车徒而后各献其所获也。有司，谓乡师也，其职曰巡前后之屯，而戮其犯命者。"险野人为主"，谓列阵用徒，而以车承其阙也。"易野车为主"，谓列阵用车，而以徒承其阙也。

既陈，乃设驱逆之车，有司表貉于陈前。

【集注】
　　驱，驱出禽兽，使趋田所。逆，逆要，令不得出围也。设此车者，田仆。

中军以鼙令鼓，鼓人皆三鼓，群司马振铎，车徒皆作，遂鼓行，徒衔枚而进，大兽公之，小兽私之，获者取左耳。

【集注】
　　群司马，谓两司马也。枚，如箸，衔之，有繣结项中。军法以此

425

止语。获禽者,取左耳以计功。

及所弊,鼓皆駴,车徒皆噪。

【集注】

"及所弊",至田所当止之处也。鼓、噪,象克敌而喜。疾击鼓曰駴。噪,欢也。

徒乃弊,致禽馌兽于郊,入献禽以享烝。

【集注】

"徒乃弊",徒止也。"致禽馌兽于郊",聚所获禽,因以祭四方之神于郊。《月令》"季秋,天子既田,命主祠祭禽于四方"是也。入,又以禽祭宗庙。

及师大合,军以行禁令,以救无辜,伐有罪。

【集注】

师,谓司马,奉王命以征伐也。行禁令,因伐有罪,而明王禁于群侯也。

若大师,则掌其戒令。莅大卜,帅执事,莅衅主及军器。

【集注】

大师,王出征伐也。主,谓迁庙主及社主。军器,鼓铎之属。

及致,建大常,比军众,诛后至者。

【集注】

稍人帅众而致于大司马。王亲征,则邦国亦以师从。凡帅众而至者,大司马皆以致于王,故建大常。

及战,巡陈视事而赏罚。若师有功,则左执律,右秉钺,以先恺乐献于社。若师不功,则厌而奉主车。

【集注】

律,军法之书也。《易》曰:"师出以律。"兵事以严终,故既胜,犹执律秉钺也。先,犹道也。兵乐曰恺。厌,谓厌冠丧服也。主车,载迁庙主与社主者。

王吊,劳士,庶子则相。

【集注】

师败,王亲吊士庶子之死者,劳其伤者。

大役,与虑事属其植,受其要,以待考而赏诛。

【集注】

大役,筑城邑也。虑事者封人,而司马亦与焉。植,桢干之属,所用以分地而筑也。属,谓赋丈尺,与所用人数。要,簿书也。

大会同，则帅士庶子，而掌其政令。
若大射，则合诸侯之六耦。

【集注】
疏谓宾射亦六耦，但不用诸侯，恐未安。经于诸侯曰"大宾客"，因其朝觐会同而与之射，故谓之宾射，所以别于王臣之燕射也。此经独举大射者，明诸侯、公孤、卿、大夫、士咸与，而司马所合独诸侯之六耦也。若宾射，惟诸侯与，则司马合耦不必言矣。《射人职》："王以六耦射三侯。"曰"合诸侯之六耦"，则公孤、卿、大夫、士耦皆以六可知矣。

大祭祀、飨食，羞牲鱼，授其祭。

【集注】
牲鱼，牲及鱼也。祭，谓尸宾食祭。

大丧，平士大夫。丧祭，奉诏马牲。

【集注】
平者，正其职与位。王丧，以马祭，盖遣奠也。奉诏者，奉其牲以告于神。

小司马

小司马之职掌以下文阙。

凡小祭祀，会同飨射，师田、丧纪，掌其事，如大司马之法。

军司马阙

舆司马阙

行司马阙

司　勋

司勋掌六乡赏地之法，以等其功。

【集注】
　　赏田在远郊，属六乡。等，犹差也。

王功曰勋，国功曰功，民功曰庸，事功曰劳，治功曰力，战功曰多。

【集注】
　　王功，辅成王业。国功，保国全家。民功，法施于民。事功，尽瘁勤事。治功，制法成治。战功，克敌制胜。

凡有功者，铭书于王之大常，祭于大烝，司勋诏之。

【集注】

报享之礼,冬祭为盛,故有功者与焉。诏,谓诏司常书之,及烝则使祝告于庙。

大功,司勋藏其贰。

【集注】

贰,犹副也。覆出司勋,明铭书者,司常也。如曰"大功藏其贰",则似铭书以归于司常,而自藏其贰矣。○李耜卿曰:"既曰'凡有功',又曰'大功',则统而观之,六功有大小。析而言之,每功有轻重也。"

掌赏地之政令,凡赏无常,轻重视功。
凡颁赏地,参之一食,惟加田无国正。

【集注】

参之一食,归其二于公也。《春秋传》:"卑而贡重者,甸服也。"盖《大府职》:"家稍之赋,以待匪颁;邦县之赋,以待币帛;邦都之赋,以待祭祀。"《委人职》:"以稍聚待宾客。"《遗人职》:"县都之委积,以待凶荒。"非归其二于公,用弗给也。故畿内食采者,所受之地,与外诸侯同。而服物官吏,则每减焉。以所食者,参之一也。加田,加赐之田。国正,谓税也。

马 质

马质掌质马。马量三物:一曰戎马,二曰田马,三曰驽马。皆有物贾。

【集注】

　　此三马皆买以给官府之用者,其用各有等,其材各有宜,故以三物量之。物异则贾从之,故谓之质。

纲恶马。

【集注】

　　纲,谓以縻索縶维而调习之。

凡受马于有司者,书其齿毛与其贾。马死,则旬之内更,旬之外入马耳,以其物更,其外否。

【集注】

　　更,偿也。旬之内死,如其齿毛及贾而偿其马。旬之外则以其物偿。物,皮筋骨也。不及价,则附益之。过此,则归死马于官而已。入马耳,防抵伪也。

马及行,则以任齐其行。若有马讼,则听之。

【集注】

　　及行,始驾也。量其力所能任,及行道远近,以类相从,而闲习之,所谓齐其行也。马讼,谓买卖之言相负者。

禁原蚕者。

【集注】

原,再也。天文,辰为马。《蚕书》:"蚕为龙精,月值大火,则浴其种。"是蚕与马同气,物莫能两大,故禁再蚕为伤马与?○李耜卿曰:"惟牧马之地,及牧者之家,不得再蚕也。"

量　人

量人掌建国之法,以分国为九州。营国城郭,营后宫,量市朝、道巷、门渠。造都邑亦如之。

【集注】

以分国为九州者,周更定九州,析冀以为幽、并,并徐于青,而豫州之境,西至华山,则虞夏以来,建国必有旧属于此,而新属于彼者,故曰分也。"营国"以下专言王国,旧说兼侯国,非也。凡建侯国,大司徒制其域,封人封其四疆而已。城郭、后宫、市朝、道巷、门渠之细,非王官所能及也,其国自有匠人营之。封人中士四人,下士八人,以有出疆之职也。量人下士二人,兼供丧祭、军旅之役,岂能遍营六服之国邑哉。《诗》载召伯营申,及于寝庙,乃宣王特厚元舅,非封国常制。

营军之垒舍,量其市朝、州涂、军社之所里。

【集注】

军壁曰垒。军有朝者,或王亲在行,或主兵者三公及诸侯入为卿士者。军有州者,二千五百人为师,其数如一州之众。军有涂者,部曲区分,各有道以相凑也。军社,社主在军者里,所以定分界也。量,市朝、州涂、军社之所届也。《诗》:"瞻卬昊天,云如何里。"亦当训界。○《国语》季氏有内外朝,《戴记》大夫有私朝,疑皆僭礼,记者习而不察。

邦国之地与天下之涂数,皆书而藏之。

【集注】

书地,谓方圜山川之广狭。书涂,谓支凑之远近。

凡祭祀、飨宾,制其从献脯燔之数量。

【集注】

祭礼献酒以燔从,飨宾献有脯从,故总言之。数,多少也。量,长短也。

掌丧祭奠竁之俎实。

【集注】

竁之俎实,谓所包遣奠。

凡宰祭,与郁人受斝历而皆饮之。

【集注】

冢宰,容摄祭。斝,酒器,或曰读如"嘏尸"之"嘏"。历,与"沥"通。《曾子问》:"宗子有故在他国,摄主不假,不敢受福也。宰摄祭,故不敢饮福,而神惠不可虚,故量人、郁人饮之,分绝远则无嫌也。"《周书·顾命》:"大保饮福,嗣君在而亚献,故不嫌。"

小 子

小子掌祭祀羞羊肆、羊殽、肉豆。

【集注】

肆,体荐全烝也。殽,体解节折也。豆肉者,切肉也。

而掌珥于社稷,祈于五祀。
凡沉、辜、侯禳,饰其牲。

【集注】

沉,谓祭川。《尔雅》曰:"祭川曰浮沉。"辜,磔牲以祭,即《宗伯职》所谓疈辜也。

衅邦器及军器。凡师、田,斩牲以左右徇陈。

【集注】

羊性狠,故斩以徇,以警不用命者。

祭祀,赞羞,受彻焉。

【集注】

若司马羞牲鱼之等,则赞之。及彻,则受之。

羊 人

羊人掌羊牲。凡祭祀,饰羔。祭祀,割羊牲,登其首。

【集注】

羔,稚羊。饰之以缋。登,升也。升首于室,报阳也。未祭之前,则饰之。祭之时,则割之。于羔曰饰,于羊牲曰割,互见也。

凡祈珥,共其羊牲。宾客,共其法羊。

【集注】

法羊,飨饔积膳,法当共者。

凡沉辜、侯禳、衈、积,共其羊牲。

【集注】

积,故书为眡,读为渍,谓衈国器、渍军器也。或曰积谓积柴之祀。

若牧人无牲,则受布于司马,使其贾买牲而共之。

【集注】

牧人无牲时,或耗败也。

司 爟

司爟掌行火之政令,四时变国火,以救时疾。

【集注】

春取榆柳之火,夏取枣杏之火,季夏取桑柘之火,秋取柞楢之火,冬取槐檀之火。

季春出火,民咸从之。季秋内火,民亦如之。

【集注】

《戴记》:"季春出火,为田也。"《左传》:"火未出,而作火,以铸刑器。"先儒据此遂谓季春出火以陶冶,季秋内之,其实不然。夏月土润溽暑,以烧石则粉解,以陶器则燥裂,伐薪为炭,陶成百物,皆宜于冬春,且冰以火出,而毕赋所以解郁蒸,救时疾也。而又布火以助盛阳,于天时人事俱不相应。盖季春始燠,野则出火于窑,家则出火于室而不用。季秋始肃,然后内而用之耳。雍、并、幽、冀之地民俗,卧必以火,始季秋,春尽乃止。此经曰"民咸从之","民亦如之",岂谓此与。

时则施火令。

【集注】

谓焚莱之时。

凡祭祀,则祭爟。

【集注】

祭爟,祭先代出火者,礼如祭爨。

凡国失火,野焚莱,则有刑罚焉。

【集注】

野焚莱有罚者,春田用火,主除陈生新。二月后,擅放火,则有罚也。

掌　固

掌固掌修城郭、沟池、树渠之固,颁其士庶子,及其众庶之守。

【集注】

士庶子家居,或宿卫王宫而番代者,则与于守政。○黄文叔曰:"霍光谓函谷、京师之固,武库精兵所聚,故以丞相弟为关都尉,子为武库令,犹识古以士庶子宿卫王宫及守固之意。"

设其饰器,分其财用,均其稍食,任其万民,用其材器。

【集注】
　　饰器,谓所树矛、戟、干、橹,皆有幡饰也。士庶子、众庶守者,别给财用稍食,所以厚下而劝忠也。财用曰"分",视地守之剧易而有多寡也。稍食曰"均",计功力之多少,以为等差也。民之材器谓用,以堑筑及为藩落者,器民所自具材,就其地取之,然必以当邦赋。

凡守者受法焉,以通守政,有移甲与其役财用,唯是得通,与国有司帅之,以赞其不足者。

【集注】
　　通守政,即均人所谓均地守,使易剧相通,而得其平,此平时之守法也。至移甲、役财用,则其地猝有警,掌固必达于司马,使国中有司持符节以征之他境,故与帅而赞之。旧说国有司即掌固,或谓司甲役财用者,皆非也。

昼三巡之,夜亦如之。夜三鼜以号戒。

【集注】
　　此立法使有地治者巡之,非掌固自巡也。

若造都邑,则治其固,与其守法。凡国、都之竟,有沟树之固。郊亦如之。

【集注】

竟,界也,王国及三等都邑之界也。郊,谓近郊。远郊以近国故,阻固之设尤数焉。

民皆有职焉,若有山川则因之。

【集注】

民皆有职,劳逸必均也。

司　险

司险掌九州之图,以周知其山林、川泽之阻,而达其道路。

【集注】

达道路者,山林之阻则开凿之,川泽之阻则桥梁之。

设国之五沟、五涂,而树之林,以为阻固,皆有守禁,而达其道路。

【集注】

五沟、五涂,遂人所治也。而于司险复曰设者,凡井田沟、涂之

周礼

设,一以尽地利,一以为阻固,故必使遂人与司险共议其形势之错连,水流之输委,道路之支凑,犹邦之六典,大宰建之,而大史亦与共建也。不言都邑者曰"国之五沟、五涂",则通乎畿内矣。于掌固言都邑者,守法之详皆具于掌固也。不言侯国者,沟、涂之细,非王官所能遥制也,其国自有司险、掌固设而修之。○《易》曰:"王公设险,以守其国。"山川丘陵之险,天作地成,非人力所能设也。周公设司险、掌固之官,所恃惟沟树耳。每见山泽豪民居阻沟树,盗贼即不敢犯。井田虽难骤复,苟城邑要塞多设沟树,则居者有以自固,而戎马失其利,此为民长虑者所宜先务也。

国有故,则藩塞阻路而止行者,以其属守之,唯有节者达之。

【集注】
有故,丧灾及兵也。掌固所守城郭、沟池、树渠之固,所在皆有之,故必与士庶子、众庶同其力,司险所守要害之道,则以其属足矣。

掌　疆阙

候　人

候人各掌其方之道治与其禁令,以设候人。

【集注】
道治,道路之治也。其官上士六人,下士十有二人,必每方各以上士一人,下士二人掌之,馀六人则掌达于朝,或军行则从也。所设候人,即徒百有二十人。

若有方治,则帅而致于朝;及归,送之于竟。

【集注】
方治,远方有事,来王国求治者。

环　人

环人掌致师,察军慝,环四方之故,巡邦国,搏谍贼,讼敌国,扬军旅,降围邑。

【集注】
"致师",谓将战,使勇士犯敌,以致其必战之志。"环四方之故",谓环伺四面,或有掩袭冲突之变故。"巡邦国",谓从王敌忾之邦国也。"察军慝",察己国之奸人为敌间者。"搏谍贼",执敌人为谍者。"讼敌国",谓往而喻之以理。"扬军旅",谓扬己国之军威。"降围邑",谓服者则受之。诸所列皆临敌时事。前五者,先为不可胜;后三者,盖欲不战而屈人之师。

挈壶氏

挈壶氏掌挈壶以令军井,挈辔以令舍,挈畚以令粮。

【集注】

军中穿井成，则挈壶县其上。将舍，则挈辔县其处。颁粮，则挈畚县其处，令众知之。壶所以盛饮，畚所以盛粮，辔解则不行，故以为表。

凡军事，县壶以序聚柝。凡丧，县壶以代哭者。皆以水火守之，分以日夜。

【集注】

县壶为漏，以次集行夜者，更易击柝为守备。代，亦更也。丧礼，未大敛，官代哭，以水守壶者，为沃漏也，以火守壶者，夜则火视刻数也。分以日夜者，异昼夜漏也。漏之箭，昼夜共百刻，冬夏之间，有长短焉。

及冬，则以火爨鼎水而沸之，而沃之。

【集注】

冬水冻，漏不下，故以火炊水沸以沃之，谓沃漏也。

射　人

射人掌国之三公、孤、卿、大夫之位：三公北面，孤东面，卿大夫西面。其挚：三公执璧，孤执皮帛，卿执羔，大夫雁。

【集注】

位,将射,始入见君之位也。三公北面,正答君也。孤无职,故居西方宾位。卿、大夫皆有职,故在东,近君居主位也。六挚,已见《宗伯职》,复见此者,明因射而朝,则各有挚也。以射而朝,则有挚;知日朝而听事,无挚也。不言诸侯之挚者,来朝已有币献,故射无挚。

诸侯在朝,则皆北面,诏相其法。

【集注】

谓诸侯朝觐未归,而王与射于朝也。大射在学,此在路门之外朝。旧说以为宾射,但谓宾射兼诸侯与王臣恐未安。此经曰"掌国之三公、孤、卿、大夫之位",似谓王与朝臣燕射也。《记》曰:朝不坐,燕不与,故无士位。复别言诸侯在朝,谓王与诸侯宾射也。若宾射兼诸侯与王臣,则当曰掌宾射之位,三公、诸侯皆北面,孤、卿东面,大夫西面矣。惟大射,三公、诸侯、孤、卿、大夫、士及诸侯所贡士皆与,故司裘共侯,军仆共乏,皆独举大射,以其礼为最盛也。曰诸侯在朝,以别于大射之在郊也。曰在朝皆北面,以别于大询之东面。又以见大射与王臣列序,不皆北面也。

若有国事,则掌其戒令,诏相其事。掌其治达。

【集注】

国事,如乡大夫以乡射之礼,询众庶诸子。春秋合国子之倅于射宫,或王以丧疾不得主祭,而使诸臣会射以选贤也。治者,治其仪法。达,谓以闻于王也。惟王不亲,故有治达。

周礼

　　以射法治射仪。王以六耦射三侯，三获，三容，乐以《驺虞》，九节，五正。诸侯以四耦射二侯，二获，二容，乐以《狸首》，七节，三正。孤、卿、大夫以三耦射一侯，一获，一容，乐以《采蘋》，五节，二正。士以三耦射豻侯，一获，一容，乐以《采蘩》，五节，二正。

【集注】

　　治射仪，谓肄之也。每侯持旌告获者一人，故三侯则三获。容，即乏也。据告获者，容身于中，则曰容。据矢至此，乏极不过，则曰乏。三侯，虎、熊、豹也。二侯，熊、豹也。一侯，麋也。豻，胡犬也。正，所射也。《诗》曰："终日射侯，不出正兮。"画五正之侯，中朱，次白，次苍，次黄，玄居外。三正，损玄、黄。二正，去白、苍，而画以朱、绿。九节者，先歌五节。七节者，先歌三节。五节者，先歌一节。后四节以为发矢之度。旧说燕射三耦，非也。王以六耦射三侯，则凡王射，皆六耦可知矣。不言三公之耦与侯，从诸侯可知也。王射三侯者，王一侯，外诸侯一侯，内公、孤、卿、大夫一侯也。诸侯射二侯者，君一侯，卿、大夫、士一侯也。张布谓之侯，侯中谓之鹄，鹄中谓之正。正方二尺，正中谓之槷，方六寸，或曰谓之质，方四寸。

　　若王大射，则以狸步，张三侯。

【集注】

　　狸步，谓一举足，乃半步也。上经既曰"王以六耦射三侯"，而此复独举大射，何也？明上经著王三侯，诸侯二侯，卿、大夫、士一侯之别。然惟王之大射，三公、诸侯、孤、卿、大夫、士咸与，乃张三侯。若王与诸侯宾射，则惟张虎侯、熊侯；与公、孤、卿、大夫燕射，则惟张虎侯、豹侯也。独举张三侯，而不及六耦，则宾射、燕射皆六耦可知也。特言狸步，则宾射、燕射用全步可知也。惟大射张侯用狸步者，选贤以执祀事，专取其容体比于礼，其节比于乐，而不以及远为贤也。

王射，则令去侯，立于后，以矢行告，卒，令取矢。

【集注】
《乡射礼》，司马命获者执旌以负侯，盖未射时，获者负侯而立，故射则令去侯，而居于乏，以避矢也。《大射礼》，正立于公后，以矢行告于公，下曰留，上曰扬，左右曰方。卒射，毕也。负侯者，服不氏。取矢者，射鸟氏。

祭侯，则为位。

【集注】
祭侯，献服不为位，为服不受献之位也。《大射礼》，服不侯，西北三步，北面拜受爵。

与大史数射中。

【集注】
射中，射者中侯之算也。大史，凡射事，饰中舍算。

佐司马治射正。

【集注】

射正,射之仪法也。

祭祀,则赞射牲,相孤、卿、大夫之法仪。

【集注】

《国语》曰:"郊禘之事,天子必自射其牲。"上古六畜未扰,必射以祭。故后世亲射其牲以存古者,始佃之礼。君牵牲,卿、大夫序从,故相其法仪。

会同、朝觐,作大夫介。凡有爵者。

【集注】

朝觐、会同,大宗伯为上相,故所作惟介。凡有爵者,谓命士以上也。

大师,令有爵者乘王之倅车。

【集注】

王乘戎路,副车十二乘皆行,祥车旷左,故王之所乘,不敢虚其位。

有大宾客,则作卿、大夫从。

【集注】

上所作惟群介,此遍作卿、大夫从王者。

戒大史及大夫介。

【集注】
　　大史协礼事上介佐宗伯,故并戒之。

大丧,与仆人迁尸,作卿、大夫掌事,比其庐,不敬者,苛罚之。

【集注】
　　仆人,大仆也。仆人与射人俱掌王之朝位,故以迁尸、苛罚,见《春官·世妇职》。射人作摈介,习察其德器与仪容丧事。作卿、大夫,知其材力所称也。

服不氏

服不氏掌养猛兽而教扰之。
凡祭祀共猛兽。

【集注】
　　共其中膳羞者,如狼臅膏、熊蹯之类。

宾客之事则抗皮,射则赞张侯,以旌居乏而待获。

【集注】

抗,举也。朝聘,布皮帛主举而藏之。待获,谓待射者中,举旌以唱获。

射鸟氏

射鸟氏掌射鸟。祭祀,以弓矢驱乌鸢。凡宾客、会同、军旅,亦如之。

【集注】

射鸟,谓中膳羞者。乌鸢喜钞盗,便污人。

射则取矢。矢在侯高,则以并夹取之。

【集注】

并夹,针箭具,矢着侯之高处,手所不及,则以并夹取之。

罗 氏

罗氏掌罗乌鸟。蜡,则作罗襦。

【集注】

乌,卑居,鹊之属。蜡,蜡祭也。作,用也。襦,读为襦,罗之细密者。○薛氏曰：《记》曰："罗氏致鹿与女，以戒诸侯曰：'好田、好女者，亡其国。'"非真以鹿致也，盖作罗以示之，非真以女致也，作襦以示之。

中春罗春鸟，献鸠以养国老，行羽物。

【集注】
中春，鹰化为鸠，故以养老助生气也。行谓颁赐。○陈及之曰："天子所养之老三：献鸠以养者，国老也。司徒以保息养之者，庶民之老也。司门以财养之者，死政者之老也。"若外饔、酒正、槁人所谓耆老，则总三者而言之。

掌 畜

掌畜掌养鸟，而阜蕃教扰之。
祭祀共卵鸟，岁时贡鸟物，共膳献之鸟。

【集注】
卵鸟，谓其卵可荐者，鹅、鹜之属也。鸟物，其羽毛可备服饰器用者。膳，王、后、世子之膳羞也。献，宾客之禽献也。于鸟言共膳献，则六畜不必言矣。故《牛人》、《鸡人》、《羊人》、《犬人职》皆不列王、后、世子之膳羞。

周礼

司 士

司士掌群臣之版,以治其政令,岁登下其损益之数,辨其年岁,与其贵贱,周知邦国、都家、县鄙之数,卿、大夫、士、庶子之数,以诏王治。

【集注】

版,名籍也。损益,谓用功过黜陟者。县鄙、乡遂、公邑之属曰"周知其数",而不曰"掌其版"者,在朝之群臣,则可以详其名籍,若邦国之卿、大夫、士,都家、县鄙之小吏,则废置黜陟,各由其长,其数可周知,而名籍不能遍记也。以诏王治者,诏王以莅官之法,即下以德诏爵等。

以德诏爵,以功诏禄,以能诏事,以久奠食。

【集注】

能者,先试以事,事久而不废,乃定其稍食。其功既著,然后正授以爵禄。教士以司徒,而爵与事皆诏于司士者,司马辨论官材,然后文武各当其任也。爵禄事皆言诏,食独不言诏者,爵禄事必待王命,食则因其职事而定之耳。○易彦祥曰:"以能诏事,以久奠食,谓府史胥徒。"

惟赐无常。

【集注】

　　因其功能,不若禄食有贵贱、多少常格。

　　正朝仪之位,辨其贵贱之等。王南乡;三公北面,东上;孤东面,北上;卿大夫西面,北上;王族故士、虎士在路门之右,南面,东上;大仆、大右、大仆从者,在路门之左,南面,西上。司士摈。

【集注】

　　此王日视朝于路门外之位。王族故士,故为士,晚留宿卫者,未尝仕,虽同族,不得在王宫。大右,司右也。人仆从者,小臣、祭仆、御仆、隶仆也。摈,谓诏王出揖公卿、大夫以下朝者。

　　孤、卿特揖,大夫以其等旅揖,士旁三揖,王还揖门左,揖门右。大仆前,王入,内朝皆退。

【集注】

　　特揖,每人而揖之也。不言三公,不必言也。大夫爵同者,众揖之。群士东面,故旁三揖。王还,还入路门也。门左揖大仆、大右、群仆也,门右揖王族故士、虎士也。此数官之位,逼介路门左右,王始出,未揖公卿,不得先揖卑者,故还入门,而后揖之。大仆前,内朝,其所掌也。朝者皆退,反其官府治处也。○易彦祥曰:"在王门左右者,其位皆南向,而在王后,故还而揖之。"

　　掌国中之士治,凡其戒令。

【集注】

曰"掌国中之士治"者，不及乡遂、都鄙也。于群臣之版，则通掌之于邦国。都家、县鄙之数，卿、大夫、士、庶子之数，则周知之，而士治则独掌国中也。注疏兼卿、大夫，未安。群吏之治，盖冢宰诏而诛赏之。

掌摈士者，膳其挚。

【集注】

摈士者，告见初为士者于王，膳其挚，入于膳人也。

凡祭祀，掌士之戒令，诏相其法事。

【集注】

祀五帝及大神示，享先王百官之戒誓具修，皆冢宰掌之；凡祭祀之戒具，小宰掌之。而司士又掌士之戒令者，士众且卑，冢宰、小宰不能遍戒也。

及赐爵，呼昭穆而进之。

【集注】

赐爵，谓祭末旅酬，无算爵也。《祭统》曰："凡赐爵，昭与昭齿，穆与穆齿，凡群有司皆以齿。"

帅其属而割牲，羞俎豆。

【集注】

　　内外饔所掌割烹,解全牲而烹之也。既熟,司士割制其体,而后诸子载之于俎。

　　凡会同,作士从。宾客亦如之。作士适四方使,为介。大丧,作士掌事。

【集注】

　　适四方使者,独承使事也。《春秋传》:"天王使石尚来归脤。"天子之士也为介。介,大夫也。会同、朝觐、大宾客、大丧作卿、大夫者,皆射人,而士则司士作之者,惟司士能周知群士材性之所宜也。于祭祀曰掌戒令,于丧曰掌事,而会同宾客第作以从者,不与执事,使之观礼而已。

　　作六军之士执披。凡士之有守者,令哭无去守。

【集注】

　　披,所以持棺,防欹侧也,以绛帛为之。其一端结于柳缥戴之中,而出其一端于外,使人引之。曰"六军之士"者,皆比长以上有爵者。天子丧用千人,而于六军择之,则必作其有爵者可知矣。

　　国有故,则致士而颁其守。

【集注】

　　国有大事,王宫之士庶子则宫伯作之,国子则诸子帅而致之太子,群士则司士致而颁其守,乡邑之士庶子则掌固颁其守。古者国

453

之守政，士无不与焉，以其识义理而能为民之倡，且未仕而已教以与国同忧也。

凡邦国三岁则稽士任，而进退其爵禄。

【集注】

侯国之卿，命于天子，故司士稽其任而进退之。其曰士任者，侯国卿、大夫入天子之国，曰某士。《春秋传》曰"晋士起归时事于宰旅"是也。

诸　子

诸子掌国子之倅，掌其戒令，与其教治，辨其等，正其位。

【集注】

公卿、大夫、士之适子为国子，则倅者其众子也。故以诸子名官，而《燕义》又曰庶子也。等，谓才艺高下。正其位，谓在朝则以父荫高下为列，在学则以齿也。

国有大事，则帅国子而致于大子，惟所用之。

【集注】

李耜卿曰："凡大兵、大丧，当警备非常，及王出疆巡守、征伐，皆当令宿,故帅而致于大子,惟所用之,此所谓守曰监国也。"

若有兵甲之事,则授之车甲,合其卒伍,置其有司,以军法治之,司马弗正。

【集注】
军法,百人为卒,五人为伍。国子属大子,司马虽有军事不赋之。○李耜卿曰:"此所谓从曰抚军也。"

凡国正弗及。

【集注】
上"司马弗正"谓军赋。此谓凡乡遂之中,甸徒、力征皆不及也。

大祭祀,正六牲之体。

【集注】
正,谓载之于俎。

凡乐事,正舞位,授舞器。

【集注】
位,谓其缀兆行列。

大丧,正群子之服位。会同、宾客,作群子从。

【集注】

服者，公卿、大夫之子为王服斩衰。曰群子，兼国子与其倅也。知然者，师氏、保氏、大司乐之属，别无"正国子服位，作国子以从"之文也。

凡国之政事，国子存游倅，使之修德学道，春合诸学，秋合诸射，以考其艺而进退之。

【集注】

凡国之政事，谓力役社田，追胥之类，"国子"当为"诸子"文误也。曰游倅者，以其无职事，而优游于庠序，以学道艺也。学，大学也。射，射宫。凡国之政事存游倅者，国子则司马弗正。国政不及其倅，则国政不及，而甲兵之事犹听于司马。掌固颁士庶子之职，与其守是也。进退之者，进则与国子选俊同升于太学，以待辨材授官；退则仍归于乡学，或隶于宫正、宫伯，以宿卫也。知国子之倅平时不肄业于大学者，《诸子职》曰："春合诸学，秋合诸射，以考其艺，而进退之。"《大胥职》曰："掌学士之版，以待致诸子。春入学舍菜合舞，秋颁学合声。"则平时修德学道于家塾、乡学可知矣。○周官掌士庶子之治教者不一。天官则宫正、宫伯也，地官则师氏、保氏也，春官则大司乐、乐师、大胥、小胥也，夏官则诸子也、掌固也。其职之分，事之联，各有义焉。宫正、宫伯所掌，独宿卫之士庶子也。师氏、保氏所掌，王同姓及公卿之适子也，其职曰"以教国子弟"，则王之同姓也。曰"凡国之贵游子弟学焉"，则不能遍于大夫、士之子明矣。大司乐、乐师、大胥、小胥则国子、国子之倅及国之选俊皆隶焉。其曰国子者，公卿、大夫、元士之适子也。其曰学士者，兼国之选俊也。其曰以待致诸子者，致国子之学于师氏、保氏者，及其倅也。诸子所掌，独国子之倅者。其適子或学于师氏、保氏，或入于成均也。诸子掌国子之倅，而国有大事，则帅国子而致于太子，有甲兵之事，则治以军法者，师氏、保氏、大司乐、乐师所掌者，国子之教也，使帅而共祀事，治甲兵，则亵矣，故别以属诸子也。师氏、保氏、会同、丧纪，王举必从，而正国子服位，作国子以从，别属诸子者，其职主于诏王美，谏王恶，则无暇及乎其馀矣。

司　右

司右掌群右之政令。

【集注】

李子华曰："戎右、齐右、道右、天子乘车之右，皆中大夫、下大夫，非司右之属也。司右所掌，乃兵车之右，故凡国中有勇力者属焉。有事则于是乎取之。"

凡军旅、会同，合其车之卒伍，而比其乘，属其右。

【集注】

属，合也，系也。凡兵车皆有右，而乘者有贵贱，所当有剧易，则右之材力亦宜有差等，故必比次其乘，以属其右，而后用各称其材也。

凡国之勇力之士能用五兵者属焉，掌其政令。

【集注】

《司马法》曰:"弓、矢,围;殳、矛,守;戈、戟,助。凡五兵,长以卫短,短以救长。"或曰:车上之五兵二矛,无弓矢。步卒之五兵有弓矢,而无夷矛。

虎贲氏

虎贲氏掌先后王而趋以卒伍。

【集注】

虎士八百人,其先后王而趋也。以兵法部署百人为卒,五人为伍,各有局分而不乱也。

军旅、会同亦如之。舍则守王闲。王在国,则守王宫。

【集注】

舍,王出所止宿处。闲,梐枑也。

国有大故,则守王门。大丧亦如之。及葬,从遣车而哭。

【集注】

大故,谓兵灾。

适四方使,则从士、大夫。若道路不通有征事,则奉书以使于四方。

【集注】

道路不通,谓逢兵寇,若水潦也。征事,征师役也。

旅贲氏

旅贲氏掌执戈盾夹王车而趋,左八人,右八人,车止则持轮。

【集注】

夹王车者,下士十有六人,中士帅之。

凡祭祀、会同、宾客,则服而趋。

【集注】

会同、宾客,王齐服、服衮冕,则士亦齐服、服玄端。或曰谓服其常服也。

丧纪,则衰葛,执戈 盾。军旅,则介而趋。

【集注】

葛,葛绖也。武士尚轻。

节服氏

节服氏掌祭祀、朝觐衮冕。六人维王之大常。

【集注】

维,持也。"掌祭祀、朝觐衮冕"句,"六人维王之大常"句。盖掌祭祀、朝觐之衮冕,而以六人持王之大常也。

诸侯则四人,其服亦如之。

【集注】

其服亦如之,疑注语,而误为经文也。盖注家误以"衮冕六人"为句,而疑诸侯四人,何以不言所服,妄缀此语,而不知义不可通。衮冕,惟上公加赐乃有之,诸侯不得服也,况以诸侯之下士服之乎。古者军旅同服,或以防奸宄。祭祀、朝觐无故而乱法服之,常义无所取也。

郊祀裘冕,二人执戈,送逆尸从车。

【集注】

裘,大裘也。郊祀以稷配,故有尸。《春秋传》曰:"晋祀夏郊,董伯为尸。"从车,从尸车也。王祭祀宾客之服,大仆正之。燕服,小臣正之。复设节服氏,盖朝夕王所,而时视衣服之节适者也。列职无此文者,义已具于其官也。独列祭祀、朝觐之维大常郊祀之从尸车者,见从王而供别役,惟此三事。其馀会同、师田、视朝、巡狩、燕飨、吊临、视学、养老诸礼事,及燕出入,皆不供他事,而惟节服是司也。

方相氏

方相氏掌蒙熊皮,黄金四目,玄衣朱裳,执戈扬盾,帅百隶而时难,以索室驱疫。

【集注】
　　时难者,以时而难。《月令》季春、中秋、季冬皆难是也。索室驱疫者,索于室中,而驱其疫厉之鬼也。

大丧,先柩。及墓,入圹,以戈击四隅,驱方良。

【集注】
　　方良,即罔两,木石之怪也。

卷八　夏官司马第四

大　仆

大仆掌正王之服位，出入王之大命，掌诸侯之复逆。

【集注】

《周官》出入王命，及掌诸侯、公卿、吏民之复逆，达穷者与遽令，皆以群仆，而又各分其职，防壅蔽也。凡治皆决于冢宰，而耳目喉舌则寄之夏官之属，且分职以径达于王，而其长亦不与焉，况可得而抑遏乎？后世权臣有遏章奏不得上达者，则知圣人之虑远矣。

王视朝，则前正位而退。入亦如之。

【集注】

　　入亦如之，谓王退入路寝听政时，亦前正王位，而后却立其次也。

建路鼓于大寝之门外，而掌其政。

【集注】

大寝,路寝也。政即下经所列。

以待达穷者与遽令,闻鼓声,则速逆御仆与御庶子。

【集注】

穷,谓冤穷失职。遽,传也。遽令,若后世驿马军书当急闻者。御仆下士十二人,而别言御庶子者,其直日御于王所者,则曰御仆,分守路鼓者,则曰御庶子,盖大仆与御仆常在大寝之门内,而御庶子在门外,故大仆闻鼓声,则速御仆使迎受御庶子之所达,速御庶子使迎问鼓者所欲达也。肺石所达穷民,不能自直于乡里之吏,而朝士以达于司寇也。路鼓所达穷者,则不能自直于司寇,而大仆以达于王也。《王制》:"司寇以狱之成质于王,王命三公参听之。"先王任人不疑,惟于刑狱,则惟恐其有蔽壅,而多方以求达民隐。如此曰穷民,乃小民之孤穷者。曰穷者,则庶官群吏皆在其中。○王介甫曰:"先穷者,欲速达甚于遽令。"

祭祀、宾客、丧纪,正王之服位,诏法仪,赞王牲事。
王出入,则自左驭而前驱。

【集注】

曰前驱,则非出入于宫庭也。古者无骑,自士以上皆乘车,而士尚可徒行,虎贲、旅贲前后左右于王以趋是也。大仆不可徒行,故乘车以道引,以乘王之倅车,故不敢旷左,以职主于御,故居左而自驭也。大仆不驭王车者,以大驭、齐仆、道仆、戎仆分掌之也。注谓"不参乘为辟王",非也。《记》曰:"乘君之乘车,不敢旷左,左必式。"则自大仆而外,乘王之倅车,固有不自驭者矣。

凡军旅、田役,赞王鼓。救日月亦如之。

【集注】
　　军旅、田役,王执路鼓,将居鼓下,王自击一面,大仆、戎右各佐击一面,故二官皆言赞王鼓。日食,阴侵阳,当与鼓神祀,同用雷鼓。月食,当用灵鼓。

大丧,始崩,戒鼓,传达于四方。窆亦如之。

【集注】
　　戒鼓,击鼓以警众也。

县丧首服之法于宫门。

【集注】
　　小宗伯所县,男子之衰冠也,故县于大寝之门外,以示臣民。大仆所县,妇人之首服也,故县于宫门。男子之衰冠县其式可也,妇人之首服之式县之则亵矣,故不曰式而曰法,盖第书其所用之物材与长短广狭之数,而不县其式也。古者祭设同几而无女尸,义亦如此。

掌三公、孤、卿之吊劳。

【集注】
　　王有故不亲,则使大仆往。

王燕饮,则相其法。

【集注】

凡与诸侯、群臣燕,皆是法,谓献酬升降之法。

王射,则赞弓矢。

【集注】

赞,谓授之,受之。《小臣职》曰:"宾射、掌事,如大仆之法。"则此谓大射也。

王视燕朝,则正位,掌摈相。王不视朝,则辞于三公及孤、卿。

小 臣

小臣掌王之小命,诏相王之小法仪。掌三公及孤、卿之复逆。

正王之燕服位,王之燕出入,则前驱。

【集注】

《玉藻》曰:"王卒食,玄端而居。"燕出入,若游于苑囿。

大祭祀、朝觐,沃王盥。小祭祀、宾客飨食宾射,掌事

周　礼

如大仆之法。

【集注】
　　飧食,小宾客之飧食也。宾射,与诸侯来朝者射。

掌士、大夫之吊劳。凡大事,佐大仆。

祭　仆

祭仆掌受命于王以视祭祀,而警戒祭祀有司,纠百官之戒具。

【集注】
　　谓王有故,不亲祭也。

既祭,帅群有司而反命,以王命劳之,诛其不敬者。大丧,复于小庙。

【集注】
　　小庙,二祧及五庙。

凡祭祀,王之所不与,则赐之禽。都家亦如之。

【集注】

　　王明斋曰："'祭祀，王所不与'，谓同姓有服之亲。其在都家，则古帝王及名山大川之在其地者。"

凡祭祀致福者，展而受之。

御　仆

御仆掌群吏之逆，及庶民之复，与其吊劳。

【集注】

　　诸侯之复逆，大仆掌之。三公、孤、卿之复逆，小臣掌之。则御仆所掌，大夫、庶士之复逆也。经所称"群吏"，惟小司寇外朝之位，对群臣而言，谓府史外，此皆大夫、士也。盖非常之变，专讯万民，故府史亦与焉。若平时，则府史以下，纵有建白，亦各达于其长耳。《周语》自公卿至庶人、百工，皆得达言于王，而不及府史、胥徒，以各有长故也。吊劳，承庶民而言，其或府、史、胥、徒，有死国政者，则于庶民之吊劳包之矣。

大祭祀，相盥而登。大丧，持翣。

【集注】

　　相盥，谓奉槃授巾。登，为王登牲体于俎。《特牲馈食礼》："主人降盥出，举入乃匕载。"

掌王之燕令。以序守路鼓。

【集注】
燕令,燕居时之令。序,以次而更代也。

隶 仆

隶仆掌五寝之扫除粪洒之事。

【集注】
五寝,五庙之寝也。天子七庙,惟二祧无寝。前曰庙,后曰寝。祭在庙,荐在寝。氾扫曰扫。扫席前曰拚。洒,灑也。○黄氏谓"五"当为"王"。王东岩谓守祧,掌寝庙修除,此当为王之小寝。皆非也。宫人掌王六寝之修。《守祧职》曰:"其庙,则有司修除之。"正谓隶仆耳。

祭祀,修寝。王行,洗乘石。掌跸宫中之事。大丧,复于小寝、大寝。

【集注】
祭祀王将齐,故修寝。乘石,王登车所履。

弁 师

弁师掌王之五冕,皆玄冕、朱里延,纽。

【集注】

司服载王之六服,而冕则五者,大裘与衮同冕也。下经所载"缫"、"玉"皆同,而别为五者,旒数异也。先儒多据《礼记》谓"郊亦服衮",非也。祀天尚质,不宜服衮。衮、裘字形相类,"被衮以象天",盖裘字之误。大裘黑,象天之色也。冕制,前低,义取于俯,故爵弁前后平,则别名弁也。延者,冕之上覆,以版为之。纽,小鼻缀于冕之两傍,垂之武,傍孔相当,以笄贯之。

五采缫十有二就,皆五采玉十有二,玉笄,朱紘。

【集注】

缫,杂文之名也。合五采丝为绳,垂于延前,十有二列。就,成也。就皆五采玉,十有二,乃各据一缫而言。每一玉以绳一匝而结之,使不相并。十有二玉,则结之十有二匝也。朱紘,以朱纽为紘也,系于左笄,绕颐而上,属于右笄,馀垂之以为饰。缫不言皆者,惟衮衣之冕缫十有二列,鷩衣之冕则九列,毳衣之冕则七列,希衣之冕则五列,玄衣之冕则三列也。其玉,天子每列皆十有二,馀各如其命数。

诸侯之缫斿九就,瑉玉三采,其馀如王之事。缫斿皆就,玉瑱,玉笄。

【集注】

侯当为"公"。瑉,故书作"璑",恶玉也。三采,朱、白、苍也。其馀,谓延纽皆玄覆朱里,与王同也。玉瑱,所以塞耳。于王曰"五采缫十有二就,皆五采玉十有二",于诸侯言"瑉玉三采",而不言其数,则所谓缫斿九就者,缫以行列言,斿以所缀玉数言也。既曰"缫斿九就",又曰"缫斿皆就"者,上所陈独诸公缫斿之数,故复出此文,明侯、伯、子、男以下,缫之列斿之缀,皆各以命数为就也。不言侯伯七、子男五者,《典命》上公以九为节,其下降杀以两,而此经复总言诸侯及孤、卿、大夫之冕、韦弁、皮弁、弁绖,各以其等为之,则其数不必言矣。孤、卿、大夫之缫斿不复陈者,举可知也。玉之采自三以下无文者,以缫斿为等而瑂玉三采无降也。于诸侯言玉瑱,则王可知矣。

王之皮弁,会五采玉璂,象邸,玉笄。

【集注】

会,缝中也。璂,即綦结也。皮弁之缝,中每贯结,五采玉十二以为饰,谓之綦。《诗》曰"会弁如星",又曰"其弁伊綦"是也。邸,下柢也。谓弁内上顶辏处,以象骨为之。王之吉服,其弁三,视朝以皮弁,兵事以韦弁,田猎以冠弁,此特言皮弁之制者,王日视朝,其用尤数也。《司服》有韦弁、冠弁、服弁,而此职不言者,此职所言弁之饰也。韦弁、冠弁之饰,与皮弁同。服弁则无饰,不必言也。

王之弁绖,弁而加环绖。

【集注】

弁,如爵弁而素,所谓素冠也。环绖者,大如缌之麻绖,缠而不纠。

诸侯及孤、卿、大夫之冕、韦弁、皮弁、弁绖,各以其等

为之,而掌其禁令。

【集注】

各以其等,缫斿玉瑵,如其命数也。弁绖之弁,其辟积如缫斿之就。一命之大夫冕而无斿,士爵弁制如冕,不前低,故以弁称。其韦弁、皮弁之会,无结饰。弁绖之弁不辟积。庶人吊者素委貌。禁令不得僭逾也。

司　甲阙

司　兵

司兵掌五兵、五盾,各辨其物与其等,以待军事。

【集注】

五盾,干橹之属,其名未尽闻。等,谓材与功之高下。

及授兵,从司马之法以颁之。及其受兵输,亦如之。及其用兵,亦如之。

【集注】

周制,甸出革车一乘,兵器皆具。此所颁乃卿、大夫、士从军旅、会同者。兵输,谓师还各输所授兵也。"用兵"注谓"出给守卫",非也，其诸弓矢、斧钺之赐与？

祭祀，授舞者兵。

【集注】
司干所授者，羽籥之属也。此则朱干、玉戚之属。

大丧，廞五兵。军事，建车之五兵。会同亦如之。

【集注】
廞，明器之五兵也。士丧礼有甲胄、干笮，凡建兵于车上，有铁器屈之，在车较及舆，以兵柄插之，故有出先刃、入后刃之制。

司戈盾

司戈盾掌戈盾之物而颁之。祭祀授旅贲殳，故士戈盾，授舞者兵亦如之。

【集注】
故士，王族故士也。戈殳，司兵之所掌也，而复列是职者，盾所以卫，岂击刺之戈、殳，司兵授之，拥卫之戈、殳，则与盾而并授与？司兵授舞者兵，则此职亦授之戈、盾，故曰亦如之。

军旅、会同，授贰车戈盾，建乘车之戈盾，授旅贲及虎士戈盾。

【集注】

乘车，王所乘车也。军旅则革路，会同则金路。兵车及旅贲、虎士之戈，皆以为卫也，故司戈、盾掌之。古书每以干戈并称。《春秋传》："狄卒皆抽戈盾冒之，以入于卫师。"岂戈之用，亦可以捍冒与？

及舍，设藩盾，行则敛之。

【集注】

藩盾，用以藩卫者。

司弓矢

司弓矢掌六弓、四弩、八矢之法，辨其名物，而掌其守藏，与其出入。

【集注】

法，曲直、长短、强弱之数。

中春献弓弩，中秋献矢箙。

【集注】

箙，盛矢器也，以兽皮为之。《槁人》弓、弩、矢、箙皆春献素，秋献成。此中春始献弓、弩,何也?櫜人所掌,干材也。秋合三材,则形制成矣。故书其等,而入功于司弓矢,矢箙既成,则工事无所加,故遂献之。弓之形制虽成,而寒奠体,冰析灂,春被弦,功乃讫,故至仲春始献之也。櫜人职所谓献者,工献于櫜人也。此所谓献者,献于王也。弓弩之工未讫,櫜人已试之而行诛赏,何也?形制既成,则可被弦而试之矣。继橐施漆,既试而后终事焉耳。

及其颁之,王弓、弧弓以授射甲革、椹质者,夹弓、庾弓以授射豻侯、鸟兽者,唐弓、大弓以授学射者、使者、劳者。

【集注】

六弓异体见《考工记·弓人》。甲革,革甲也。《春秋传》:"蹲甲而射之。"或曰:革,谓干盾。质,正也。树椹以为射正。甲革、椹质,坚而难入,故利用王、弧。豻侯,侯道五十步,及射鸟兽,皆近射也,故利用夹、庾。授使者弓,使自卫也。授劳者,以有劳而赐也。学射者,弓用中,然后可强可弱。自卫与赐人,无取乎偏于强弱,故皆以唐、大也。

其矢箙皆从其弓。

【集注】

从弓数也。每弓一箙百矢。

凡弩,夹、庾利攻守,唐、大利车战、野战。

【集注】

攻、守相迫近,故用弱弩,利其发之疾也。车战、野战,倏进倏退,非强则不及。弩无王、弧,以弩恒服弦,强弓久不弛,则送矢不疾。

凡矢,枉矢、絜矢利火射,用诸守城、车战。杀矢、鍭矢用诸近射、田猎。矰矢、茀矢用诸弋射。恒矢、庳矢用诸散射。

【集注】

枉矢、杀矢、矰矢、恒矢,弓所用也。絜矢、鍭矢、茀矢、庳矢,弩所用也。枉矢取名天枉,絜天象焉,二矢前重后微轻,行疾。杀矢言中则死,鍭矢象焉,二矢前尤重,中深而不可远也。结缴于矢谓之矰,茀矢象焉,二矢前重、体微轻,行不能低。恒矢,安居之矢也,庳矢象焉,二矢前后亭均,其行平。八矢之制,见《考工记·矢人》。○王氏详说曰:"上经四弩用于攻、守与战,此枉矢、絜矢用诸守城、车战,则二矢用之四弩明矣。其余六矢当六弓之用。上经曰:'王弧以射甲革、椹质。'甲革、椹质,军射也。此曰'杀矢、鍭矢用于田猎',军射、田射一事也。故《考工记》兵矢、田矢亦同其制,则此二矢以当王、弧明矣。上经曰:'夹、庾以射豻侯、鸟兽。'此曰'矰矢、茀矢用诸弋射',则以当夹、庾明矣。上经曰'唐、大授学射者、使者、劳者',即散射也。此曰'恒矢、庳矢用诸散射',则以当唐、大明矣。"

天子之弓合九而成规,诸侯合七而成规,大夫合五而成规,士合三而成规。句者谓之弊弓。

【集注】

皆谓不被弦,反张合而成圜也。

凡祭祀,共射牲之弓矢。泽,共射椹质之弓矢。

【集注】

泽,泽宫也。大射以狸步,张三侯,不以及远为贤也。此用椹质,岂合士于泽宫以考艺,则并校其力之强弱与?

大射、燕射共弓矢如数、并夹。

【集注】

独言大射、燕射者,射者多无定数,必如数而共弓矢。若宾射,惟诸侯与耦数有定,所共弓矢亦有定,故不言也。

大丧,共明弓矢。

【集注】

明器之弓矢也。

凡师役、会同,颁弓弩各以其物,从授兵甲之仪。

【集注】

弓矢有利攻守者,有利车战、野战者,有利射豻侯、鸟兽者,有利射甲革、椹质者。师则或攻或守,或车战或野战。役则田猎、会同,则射豻侯、椹质,故各以其物颁之。司兵、授兵从司马之法,故颁弓矢从授兵之仪也。

田弋,充笼箙矢,共赠矢。

【集注】
　　笼,竹箙也。赠矢不在箙者,为其相绕乱。将用,乃共之。

凡亡矢者,不用则更。

【集注】
　　更,偿也。用而弃之则不偿。若不用而亡之,则偿也。

缮　人

缮人掌王之用弓、弩、矢、箙、赠、弋、抉、拾。

【集注】
　　抉,引弦彄也。着右手巨指,天子以象骨为之。拾,韝杆也,着左臂里,以韦为之。

掌诏王射,赞王弓矢之事。凡乘车,充其笼箙,载其弓弩。

【集注】
　　告王以当射之节也。大仆赞弓矢,此又赞者,缮人掌弓矢,预择善者,付大仆授王。及大仆受弓于王,缮人又受而藏之也。乘车,王所乘之车。

既射则敛之。无会计。

槀　人

槀人掌受财于职金,以赍其工。

【集注】
　　赍其工者,给市材用之直。

弓六物为三等,弩四物亦如之。矢八物皆三等,箙亦如之。

【集注】
　　三等者,上士、中士、下士各有所宜。弓制见弓人,弩及矢箙长短之制未闻。

春献素,秋献成,书其等以飨工。乘其事,试其弓弩,以下上其食而诛赏。乃入功于司弓矢及缮人。

【集注】
　　飨,谓以酒肴劳之也。乘,计也,计其事之成功也。

凡赍财与其出入,皆在槁人,以待会而考之,亡者阙之。

【集注】
皆在槁人者,所赍工之财,及弓、弩、矢、箙出入,其簿书皆槁人掌之也。阙,除其籍也。

戎 右

戎右掌戎车之兵革使,诏赞工鼓,传王命于陈中。

【集注】
革,干盾之属。使,谓使用兵以刺击,用革以蔽遮也。

会同,充革车。

【集注】
会同,王虽乘金路,犹以革车从。充之者,居左也。或曰即充革路之右。

盟,则以玉敦辟盟,遂役之。赞牛耳、桃茢。

【集注】
辟,开也。以玉敦奉血告神,乃开盟载之书。役之者传敦血授当插者,助尸盟者割牛耳取血,及血在敦中,以桃茢拂之,又助之。

齐 右

齐右掌祭祀、会同、宾客前齐车,王乘则持马,行则陪乘。

【集注】

王未乘则前马,方乘则持马,既乘而行则陪乘也。齐右掌祭祀、会同、宾客,则兼玉路、金路之右也。然则田右不见于经,以戎右兼摄可知矣。

凡有牲事,则前马。

【集注】

王见牲则拱而式。居马前,却行,备惊奔也。不曰王式,而曰"凡牲事"者,齐行不出朝庙、宫庭,舍牲事无式也。于道右曰"王式则下,前马",此不言下者,王乘则持马,行则陪乘,齐右之职也。有牲事则王式,而车不行,右已下持马,不必更言下矣。

道 右

道右掌前道车,王出入则持马、陪乘,如齐车之仪。

【集注】

道车,象路也。王朝夕燕出入所乘谓之道车,无在而非道也。

自车上谕命于从车,诏王之车仪。

【集注】

车仪独道右诏之者,朝夕燕出入之仪既习,则祭祀、会同、宾客、军旅加谨焉耳。

王式则下,前马。王下,则以盖从。

【集注】

以盖从,表尊也。○王志援曰:"戎右略于仪文,主武事也。齐右缺于传命,则礼法森严之地,王其肃穆无言也与?"

大　驭

大驭掌驭玉路以祀。及犯軷,王自左驭,驭下祝,登,受辔,犯軷,遂驱之。

【集注】

山行曰軷。犯之者,封土为山,以菩刍棘柏为神主,既祭之,以车轹之而去,喻无险难也。《春秋传》曰:"跋涉山川。"《诗》曰:"取羝以軷。"《聘礼》曰:"乃舍軷,饮酒于其侧。"盖将出祖道之祭也。王由

周　礼

左驭制马,使不行也。此据祭郊坛,故有犯轵之礼。

及祭,酌仆,仆左执辔,右祭两轵,祭轨,乃饮。

【集注】
　　轵,谓两軎。轨当为軓,谓轼前也。此既祭,而酌仆之礼,祭之末,辉庖、翟闇皆有赐焉,则不遗仆可知。《少仪》:"酌尸之仆,如君之仆。其在车,则左执辔,右受爵,祭左右轨、范,乃饮。"是祭毕,君与尸之仆皆授爵也。

凡驭路,行以《肆夏》,趋以《采荠》。

【集注】
　　凡驭路,谓驭五路也。行,谓大寝至路门。趋,谓路门至应门,此王步行之节,而车行亦用之也。

凡驭路仪,以鸾和为节。

戎　仆

戎仆掌驭戎车。

【集注】
　　戎车,谓王自将所乘革路。

掌王倅车之政，正其服。

【集注】
　　正乘倅车者之服也。军事同服，盖正其不齐者。

犯轵，如玉路之仪。凡巡守及兵车之会，亦如之。掌凡戎车之仪。

【集注】
　　巡守乘革车，与朝觐、会同异者，王出畿，则武卫宜严也。兵车之会，谓将有讨伐。"凡戎车之仪"，谓王在革车之仪也。行道、按垒、祷战、誓师、鼓进、受恺，各有仪法，故以凡该之。旧说掌众兵车步伐、止齐之仪，误矣。

齐　仆

齐仆掌驭金路以宾。朝、觐、宗、遇、飨、食，皆乘金路，其法仪，各以其等，为车送逆之节。

【集注】
　　节，谓王乘车迎宾客，及送相去远近之数。上公九十步，侯伯七十步，子男五十步。《司仪职》曰："车逆拜辱。"及出，车送，春夏受贽于朝，无迎法，受享则有之。秋冬受享、受贽皆于庙，无迎法。此经谓因朝觐宗遇而飨食诸侯于庙，则有乘金路迎送之法也。

道　仆

道仆掌驭象路以朝夕，燕出入，其法仪如齐车。掌贰车之政令。

【集注】

早朝曰朝，暮朝曰夕。《春秋传》："百官承事，朝而不夕。"又曰："右尹子革夕。"是也。曰"朝夕、燕出入"者，谓朝夕视朝，及或以燕游出入也。大驭、齐仆，无掌副车之文，盖祭祀、飨食皆在庙，无所用副车也。朝夕视朝，亦不宜有副车，此掌贰车之政令，岂谓燕出入，与郊祀宜有副车，而不言者，王出宫则副车从，既载犯轵之礼，则以副车从不必言矣。

田　仆

田仆掌驭田路，以田，以鄙。掌佐车之政。设驱逆之车。

【集注】

以鄙，谓巡行县鄙。

令获者植旌，及献，比禽。

【集注】

植,树也。○郑刚中曰:"山虞、泽虞,植虞旌为属禽,此则令获禽者自植以告获也。比禽,谓比次所献禽,种物各相从,且别其上杀、中杀、下杀也。"

凡田,王提马而走,诸侯晋,大夫驰。

【集注】

提,犹举也。晋,犹抑也。使人扣而举之、抑之,皆止奔也。驰,放不扣。○王介甫曰:"提,节之。晋,进之。驰,则亟进之。尊者安舒,卑者戚速。"

驭 夫

驭夫掌驭贰车、从车、使车。

【集注】

从车,谓属车。使车,使者所乘。

分公马而驾治之。

【集注】

谓乘六种之马。

校 人

校人掌王马之政。辨六马之属,种马一物,戎马一物,齐马一物,道马一物,田马一物,驽马一物。

【集注】

种,谓上善似母者当以驾玉路,驽马则共杂役也。

凡颁良马而养乘之:乘马一师,四圉;三乘为皂,皂一趣马;三皂为系,系一驭夫;六系为厩,厩一仆夫;六厩成校,校有左右。驽马三良马之数,丽马一圉,八丽一师,八师一趣马,八趣马一驭夫。

【集注】

四匹为乘。圉,养马者。丽,耦也。趣马下士,驭夫中士,则仆夫上士也。驽马一物,而三良马之数,以充役事为多也。领驽马者,止于驭夫,而不属于仆夫,以不当王之五路也。

天子十有二闲,马六种。邦国六闲,马四种。家四闲,马二种。

【集注】

每厩为一闲。旧说诸侯有齐马、道马、田马,大夫有田马,各一闲。其驽马皆分为三,但诸侯不应竟无种马、戎马,特所畜不多,故合种马、齐马为一种,戎马、田马为一种,家则良、驽各一种耳。

凡马,特居四之一。

【集注】

特,牡马也。物同气则一心,三牝一牡,欲其乘之性相似也。

春祭马祖,执驹。

【集注】

马祖,天驷也。执,犹拘也。马二岁为驹。春通淫之时,驹弱,血气未定,虑其乘匹伤之。

夏祭先收,颁马,攻特。

【集注】

先牧,始养马者,其人未闻。攻特,谓骒之,使无蹄啮也,疑即后世所谓扇马。然必通淫之后始攻之,亦所以尽物之性。

秋祭马社,臧仆。

【集注】

马社,始乘马者。《世本》曰:"相土作乘马。"或曰牧地所立之社也。仆,驭五路者。臧仆,谓简驭者,令皆善。

冬祭马步,献马,讲驭夫。

【集注】

马步,神为灾害者。献马,见成马于王也。驭夫,驭贰车、从车、使车者。秋臧仆,择其善者而用之也。冬讲驭夫,教以闲习之法。

凡大祭祀、朝觐、会同,毛马而颁之。

【集注】

毛马,齐其色也,颁授乘以从王者。《毛诗传》宗庙齐毫,尚纯也;戎事齐力,尚强也;田猎齐足,尚疾也。

饰币马,执扑而从之。凡宾客,受其币马。

【集注】

币马,与币并将者。《聘礼》曰:"马则北面,奠币于其前。"

大丧,饰遣车之马;及葬,埋之。田猎,则帅驱逆之车。

【集注】

言埋之,则马乃涂车之刍灵。

凡将事于四海山川,则饰黄驹。

【集注】

四海山川，四海内之山川也。王巡守过大山川，有杀驹以祈沉之礼。《玉人职》"宗祝以黄金勺、边璋前马"是也。

凡国之使者，共其币马。

【集注】

使者所用，私觌王于畿内，亦遣使，故以国别之。

凡军事，物马而颁之。

【集注】

物马，齐其力文，不承毛马之后者，自饰币马至共币马，皆齐色也。《诗》曰："路车乘黄。"《书》曰："布乘黄朱。"是币马必齐色也。《诗》曰："驷铁孔阜。"又曰："四黄既驾。"是田马亦齐色也。遣车之马以刍灵，则齐色不必言矣。《六月》之诗曰："比物四骊。"谓物既比，而色又齐，见马之盛也。牧野之师用四骥，盖君所乘，其馀则皆齐力。

等驭夫之禄，宫中之稍食。

【集注】

驭夫，于趣马、仆夫为中，举中以见上下也。宫，"官"字之误也。他职但有府史，此更有师圉之属，故以官中包之。

489

趣　马

趣马掌赞正良马,而齐其饮食,简其六节。

【集注】

正,质而定之也。校人辨六马之属,而趣马则佐而质定之。简,差也。节,犹量也,差择王马以为六等。〇刘执中曰:"目以知其瞻之不惊,口以知其性之不悖,耳以知其力之不殚,鬣以知其血之有馀,毛以知其气之不暴,蹄以知其行之不跲。六者,简马之大节也。"〇王明斋曰:"六节,谓行、止、进、退、驰、骤之节。"〇郑刚中曰:"趣马下士,而周公作《立政》,与任人、准夫、牧并举。《诗》刺幽王,与司徒、卿、士连言之,其职微而所系则重,近王故也。"

掌驾说之颁,辨四时之居、治,以听驭夫。

【集注】

颁其驾说之次第,所以均劳逸也。马八月以后在厩,二月以后在牧,其治则执驹、攻特献马各有时。以听驭夫,惟驭夫之所役也。

巫　马

巫马掌养疾马而乘治之,相医而药攻马疾,受财于校人。

【集注】

乘,谓步驱以发其疾也。知所疾乃治之,受财谓共祈具及药直。

马死,则使其贾粥之,入其布于校人。

【集注】

布,泉也。

牧 师

牧师掌牧地,皆有厉禁而颁之。孟春焚牧,中春通淫,掌其政令。凡田事,赞焚莱。

【集注】

牧地非一处,度其年岁水草之宜,与其马之众寡而颁之。焚牧地,以除陈草也。中春阴阳交,万物生,可以合马之牝牡。《月令》季春乃游牝于牧者,秦地寒凉,万物后动也。焚莱者,山泽之虞赞之,令不得毁其应牧之处。

廋 人

廋人掌十有二闲之政教,以阜马,佚特,教駣,攻驹及祭马祖,祭闲之先牧及执驹,散马耳,圉马。

【集注】

佚当为逸。逸特者,不使甚劳,以安其血气也。马三岁曰駣,二岁曰驹。教駣,始乘习之也。攻驹,驐其蹄啮者。前经攻特,俟其乘匹而后驐之也。其为驹而已难驯者,则早驐之。闲之先牧,谓先牧始制闲者。散马耳,谓以竹栝押其两耳,头动摇则栝中物,后遂串习,不复惊。圉马,马既成,则圉之也。○郑刚中曰:"考'及'字之义,当为七事。廋人职卑,安得主马祖之祭?盖于校人祭马祖之时,则祭闲之先牧。于校人命执驹之时,则散马耳、圉马尔。"

正校人员选。

【集注】

王氏曰:"驭夫以下,备员于校人。而中其选者,廋人差而正之。"

马八尺以上为龙,七尺以上为騋,六尺以上为马。

【集注】

《月令》曰:"驾苍龙。"《诗》曰:"騋牝三千。"○王介甫曰:"大小异名,使各从其类,以待乘颁,及以为种。"

圉　师

圉师掌教圉人养马。春除蓐,衅厩,始牧。夏庌马。冬献马。射则充椹质,茨墙则剪阖。

【集注】

荐,马兹也。冬以草藉马,春则除之,以去其秽也。衅厩,辟去邪气也。始牧,春草生,始出牧也。庌,庑也,所以庇马使凉。椹质,以木为之,缚草以代侯。充,居也,或曰供也。茨,盖也。阍,苦也。圉师庌马,习于苦盖之事,故因而役之。

圉　人

圉人掌养马刍牧之事,以役圉师。凡宾客、丧纪,牵马而入陈。廞马亦如之。

【集注】

宾客之马,王所赐予。丧纪之马,启殡后所荐。廞马,遣车之禺,马人奉之,亦牵而入陈。

职方氏

职方氏掌天下之图,以掌天下之地,辨其邦国、都鄙、四夷、八蛮、七闽、九貉、五戎、六狄之人民,与其财用、九谷、六畜之数要,周知其利害。

【集注】

东方曰夷,南方曰蛮,西方曰戎,北方曰貉狄。闽,蛮之别也。

四、八、七、九、五、六,周所服国数也。必周知其利害,然后可以兴之、除之。或曰谓山川江湖之支凑,利于设险,与要害之处。

乃辨九州之国,使同贯利。

【集注】

凡可以生养人者,谓之利。贯,事也。事之有条,谓之贯。数要、利害,虽蛮夷、戎狄,必周知之而使同贯利者,不越九州之国也。

东南曰扬州。

【集注】

易彦祥曰:"《禹贡》扬州之域,东距海,北据淮,殷人以淮入徐,故扬州止谓之江南。周人复以入扬,循禹之旧。"○周起西北,去东南绝远,故首列之,以志风教之所暨也。吴楚有道后服,无礼先强,终周之世,为祸灾于中夏,故职方所记,以险远为先。

其山镇曰会稽,其泽薮曰具区,其川三江,其浸五湖,其利金、锡、竹箭,其民二男五女,其畜宜鸟兽,其谷宜稻。

【集注】

镇者,其山高大,为一州之望,若能镇压之也。水弥漫而滩浅草盛者曰薮,洼下而钟水可以为陂灌溉者曰浸。会稽在浙江绍兴府东南,具区即《禹贡》震泽,今所称太湖也。三江,岷江、松江、浙江也。岷江虽发源于梁州,而入扬州之界,则合安、池、宣、升、润、真诸州之水而环其北。松江合嘉、湖、苏、常诸州之水,居其中。浙江合衢、徽、严、杭诸州之水,在其南。扬州之川,未有大于此者。五湖无考,既列具区,则以太湖旁五湖当之,非也。箭,竹之小者。鸟兽,孔雀、鸾、鸩、鹇、犀、象之属。

正南曰荆州。

【集注】

易彦祥曰:"《禹贡》'荆及衡阳惟荆州'。殷之荆州其北境曰汉南,以地志考之,荆山在南郡,临沮县,汉水又出其北,正属襄阳,言汉南则跨荆山之北。至周复以荆门之北属豫州,复禹封域。"

其山镇曰衡山,其泽薮曰云瞢,其川江、汉,其浸颖、湛,其利丹、银、齿、革,其民一男二女,其畜宜鸟兽,其谷宜稻。

【集注】

顾景范曰:"衡山在湖广衡州府衡山县西。云梦在湖广德安府城南。江水发原四川成都府茂州西北之岷山,历梁、荆、扬三州至今江南扬州府海门县东入海。汉水发原陕西汉中府沔县西嶓冢山,至湖广汉阳府城东北入江。颍水发原河南府登封县东阳乾山,至江南凤阳府颍州颍上县入淮。湛未详,今河南汝州境内有湛水。颍、湛本在《禹贡》豫州之域。"

河南曰豫州。

【集注】

易彦祥曰:"《禹贡》'荆河惟豫州'。其封在大河之南,南条、荆山之北,故曰荆河。殷之豫州,则南境据汉,北境接河,故曰河南。周人于豫州亦曰河南,而南境则仍《禹贡》之旧。"

其山镇曰华山,其泽薮曰圃田,其川荥、雒,其浸波、溠,其利林、漆、丝、枲,其民二男三女,其畜宜六扰,其谷宜五种。

【集注】

华山在陕西西安府华州华阴县南十里,圃田在开封府中牟县西北。荥,荥泽也,今开封府郑州荥泽县是。洛水出陕西西安府商州南冢顶山,至河南府巩县北入河。波,旧说读播。《禹贡》"荥播既都",今书亦作"波"。《通典》云出歇马岭,在今汝州鲁山县西北溠水。《春秋传》:"楚子除道梁、溠,营军临随。"宜属荆州。《通典》云:"在今湖广襄阳府枣阳县东北。"六扰,马、牛、羊、豕、犬、鸡。五种,黍、稷、菽、麦、稻。

正东曰青州。

【集注】

易彦祥曰:"殷并青于徐,而徐兼扬州之淮。周复以淮归扬,而并徐于青,正在畿东,故曰正东。"

其山镇曰沂山,其泽薮曰望诸,其川淮、泗,其浸沂、沭,其利蒲、鱼,其民二男二女,其畜宜鸡、狗,其谷宜稻、麦。

【集注】

　　淮,或为睢。沭,或为洙。○顾景范曰:"沂山在青州府临朐县南。孟诸在河南归德府虞城县,《禹贡》属豫州。淮水发原河南南阳府唐县东南桐柏山,至江南淮安府安东县东北入海。泗水出兖州府泗水县东陪尾山,至江南淮安府清河县南入淮,今名南清河。沂水出青州府莒州沂水县西北雕崖山,至淮安府邳州南入泗。沭水出临朐县沂山,至淮安府安东县西入淮。"

河东曰兖州。

【集注】

　　易彦祥曰:"夏、殷皆言'济、河惟兖州',谓东河之东,济水之北也。周人以青兼徐,而兖州又得越乎济之东南。故徐之岱山,《职方》以为兖之镇。徐之大野,职方以为兖之泽薮也。"

其山镇曰岱山,其泽薮曰大野,其川河、泲,其浸庐、潍,其利蒲、鱼,其民二男三女,其畜宜六扰,其谷宜四种。

【集注】

　　"庐潍"当为"雷雍"。《禹贡》曰:"雷夏既泽,雍、沮会同。"四种,黍、稷、稻、麦。○顾景范曰:"岱,泰山也,在济南府泰安州北。大野在兖州府济宁州钜野县东。河从西域昆仑山至陕西宁卫积石山,乃入中国,历雍、豫、冀、兖四州之域,东北入海,今从东南合淮入海。济水,发原河南怀庆府济源县西王屋山,至山东济南府滨州利津县

497

东入海,亦曰大清河。卢水在济南府长清县西废卢县境。潍水出青州府莒州西北箕屋山,至莱州府潍县东北入海,《禹贡》属青州。"

正西曰雍州。

【集注】

易彦祥曰:"《禹贡》有雍有梁,故梁为正西,而雍为西北。殷、周皆省梁入雍,故雍州为正西。"

其山镇曰岳山,其泽薮曰弦蒲,其川泾、汭,其浸渭、洛,其利玉石,其民三男二女,其畜宜牛、马,其谷宜黍、稷。

【集注】

弦,或为汧。蒲,或为浦。○顾景范曰:"岳山在陕西凤翔府陇州南。弦蒲在陇州西。泾水出陕西平凉府城西南笄头山,至西安府高陵县西南入渭。汭水出弦蒲薮东北,历平凉府境至西安府邠州长武县而合于泾。渭水出陕西临洮府渭源县西鸟鼠山,至西安府华州华阴县北入大河。洛水出庆阳府城东北废洛源县,南流合漆、沮二水至西安府同州朝邑县南入渭。《通典》曰:'洛,即漆沮也。'"

东北曰幽州。

【集注】

易彦祥曰:"舜十二州,本有幽州。水土既平,以冀为帝都,省幽入冀。殷人南都河南之亳,复设幽州,周人又以幽州兼殷之营州,实《禹贡》青州隔海东北之境。"

其山镇曰医无闾,其泽薮曰貕养,其川河、泲,其浸菑、时,其利鱼、盐,其民一男三女,其畜宜四扰,其谷宜三种。

【集注】

四扰,马、牛、羊、豕。三种,黍、稷、稻。〇顾景范曰:"医无闾山,在辽东广宁卫西。貕养在山东登州府莱阳县,在《禹贡》宜属青州。菑水在济南府淄川县东南。时水在青州府临朐县西。"〇易彦祥曰:"幽川虽东北跨辽水,而西南实越海,兼有青州之东北境,所以琅琊郡之貕养泽、泰山郡之淄水、千乘郡之时水,皆在幽州之域。汉光武十三年,以辽东属青州,二十四年,还属幽州。王璜、张揖云:九河陷海中。是九河未陷之先,凡登、莱海岸,及滨、沧二州之东境,皆在幽州之地,与兖州东西分界,故二州并曰'其川河、泲'。"

河内曰冀州。

【集注】

易彦祥曰:"水土既平,舜省幽、并二州入冀,东西南三面距河,而北境则越常山,今之燕云、营平诸州皆其地也。殷人复以冀之北境为幽州,而东西南皆禹迹之旧,周人又分冀而复并州。"

其山镇曰霍山,其泽薮曰杨纡,其川漳,其浸汾、潞,其利松、柏,其民五男三女,其畜宜牛、羊,其谷宜黍、稷。

【集注】

顾景范曰:"霍山在今山西平阳府霍州东南之三十里。《尔雅》秦有杨纡,此属冀州,未详。漳水有二,浊漳出山西潞安府长子县西,发鸠山;清漳出太原府平定州乐平县西南少山,至河南彰德府临漳县西合焉。其下流复分为二,或从直隶河间府献县合滹沱河,或从山东东昌府馆陶县合卫水。汾水出太原府静乐县北管涔山,至平阳府蒲州荣河县西入大河。潞水,阚骃曰即浊漳也。今潞安府城西南二十里浊漳经焉,土人犹呼为潞水。《通典》曰潞河在密云县,即今顺天府境内之白河也。"○《春秋传》载晋所兼国曰狄杨,韩、魏又曰邢,晋应韩武之穆也。杨为晋所兼,岂邢亦在冀州之域,以音同而误纤与?

正北曰并州。

【集注】

易彦祥曰:"以天下之势言之,冀州在西河之东,雍州在西河之西,并州介雍、冀之间,故曰正北。"

其山镇曰恒山,其泽薮曰昭馀祁,其川虖池、呕夷,其浸涞、易,其利布、帛,其民二男三女,其畜宜五扰,其谷宜五种。

【集注】

五扰,马、牛、羊、犬、豕。凡九州及山镇泽薮言"曰"者,以其非一,指目其大者。职方州界扬、荆、豫、兖、雍、冀与《禹贡》略同。青州则徐州地也,幽则青之北也,并则冀之北也。○顾景范曰:"恒山在直隶真定府定州曲阳县西北。昭馀祁,在太原府祁县东。虖池水出太原代州繁畤县东北秦戏山,至直隶河间府静海县北小直沽入海。呕夷水出山西大同府蔚州灵丘县西北高是山,一名唐河,至直隶保定府安州北合于易水。涞水在保定府易州涞水县东北,亦名北易水。易水在保定府安州城北,名南易水。"○陈氏曰:"九州山川薮泽各在职方,不属诸侯之版。观《诗》不以圃田系郑,《春秋》不以沙麓系晋,略可睹矣。周季齐干山海,而桃林之塞,郇瑕氏之地,晋实私之,此诸侯所以僭侈,王室所以衰微也。"

乃辨九服之邦国。方千里曰王畿,其外方五百里曰侯服,又其外方五百里曰甸服,又其外方五百里曰男服,又其外方五百里曰采服,又其外方五百里曰卫服,又其外方五百里曰蛮服,又其外方五百里曰夷服,又其外方五百里曰镇服,又其外方五百里曰藩服。

【集注】
服,服事天子也。《诗》曰:"侯服于周。"

凡邦国千里,封公以方五百里,则四公;方四百里,则六侯;方三百里,则七伯;方二百里,则二十五子;方百里,则百男;以周知天下。

【集注】
约计以方千里,封公则可四,封侯则可六,封伯则可十一,封子则可二十五,封男则可百。云七伯者,字之误也。○朱子曰:"陈君举进《制度说》,《周礼》封疆方五百里,是周围方五百里,径止百二十五里。自奇其说与《王制》等语相合。然本文方千里之地,以封公则四公,其地已有定数,此说如何可通?况男国二十五里,则国君即今之一耆长耳,何以为国?"

凡邦国,大小相维。

【集注】

大国比小国,小国事大国,各有属相维联也。《王制》云:"五国以为属,属有长。十国以为连,连有帅。三十国以为卒,卒有正。二百一十国以为州,州有伯。"

王设其牧。

【集注】

牧,谓公、侯、伯、子、男,守土以牧民者。

制其职,各以其所能。

【集注】

属长、连帅、卒正、州伯,其能有大小,则职之所任有轻重也。

制其贡,各以其所有。

【集注】

观此经,则大行人六服所贡,各主一物,乃入见时所贡,而非岁贡之常,可知矣。

王将巡狩,则戒于四方,曰:"各修平乃守,考乃职事,无敢不敬戒,国有大刑。"

【集注】

守,谓其国竟。职事,谓所当共具者。

及王之所行,先道,帅其属而巡戒令。

【集注】

先道,前王而行也。

王殷国亦如之。

【集注】

殷国,即大宗伯职所谓殷见也。其戒四方诸侯,与巡守同。

土方氏

土方氏掌土圭之法,以致日景,以土地相宅,而建邦国都鄙。

【集注】

法见《大司徒职》。

以辨土宜、土化之法,而授任地者。

【集注】

土宜,谓九谷、稙稚所宜也。土化,地之轻重、粪种所宜用也。任地者,载师之属。○黄文叔曰:"所谓景短多寒,景长多暑,景朝多阴,景夕多风。土宜、土化,由是而有其法焉。"

王巡守,则树王舍。

【集注】

王所止宿,掌舍设梐枑,则此官于外周帀树藩篱。

怀方氏

怀方氏掌来远方之民,致方贡,致远物,而送逆之,达之以节。

【集注】

远方之民,谓四夷也。远物,九州之外无贡法,而至者达民以旌节,达货以玺节。○李耕卿曰:"远方之民,非直四夷也。自他州而来者皆是。远物,非直藩国之货也,凡贸迁有无者皆是。"

治其委积、馆舍、饮食。

【集注】

委积、馆舍、饮食,遗人所掌也,而怀方氏又为远人经纪之。

合方氏

合方氏掌达天下之道路，通其财利，同其数器，壹其度量，除其怨恶，同其好善。

【集注】

达天下之道路，谓津梁相凑，不使陷绝。○李耜卿曰："此官皆柔远人之事。'除其怨恶'者，禁土著为孤客患。'同其好善'者，彼此地产交相好善，则贸迁者利其息，故其文承通财利、同数器、壹度量之后也。上怀方氏来远方之民，此官达其道路，以济不通也。怀方氏致远物，此官为之均平，使乐往来也。"

训方氏

训方氏掌道四方之政事，与其上下之志，诵四方之传道。正岁，则布而训四方，而观新物。

【集注】

道，犹言也，盖为王道之传道，所传说，往古之事也。有新物出，则可知其民志所好恶。志淫好辟，则当以政教化正之。司徒之属有诵训，而复设此职者，诵训所掌独其国故事，此则周知其国政、人心、俗尚，而使王知所以纪其政教也。诵训所掌独巡狩之事，而此则布训于四方也。惟此职所诵，四方之传道，即诵训所道方志。盖此职采而达之，而后诵训道之。司徒所布于邦国者，教典之常也。此所布之训，则因其国政人心、俗尚之有偏，而矫革化诱之者也。

形方氏

形方氏掌制邦国之地域，而正其封疆，无有华离之地。

【集注】

华，析也。离，丽也。地势应属此国而披于他国，则在此国为华，在彼国为离，而统摄难，争端起矣，故正之。

使小国事大国，大国比小国。

【集注】

无疆场之争，故小大和。

山　师

山师掌山林之名，辨其物，与其利害，而颁之于邦国，使致其珍异之物。

【集注】

　　山林之名与物，若岱畎丝枲、峄阳孤桐之类。利，其物产中人用者。害，毒物及螫噬之虫兽。○名山大泽不以颁。其馀山林川泽，仍颁之于邦国，特使王官遥掌之，而致其珍异之物耳。原师掌辨丘陵、坟衍、原隰之名物，以建国邑，与山师、川师之职异，故不言所致之物。

川　师

　　川师掌川泽之名，辨其物，与其利害，而颁之于邦国，使致其珍异之物。

【集注】

　　川泽之名与物，若泗滨浮磬、淮夷蠙珠之类。圣王不贵异物，而使致其珍异者，非常之物可以御灾、疗疾，及为服饰器用，亦有国者所宜夙储，非以供玩好也。

原　师

　　原师掌四方之地名，辨其丘陵、坟衍、原隰之名物之可以封邑者。

【集注】

"辨其丘陵"下十七字为句。大司徒辨山林、川泽、丘陵、坟衍、原隰之名物,以制邦国、都鄙之畿疆,而制畿封国,列职于司马,故原师复掌之,以辅成司徒之事也。封,建国也。邑,制都鄙也。五土独掌其三者,丘陵、坟衍皆有谷土,可计赋以建国邑。山林、川泽则领于王官,而不以颁,非独制其要塞以为险固,亦谷土少,不足以建国邑耳。

匡 人

匡人掌达法则,匡邦国,而观其慝,使无敢反侧,以听王命。

【集注】

法则,冢宰所建,而使司马之属达之,且观其慝,所以警不听命者。达法则,遂足以匡邦国者,使其国之臣皆禀王朝之法,鄙之吏皆守王朝之则,诸侯虽欲反侧,而势不能行矣。

撢 人

撢人掌诵王志,道国之政事,以巡天下之邦国而语之,使万民和说而正王面。

【集注】

正王面，所谓四面而内乡也。匡人达法则，而邦国之臣皆凛承乎王吏，撢人诵王志，而天下之民皆内乡于京师，此先王养诸侯，而兵不试之道也。齐鲁之衰民不知君，而陪臣各固其私，以成篡夺之渐，则知止邪于未形，《周官》之所虑远矣。

都司马

都司马掌都之士庶子及其众庶、车马、甲兵之戒令。

【集注】

士、卿、大夫、士之適子为学士者，庶子其支子也。戒令，谓王朝有军事，而征兵于都鄙也。

以国法掌其政学，以听国司马。

【集注】

政若诸子、宫伯、掌固之所掌，学若大司乐之所掌，是即所谓国法也。都家、士庶子之政学，一以王国教胄子之法治之，以听国司马者，有军事则听于诸子，有守政则听于掌固也。

家司马

家司马亦如之。

【集注】

大夫家臣为司马者,《春秋传》叔孙氏之司马鬷戾。

李耜卿曰:"大司马掌邦政,统六师,故凡兵甲、车马之政,隶仆御从之官,九州邦国之形胜、阨塞、要害,皆属焉。军无赏,士不往,故首司勋。军行以马,故马质次之。军舍有垒,故量人次之。师行以顺为武,故小子斩牲、衅陈次之。羊人共羊牲,又次之。继以司爟者,火政,兵事之要也。设险、守固、制胜于未形,故掌固、司险、掌疆、候人次之。讥察非常,箫勺群慝,故环人之察巡,挈壶之序柝又次之。射以习战,兵事所急,故射人次之,服不、射鸟、罗氏、掌畜四职皆因射而及之也。司马辨论官材,司士佐之,六官之师旅得其人,则六军之将帅得其任,诸子之治国子,司右之治戎右,皆此意也。自是以下至圉人数十职,则详卫王之政。虎贲、旅贲,夹卫王车,节服氏以卫王车而及之也,方相氏以卫室神而连类及之也。大仆、小臣、祭仆、御仆、隶仆,王之出入,或骖乘,或先后,皆武卫之官,又次之。王车有五路,乘车之冕、弁各有宜,故弁师次之。车中甲兵、戈盾、弓矢具,故司甲、司兵、司戈盾、司弓矢、缮人、槁人次之。戎右、齐右、道右为车右者,所谓勇士也。大驭、戎仆、齐仆、道仆、田仆、驭夫御车者,所谓仆夫也。马以驾车,校人、趣马、巫马、牧师、廋人、圉师、圉人皆马官也,不次于马质之后者,马质所给者军马此所共者王马也。职方、土方、怀方、合方、训方、形方,以及山师、川师、原师、匡人、撢人,皆所以柔远人、怀诸侯,且秉天下之土地、形势,山川、林泽、原隰之险易,而遏其僭侈,施训道匡正之法,以释其悖心,所以销兵于未形,止乱于未萌也。都家司马,以国法掌其政学,以听国司马,故以是终焉。"

卷九　秋官司寇第五

寇,害也。刑之设,以除民害。天地之气,春生秋杀,故司寇为秋官。

叙　官

惟王建国,辨方正位,体国经野,设官分职,以为民极。乃立秋官司寇,使帅其属,而掌邦禁,以佐王刑邦国。

【集注】
《孝经说》曰:"刑者,侀也。过出罪施。"《王制》曰:"侀者,成也。一成而不可变,故君子尽心焉。"

刑官之属:大司寇,卿一人;小司寇,中大夫二人;士师,下大夫四人;乡士,上士八人,中士十有六人,旅下士三十有二人;府六人,史十有二人,胥十有二人,徒百有二十人。

周 礼

【集注】

　　士,察也,主察狱讼之事。遂士、县士、方士,皆别设官,而乡士即用司寇之属士者,所受国中之狱讼,其治在国中也。诸官皆上士八人,中士十有六人,以给官中之事。而司寇之属士,独兼受国中之狱讼者,诸官之事纷,秋官则所掌惟狱讼。而四郊之狱讼,乡师听之,而后达于乡士。遂之狱讼,遂大夫、遂师听之,而后达于遂士。公邑都家之狱讼,守土者听之,而后达于县士、方士。其狱辞皆已定矣,其上达则士师察其辞,小司寇附其法,大司寇断而行其令。故司寇之属士,虽使兼受国中之狱讼,而不患其不暇给也。四官之事,有司分治之,使官中之士兼之,则侵官也,则离局也。司寇听狱讼,群士、司刑皆在,各丽其法、献其议,虽他人所上狱讼,亦公听而共成之,则虽使兼受国中之狱讼,而非侵官,无离局也。且四郊之狱讼,乡师听之,必内达于乡士者,以狱之成必取决于司寇也。国中之狱讼,无外诉于乡师之理,故使司寇之属士受之。观此类,则圣人精义致用之学见矣。

　　遂士,中士十有二人,府六人,史十有二人,胥十有二人,徒百有二十人。

　　县士,中士三十有二人,府八人,史十有六人,胥十有六人,徒百有六十人。

　　方士,中士十有六人,府八人,史十有六人,胥十有六人,徒百有六十人。

　　讶士,中士八人,府四人,史八人,胥八人,徒八十人。

【集注】

　　掌讶,乃迎宾客。此迎受四方狱讼,故以士名。

朝士，中士六人，府三人，史六人，胥六人，徒六十人。
司民，中士六人，府三人，史六人，胥三人，徒三十人。
司刑，中士二人，府一人，史二人，胥二人，徒二十人。
司刺，下士二人，府一人，史二人，徒四人。

【集注】

刺者，探问廉察之意。官主询察而行赦宥，故以刺名。后世设刺史，亦义取询察。旧说刺杀，非也。

司约，下士二人，府一人，史二人，徒四人。

【集注】

薛平仲曰："或疑司约、司盟，非盛世事，然世变益降，使私为约，私为盟，以纷纷于下，孰若设官于上以司之，使不可逾乎。盟约不逾，则讼狱可息，此先王之不得已也。"

司盟，下士二人，府一人，史二人，徒四人。

【集注】

盟者，约辞告神，杀牲歃血，明著其信也。《曲礼》曰："莅牲曰盟。"《书》载"苗民罔中于信，以覆诅盟"。则五帝之世已有此事，第苗民覆之，故数以为罪耳。《春秋传》：成王劳周公、太公，而赐之盟。穀梁子谓盟诅不及三王，非也。学者不察，或以《周官》设司盟而信何休战国阴谋之说，误矣。

职金,上士二人,下士四人,府二人,史四人,胥八人,徒八十人。

司厉,下士二人,史一人,徒十有二人。

【集注】

犯政为恶曰厉。

犬人,下士二人,府一人,史二人,贾四人,徒十有六人。

司圜,中士六人,下士十有二人,府三人,史六人,胥十有六人,徒百有六十人。

掌囚,下士十有二人,府六人,史十有二人,徒百有二十人。

掌戮,下士二人,史一人,徒十有二人。

司隶,中士二人,下士十有二人,府五人,史十人,胥二十人,徒二百人。

【集注】

隶,给劳辱之役者。

罪隶,百有二十人。

蛮隶,百有二十人。

闽隶,百有二十人。

夷隶,百有二十人。

貉隶,百有二十人。

【集注】

　　皆征伐所获也。此选以为役员者,馀谓之隶民。○王次点曰:"南方曰蛮,闽东南之别种也。东方曰夷、貉,东北之聚落也。独不见西戎、北狄之隶者,盖自文王时,西有昆夷之患,北有猃狁之难,而道化先被于南。至武王通道于九夷、八蛮,其服属有素,故帅以为隶。"○四翟之隶皆慕义而来,愿留中夏者,故因其能而各任以事焉。谓之隶者,王宫宿卫,宫伯所掌士庶子也。旅贲皆命士也,虎贲所掌谓之虎士,必粗知道艺而有异于胥徒者。故于司隶所掌,称隶以别之。《春秋传》人有十等,隶班在六,非甚贱也。盗贼之子,亦使班于四隶者,非其身之恶也。不使列于齐民者,恐其习为匪僻也。

　　布宪,中士二人,下士四人,府二人,史四人,胥四人,徒四十人。

　　禁杀戮,下士二人,史一人,徒十有二人。

　　禁暴氏,下士六人,史三人,胥六人,徒六十人。

　　野庐氏,下士六人,胥十有二人,徒百有二十人。

　　蜡氏,下士四人,徒四十人。

【集注】

　　蜡,骨肉腐臭,蝇虫所蜡也。○蜡祭,以息老物,掩骼埋胔。又死者之终也,或取义于此。

　　雍氏,下士二人,徒八人。

【集注】

　　雍谓堤防止水者。

萍氏，下士二人，徒八人。

【集注】
　　萍氏，主水禁。萍草无根而浮，义取于不沉溺也。

司寤氏，下士二人，徒八人。

【集注】
　　寤，觉也。主夜觉者。

司烜氏，下士六人，徒十有二人。

【集注】
　　烜，火也。

条狼氏，下士六人，胥六人，徒六十人。

【集注】
　　条，当为"涤"，涤除狼扈道上者。

修闾氏，下士二人，史一人，徒十有二人。

【集注】
　　闾谓里门。

冥氏，下士二人，徒八人。

【集注】

冥以绳縻取禽兽之名，盖攻猛兽，必使冥然不觉，然后可获。或曰猛兽旦昼多伏藏，设弧张为阱攫，每以暮夜昏冥之时而得之。○薛平仲曰："自修闾达布宪官十有一，皆先王所以尽乎人也。自冥氏至庭氏官十有二，皆先王所以尽乎物也。人事之害既除，而物之为人害者亦消，则先王之用刑通乎天地矣。"○王氏曰："观《周礼》所载一草木、一鸟兽、一昆虫，小小利害，必为民兴之、除之。而凡兴利，则地官主之；凡除害，则秋官主之。"

庶氏，下士一人，徒四人。

【集注】

庶，读如"药煮"之"煮"，驱除毒虫之言。○郑刚中曰："南中为虫者，合众毒虫于一器，使自相啗，其一独存，则为虫。官以庶名，岂义取于此与？"○刘执中曰："毒蛊蛊病人非一种，而仅设下士一人者，盖掌其方书治禁之法。"

穴氏，下士一人，徒四人。
翨氏，下士二人，徒八人。
柞氏，下士八人，徒二十人。

【集注】

柞，除木之名。除木者，必先刊剥之。《诗》云："载芟载柞。"芟为除草，则柞为除木可知。

薙氏,下士二人,徒二十人。

【集注】

薙,剪草也,或作夷。或曰读如"鬎小儿头"之"鬎"。《月令》曰:"烧薙行水。"谓烧所芟草乃水之。

硩蔟氏,下士一人,徒二人。

【集注】

硩,读为"摘"。蔟,谓鸟巢。

翦氏,下士一人,徒二人。
赤犮氏,下士一人,徒二人。

【集注】

赤犮,犹拚拔,谓除去之也。

蝈氏,下士一人,徒二人。

【集注】

蝈,虾蟆也。

壶涿氏,下士一人,徒二人。

【集注】

壶,谓瓦鼓。涿,击之也。

庭氏,下士一人,徒二人。

【集注】

主射妖鸟,令国中洁清如庭内也。

衔枚氏,下士二人,徒八人。

【集注】

枚,状如箸,横衔之,为之繣结于项,以止言语。

伊耆氏,下士一人,徒二人。

【集注】

伊耆,古王者号,始为蜡祭,以息老物。此掌共杖函,故以名官。秋物成而养老,故列于秋官。

大行人,中大夫二人;小行人,下大夫四人;司仪,上士八人,中士十有六人;行夫,下士三十有二人;府四人,史八人,胥八人,徒八十人。

环人,中士四人,史四人,胥四人,徒四十人。

象胥,每翟上士一人,中士二人,下士八人,徒二十人。

【集注】

通四裔之言者,东方曰寄,南方曰象,西方曰狄鞮,北方曰译。今总名曰象者,周之德先致南方也。

掌客,上士二人,下士四人,府一人,史二人,胥二人,徒二十人。

掌讶,中士八人,府二人,史四人,胥四人,徒四十人。

掌交,中士八人,府二人,史四人,徒三十有二人。

掌察,四方中士八人,史四人,徒十有六人。

掌货贿,下士十有六人,史四人,徒三十有二人。

朝大夫,每国上士二人,下士四人,府一人,史二人,庶子八人,徒二十人。

【集注】

此王之士也,使主都家之治,而命之曰朝大夫,所以尊王朝也。庶子在府史之下,盖其宫长所自辟除也。都家之司马,既掌其士庶子之政学,以听国司马,而此职及都则复设庶子者,岂掌乡八刑,以纠都家之民者与?其以庶子称者,教刑本为士庶子设,而因以下逮于庶民也。

都则,中士一人,下士二人,府一人,史二人,庶子四人,徒八十人。

【集注】

都则,主都家之八则者,当言每都如朝大夫及都司马云。○易彦祥曰："八则,都家所同守也。然谓之都则,而不言家则,何也？王之大夫四命,虽驭之以八则,而未与赐则之数也。故大宰以八则治都鄙,亦以都为主。"

都士,中士二人,下士四人,府二人,史四人,胥四人,徒四十人,家士亦如之。

【集注】

亦当言每都。

秋官卿大夫,上士共三十三人,而中士、下士四百有二人,盖位卑则不敢怙势以枉人,职分乃易于悉心以体物也。

大司寇

大司寇之职,掌建邦之三典,以佐王刑邦国,诘四方。

【集注】

刑邦国,即下经用三典于三等之国是也。盖刑邦国之民,若诸侯之不率者,则九伐施焉,非五刑所及也。既曰刑邦国,又曰诘四方,盖诘四方邦国之用刑,而不率三典者,大宰以刑典诘邦国,即此义也。

一曰刑新国用轻典,二曰刑平国用中典,三曰刑乱国用重典。

【集注】

新建之国,民未习教,故用法轻。乱国俗狃于恶,非重法不足以革之。平国则但用常行之法。○王介甫曰:"用轻典以柔义也,用中典以正直义也,用重典以刚义也。故曰惟敬五刑以成三德。"

以五刑纠万民,一曰野刑,上功纠力;二曰军刑,上命纠守;三曰乡刑,上德纠孝;四曰官刑,上能纠职;五曰国刑,上愿纠暴。

【集注】

功,功程也。命,将命也。守,部分也。愿,悫慎也。国刑,谓国中之刑。曰野、曰乡、曰国,非以地别之,以事别之也。水土力役之政,野刑也,故曰上功纠力。不孝不友,不睦不姻,不任不恤,乡刑也,故曰上德纠孝。吏之作奸,民之为暴,势家之灭义,国刑也,故曰上愿纠暴。虽国中野外之人所犯,乡刑也,则以乡刑弊之。易地皆然。

以圜土聚教罢民。凡害人者,寘之圜土而施职事焉,以明刑耻之。

【集注】

民不昏作劳,故谓之罢。害人,谓为邪恶,已有过失,丽于法者。○民罢于作业,则必放辟邪侈,而有害于人,寘之圜土,欲其困而悔也。施以职事,欲其劳而思也。

其能改者,反于中国,不齿三年。其不能改而出圜土者,杀。

【集注】

中国,谓故乡里也。不齿者,不得以年次列于平民。出,逃亡也。反其乡里而曰中国者,使终不改,则当屏之远方也。

以两造禁民讼,入束矢于朝,然后听之。

【集注】

古者一弓百矢。束矢,百矢也。先入百矢,不实,则没入官。○注"造,至也。不至,则是自服不直",非也。无论所讼虚实,未有被讼而不自质辨者,果自知不直而不至,为吏者当致其人,平其事,而后可以息争,未有置而不听者。盖造者,作事之端。两造者,各陈其致争之由也。《书》曰:"两造具备。"则不可以"至"训明矣。曰禁民讼者,或事端微细,或曲直显然,则立使解散,而不复致于朝也。

以两剂禁民狱,入钧金,三日乃致于朝,然后听之。

【集注】

剂,券书也。三十斤为钧。讼,是非可立决者也,两造具备,则曲直可判矣。狱,迟久而后决者也,或负财物,或背婚姻,其约剂有真伪,左证有存亡,未可以一言而决,必致于狱,然后其罪可定。故所入加重,又缓其期,然后听之。旧说以罪相证,非也。以罪相证,无缘有两剂,若官司所守彼此争执,则各于其长诉之附于刑,而后归于士。

以嘉石平罢民。凡万民之有罪过而未丽于法,而害于州里者,桎梏而坐诸嘉石,役诸司空。重罪,旬有三日坐,期役;其次九日坐,九月役;其次七日坐,七月役;其次五日坐,五月役;其下罪三日坐,三月役。使州里任之,则宥而舍之。

【集注】

嘉石,文石也。树之外朝门左。平,成也。成之,使入于善任保也。此曰未丽于法,则圜土之罢民为已丽于法者,可知矣。圜土之罢民曰"害人",是实有被其害之人。此曰"害于州里",则顽嚚酗肆为州里所患苦耳。○李耜卿曰:"过大,内于圜土。过小,坐诸嘉石。刑戮之事,为类至多,大司寇独举此二者,盖辟以止辟,莫善于此。"

以肺石达穷民,凡远近茕独老幼之欲有复于上,而其长弗达者,立于肺石三日,士听其辞,以告于上,而罪其长。

【集注】

肺石,赤石也。无兄弟曰茕。无子孙曰独。复,犹报也。

正月之吉,始和布刑于邦国都鄙,乃县刑象之法于象魏,使万民观刑象,挟日而敛之。

凡邦之大盟约,莅其盟书,而登之于天府,大史、内史、司会及六官,皆受其贰而藏之。

【集注】

大盟约,谓因大会同而赐诸侯以盟,或使约誓也。邦之大盟约,有或背之,则征讨必行,六官皆有事焉。故并藏其贰,又使邦人及诸侯知所约之必不可犯也。

凡诸侯之狱讼,以邦典定之。凡卿大夫之狱讼,以邦法断之。凡庶民之狱讼,以邦成弊之。

【集注】

邦典,六典也。邦法,八法也。邦成,八成也。诸侯之狱讼,如虞芮质成之类,非九伐之法所及也,故以邦典定之。如疆场之争,则所犯教典、政典也。婚姻相负,则所犯礼典也。川防之闭纵,则所犯事典也。本无重轻一定之法,必随事而酌定之。卿大夫之狱讼,以八法断之者,官职之不举,官联之不会,官常之不修,官成之不守,官法之不遵,官刑之不当,官计之不实,国有常刑也。若卿大夫而有土地、财物之讼,亦当以八成弊之。

大祭祀,奉犬牲。若禋祀五帝,则戒之日,莅誓百官,戒于百族。

【集注】

戒之日,即卜之日也。百族,王之族姓也。《郊特牲》:"献命库门之内,戒百官也。大庙之内,戒百姓也。"则为王之族姓明矣。《冢宰》、《司徒职》首言"祀五帝",后皆曰"享先王亦如之",下此不与也。《宗伯职》则备言"祀大神,享大鬼,祭大示"。《司马职》总言"大祭祀"。此既总言"大祭祀",又特举"禋祀五帝",岂凡祭祀之戒誓,大宰、小宰掌之司寇不莅,惟祀五帝,即事于郊野,其事尤严,故兼使刑官之长莅之,犹朝觐、会同,司寇,必前王,大宾客,小司寇前王而辟,王燕出入,士师前驱而辟之义与?《小司寇》及《士师职》皆特举祀五帝,盖刑官之正贰及考皆从而跸者又其属。圣人虑事之详如此。○王氏曰:"百族从祭,而不预于执事,所以不听誓而听戒也。"

及纳亨,前王。祭之日亦如之。奉其明水火。

【集注】

纳亨,致牲也,其节在将祭之辰。祭之日,谓旦明也。明火见《春官·䂊氏》。以阴鉴取水于月谓之明水,水以配郁鬯与五齐,火以给爨烹。秋气清明,日至此而燥烈,月至此而皎洁,故明水火使秋官奉之,以致其清明之德也。

凡朝觐、会同,前王。大丧亦如之。

【集注】

大丧所前,或嗣王,或时王。

大军旅,莅戮于社。

【集注】

社,谓社主在军者。

凡邦之大事,使其属跸。

【集注】

属士师以下也。○王介甫曰:"小司寇,凡国之大事,使其属跸,则事在国中而已。大司寇,邦之大事,使其属跸,则通国野焉。"

小司寇

小司寇之职,掌外朝之政,以致万民而询焉。一曰询国危,二曰询国迁,三曰询立君。

【集注】

外朝,在雉门之外。询,谋也。国危,谓有兵寇之难也。立君,"谓无冢適,选于庶也。"司徒掌万民,而使刑官致之者,三者皆国之变事,以刑官莅之,则进而陈其憸谋,退而动以浮言者,不禁而自戢矣。其不以大司寇何也?其职摈而叙进以传语,王与六卿并听之,秋官之长不得独去其列而为摈也。

其位:王南乡,三公及州长、百姓北面,群臣西面,群吏东面。

【集注】

经言"群吏",即庶官也。惟此经及《朝士职》"群吏"为府史,以对群臣、群士而言也。百姓北面,答君也。三公、州长北面,帅民也。群吏在群臣之右,以主于询万民也。六乡之官,莫尊于乡老,其亲民事者,莫尊于州长,故使帅焉。不及乡、大夫者,乡、大夫,六卿也,孤、卿、大夫、士皆包于群臣。

周 礼

小司寇摈以叙进而问焉,以众辅志而弊谋。

【集注】

叙进,以次而进之,使言也。○王介甫曰:"以王志为主,而辅之以众。以众谋为稽,而弊之于王。"

以五刑听万民之狱讼,附于刑,用情讯之,至于旬乃弊之,读书则用法。

【集注】

五刑:野刑、军刑、乡刑、官刑、国刑也。附于刑,墨、劓、宫、刖、杀也。群士、士师所议,既附于刑,小司寇复用情讯之。用情者,记所谓悉其聪明,致其忠爱以尽之也。书者,所书犯法之由,即狱辞也。读之而囚无不服,众以为宜,然后法可用。

凡命夫、命妇,不躬坐狱讼。

【集注】

不身坐者,使其属与子弟代之也。《春秋传》:"王叔之宰与伯舆之大夫禽瑕坐狱于王庭。"

凡王之同族有罪,不即市。

【集注】

刑于甸师氏。

以五声听狱讼,求民情:一曰辞听,二曰色听,三曰气听,四曰耳听,五曰目听。

【集注】
　　四者非声,而要以声为本,故总之曰五声。凡中不直者,其言必烦,其色必赧,其息必喘,其听必惑,其视必眊然。以是听之,则可以得其无征之情。

以八辟丽邦法,附刑罚:一曰议亲之辟,二曰议故之辟,三曰议贤之辟,四曰议能之辟,五曰议功之辟,六曰议贵之辟,七曰议勤之辟,八曰议宾之辟。

【集注】
　　丽,附也。宾,谓三恪,二代之后。辟有以法训者,有以刑训者,曰以辟丽法,则当以刑训明矣。既曰丽邦法,又曰附刑罚者,以八等人之刑当特议者,附著于邦法之中,而用刑罚时,则以是附比之也。特议之者,轻则赦宥,重则末减也。贤而罹于罚者,如偾军、丧邑之类,或阨于事势,而非其罪也。

以三刺断庶民狱讼之中:一曰讯群臣,二曰讯群吏,三曰讯万民。

【集注】
　　刺,探取其情实也。中,成狱之书辞也。谓之中者,用刑贵得中也。讯,问也。凡狱讼皆应有刺,独言庶民者,贱者尚刺,则等而上者可知。

听之所刺宥,以施上服、下服之刑。

【集注】

三讯并用,而要以民为断者,民所探取乃其情之实也。盖民之所刺,而以为可宥者,末减可也。其不可宥者,则权其情罪之轻重,而施上服、下服之刑,即《吕刑》所谓"上刑适轻下服,下刑适重上服也"。司刺言三刺三宥三赦,而此不言赦者,凡宥必酌于民言。若幼弱老耄蠢愚之应赦者,不必刺于民,而后得其情也。

及大比,登民数,自生齿以上,登于天府。内史、司会、冢宰贰之,以制国用。

【集注】

大比,三年大数民之众寡也。人生齿而体备,男八月而生齿,女七月而生齿。国用出于民,故得民数,乃制国用。《周官》登书于天府者,四民数,则冢宰、司会贰之者,以制国用也。内史贰之者,执国法、国令之贰,以逆会计也。贤能之书,独内史贰之者,以诏王废置爵禄也。盟约之书,六官皆贰者,邦之大盟约,若有畔者,则礼乐征伐不行于天下,六官皆有责也。太史、内史、司会复贰之者,太史掌约剂,内史掌八柄,其有会同征伐,则财用计要司会之所职也。狱讼之登不书其贰者,自乡遂都鄙之吏达于群士,群士达于士师,小司寇讯而弊之,大司寇听之,士师受中而致于下,书之者不一而足矣。第登中于天府,以示罪皆天讨,而无事复书其贰也。

小祭祀,奉犬牲。凡禋祀五帝,实镬水。纳亨亦如之。

【集注】

实镬水,以涤牲也。及纳亨,亦实其水。

大宾客,前王而辟。后、世子之丧亦如之。小师莅戮。凡国之大事,使其属跸。

孟冬祀司民,献民数于王,王拜受之,以图国用而进退之。

【集注】

司民,星名,轩辕角也。民之夫家,老幼众寡,乡师、遂师、乡大夫、遂大夫既以岁时登之,稽之,而复设司民于秋官,以登其数。至献数于王,则不以司徒而以司寇者,必服教而不罹于刑,然后为天民之良,王始得而有之也。○王氏曰:"民之轻生触法,皆由于贫民之贫,以国用无节,故必使司寇献民数,而制国用也。"○李耜卿曰:"孟冬献民数者,一岁之中,或民气安乐,或荒札间作,因民之登耗,可知生敛之丰匮,赋入之多少,以之图度国用,量入以为出也。三年又大比,以制国用者,天道丰凶之数至此齐矣。公私出入之经,上下可较矣。民之少者则已壮,未老者则既老矣。故大比之,而凡受田归田之令,或征或舍之差,耕三馀一之法,可斟酌而更定之矣。盖图者随分而营度,制者总成而经画,义各有指焉。"○李世美曰:"汉文帝一岁断狱四百,而武帝时乃数万。《周官》司寇主献民数,使王知生齿不可耗于刑杀,而使民远罪,宜有道也。"

岁终,则令群士计狱弊讼,登中于天府。

【集注】

狱已成辞而附于罪者,岁终则总计其数讼之,可立决者,则遂断之也。必登断狱之书于天府者,使神监之。

正岁,帅其属而观刑象,令以木铎曰:"不用法者,国有常刑。"令群士乃宣布于四方,宪刑禁。

【集注】

宣,遍也。"令群士",旧读属上文,不可通,盖使乡士布于乡,遂士布于遂,县士布于野,方士布于都家,讶士布于四方也。

乃命其属入会,乃致事。

【集注】

会者,用财之计。事者,所承职事。入之致之并于冢宰,《冢宰职》"令百官府,各正其治,受其会,听其致事,而诏王废置"是也。惟地官、秋官有"入会"、"致事"之文者,惟二官用财纷杂,而纤细必各会之,以入于冢宰。若礼官、政官所用之财,则各有经式,冢宰、司徒之属共之,不必其官自会也。惟二官之职事,积日累月而成其案牍,或因于前,其得失有考于后,故岁终致之,而后冢宰听之。若礼事、军事,则时过而事毕,无可致也。○李䆊卿曰:"此九字,当在'登中于天府'之下,盖小宰、小司徒文,皆言考成、受会、致事,方继以正岁,帅属云云应同。"

士　师

士师之职,掌国之五禁之法,以左右刑罚:一曰宫禁,二曰官禁，三曰国禁，四曰野禁，五曰军禁。皆以木铎徇之于朝，书而县于门闾。

【集注】
　　左右，辅也。刑罚禁民为非，预施五禁，所以辅之。徇于朝示贵者，县于门闾示贱者。巷门曰闾。

　　以五戒先后刑罚，毋使罪丽于民：一曰誓，用之于军旅；二曰诰，用之于会同；三曰禁，用诸田役；四曰纠，用诸国中；五曰宪，用诸都鄙。

【集注】
　　誓用于军旅者，赏罪用命不用命，必出矢言，使知必行也。诰用于会同者，宣谕以礼义也。禁用于田役者，使众守法而不敢逾也。国中用纠者，其民聚可合致而申警之也。都鄙用宪者，其地远必分布而表悬之也。曰"用之于"者，以事言也。曰"用诸"者，以地言也。

　　掌乡合州、党、族、闾、比之联，与其人民之什伍，使之相安、相受，以比追胥之事，以施刑罚庆赏。

【集注】
　　每乡而合其联与什伍也。合其联，使之相安、相受也。合其什伍，以比追胥之事也。言乡则遂与都鄙、公邑可知矣。追胥之事，司寇所专掌也，因使士师每乡而合其联，以简罢民，又所以清盗贼之原也。其不相安者，则不相受，而收之圜土，坐诸嘉石，必能改，而州里任之，然后舍之。

掌官中之政令，察狱讼之辞，以诏司寇断狱弊讼，致邦令。

【集注】
官中，大司寇之官府中也。狱讼之辞，乡士、遂士、县士、方士所议也。诸官之司，惟此掌官中之政令者，宰夫所掌，则通六官之事。乡师分掌其乡，肆师则掌礼事之小者，以佐宗伯。惟士师则狱讼之上，察其辞，以诏司寇狱讼之成，致其令，以付群士，凡官中之政令，无不待之以定，由之以达者，故特文以著之。

掌士之八成：一曰邦汋，二曰邦贼，三曰邦谍，四曰犯邦令，五曰挢邦令，六曰为邦盗，七曰为邦朋，八曰为邦诬。

【集注】
士之八成，狱官断事之成式有此八品也。邦贼，为逆乱者。邦谍，异国人来反间者，如卫礼至仕邢，晋杀秦谍之类。挢邦令，诈称以有为者。为邦朋，朋党以乱政者。为邦诬，诬上以行私者。○三代盛时，列国分土，君臣同体，无所为刺探国事者。《尔雅》："井一有水一无水曰瀱汋。"《集韵》："汋，挹取也。"其诸聚敛掊克之臣，浚民之生以亏邦本者与，故列于邦贼、邦谍之上也。

若邦凶荒，则以荒辩之法治之。

【集注】
其岁之祲有差等，其地之民有众寡，其民之困有浅深，其财之用有多寡，其事之施有缓急，故曰"荒辩之法"。

令移民,通财,纠守,缓刑。

【集注】
纠守,备盗贼也。移民、通财,地官所掌,而又使刑官令之者,移民则虑有颠越不恭,暂遇奸宄者。通财,而使刑官董之,则富者知必偿,而无匿财矣。后世救荒,有使富民出贷,而官为之责者,法古之善也。

凡以财狱讼者,正之以傅别、约剂。
若祭胜国之社稷,则为之尸。

【集注】
易彦祥曰:"亳社以阴为主,故阴讼于是乎听焉。祭祀以刑官为尸,从其类也。"

王燕出入,则前驱而辟。

【集注】
燕出入,偶以游燕出入也。恐侍御仆从,或以邪僻导王,故使刑官纠之,且示王不当数游燕也。若宫中燕出入必从,则无暇理邦之刑禁矣。

祀五帝,则沃尸及王盥,泊镬水。

【集注】
泊,谓增其沃汁。按《特牲》、《少牢》尸盥不就洗,入门北面,盥以盘匜。则王将献，尸宜就洗，以盥䤅水，小司寇实之，故士师增之。《小祝职》："大祭祀沃尸盥。"《小臣职》："大祭祀沃王盥。"《郁人职》："凡祼事，沃盥而祀。"五帝之沃盥，独以士师共之。凡祭祀，亨人实䤅水，而祀五帝独小司寇实之，士师增之，岂以即事于郊野，刑官之正贰，及司皆前后、左右于王，以致其严，而因使共近王之职事与？○张子曰："节服氏郊祀有尸，不害为稷尸。用此推之，凡有尸者，皆人鬼也。此经祀五帝，有尸五人，帝之尸也。社稷有尸，社与稷之尸也。《春秋传》：'晋祀夏郊，董伯为尸。'鲧之尸也。《虞夏传》：'舜入唐郊，丹朱为尸。'喾之尸也。《仪礼》：'周公祭泰山，以太公为尸。'古者，岳渎配公侯。《国语》：'山川之灵，足以纪纲天下，其守为神。汪芒氏之君，守封隅之山者也。'《春秋传》：'台骀，汾神也。'则亦为人鬼之尸明矣。五祀有尸行神，则世传为黄帝之子。中霤、门井、户灶，必始为是者也。若迎猫迎虎，则或以木禺、刍灵，《记》亦未言以人为尸。由是言之，非人鬼无尸，决矣。"

凡刉珥，则奉犬牲。

【集注】
郑刚中曰："刉，当为刌，衅礼也。珥，当为䎱，即小祝之䎱。'兵灾'注曰：羽者为衈。此奉犬牲，不宜言羽。"

诸侯为宾，则帅其属而跸于王宫。大丧亦如之。
大师，帅其属而禁逆军旅者，与犯师禁者而戮之。

【集注】
逆军旅，如《春秋传》"荀吴之嬖人不肯即卒"、"晋侯之弟杨干乱行于曲梁"之类。犯师禁,《尚书·费誓》"寇攘逾垣墙,窃马牛,诱臣妾"之类。

岁终,则令正要会。正岁,帅其属而宪禁令于国及郊野。

【集注】

士师先令正要会,然后小司寇命入会。小司寇令群士宪刑禁,则士师帅而宪之。易刑禁为禁令者,悬刑禁并小司寇之令也。正要会在岁终,宪禁令在正岁,则小司寇职。"乃命其属入会,乃致事"宜在"登中于天府"之下,益明矣。

乡　士

乡士掌国中,各掌其乡之民数而纠戒之。

【集注】

掌国中者,其治所在国中也。四郊之狱讼,乡师听之,而后达于乡士。国中之狱讼则乡士自受之。国中四郊之民数,则并掌而纠戒之。○注"乡士八人言'各'者,四人而各主三乡",恐未安。岂二人主国中,而六人各主一乡中士则四人主国中,而十二人分主六乡与?

听其狱讼,察其辞,辨其狱讼,异其死刑之罪而要之,旬而职听于朝。

【集注】

要之，取其狱辞之要者为断也。既曰"听其狱讼"，又曰"辨其狱讼"者，听之以探其情，辨之以附于法也。凡争讼之附于刑者归于士，则不附于刑者乡师、遂大夫之属已听断使解散矣。其附于刑者，士又听之、察之、辨之，三日而后致于司寇，公听于朝。其先刑则又别异其要，加审慎也。职听于朝者，司寇弊讼断狱，群士皆在，各丽其法，献其议，而主六乡之狱讼者，则乡士也。遂士以下皆然。○《春秋传》："使王叔之宰，与伯舆合要，王叔氏不能举其契。"

司寇听之，断其狱，弊其讼于朝。群士、司刑皆在，各丽其法，以议狱讼。

【集注】

丽，附也。恐专或有滥，故公听之，使各以所见附其法，献其议，而后司寇酌度之。

狱讼成，士师受中。汁日刑杀[①]，肆之三日。

【集注】

受中，谓受狱讼之成也。古者司寇行戮，君为不举，故必累犯法者，同日而刑杀也。肆，陈其尸也，据死者而言，其生刑即释之。

若欲免之，则王会其期。

---

① "汁"，阮刻《周礼注疏》作"协"。按，"汁"亦有"协调"意。

【集注】

所欲免亲故之等在八议者,会其期,谓司寇听狱之日,王亲往议之也。必王就议于外朝者,刑人于市与众弃之,非王所得专也。

大祭祀、大丧纪、大军旅、大宾客,则各掌其乡之禁令,帅其属夹道而跸。三公若有邦事,则为之前驱而辟。其丧亦如之。

【集注】

大祭祀,若祀天,四时迎气于四郊。丧纪、军旅、宾客所经殊方,故各掌其乡之禁令。

凡国有大事,则戮其犯命者。

【集注】

大事,即上大祭祀、大丧纪、大军旅、大宾客也。戮有以刑杀言者,秋官掌戮是也。有以辱言者,司市凡有罪者,挞戮而罚之是也。此戮犯命者,重轻皆有之。旧说误。

遂 士

遂士掌四郊,各掌其遂之民数,而纠其戒令。

【集注】

　　遂士掌遂之狱讼，而治所则在四郊也。远郊乃六乡之地，而遂士居之者，近于遂，则民隐可闻；不远于国中，则狱讼易达也。乡士各掌其乡之民数，而纠戒之者，乡大夫不与民治，故乡士自纠戒也。遂士、县士则各掌其民数，而纠其戒令，盖戒令其民，遂大夫、公邑吏之职也，遂士、县士特纠之耳。

　　听其狱讼，察其辞，辨其狱讼，异其死、刑之罪，而要之二旬，而职听于朝。

【集注】

　　去王城渐远，恐多枉滥，故至二旬，容其反覆也。

　　司寇听之，断其狱，弊其讼于朝。群士、司刑皆在，各丽其法，以议狱讼。狱讼成，士师受中，汁日就郊而刑杀，各于其遂肆之三日。

【集注】

　　刑杀于郊者，就遂士之治所也。肆各于其遂者，与众弃之以惩其未也。

　　若欲免之，则王令三公会其期。
　　若邦有大事聚众庶，则各掌其遂之禁令，帅其属而跸。

【集注】

黄文叔曰:"大事,即大祭祀、大丧纪、大军旅、大宾客。乡详其目,遂举其凡也。邦之大事,遂未必尽与,政令及之,而聚其众庶,则掌其禁令。"

六卿若有邦事,则为之前驱而辟,其丧亦如之。

【集注】

六乡近,则使三公。六遂差远,则使六卿。

凡郊有大事,则戮其犯命者。

【集注】

遂狱在郊故也。

县　士

县士掌野,各掌其县之民数,纠其戒令。

【集注】

距王城二百里以外至三百里曰野。县士通掌五百里内公邑,而言掌野者,包内外而言之也。县士三十二人,岂每方三等公邑,各以八人分主之与?

而听其狱讼,察其辞,辨其狱讼,异其死、刑之罪而要之,三旬而职听于朝。司寇听之,断其狱,弊其讼于朝,群士、司刑皆在,各丽其法,以议狱讼。狱讼成,士师受中,汁日刑杀,各就其县肆之三日。若欲免之,则王命六卿会其期。

若邦有大役聚众庶,则各掌其县之禁令。若大夫有邦事,则为之前驱而辟,其丧亦如之。凡野有大事,则戮其犯命者。

方 士

方士掌都家。

【集注】

不言掌其民数者,其数自有都士、家士掌之。

听其狱讼之辞,辨其死、刑之罪而要之,三月而上狱讼于国。

【集注】

乡士、遂士、县士,皆听其狱讼,察其辞者,乡、遂、公邑之吏,虽以狱辞上,而未成议附法也。故亲听其狱讼,而察其所上之辞。都家之狱讼,则已成议附法矣,故第听其狱讼之辞,而不复亲听其狱讼也。死刑之罪独曰辨者,以未尝亲听其狱讼,辨之尤不可以不审也。

司寇听其成于朝,群士、司刑皆在,各丽其法,以议狱讼。狱讼成,士师受中,书其刑、杀之成与其听狱讼者。

【集注】

不曰"听狱讼",而曰"听其成"者,《乡师》、《遂大夫》、《遂师职》皆曰"听其治讼",盖以狱情上达于士,而不自附其法也。都家各有士以掌狱讼,必与其君定议附法而后上于国,故变文言成,所以别于乡、遂、公邑之未成者。书其狱讼之成与其听之者,以议成于下,倘失实而有反覆,则罪其人也。疑都家之狱讼,质其成而犯者,不与之俱。故方士第听其辞,司寇第听其成,书其成而已。盖民讼,以地比正之,虑牵连佐证者,因此失业也。

凡都家之大事聚众庶,则各掌其方之禁令。

【集注】

方士十有六人,言各掌其方者,四人而主一方也。

以时修其县法,若岁终则省之,而诛赏焉。

【集注】

县法,县师之法也。县师掌邦国、都鄙、稍甸、郊里之地域,而辨其夫家、人民、田莱之数,及其六畜、车辇之稽。方士以四时修此法,岁终又省之。方士每岁行其诛赏,三年大比,则县师以考群吏而诏废置焉。

凡都家之士所上治,则主之。

周 礼

【集注】

所上治，谓狱讼之小事不附罪者。主之，方士自主听断，注谓"告于司寇听平之"，非也。既曰"三月而上其狱讼于国，司寇听其成"，而复设此文，何义哉？盖乡师、遂师、遂大夫皆王官也，故狱讼之小者俾得自决，都邑小狱讼虽其君与士共成之，而必取决于王官，然后政有本统也。或谓上治犹上计，主之谓据所上治廉察都家士之能否，益误矣。群吏之治上于冢宰，考之者宰夫，与方士无与也。

讶 士

讶士掌四方之狱讼，谕罪刑于邦国。

【集注】

告晓以丽罪及制刑之本意也。

凡四方之有治于士者，造焉。

【集注】

士，士师也。谓谳疑辨事，先诣讶士，乃达于士师也。

四方有乱狱，则往而成之。

【集注】

乱狱，若君臣宣淫，亲戚相贼，必往而成之者，就其地，然后可以刺群言，得情实也。

邦有宾客,则与行人送逆之。入于国,则为之前驱而辟。野亦如之。居馆,则率其属而为之跸,诛戮暴客者。客出入则道之,有治则赞之。

凡邦之大事聚众庶,则读其誓禁。

【集注】
　　誓禁不及宾客,恐其徒有犯者,故使讶士读而为之备。

朝　士

朝士掌建邦外朝之法。左九棘,孤、卿、大夫位焉,群士在其后。右九棘,公、侯、伯、子、男位焉,群吏在其后。面三槐,三公位焉,州长、众庶在其后。左嘉石,平罢民焉；右肺石,达穷民焉。

【集注】
　　视小司寇职所列,增公、侯、伯、子、男者,诸侯适来朝,则与也。

帅其属而以鞭呼趋且辟。禁慢朝、错立、族谈者。

【集注】
　　呼趋,呼朝者各趋其位也。错立,违其位也。族谈,群聚而谈也。

凡得获货贿、人民、六畜者，委于朝，告于士，旬而举之，大者公之，小者庶民私之。

【集注】

人民，谓刑人奴隶逃亡者。大者公之，官收之以待求索也。若鸡豚剑带之细，过时而不索，则失者已弃置矣，故使得者私之。曰"庶民私之"者，设士大夫得获，亦不私而贮于官也。

凡士之治有期日：国中一旬，郊二旬，野三旬，都三月，邦国期。期内之治听，期外不听。

【集注】

王志长曰："期外不听者，谓乡士、遂士等不能决，及弊而不服，赴愬于士者，非乡士、遂士等所上之狱成也。逾期而狱成不上，则宜诛责有司而速听之，岂得漫付之不听哉。"

凡有责者，有判书以治则听。

【集注】

判书，分半而合者，即傅别也。

凡民同货财者，令以国法行之。犯令者，刑罚之。

【集注】

同货财，即《士师职》所谓凶荒，令民通财也。天灾流行，令民通货财以相济，而以国法行之，为责其偿与其息，则富者乐于出财，而民常不困矣。犯令，谓多取息与能偿而过期不偿者，士师令之，朝士又令之，犯者加刑罚焉。所以使出者无顾惜，而贷者不敢背也。郑司农谓司市为节以遣之，凡商贾皆以节行，不必同货财也。康成谓富人蓄积乏时，出之价不得过腾跃，平市禁贵價者，司市之职也。二说并误。

凡属责者，以其地傅，而听其辞。

【集注】
谓身亡而亲属执傅别以责者，盖或妻子软弱，或族属疏远，欺其不知，故抵冒也。若转责使人归之，则必别有契约证者，而无从抵冒矣。地傅，谓傅别有土人佐证者。小司徒听民讼，所该者广，独以其地附近之人正之，不必有傅别，故曰地比。

凡盗贼军乡、邑及家人，杀之无罪。

【集注】
军，攻也。《春秋传》"郑祭足、原繁、洩驾以三军军其前，使曼伯与子元潜军军其后"，又"罗与卢戎两军之"，又"郑子罕宵军之"，盖盗贼攻剽乡邑及家人，御而杀之者，无罪也。不曰剽掠而曰军者，聚徒有兵，异于劫请之盗也。

凡报仇雠者，书于士，杀之无罪。

【集注】

若仇在本国,既书于士,则有司者当治之,不宜听其私杀矣。盖仇在异国,将往报之,先言其情于本国之士,士核得其实,而书之。他日杀仇于异国,而自首其情,则异国之士得讯于本国,而释其罪。此王禁也。通天下而统于王,故有此法。

若邦凶荒、札丧、寇戎之故,则令邦国、都家、县鄙虑刑贬。

【集注】

虑,谋也。贬,犹减也。○刘迎曰:"凶荒、札丧、寇戎之际,法不宽减,则民滋不安,而盗贼之变起。先儒以为减用,则非朝士所当虑也。"

司 民

司民掌登万民之数,自生齿以上,皆书于版,辨其国中与其都鄙及其郊野,异其男女,岁登下其死生。

【集注】

登,上也。下,去也。

及三年大比,以万民之数诏司寇。司寇及孟冬祀司民之日,献其数于王,王拜受之,登于天府。内史、司会、冢宰贰之,以赞王治。

【集注】

《小司寇职》曰"内史、司会、冢宰贰之,以制国用"者,以民数之登耗而制国用之多少也。此职曰"以赞王治"者,以民数之登耗而考政治之得失也。

司 刑

司刑掌五刑之法,以丽万民之罪:墨罪五百,劓罪五百,宫罪五百,刖罪五百,杀罪五百。

【集注】

墨,黥也,先刻其面,以墨窒之。劓,截其鼻也。宫者,丈夫则割其势,女子闭于宫中。刖,断足也,周改膑作刖。杀,死刑也。《书传》曰:"决关梁,逾城郭而略盗者,其刑膑;男妇不以义交者,其刑宫;触易君命,革舆服制度,奸宄盗攘伤人者,其刑劓;非事而事之,出入不以道义,而诵不详之辞者,其刑墨;降畔寇贼,劫略夺攘矫虔者,其罪死。"此二千五百罪之目略也,其刑书则亡。夏刑大辟二百,膑辟三百,宫辟五百,劓、墨各千,周则变焉。至穆王作《吕刑》,其数又变。汉文帝除墨、劓、刖三刑,宫刑至隋乃除。

若司寇断狱弊讼,则以五刑之法诏刑罚,而以辨罪之轻重。

司　刺

司刺掌三刺、三宥、三赦之法，以赞司寇听狱讼。

【集注】

宥，少宽之也。赦，全舍之也。

壹刺曰讯群臣，再刺曰讯群吏，三刺曰讯万民。

【集注】

必疑狱将行赦宥，而后讯于众也。三讯而后决者，非惟虑其失入，亦虑其失出也。

壹宥曰不识，再宥曰过失，三宥曰遗忘。

【集注】

李耜卿曰："不识谓僻陋之人，未识国法，非下文生而蠢愚之比也。过失谓无心，遗忘谓疏狂之夫健忘者。"〇凡赦宥，乃误公事、失官物及失误而遗害于人者，注引杀人以证之，非也。凡过而杀伤人物者，乃调人之所掌。

壹赦曰幼弱，再赦曰老耄，三赦曰蠢愚。

【集注】

王介甫曰："幼而不弱，老而不耄，愚而非蠢，则不在所赦。"

以此三法求民情，断民中，而施上服、下服之刑，然后刑、杀。

【集注】

三刺所以求民情也。三宥、三赦，亦曰以求民情者，求其情而不在可宥、可赦之列，然后罪无所疑，而中可断、刑可施。

司　约

司约掌邦国及万民之约剂，治神之约为上，治民之约次之，治地之约次之，治功之约次之，治器之约次之，治挚之约次之。

【集注】

挚当作"贽"。六约，据注疏皆典法则之所颁也，不宜有约剂。约剂者，两相争，而赞成于上者也，故书于宗彝、丹图，而有讼则辟藏。神、民、地，邦国之约也。治神之约，如山川为两国之望，而巡狩、柴望所供牺牲、玉帛之赋不齐。治民之约，如两国接壤，而相要毋受逋亡，毋掠边鄙，故达其约于王室也。治地之约，如《春秋传》郑宋之间有隙地，为成而虚之。或江河移徙，壤地或进或蹙，而定其疆埴者。功、器、贽，万民之约也。功，功役也。《春秋传》"城成周，宋仲几不受功"。如洫、浍、畛、涂，比邑共之，而功役不齐，地所产器，比邑皆上供,而为数不齐,故达其约于官府也。治赘之约,如昏姻既入币,以死丧迁徙易期,恐后有变,而预闻于官。六者皆事之变也。若典法则之常,则何约剂之有,不分邦国万民而统言之者。治神之小者,万民或有之;治功之大者,邦国或有之。

凡大约剂书于宗彝,小约剂书于丹图。

【集注】

此经所谓宗彝,与《尚书》异,盖宗庙之典册也。约剂至众,非六彝所能备载,且有讼者则辟藏,数启宗庙而视祭器,非义所安也。其义与鼎之有铭异。铭祖考之功德于祭器,宜也。邦国、万民之约剂而书于天子祭器,何义乎?况祭器有定数,而约剂日增,将因约剂而别增祭器乎?其不可通明矣。丹图如《春秋传》著于丹书之类,亦册籍也。

若有讼者,则珥而辟藏,其不信者服墨刑。

【集注】

讼,谓讼所约。如《春秋传》宋仲幾、薛宰之争是也。辟藏,开府视约书。珥,读为衈,谓杀鸡取血衈其户。

若大乱,则六官辟藏,其不信者杀。

【集注】

大乱,谓僭约。凡邦之大盟约,六官皆受其贰,故皆辟藏。

司　盟

司盟掌盟载之法。

【集注】

载,盟辞也。盟者,载其所要之事于策,谓之载书。加于牲上而埋之。

凡邦国有疑会同,则掌其盟约之载及其礼仪,北面诏明神。既盟则贰之。

【集注】

有疑,不协也。明神,谓其无不鉴照也。诏,读载书以告之也。贰之者,写副,当以授六官。○《觐礼》,设方明之木,著六玉,以依日、月、山、川之神。

盟万民之犯命者,诅其不信者,亦如之。

【集注】

犯命,犯君之教令也。不信,违约也。《春秋传》"臧纥犯门斩关以出,乃盟臧氏",又"郑伯使卒出豭,行出犬鸡,以诅射颍考叔者"。

凡民之有约剂者,其贰在司盟。在狱讼者,则使之盟诅。

周　礼

【集注】

　　约剂之贰，乃司约以入于司盟。司约辟藏不信者，服墨刑。而此复使之盟诅，何也？司约所谓不信者，所讼与约剂不符者也，或约剂符，而历年久远，别有诈伪，则使要言于神以惧之。

　　凡盟诅，各以其地域之众庶共其牲，而致焉。既盟，则为司盟共祈酒脯。

【集注】

　　祈者，司盟为之。祈明神，使不信者必凶。使其地域之人共牲与酒脯，则或有知其实而相质证者。且使为变诈者，惧不见直于乡里，而他日不相保受也。〇李耜卿曰："邦国之间，或有谗人交构，小将相恶，大将相暴，欲以王法正之，则彼此各有其是；欲和之，则终怀猜忌。使诏于明神，则虽有大疑，亦两释矣。若夫万民之狱讼，或情事暧昧无佐证可成其罪，欲赦之则受害者不甘，欲罚之则为恶者不服。计惟有盟诅，对明神而生愧惧，且降祥、降殃，理实不爽，乃所以佐王法之穷，而养民心之直也。"

职　金

　　职金掌凡金、玉、锡、石、丹、青之戒令。

【集注】

　　青，空青也。此数者，同出于山，地官卝人掌之。此又掌之者，彼主取，此主受也。

受其入征者,辩其物之美恶,与其数量,楬而玺之,入其金、锡于为兵器之府,入其玉、石、丹、青于守藏之府。入其要。

【集注】
入征,谓采金、玉、锡、石、丹、青者之租税也。兵,戈、剑之属。器,钟量之属。守藏者玉府、内府。要,凡数也。入之于大府。○郑刚中曰:"受其入则取诸地,而官所自入者;受其征则取诸民,而官所税赋者。"

掌受士之金罚、货罚,入于司兵。

【集注】
货,泉贝也。金罚,即入钧金,而理曲遂罚之者。货罚或以泉贝代金也。入于司兵,给治兵及工直。

旅于上帝,则共其金版,飨诸侯亦如之。

【集注】
鉼金谓之版,所施未闻。

凡国有大故而用金石,则掌其令。

【集注】
主其取之令也。大故,寇戎也。盖用为枪、雷、椎、椁之属。

司 厉

司厉掌盗贼之任器、货贿,辨其物,皆有数量,贾而楬之,入于司兵。其奴,男子入于罪隶,女子入于舂、槁。

【集注】

盗贼之妻子没为奴者,以充罪隶,共舂、槁也。古者罪人不孥,谓凡有罪者,盗贼极恶,罪及其男女,所以重累其心,且惩其未也。

凡有爵者与七十者,与未龀者,皆不为奴。

【集注】

盗贼之亲戚,惟三者免为奴。

犬 人

犬人掌犬牲。凡祭祀共犬牲,用牷物。伏、瘞亦如之。

【集注】

伏,伏犬,以王车轹之,即軷祭也。《聘礼》云:"其牲用犬、羊。"瘞,谓埋祭也。《尔雅》:"祭地曰瘞埋。"

凡几、珥、沉、辜，用駹可也。

【集注】

几，读为刏。珥，读为衈。《大宗伯职》："以埋沉祭山川、林泽，以疈辜祭四方百物。"

凡相犬、牵犬者属焉，掌其政治。

司　圜

司圜掌收教罢民。凡害人者弗使冠饰，而加明刑焉，任之以事而收教之。能改者，上罪三年而舍，中罪二年而舍，下罪一年而舍。其不能改而出圜土者，杀。虽出，三年不齿。

【集注】

不使冠饰，着墨幪。

凡圜土之刑人也，不亏体；其罚人也，不亏财。

【集注】

不亏体，疑即《掌戮职》所谓髡，谓既改而发仍可蓄也。惟髡故无冠饰，若但加明刑，不得曰刑人。

掌囚

掌囚掌守盗贼，凡囚者。上罪梏、拳而桎，中罪桎、梏，下罪桎。王之同族拳，有爵者桎，以待弊罪。

【集注】

凡囚者，谓非盗贼以他罪拘者也。在手曰梏，在足曰桎。拳者，两手共一木也。或曰梏者，校也，在首，犹牛之有梏。

及刑杀，告刑于王，奉而适朝士，加明梏，以适市而刑杀之。

【集注】

士，群士也。加明梏，谓书其姓名及罪于梏也。自遂以外，已各著刑杀之所，惟六乡无文，故特著其适市也。

凡有爵者与王之同族，奉而适甸师氏以待刑杀。

掌戮

掌戮掌斩杀贼谍而搏之。

【集注】

斩,以铁钺要斩也。杀,以刀刃断首领也。搏,当为"膊",谓去其衣也。《春秋传》:"杀而膊诸城上。"言贼则盗可知矣。

凡杀其亲者焚之,杀王之亲者辜之。

【集注】

亲,有服者。辜,谓磔之。

凡杀人者,踣诸市,肆之三日。刑盗于市。

【集注】

踣,僵尸也。○李耜卿曰:"杀罪就市。其馀四刑,宫就蚕室,馀刑就屏处,所云'五服三就'也。若盗则刑亦于市,异于平人之犯罪者。"

凡罪之丽于法者,亦如之。惟王之同族与有爵者,杀之于甸师氏。

【集注】

李耜卿曰:"亦如之者,死者亦踣之,刑者亦各就其处也。杀之于甸师氏者,谓不踣也。踣者,使众见之也。既刑于隐,故不踣而肆之。"

凡军旅、田、役斩杀刑戮,亦如之。

周　礼

【集注】

　　黄文叔曰："注以戮为膊、焚、辜、肆，非也。即下所谓髡者，全其体，而戮辱之耳。"

　　墨者使守门，劓者使守关，宫者使守内，刖者使守囿，髡者使守积。

【集注】

　　五刑无髡，或曰公族以髡首代宫刑。但宫降为髡，而劓、刖者不获减，非所安也。或曰髡当为"完"，盖居作三年不亏体者。观此经，则公家未尝不畜刑人，但君子不近耳。

司　隶

　　司隶掌五隶之法，辨其物，而掌其政令。

【集注】

　　物，衣服、兵器之属。

　　帅其民而搏盗贼，役国中之辱事，为百官积任器，凡囚执人之事。

【集注】

　　曰民者，五隶，皆百二十员，员外则民也。任，犹用也，除兵器外,家具之器皆是。积,为之聚也。

邦有祭祀、宾客、丧纪之事,则役其烦辱之事。

【集注】

《士丧礼》下篇曰:"隶人涅厕。"

掌帅四翟之隶,使之皆服其邦之服,执其邦之兵,守王宫与野舍之厉禁。

【集注】

野舍,王行所止舍也。厉,遮列也。翟隶守禁,司隶正掌其事,师氏又使其属董之。

罪　隶

罪隶掌役百官府与凡有守者,掌使令之小事。
凡封国若家,牛助为牵傍。

【集注】

牛助,谓国以牛助转徙也。车辕内一牛,前亦一牛,用二隶前牵而傍御之。

其守王宫与其厉禁者,如蛮隶之事。

【集注】

王明斋曰："十四字宜属闽隶，以文义详之，不应未言蛮隶而曰'如蛮隶之事'。"

蛮　隶

蛮隶掌后校人养马。其在王宫者，执其国之兵以守王宫，在野外则守厉禁。

【集注】

校人职有师圉，而不见隶者，盖给其杂役。

闽　隶

闽隶掌役畜养鸟，而阜蕃教扰之。

【集注】

李耜卿曰："役畜，谓为掌畜之役也。"○闽隶所养，非畜鸟也。貉隶所养，非常兽也。珍禽奇兽，不育于国，乃列职以养之，何也？一切禁之，则侧媚之臣转得居为奇货以陷其上，故列于六职，以示其物为无奇，掌于裔隶，以示其役为甚贱，正所以止邪于未形也。

掌子则取隶焉。

【集注】

旧说俱不可通,文有阙误也。三隶皆有守王宫与厉禁,如蛮隶之文,而此独无,则阙误可知。

夷　隶

夷隶掌役牧人养牛马,与鸟言。其守王宫,与其守厉禁者,如蛮隶之事。

【集注】

《春秋传》曰:"介葛卢闻牛鸣,曰是生三牺,皆用之矣,其音云。"

貉　隶

貉隶掌役服不氏而养兽,而教扰之,掌与兽言。其守王宫者,与其守厉禁者,如蛮隶之事。

【集注】

与禽兽言,即所谓教扰之也。能言之鸟,必人与之言,而调习之。猛兽媚养己者,命以起伏动跃,则应焉。盖久而习于人言耳。

卷十　秋官司寇第五

布　宪

布宪掌宪邦之刑禁。正月之吉，执旌节以宣布于四方，而宪邦之刑禁，以诘四方邦国及其都鄙，达于四海。

【集注】
刑，司寇五刑。禁，士师五禁也。再言"宪邦之刑禁"者，上所言悬于畿内，下所言悬于四方也。曰"及其都鄙"，谓侯国之都鄙。

凡邦之大事合众庶，则以刑禁号令。

【集注】
"大事合众庶"者，谓征伐、巡狩、田猎。

禁杀戮

禁杀戮掌司斩杀戮者，凡伤人见血而不以告者、攘狱者、遏讼者，以告而诛之。

【集注】

"掌司斩杀戮者",谓伺察行刑者,使不得为奸恶以取利也。近世殊、杀、绞、缢,行刑者能迟速其死以要贿,主桔朴者亦能轻重其伤。圣人知周万物,必早虑及此矣。若吏民相杀,不得云"斩戮"。攘,犹拒也,谓法当狱而攘拒不受捕。遏讼,遏止欲讼者,使不得达也。

禁暴氏

禁暴氏掌禁庶民之乱暴力正者,挢诬犯禁者,作言语而不信者,以告而诛之。

【集注】

正者,使人慴伏而从己也。乱暴之民,以力求正而不依于理法,战国、秦、汉任侠奸人是也。

凡国聚众庶,则戮其犯禁者以徇。凡奚隶聚而出入者,则司牧之,戮其犯禁者。

【集注】

男女以国事聚于一所,则必伺察而驯扰之。

野庐氏

野庐氏掌达国道路,至于四畿。比国郊及野之道路、宿息、井、树。

【集注】
　　国郊,谓近郊、远郊。野,谓百里外至畿。宿息,谓止宿及暂息之地。井共饮食,树为蕃蔽。

若有宾客,则令守涂地之人聚柝之,有相翔者则诛之。

【集注】
　　掌固修城郭、沟池、树渠之固,颁其士庶子及其众庶之守,所谓守涂地之人也。聚柝之,聚击柝以卫之也。相翔犹昌翔,谓观伺也。

凡道路之舟车𨉖互者,叙而行之。

【集注】
　　𨉖者,相值而碍也。互者,交互而不行也。

凡有节者及有爵者,至则为之辟。

【集注】
　　亦使守涂地者。

禁野之横行径逾者。

【集注】

横行,妄由田中。径逾,射邪趋疾,越堤渠也。

凡国之大事,比修除道路者,掌凡道禁。

【集注】

道禁,若汉时绝蒙布巾、持兵杖之类。

邦之大师,则令扫道路,且以几禁行作不时者、不物者。

【集注】

国之大事,既修除道路,复特言大师扫道路者,修除特平治之扫,则凡馀粮之栖亩、刍薪之露积、鸡豚之布路者,一切扫清之,以绝寇攘争夺之端也。

蜡　氏

蜡氏掌除骴。

【集注】

骴,死人骨也。《月令》曰:"掩骼埋胔。"胔,骨之尚有肉者,人兽同。

凡国之大祭祀,令州里除不蠲,禁刑者、任人及凶服者,以及郊野,大师、大宾客亦如之。

【集注】

蠲,洁也。任人,司圜所收教罢民,任之以事者。言"郊"及"野"者,天地坛兆在郊,师宾则至畿,郊外曰野,总言之也。○李耜卿曰:"此掌其除之事。"

若有死于道路者,则令埋而置楬焉,书其日月焉,县其衣服任器于有地之官,以待其人。掌凡国之骴禁。

【集注】

有地之官,主此地之吏也。骴禁,若孟春掩骼埋胔之属。○李耜卿曰:"此掌其骴之事。"

雍 氏

雍氏掌沟、渎、浍、池之禁,凡害于国稼者。春令为阱、擭、沟、渎之利于民者,秋令塞阱杜擭。

【集注】

渎,水之窦也。池,陂障之水道也。凡旱而壅水以溉,潦则筑堤自固,皆害于他人之稼,故禁之。曰"国稼"者,沟、渎、浍、池,本以利通国之稼也。阱,穿地为坙,以御禽兽。擭,柞鄂也,地坚阱浅则设柞鄂于其中。春为阱攫，防禽兽之害稼也，故秋则塞之杜之。

禁山之为苑、泽之沉者。

【集注】

苑，囿也。泽，地水至则陷，未至、既过皆可耕种，若规为洿池，则其地永沉没矣。故同于山之为苑而禁之，以作无益、害有益也。

萍　氏

萍氏掌国之水禁。几酒，谨酒，禁川游者。

【集注】

水禁，谓水中害人之处，及入水捕鱼鳖不时。周制乡饮、蜡酺皆有司及时量造，所谓公酒是也。则民间祭祀、冠、婚，必及时量造可知矣。老疾则官给之，所谓秩酒及颁赐之酒是也。几酒，谓苛察无事作酒及市沽者。谨酒，谓戒惎其因事而多作者。浮水曰游，浅水可浮，川则波洋卒至，恐至沉溺也。

司寤氏

司寤氏掌夜时，以星分夜，以诏夜士夜禁。

【集注】

　　星见为夜,没则为昼。夜士,主行夜徼候者。

御晨行者,禁宵行者、夜游者。

【集注】

　　晨,先明也。宵,定昏也。晨则门关已启,故见行者而御之。宵则遮闭以禁遏而已。

司烜氏

司烜氏掌以夫遂取明火于日,以鉴取明水于月,以共祭祀之明齍、明烛,共明水。

【集注】

　　夫遂,阳遂也。鉴,镜属,世谓之方诸。明齍,以明水修涤粱盛黍稷。明烛,以照陈馔。明水以配郁鬯、五齐,与玄酒别。玄酒,井水也,以配三酒。然以明水与玄酒对举则有异,散文通谓之玄酒。

凡邦之大事,共坟、烛、庭燎。

【集注】

　　坟,读为蕡,麻也,或曰大也。树于门外曰大烛,于门内曰庭燎。

中春，以木铎修火禁于国中。军旅，修火禁。邦若屋诛，则为明竁焉。

【集注】

屋诛，不杀于市而以适甸师氏者。凡杀人，皆肆之三日，明暴其罪，因不肆诸市而圹埋之，故楬其罪于竁上。或曰宫刑以下不可以风，故于屋中诛之，即胜国之社屋也。屋中幽暗，恐行刑者难见，故穿屋以雷光，谓之明竁。○南方，火位也。故司爟通掌四时改火出纳火之令职，主于布火之利而不掌火禁。其曰"国失火，野焚莱，则有刑罚焉"，盖因布令而及之，使民知避其害，非火禁也。火禁，如用火之地、救火之法，以及夏毋烧灰、昆虫未蛰不以火田之类。以刑官之属掌之，使民不敢犯也。军旅之火禁以刑官修之者，非军刑所及也。司烜掌明火，故并共坟烛、庭燎，以为刑官之属，故并为屋诛之竁焉。

条狼氏

条狼氏掌执鞭以趋辟。王出入则八人夹道，公则六人，侯、伯则四人，子、男则二人。

【集注】

趋辟，趋而辟。《行人》序官"下士六人"，岂文误与。

凡誓，执鞭以趋于前，且命之。誓仆、右，曰杀，誓驭曰车辗，誓大夫曰敢不关，鞭五百，誓师曰三百，誓邦之大史曰杀,誓小史曰墨。

【集注】

前,谓所誓众之前行也。命之者,有司读誓辞,则大言其刑以警所誓也。士师五戒,一曰誓,用之于军旅。注兼祭祀,非也。祭祀之誓戒,无所用杀轘之刑,且大宰掌之、大司徒莅之,非条狼氏所及也。仆、右不用命则败绩,故其法重。既曰"仆、右",又曰"驭",盖制驭一军者即军帅也,发命不衷,出谋不审,则以国予敌,故其刑更重于仆、右。大夫则舆帅也,事有当关白而不关者,则鞭之,鞭作官刑故也。师旅,师以下众士也,有当关而不关者,法未减于大夫。太史、小史不掌军事,而其刑杀、墨者,古者行军重天时,觇风云物色以卜胜败,故其责亦重也。曰"邦之太史"、"小史"者,恐疑礼官不宜在军,军行别有太史、小史,如辟司徒、公司马之类,故特文出之,以见即邦之太史、小史也。○王介甫以杀与车轘之刑过重,又鞭不宜加于大夫,遂谓此皆誓其属。不知军事威克,《春秋传》田于孟诸,楚申无畏抶宋公之仆戎,仆大夫也。晋侯之弟扬干乱行于曲梁,魏绛戮其仆,辞于晋侯,曰:"至于用钺。"则古者军刑之重可知矣。

修闾氏

修闾氏掌比国中宿、互、柝者,与其国粥,而比其追胥者而赏罚之。

【集注】

国中,城中也。宿,宿卫也。互,谓行马所以障禁止人也。凡吏士皆有常饩,而宿卫、守互、击柝者,中夜巡徼,闵其劳,故官行糜粥以食之。追胥者则但比其事,行其赏罚而已。行夜者,饭之则非时,饮之以酒则虑其号呶,使自为粥则扰矣,故官行之。先王之政,所以即人之心而尽物之理也。

禁径逾者,与以兵革趋行者,与驰骋于国中者。
邦有故,则令守其间互,惟执节者不几。

【集注】
　　令闾胥、里宰之属,间亦有互。王政之周于守御如此。

冥 氏

冥氏掌设弧、张。为阱、擭,以攻猛兽,以灵鼓驱之。

【集注】
　　弧张,罝罥之属,所以扃绢禽兽,或曰"机弩"也,驱之使惊趋阱擭。

若得其兽,则献其皮、革、齿、须、备。

【集注】
　　须,谓颐下须。备,谓搔也。

庶　氏

庶氏掌除毒蛊，以攻说襘之，嘉草攻之。

【集注】

　　攻说，祈诸神以求去之也。襘，除也，或曰宜读为"溃"。嘉草，药物，其状未闻，或曰："柳宗元《白蘘荷》诗'庶氏有嘉草，攻说事久泯'，岂嘉草即蘘荷与？"

凡驱蛊，则令之比之。

【集注】

　　此官仅下士一人，故人有能驱蛊者，则令之而比次其术之高下。

穴　氏

穴氏掌攻蛰兽，各以其物火之。

【集注】

　　蛰兽，熊罴之属，穴居者也。将攻之，必先烧其所食之物，以诱出之。穴伏而必诱取之者，恐其时出而乘人之隙也。

以时献其珍异皮革。

【集注】

珍异,可备膳羞者,如熊掌之类。

翨 氏

翨氏掌攻猛鸟,各以其物为媒而掎之。以时献其羽翮。

【集注】

猛鸟,鹰隼之属,置其所食之物于绢中,鸟下来则掎其脚,或曰:"以其类为招也。"蛰兽、猛鸟,各设官以攻之者,非独虑其害于人,亦所以安众鸟兽,而使之生息蕃滋也。

柞 氏

柞氏掌攻草木及林麓。

【集注】

"草"字疑衍。或曰:"草之与木丛生者,则并除之。"柞氏攻木,蔟氏攻草,皆主苑囿之官。若畿内林麓,欲化为谷土,或以奠民居,则第掌其政令,下经凡攻木者掌其政令是也。

夏日至,令刊阳木而火之。冬日至,令剥阴木而水之。

【集注】
　　刊、剥皆谓斫去次地之皮,火之、水之则其肄不生。〇既斩去其木,而后以水火焚渍其根株也。

　　若欲其化也,则春秋变其水火。凡攻木者,掌其政令。

【集注】
　　化犹生也,谓时以种谷也。所水则火之,所火则水之,则其土和美。〇王介甫曰:"先王之于林麓,欲用其材,则为之厉禁以养之;欲用其地以居民兴稼,则刊剥而化之。此虞衡、柞氏之职所以并设也。"〇郝京山曰:"谓化木而为土也。"

薙　氏

　　薙氏掌杀草。春始生而萌之,夏日至而夷之,秋绳而芟之,冬日至而耜之。

【集注】
　　春草始萌,以镃基绝之夏草盛,聚其族而刈之,故曰"夷"。秋,百谷皆熟,恐以薙草伤颖实,故引绳以遮列而后芟其畖中之草。冬则以耜反其土,草根在上,则春不复生。

若欲其化也，则以水火变之。掌凡杀草之政令。

【集注】
谓以火烧其所芟之草已而水之，则其土和美。《月令》："烧薙行水，利以杀草，可以粪田畴、美土疆。"○王明斋曰："掌杀草者，主公家之草，薙氏自为之。掌凡杀草之政令者，主场圃、田畴之草，教民为之。"

硩蔟氏

硩蔟氏掌覆夭鸟之巢。以方书十日之号，十有二辰之号，十有二月之号，十有二岁之号，二十有八星之号，县其巢上，则去之。

【集注】
夭鸟，恶鸣之鸟，若鸮、鵩。方，版也。○郑刚中曰："鹊忌庚，燕避戊己，鹿逢申日则过街，鹊作巢则避太岁，狐潜上伏，不越度阡陌，虎豹知冲破。然则夭鸟避此五者，必实有是理也。"○唐子西云："《圣惠方》言：'有鸟夜飞，谓之无辜，小儿衣服遭之辄成疾。'欧阳永叔《鬼车》诗言：'其血污人家，其家必破。'然则圣人设官以驱夭鸟，岂可谓不急之务与？"

翦 氏

翦氏掌除蠹物，以攻、禜攻之，以莽草薰之。

【集注】

蠹物,穿食人器物者。攻、禜,六祈之二。

凡庶蛊之事。

【集注】

庶氏掌除毒蛊,蛊之病人者也。此职庶蛊,蛊之病物者也。

赤犮氏

赤犮氏掌除墙屋,以蜃炭攻之,以灰洒毒之。

【集注】

除墙屋隙罅间之虫豸也。捣其炭,坋之则走,淳之以洒之则死。

凡隙屋,除其狸虫。

【集注】

隙屋,人所不居,埋藏之虫尤易伏,故特言之。狸虫,䗪肌蛷之属。

蝈 氏

蝈氏掌去蛙黾,焚牡蘜,以灰洒之则死。以其烟被之,则凡水虫无声。

【集注】

牡蘜，蘜不华者。齐鲁之间谓蛙为蜩。囩，耿囩也。以烟被者，顺风而扬之也。或以灰洒，或以烟被者，郊庙、朝廷、学校，严閟之地，乃绝其类。若会同师田所暂止，则使之无声可矣。曰"凡水虫"，不独蛙、囩也。

壶涿氏

壶涿氏掌除水虫，以炮土之鼓驱之，以焚石投之。

【集注】

水虫，狐蜮之属。炮土之鼓，瓦鼓也。焚石得水作声，则惊而避去。○王振声曰："鼋鼍之属，穿穴堤防，以焚石投之则死。"

若欲杀其神，则以牡櫄午贯象齿而沉之，则其神死，渊为陵。

【集注】

水之神，龙、罔象。櫄，榆木名。午贯者，十字为之。渊有神而欲杀之，必变见震惊于民者。

庭 氏

庭氏掌射国中之夭鸟。若不见其鸟兽,则以救日之弓与救月之矢射之。

【集注】

救日之弓、救月之矢,谓日月食所用弓矢。专言"国中"者,若山林田野则不必御也。曰"鸟兽"者,既不见其形,则不辨其为鸟与兽也。

若神也,则以大阴之弓与枉矢射之。

【集注】

神谓非鸟兽之声,若《春秋传》"或叫于宋大庙,譆譆出出"者。大阴之弓,即救月之弓。枉矢,即救日之矢。互言也。救日用枉矢,则救月以恒矢可知。

衔枚氏

衔枚氏掌司嚣,国之大祭祀,令禁无嚣。军旅、田役,令衔枚。

【集注】

嚻,欢也。

禁叫呼叹鸣于国中者,行歌哭于国中之道者。

【集注】

野外则不必禁,且不能遍也。○刘氏曰:"声大而急曰'叫',声高而缓曰'呼',声嗟而怨曰'叹',声悲而伤曰'鸣'。"

伊耆氏

伊耆氏掌国之大祭祀共其杖咸。

【集注】

咸,读为函。老臣虽杖于朝,祭祀则去杖,有司函藏之,既事乃授焉。

军旅,授有爵者杖。

【集注】

将军杖钺,群帅皆执兵,其有事于军中而不亲甲兵者,如小宗伯、肆帅、大师、大史、小史、师氏之类,则不论其年齿,皆授以杖,用以别于即戎者。军中自主将至公司马,皆各有所统之人、所司之局,故不任军事则别之曰"有爵者"。

共王之齿杖。

【集注】

王赐老者之杖也。

大行人

大行人掌大宾之礼及大客之仪，以亲诸侯。

【集注】

大宾，要服以内诸侯。大客，其孤、卿也。礼必有仪，互言之，且以别尊卑也。

春朝诸侯而图天下之事，秋觐以比邦国之功，夏宗以陈天下之谟，冬遇以协诸侯之虑，时会以发四方之禁，殷同以施天下之政。

【集注】

六者皆诸侯入见之礼。谟，谋也。时会，即时见也。禁，谓九伐之法。殷同，即殷见也。政谓邦国之九法。图事、比功、陈谟、协虑不宜有一定之期，而分四时以制法者，亦举其大略，非截然不相通也。春者事之方始，秋则功可以成，夏则事既始而功未成，故使陈其谋猷。冬则此岁既终而来岁更始，百事皆宜计虑。协诸侯之虑，非使诸侯协其虑，谓诸侯所虑，王与之协也。如诸侯虑凶祲，则王为之议赈发；诸侯虑寇戎，则王为之计备御也。

时聘以结诸侯之好，殷覜以除邦国之慝。

【集注】
　　此二者，诸侯使其臣入聘之礼。邦国有交相恶者，当众聘，其国卿皆在，故谕使解除。先儒或谓《大宗伯职》时聘、殷覜乃诸侯所以事天子，此则天子所以答诸侯，非也。行人掌大宾之礼及大容之仪，若此为王臣出聘覜，则无所为大客之仪矣。

间问以谕诸侯之志，归脤以交诸侯之福，贺庆以赞诸侯之喜，致禬以补诸侯之灾。

【集注】
　　此四者，王臣出使之礼也。间问者，间岁一问。诸侯，谓存省之属。谕诸侯之志，使皆晓然于天子之意也。交者，上下同之，天子赐诸侯以脤，而诸侯亦得以致福于天子也。赞，助也。致禬，凶礼之吊礼、禬礼也。补其灾，谓归以货财。

以九仪辨诸侯之命，等诸臣之爵，以同邦国之礼，而待其宾客。

【集注】
　　于诸侯言命，其命尊也。于诸臣言爵，其命微也。诸臣之爵曰等者，有卿、大夫、士之等。又以大国、次国、小国为之等，使各有所当，而后待之之礼可同也。

周　礼

　　上公之礼，执桓圭九寸，缫藉九寸，冕服九章，建常九斿，樊缨九就，贰车九乘，介九人，礼九牢，其朝位宾主之间九十步，立当车轵，摈者五人，庙中将币三享，王礼再祼而酢，飨礼九献，食礼九举，出入五积，三问三劳。诸侯之礼，执信圭七寸，缫藉七寸，冕服七章，建常七斿，樊缨七就，贰车七乘，介七人，礼七牢，朝位宾主之间七十步，立当前疾，摈者四人，庙中将币三享，王礼壹祼而酢，飨礼七献，食礼七举，出入四积，再问再劳。诸伯执躬圭，其它皆如诸侯之礼。诸子执谷璧五寸，缫藉五寸，冕服五章，建常五斿，樊缨五就，贰车五乘，介五人，礼五牢，朝位宾主之间五十步，立当车衡，摈者三人，庙中将币三享，王礼壹祼不酢，飨礼五献，食礼五举，出入三积，壹问壹劳。诸男执蒲璧，其它皆如诸子之礼。

【集注】
　　常，旌旗也。斿，其属縿垂者。贰，副也。三牲备为一牢。礼，谓饔饩也。朝位，谓大门外，宾下车及王车出迎所立之处也。王始立大门内交摈三辞，乃乘车出迎。轵，毂末也。疾谓车辕曲中在轵之前、衡之后，衡在輈下，当服之领更前于疾，以诸侯所立推之，则王立其当轸与？庙，受命祖之庙也。三享，三献也，皆束帛加璧。庭实，惟国所有。朝先享不言朝者，朝礼无等，不必言也。王礼，王以郁鬯礼宾也。王使宗伯摄酌圭瓒而祼，王拜送爵，又摄酌璋瓒而祼，后拜送爵，是谓再祼。再祼，宾乃酢王，一祼后不祼也。飨，设盛礼以饮宾也，以饮为主，故以献为节。九举，举牲体九饭也，以食为主，故以举为节。出入，谓从来讫去也。每积有牢礼、米禾、刍薪。问，问不羞也。劳,苦倦之也。按《觐礼记》:"偏驾不入王门。"偏驾者,诸侯所受上车,同姓金路,异姓象路,四卫革路,蕃国木路,皆舍于馆而乘墨车以朝。盖觐礼天子不下堂而见诸侯,故诸侯不敢乘上车,春夏受贽在朝,亦无迎法。惟朝后行三享,在庙,天子乘车出迎,故诸侯并得乘上车,所以有繁缨九就之等也。○服物采章,诸侯之所服也。牢礼飨食,王所以礼宾也。非各用其命数不可,惟摈者之数,则用其半,以示在天子所则有所屈也。

凡大国之孤,执皮帛以继小国之君,出入三积,不问,壹劳,朝位当车前,不交摈,庙中无相,以酒礼之。其它皆视小国之君。

【集注】
此以君命来聘也。孤尊,既聘享,更自以其贽见。执束帛,表以豹皮。继小国之君,言次之也。朝聘之礼,每一国毕,乃前。不交摈者,不使介传辞,交于王之摈而亲自对摈也。庙中无相介,皆入门,西上而立,不前相礼。酒,齐酒也。以酒礼之,谓不和郁鬯以祼也。其他,谓贰车及介、牢礼。宾主之间,摈者将币飨食之数,知此为更以贽见者,若正聘则执瑑圭璋八寸,不得执皮帛也。孤视小国之君,以五为节,而公之卿乃七介者,卿奉君命,故七介,孤自特见,故五介也。孤出入三积,一劳,与小国同而特文见之者,卿亦三积一劳,故不得以视小国该之也。

凡诸侯之卿,其礼各下其君二等以下,及其大夫、士皆如之。

【集注】

此亦以君命来聘者。所下其君之礼，介与朝位宾主之间也，其馀则自以其爵。《聘义》曰："上公七介，侯伯五介，子男三介，谓使卿聘之数也。"然则朝位亦以七十步、五十步、三十步为节与？及其大夫、士皆如之者，大夫又各自下其卿二等也。《聘礼》曰："小聘使大夫，其礼如为介。"士无聘之介数而曰"如之"者，士虽无介与步数，至于牢礼之等，又降杀大夫。

邦畿方千里，其外方五百里谓之侯服，岁壹见，其贡祀物。又其外方五百里谓之甸服，二岁壹见，其贡嫔物。又其外方五百里谓之男服，三岁壹见，其贡器物。又其外方五百里谓之采服，四岁壹见，其贡服物。又其外方五百里谓之卫服，五岁壹见，其贡材物。又其外方五百里谓之要服，六岁壹见，其贡货物。

【集注】

要服，即蛮服也。《大司徒职》岁之常贡，不宜有成器，此职器物，则或兼尊彝之属，材物亦宜兼齿、角、羽、毛之属也。旧说虞夏之制，天子巡狩之明年，诸侯各以其方岁见，四载而遍。此经注其朝贡之岁，四方各四、分趋四时而来，皆非也。果尔，则或一岁而空一方之诸侯，或一岁而空一服之诸侯，其国或大丧、大札、水旱、寇戎，将弃而不理乎？窃意周制侯服最近，故每岁一见而遍。甸服地较远，分国较多，两岁中各以其时其事一见而遍。男、采、卫服地愈远，分国愈多，则期愈宽，所以顺人情、便国事也。虞夏之制，亦大概类此。成王之崩，事在旬日，而康王之立，太保率西方诸侯入应门左，毕公率东方诸侯入应门右，则六服皆有朝者可知矣。《舜典》"日觐四岳群牧，班瑞于群后"，则非一方之诸侯可知矣。○《尚书》"六年五服一朝"，言六年中五服皆朝以遍，非谓仅一朝也。其不言"六服"者，以遍朝为言，故侯服"每岁一朝"者不数也，与《周礼》本可通。《春秋传》叔向所言，乃杂举古制及文、襄之宪令耳。

九州之外谓之蕃国，世壹见，各以其所贵宝为贽。

【集注】
九州之外，夷服、镇服、蕃服也。世一见，谓父死子立及嗣王即位乃一来朝。

王之所以抚邦国诸侯者，岁遍存，三岁遍頫，五岁遍省；七岁属象胥，谕言语，协辞命；九岁属瞽、史，谕书名，听声音；十有一岁达瑞节，同度量，成牢礼，同数器，修法则；十有二岁王巡守，殷国。

【集注】
抚，犹安也。曰"抚邦国诸侯"者，抚诸侯，乃所以抚邦国也。存，问其安否也。頫，视其治效也。省，察其风化也。三者皆所谓间问也。岁者，巡守之明岁以为始也。属犹聚也，召其象胥、瞽史聚于王朝而教习之也。辞命者，畛于鬼及邦交之礼辞也。数器，铨衡也。法，八法也。则，八则也。达，同修。皆谓赍其法式，行至则齐等之也。成，平也，盖平其僭逾者。小行人职适四方、达六节、成六瑞，则十有一岁前王而巡者，其小行人与？

凡诸侯之王事，辨其位，正其等，协其礼，宾而见之。

587

若有大丧,则诏相诸侯之礼。

若有四方之大事,则受其币,听其辞。

【集注】

四方之大事,谓国有兵寇,来告急也,亦有赘币以崇敬也。《聘礼》曰:"若有言,则以束帛,如享礼。"

凡诸侯之邦交,岁相问也,殷相聘也,世相朝也。

【集注】

《小聘》曰:"问,殷中也。"中间久无事,则大聘诸侯同方岳,则有相朝之礼,皆所以考礼一德,以尊天子也。大国聘于小国,小国朝于大国,敌国则两君相朝,故《司仪》于诸公、诸侯皆言"相为宾"是也。

小行人

小行人掌邦国宾客之礼籍,以待四方之使者。

【集注】

通掌其礼籍,而所待独使臣也。

令诸侯春入贡,秋献功,王亲受之,各以其国之籍礼之。

【集注】

　　职贡虽有常，而必时其岁之丰凶以为赢缩，故往岁之贡，至春而后入之。《月令》制诸侯职贡之数以季秋，盖农收备入而后数可定也。功谓治国家之状，至秋则岁功成、刑狱决，凡治之状可按验矣，故献之。

　　凡诸侯入王，则逆劳于畿。及郊劳、视馆、将币，为承而摈。

【集注】

　　入王，朝于王也。《春秋传》曰："宋公不王。"又曰："诸侯有王，王有巡守。"视馆，致馆也。承，犹丞也。三者皆为丞而摈之。宾将币，大宗伯为上摈。郊劳，旧说使大行人。视馆，使卿大夫。

　　凡四方之使者，大客则摈，小客则受其币而听其辞。

【集注】

　　摈者，摈而见之王。受其币而听其辞，则代之入告也。大客，要服以内使臣。小客，蕃国使臣。或曰："孤卿为大客，大夫为小客。"或曰："以国之大小为别也。"

　　使适四方，协九仪。宾客之礼，朝、觐、宗、遇、会同，君之礼也；存、覜、省、聘、问，臣之礼也。

【集注】

　　适之也。协，合也。○黄文叔曰："朝、觐、宗、遇、会同，诸侯所以尊天子也，而通乎两君之相朝，亦君礼也。存、覜、省、聘、问，天子所以抚诸侯也，而邦交之岁相问、殷相聘，亦臣礼也。"

达天下之六节：山国用虎节，土国用人节，泽国用龙节，皆以金为之。道路用旌节，门关用符节，都鄙用管节，皆以竹为之。

【集注】

此谓邦国之节也。达之者，亦赍式法以齐等之。虎、人、龙三者，诸侯使臣出聘所执。旌、符、管三者，在国所用。都鄙者，公之子弟及卿大夫之采地也。凡邦国之民出至他邦，他邦之民来入，门关为之节。其以征令及家徒者，乡遂大夫及采地之吏为之节。皆使人执节以将之，有期以反节。此与掌节有异同者，天子使于诸侯，诸侯使于天子，其为节异则不合，门关、道路节异则不通，此五节所以同也。天子之都鄙与诸侯之都鄙，守之者爵等悬殊，此管节、角节所以异也。无玉节者，行人所达惟使节，邦国所守，非所及也。无货贿之玺者，国中所用，亦非行人所及也。疏引《司关职》谓"货贿同用符节"，非也。司关掌国货之节以联门市，即玺节也，果同用符节，则玺节何所用乎？

成六瑞：王用瑱圭，公用桓圭，侯用信圭，伯用躬圭，子用谷璧，男用蒲璧。

【集注】

成，平也。此适四方之事而首举王用镇圭者，《典瑞职》"镇圭以征守"①,则亦应使邦国知其形制也。

合六币:圭以马,璋以皮,璧以帛,琮以锦,琥以绣,璜以黼。此六物者,以和诸侯之好故。

【集注】

合者,两相配也。五等诸侯,享天子并用璧,享后用琮,其大各如其瑞,皆有庭实。惟二王后用圭、璋,其于诸侯则用琮、璧。子男之于诸侯,则用琥、璜。凡二王后诸侯相享之玉,大小各降其瑞一等。其使卿大夫覜、聘亦如之。马皮非币而总云"六币"者,谓用之以当币也。○干光远曰:"以其通情而来则谓之好,以其因事而来则谓之故。"

若国札丧,则令赙补之。若国凶荒,则令赒委之。若国师役,则令槁禬之。若国有福事,则令庆贺之。若国有祸灾,则令哀吊之。凡此五物者,治其事故。

【集注】

此五者,其四大宗伯所掌凶礼,其一嘉礼也。复列于此者,设所至之国有此,则令邻国供具而后以复于王,故其文次于使适四方之后也。盖凶荒之赒、委,师役之槁禬,必待奏请则缓不及事。即适遇其国札丧、祸灾、福事,亦必于常礼有加,礼意乃洽。且札丧、祸灾、福事之小者,或不敢以闻于王朝,而王使适遇之则不得为弗闻也者而过之也。治其事故者,酌财用多少之宜、施行缓急之节,以及兴发

---

① "镇",抗希堂本同,阮刻《周礼注疏》作"珍"。

周　礼

调移之法也。不见恤礼,盖于师役中兼之。○王光远曰:"所作谓之事,所遭谓之故。"

及其万民之利害为一书,其礼俗、政事、教治、刑禁之逆顺为一书,其悖逆、暴乱、作慝、犹犯令者为一书,其札丧、凶荒、厄贫为一书,其康乐、和亲、安平为一书。凡此五物者,每国辨异之,以反命于王,以周知天下之故。

【集注】
　　慝,恶也。犹,图也。康乐,谓民气安乐。和亲,谓邻国交欢。安平,谓上下宁辑。

司　仪

司仪掌九仪之宾客摈相之礼,以诏仪容、辞令、揖让之节。

【集注】
　　出接宾曰摈,入赞礼曰相。以诏者,以礼告王。

将合诸侯,则令为坛三成,宫旁一门。

【集注】
　　合诸侯,谓有事而会也。为坛于国外以命事。三成,三重也。

此宫墡土以为墙,所谓坛墡宫也。天子春帅诸侯拜日于东郊,则为坛于国东。夏礼日于南郊,则为坛于国南。秋礼山川丘陵于西郊,则为坛于国西。冬礼月四渎于北郊,则为坛于国北。既拜礼而还,加方明于坛上而祀焉,所以教尊尊也。《觐礼》曰:"诸侯觐于天子,为宫方三百步,四门,坛十有二寻,深四尺。"王巡守殷国为宫,应亦如此。令,令封人也。

诏王仪,南乡见诸侯,土揖庶姓,时揖异姓,天揖同姓。

【集注】

王既祀方明诸侯,上介皆奉其君之旂,置于宫。乃诏王升坛,诸侯皆就其旂而立。诸公中阶之前,北面,东上。诸侯东阶之东,西面,北上。诸伯西阶之西,东面,北上。诸子门东,北面,东上。诸男门西,北面,东上。王揖之者,定其位也。庶姓无亲者,异姓昏姻之国也。土揖者,不举手即向下揖。时揖则略举手而后向下,天揖则高揭手而后向下也。

及其摈之,各以其礼,公于上等,侯伯于中等,子男于下等。

【集注】

谓执玉而前见于王也。摈之各以其礼者,谓摈公者五人,侯、伯四人,子、男三人也。上等、中等、下等,谓奠玉处也。坛三成,深四尺,则每等一尺也。坛十有二寻,方九十六尺,则堂上二丈四尺,每等丈二尺与?诸侯各于其等奠玉、降、拜、升成。拜,明臣礼也。既乃升堂授王玉。下云"将币"据三享,故知此摈之为执玉见王。

593

其将币亦如之,其礼亦如之。

【集注】
礼谓以郁鬯祼之。亦如之者,皆于其等之上。

王燕,则诸侯毛。

【集注】
毛谓不问爵之尊卑,以年齿相先后也。朝事尊尊尚爵,燕则亲亲尚齿。

凡诸公相为宾,主国五积,三问,皆三辞拜受,皆旅摈;再劳,三辞,三揖,登,拜受,拜送。

【集注】
相为宾,谓相朝也。宾所停止则积,间阔则问,行道则劳,其礼皆使卿大夫致之,从来至去,数如此也。积问不言登,受之于庭也。旅读如"鸿胪"之"胪",谓陈之也。宾之介九人、使者七人,皆陈摈位不传辞。宾之上介出,请使者,则前对,拜送,送使者。据下经"主君郊劳则远郊"及"劳于境当使卿",《聘礼》:"宰夫朝服,设飧、致飧于国,客之礼也。"此诸侯相宾,则飧当使卿飧。积同,礼则积亦当使卿。惟问为小礼,使卿与大夫无考。

主君郊劳,交摈,三辞,车逆,拜辱,三揖,三辞,拜受,车送,三还,再拜。

【集注】

交摈者,各陈九介,使传辞也。前三辞辞主君之亲出也,后三辞辞郊劳之币物也。卿大夫聘及郊,主君使卿,以束帛劳。夫人使大夫,以枣栗劳。则国君相为宾,郊劳必有币玉、笾豆之属,故曰"三辞",拜受也;"三还",主君还辞、宾再拜、宾拜送也。

致馆亦如之。致飧如致积之礼。

【集注】

馆,舍也。使大夫授之君,又以礼亲致焉。凡云"致"者,皆有币以致之。

及将币,交摈,三辞,车逆,拜辱。宾车进,答拜,三揖三让,每门止一相,及庙,惟上相入。宾三揖三让登,再拜,授币,宾拜送币。每事如初,宾亦如之。及出,车送,三请三进,再拜,宾三还三辞,告辟。

【集注】

三揖者,朝位相去九十步,揖之使前也。至而三让,让入门也。每门止一相,弥相亲也。宾三揖三让,让升也。"宾亦如之",当为"傧",谓以郁鬯礼宾也。上于下曰礼,敌者曰傧。三请三进,请宾就车也。每一请,车一进,欲远送也。三还三辞者,主君一请,宾亦一还一辞,至三请,宾三辞,则主君再拜以送宾,而宾告已辟去也。注"授币当为受币",非也,未有置宾之送币而先言主君之受币者,盖"再拜"句断。宾三揖三让而升堂,则主君拜其至也。"授币,宾拜送币",言授币时宾拜而送之也。授币非国君所亲,必上相授之,而君拜送以致敬耳。每事如初,谓享及有,言主宾皆交拜也。

致饔饩、还圭、飧食、致赠、郊送,皆如将币之仪。

【集注】
六礼皆主君所亲,故两君相见之礼同也,惟飧食速宾,其馀主君亲往。

宾之拜礼:拜饔饩,拜飧食。宾继主君,皆如主国之礼。

【集注】
拜礼者,拜郊劳之礼也。主君郊劳,以礼于宾。次日,宾入将币,所以答主君之礼也。其致饔饩及飧食之次日,宾亦入拜。盖主君既亲之,则宾无不答也。所谓宾继主君即此,谓随而答其礼也。不言拜还圭者,还圭与致饔饩同时也。不言拜致赠郊送者,宾入辞而主君出赠,送则遂行矣。

诸侯、诸伯、诸子、诸男之相为宾也,各以其礼;相待也,如诸公之仪。

【集注】
宾主相待之仪,与诸公同。其饔饩、飧食之礼,则有降杀。

诸公之臣相为国客,则三积,皆三辞拜受。

【集注】

不言登受者,受之于庭也。注谓"侯伯之臣不致积",据《聘礼》无致积之文。然此经曰:"凡侯、伯、子、男之臣,相为客而相礼,其仪亦如之。"则不应无积可知矣。岂道路共积,无以束帛致积之礼,而记者遂略之与?

及大夫郊劳,旅摈,三辞,拜辱,三让,登,听命,下拜,登受。宾使者如初之仪。及退,拜送。

【集注】

登听命,宾登堂以听主君之命也。"宾使者"亦当为"摈",盖主国以束帛劳而宾以束锦傧使者也。如初之仪,使者亦三辞而后拜受也。按《聘礼》"侯伯之臣受劳于庭,致馆亦于庭",此并登听命,公之臣尊也。

致馆如初之仪。

【集注】

如郊劳也。按《聘礼》致馆无束帛,宾亦无傧。不言"致飧"者,君于聘大夫不致飧也。《聘礼》曰:"飧不致,宾不拜。"

及将币,旅摈,三辞,拜逆,客辟,三揖,每门止一相,及庙,惟君相入,三让,客登,拜,客三辟,授币,下,出,每事如初之仪。

【集注】

　　三辞,辞主君以大客礼当己也。客辟,不敢答礼也。惟君相入,客相不敢入也。拜,主君拜客至也。客三辟,三退负序也。三让,客登,与上经宾"三揖三让登"同;拜,与上经"再拜"同。客三辟而后授币,则未授币不宜预设受币之文益明矣。不敢拜送者,奉君命以将事,非己所专也,故私面、私献,皆再拜稽首。

及礼、私面、私献,皆再拜稽首,君答拜。

【集注】

　　礼,以醴礼客也。私面,私觌也。既觌,则或有私献者。此三者皆于聘之日行之,故并言之。《春秋传》楚公弃疾见郑伯,以其乘马私面。

出,及中门之外,问君;客再拜对,君拜,客辟而对;君问大夫,客对;君劳客,客再拜稽首,君答拜,客趋辟。

【集注】

　　中门之外,即大门之内也。问君曰:"君不恙乎?"对曰:"使臣之来,寡君命臣于庭。"问大夫曰:"二三子不恙乎?"对曰:"寡君命使臣于庭,二三子皆在。"劳客曰:"道路悠远,客甚劳。"劳介则曰:"二三子甚劳。"既曰"再拜对",又曰"辟而对"者,前对问不恙,后对或别问君之所为也。后曰"君答拜",前第曰"君拜"者,非答客也,闻其君之起居不恙,则如亲见而拜,以致敬也。必出中门而后问者,诸侯相为宾,则主君郊劳。今郊劳不亲,故出庙而后问,示不敢即安,若欲就客而问之也。或谓庙中礼敬不可及其馀,非也。私面、私献皆于庙,而反不可问君大夫乎？

致饔饩如劳之礼，飧食还圭如将币之仪。

【集注】

注谓飧食亦君不亲而使大夫以币致者，非也。所以如将币之仪而异于郊劳者，正谓君亲飧食，故与将币见君之仪同耳。若大夫致之，则当如郊劳之礼矣。还圭，主君弗亲而亦如将币之仪者，将币以圭，则还圭者，两国相答之正礼也。虽大夫致之，若主君之临而以不敢答礼焉。故据聘礼迎于门外而不拜，犹将币时主君拜至，客辟而不敢答拜，异于郊劳之拜辱也。听命受圭，负右房而立，犹授币不拜而下，异于郊劳之听命、下拜、登受也。其仪与将币不同，而曰"如将币之仪"，谓不敢答礼，如亲见主君而受命耳。郊劳曰礼者，有傧使者之币，故兼仪与物而言之。

君馆客，客辟，介受命，遂送，客从，拜辱于朝。

【集注】

君馆客者，客将去就省之也。遂送，君拜以送客也。

明日，客拜礼赐，遂行，如入之积。

【集注】

客将行，总拜主君之礼赐也。如入之积，亦三积也。

凡侯、伯、子、男之臣，以其国之爵相为客而相礼，其仪亦如之。

【集注】

不曰"以其爵"而曰"以其国之爵"者,《记》曰:"次国之上卿,位当大国之中,中当其下,下当其上大夫;小国之上卿,位当大国之下卿,中当其上大夫,下当其下大夫。"

凡四方之宾客礼仪、辞命、饔牢、赐献,以二等从其爵而上下之。

【集注】

二等谓降杀以两,即《大行人职》所谓"诸侯之卿各下其君二等,大夫、士亦如之"也。上言爵等同者相为宾客之礼,此则言爵等不同者相为宾客之礼。

凡宾客,送逆同礼。凡诸侯之交,各称其邦而为之币,以其币为之礼。

【集注】

币,享币也。大国则丰,小国则杀,主国如其丰杀而礼之。

凡行人之仪,不朝,不夕,不正其主面,亦不背客。

【集注】

谓摈相传辞时也。不正东乡,不正西乡,常视宾主之前却,得两乡之。司仪掌摈相之礼,以诏仪容、辞令、揖让之节,故行人受仪法焉。

行　夫

行夫掌邦国传遽之小事,美恶而无礼者。凡其使也,必以旌节,虽道有难而不时,必达。

【集注】
　　传遽,若后世驰驿而使者。美,吉事也;恶,凶事也。无礼,礼籍所不载也。道有难,谓遭疾病他故也。其大事有礼者,有故则介传命,不嫌不达。○不曰"吉凶"而曰"美恶"者,如王小有问劳,虽美而不得谓之吉;小有诘让,虽恶而不得谓之凶也。

居于其国,则掌行人之劳辱事焉,使则介之。

【集注】
　　先儒谓使必大、小行人,非也。大行人二人,小行人四人,掌宾客之礼事,岂能供聘觌、存省、问丧、荒吊、禬恤以及脤膰、庆贺之役哉?《司士职》曰:"作士适四方为介者,凡国使之介也。"此曰"使则介之"者,惟十有一年小行人使适四方以协礼事,则行夫为之介也。居于其国,谓介行人而居所适之国也。不先言"介"者,文当然也。如曰"行人使则介之,居于其国,掌行人之劳辱事",则赘矣。

环　人

环人掌送逆邦国之通宾客，以路节达诸四方。舍则授馆，令聚柝，有任器，则令环之。凡门关无几，送逆及疆。

【集注】

路节，旌节也。四方，圻上也。逆宾于疆，及宿令柝，归送亦如之，掌讶之职也。而又设环人，所以待过宾于王畿而之列国者，故曰"通宾客"，又曰"以路节达诸四方"，又曰"门关无几，送逆及疆"，则非止而有事者明矣。曰"环人"者，环四境而待过宾以达之于四方也。

象　胥

象胥掌蛮、夷、闽、貉、戎、狄之国使，掌传王之言而谕说焉，以和亲之。若以时入宾，则协其礼，与其辞，言传之。

凡其出入送逆之礼节、币帛、辞令，而宾相之。

【集注】

币帛，王所赐予也。辞令，告谕之辞也。宾相为摈而相侑其礼仪也。

凡国之大丧，诏相国客之礼仪而正其位。凡军旅、会同，受国客币，而宾礼之。凡作事，王之大事诸侯，次事卿，次事大夫，次事上士，下事庶子。

【集注】

"凡国之大丧"以下，乃《掌客职》错简。盖象胥之职，前所列已备矣，而掌客未及大丧、诏相国客仪位、军旅、会同、受币、宾礼国客，则职事有缺也。卿、大夫、士、庶子谓从诸侯而来宾者，丧纪、军旅、会同之大事，使诸侯，次事，小事并及诸侯之卿、大夫、士、庶子，使观礼，且周事也。《诸子职》会同、宾客，士、庶子必从，《春秋传》同盟于戏，六卿及大夫门子皆从郑伯，则于王事可知矣。若王朝之卿、大夫、士，则赞王命而戒之者冢宰，王朝之士庶子，则作之者诸子，非掌客所及也。既曰"凡作事"，又曰"王之大事"者，正以见所作卿、大夫、士皆侯国之人，而事则王朝之事耳。○惟诸侯之从者，故所任止上士。若王臣，则中、下士与事者多矣。

掌　客

掌客掌四方宾客之牢礼、饩献、饮食之等数与其政治。

【集注】

政治，邦新杀礼之属。

王合诸侯而飨礼，则具十有二牢，庶具百物备，诸侯长十有再献。

【集注】

　　大合诸侯则其长必二王之后也，故备天子仪物，示宾而不臣。

　　王巡守、殷国，则国君膳以牲犊，令百官百姓皆具。从者，三公视上公之礼，卿视侯、伯之礼，大夫视子、男之礼，士视诸侯之卿礼，庶子壹视其大夫之礼。

【集注】

　　犊，角茧栗者，牲孕则天子不食。令者，掌客令主国也。《大行人职》曰："十有二岁，王巡守殷国。"此职又曰："王巡守殷国。"而下载诸侯膳王之礼，则殷同即巡守而会诸侯于方岳，所谓施天下之政者，即《尚书》"王制所载巡守诸大政"。旧说王不巡守而六服尽朝，非也。《春秋传》曰："先王卜征五年而岁其祥，祥习则行，不习则增修德而改卜。"设王当巡守之岁以丧疾不行，自可于疾已丧毕之后行之，不宜更旷其期至十有二年之久。且王果丧疾，又不应日觐四方之诸侯也。况巡守者，巡所守也，岂可以诸侯之朝代哉？六服之君，无岁不朝，以图事比功，而又一岁而遍召之，义无所取，当以经文正之。不曰"诸侯膳以牲犊"，而曰"国君"者，惟所至之国然也。

　　凡诸侯之礼：上公五积，皆视飧牵。三问皆脩，群介、行人、宰、史皆有牢。飧五牢，食四十，簠十，豆四十，铏四十有二，壶四十，鼎、簋十有二，牲三十有六，皆陈。饔饩九牢，其死：牢如飧之陈，牵四牢，米百有二十筥，醯醢百有二十甕,车皆陈;车米视生牢,牢十车,车秉有五籔,车禾视死牢,牢十车,车三秅,刍薪倍禾,皆陈。乘禽日九十双,殷膳大牢。以及归,三飨、三食、三燕,若弗酌,则以币致之。凡介、行人、宰、史皆有飧、饔饩,以其爵等为之牢礼之陈数,唯上介有禽献;夫人致礼,八壶、八豆、八笾,膳大牢,致飧大牢,食大牢;卿皆见,以羔,膳大牢。侯伯四积,皆视飧牵,再问皆脩;飧四牢,食三十有二,簠八,豆三十有二,铏二十有八,壶三十有二,鼎簋十有二,腥二十有七,皆陈;饔饩七牢,其死牢如飧之陈,牵三牢,米百筥,醯醢百甕,皆陈;米三十车,禾四十车,刍薪倍禾,皆陈;乘禽日七十双,殷膳大牢,三飨、再食、再燕;凡介、行人、宰、史皆有飧饔饩,以其爵等为之礼,唯上介有禽献;夫人致礼,八壶、八豆、八笾,膳大牢,致飧大牢;卿皆见,以羔,膳特牛。子男三积,皆视飧牵,壹问以脩;飧三牢,食二十有四,簠六,豆二十有四,铏十有八,壶二十有四,鼎簋十有二,牲十有八,皆陈;饔饩五牢,其死牢如飧之陈,牵二牢,米八十筥,醯醢八十甕,皆陈;米二十车,禾三十车,刍薪倍禾,皆陈;乘禽日五十双,壹飨、壹食、壹燕;凡介、行人、宰、史皆有飧饔饩,以其爵等为之礼,唯上介有禽献;夫人致礼,六壶、六豆、六笾,膳视致飧;亲见卿皆膳特牛。

【集注】

积皆视飧牵,谓所共如飧而牵牲以往,不杀也。生而致之,以一夕迁次,不尽用也。不杀则无铏鼎、簋簠之实。其米实于筐,豆实实于甕。壶之有无，未闻。脩，脯也。飧，客始至，致小礼也。公、侯、伯、子、男飧，皆饪一牢，其馀牢则腥。食，谓庶羞美可食者。簠，稻粱器也。豆，菹醢器也。铏，羹器也。礼之大数，铏少于豆。公铏宜三十八，侯伯二十八，子、男十八。壶，酒器也。鼎，牲器也。簋，黍稷器也。合言鼎簋者，牲与黍稷乃食之主也。故公、侯、伯、子、男，其数皆十有二，无加损焉。牲当作"腥"，谓腥鼎也。于侯、伯云"腥二十有七"，乃本字也。诸侯礼盛，腥鼎有鲜鱼鲜腊，每牢皆九为列。公腥鼎三十六，腥四牢也。侯、伯二十七，腥三牢也。子、男十八，腥二牢也。皆陈，皆陈列也。凡此皆飧门内之实也。其车米、禾、刍薪，则陈于门外。饔饩，既相见，致大礼也。死牢如飧之陈，亦饪一牢，馀腥牵生牢也。车皆陈，"车"字衍。米车，载米之车也。《聘礼》曰："十斗曰斛，十六斗曰籔，十籔曰秉。"每车秉有五籔，则二十四斛也。禾，藁实并刈者。《聘礼》曰："四秉曰筥，十筥曰稷，十稷曰秅。"每车三秅，则三十稷也。稷犹束也，米禾之秉筥，字同数异。禾之秉，手把耳。筥读为"栋㭔"之"㭔"，谓一穧也。乘禽，乘行群处之禽，谓雉、雁之属，于礼以双为数。殷，中也，中又致膳，亦念宾也。若弗酌，谓君有故，不亲飨食燕也，不飧则以酬币致之，不食则以侑币致之。凡介、行人、宰、史，众臣从宾者也。以其爵等为其牢礼之陈数，《大行人职》所谓"诸侯之卿各下其君二等，及其大夫、士亦如之"也。夫人致礼助君，养宾也，致之皆使下大夫。于子、男曰"膳视致飧"，则是不复飧也。卿皆见者，见于宾也。既见之，又膳之，亦助君养宾也。于子、男曰"亲见卿皆膳特牛"，见卿于小国之君，有不特造馆见者，其造见者，乃致膳也。此经独言诸侯相朝，主国待宾之礼者，天子待诸侯之礼亦然，故举下以包上也。飧礼不言米禾刍薪者，以积视飧牵，则飧有米禾刍薪不必言矣。○疏谓君用脩、臣用牢非礼，疑有误，非也。群介、行人、宰、史皆有牢，致积之牢也。其文系于"三问皆脩"之下者，问君以脩则不疑于牢为臣之问也，不曰"皆有积",何也？曰有牢则致积可知。曰有积,则嫌于君之积有牢,而臣之积无牢也。曰"群介、行人、宰史皆有飧饔饩",又曰"各以其爵等为牢礼之陈数",亦此义也。注谓"诸臣牢礼之数,惟以爵不以命数",亦非也。果尔,则子男之卿陈数与君同矣。注牢礼陈设之位与数,皆约《聘礼》言之,他无所见。

凡诸侯之卿、大夫、士为国客,则如其介之礼以待之。

【集注】

谓特来聘问,待之如为介之礼也。

凡礼宾客,国新杀礼,凶荒杀礼,札丧杀礼,祸灾杀礼,在野在外杀礼。

【集注】

《环人职》"凡国之大丧"节应次此节下。

凡宾客死,致礼以丧用。宾客有丧,惟刍稍之受。

【集注】

死则主人为之具而殡矣。丧用者,馈奠之物。宾客有丧,谓父母或君死也。刍,给马牛。稍,人廪也。

遭主国之丧,不受飧食,受牲礼。

周　礼

【集注】

牲礼腥致者，飧食则全不受，飨饔饩亦止受腥牢，有丧不忍煎烹也。礼不当受则主人不以熟致，非致而不受。

掌讶

掌讶掌邦国之等籍，以待宾客。

若将有国宾客至，则戒官修委积，与士逆宾于疆，为前驱而入。

【集注】

士，讶士也。

及宿，则令聚柝。及委，则致积。至于国，宾入馆，次于舍门外，待事于客。及将币，为前驱。至于朝，诏其位，入复。及退亦如之。

【集注】

入复，入告王以客至也。退亦如之，仍为前驱也。

凡宾客之治，令讶，讶治之。

【集注】

注谓宾客之治为正贡赋、理国事，非也。邦国之贡，冢宰制之，其典冢宰施之，地法司徒颁之，礼事宗伯令之，狱讼司寇定之，而又使司马兼董焉，非讶士所得治明矣。讶士掌四方之狱讼，邦有宾客，则诛戮暴客者，客出入则导之，有治则赞之。盖或宾客之仆隶厮舆，与邦人有争，或宾客之属自犯法，禁其在王朝，皆不敢自治而以归于掌讶。掌讶使讶士治之，《讶士职》曰"有治则赞之"者，即赞掌讶也。晋人执宋仲幾于京师，《春秋》以为非常而志之，则周之旧典可知矣。

凡从者出，则使人道之。及归，送亦如之。

【集注】

从者，凡介以下也。人，其属胥徒也。送，至于境。如其前驱、聚柝、待事之属。

凡宾客，诸侯有卿讶，卿有大夫讶，大夫有士讶，士皆有讶。

【集注】

此谓朝觐、聘问之日，王所使迎宾客于馆之讶也。不曰"则"而曰"有"者，大国之君有卿讶，而小国之君则大夫讶。大国之卿有大夫讶，而小国之卿则士讶。若小国之大夫及列国之士，则虽有讶者，而非命士矣。知然者，列国之士，天子无使命士往讶之义也。《司士职》会同宾客作士从，《诸子职》会同宾客作群子从，则讶列国之士者，其诸王朝未授职之士与？庶子与？

凡讶者，宾客至而往，诏相其事而掌其治令。

【集注】

凡讶者，谓上所云卿大夫、士皆待宾客至馆而后往，非若掌讶之逆于疆也。掌讶惟至于朝，诏其位而已，此讶者则诏相其礼事。掌讶及退为之前驱而已，若宾有治、王有令于宾，则此讶者通掌之。

掌　交

掌交掌以节与币巡邦国之诸侯及其万民之所聚者，道王之德、意、志、虑，使咸知王之好恶，辟行之。

【集注】

万民之所聚者，谓大都会也。辟，读如"辟忌"之"辟"，谓使知王之所好者而为之，知王之所恶者辟而不为。列职八人而能遍巡邦国者，各主其方而不限以程期也。

使和诸侯之好，达万民之说。

【集注】

说，所喜也。达者，达之于王，若其国君。

掌邦国之通事而结其交好。

【集注】

注通事谓朝觐聘问，非也。朝觐聘问，礼有常经，无为别设官以掌之。盖非朝聘之期，而邻国有事欲相通，则因王官之巡行而达其意也。其事如通防、交籴、联婚姻、诘逋逃之类。

以谕九税之利，九礼之亲，九牧之维，九禁之难，九戎之威。

【集注】
九税，司徒所掌也。九礼，宗伯所颁也。九牧，冢宰所建也。九禁、九戎，司马所专也。而使刑官之属谕之者，盖邦国不能率由典常，则刑禁及之。刑禁不能施，则兵戎诘之，与司马九法兼备五官之职，其义略同。独无冬官之法者，居四民，时地利，惟始立国用之，建国之后未有无故而变冬官之法者，故不之及也。

掌　察阙

掌货贿阙

朝大夫

朝大夫掌都家之国治。日朝以听国事故，以告其君长。

【集注】
《序官》曰："每国上士二人，下士二人。"则国治即都家之治也。

国有政令,则令其朝大夫。

【集注】
　　李耜卿曰:"上文国事故,乃天子日所施为者,听之以告其君长,使知王之所好恶而辟行之也。此政令乃当施于都家者。"

凡都家之治于国者,必因其朝大夫,然后听之;惟大事弗因。

【集注】
　　都家所有治事上王国,必因朝大夫以通,然后受而听之。若大事,如寇戎、荒丧之类,则直达。

凡都家之治有不及者,则诛其朝大夫。在军旅,则诛其有司。

【集注】
　　不及,谓有稽滞。有司,都司马、家司马也。

都　则阙

都　士阙

家　士阙

【集注】

李耜卿曰："自大司寇、小司寇、士师而下，乡士主国狱，遂士主郊，县士主野，方士主都家，畿内也，讶士主四方，畿外也。次以朝士者，断狱弊讼，皆于外朝也。次以司民者，见民者，天之所司、王之所敬，刑罚不可以不中也。狱讼既弊，有五刑以丽其辟，故次司刑。有刺宥以议其轻重，故次司刺。有大乱狱，则故府之藏可覆视，故次司约。有疑狱不决，则明神可鉴，故次司盟。于是罪轻而赎刑者，则职金受其入。罪重而拏戮者，则司厉执其法。稍重而未丽于法者，则司圜主收教之。已在刑者，则因而刑杀。故掌囚、掌戮又次之。从坐者，恕其死，因任以事，故司隶、罪隶又次之。征伐四夷，所得蛮、闽、夷、貉四隶又次之。继犬人于司厉者，司厉治盗犬，能逐盗者也。虽然，刑非得已也，禁于未发则民安而上不烦，故布宪禁于天下。禁杀戮、禁暴氏、禁于国中、野庐氏、蜡氏、雍氏、萍氏、司寤氏所以使行者无害，死者有主，陆走者无险阻，水浮者不没溺，时其宵昼，行止以节，皆道路之禁也。司烜氏、条狼氏、修闾氏皆祭祀军旅之禁也。自冥氏至庭氏十二职，草木鸟兽为民害者，驱而除之，义之尽也。继以衔枚氏司嚚者，无端歌哭，杂气妖声，不祥也，于是刑事毕矣。次以伊耆氏者，秋养耆老故也。次以大行人、小行人诸职者，宾位于西北，天地之义气也。又《仪礼》凡诸侯朝觐会同礼毕则降而肉袒请刑，故以属刑官。宾客见王则有仪，故司仪次之。而行夫掌小事，环人掌送逆，象胥掌四夷国使，以类属焉。宾客朝见既

613

毕，有饔飧牢礼之归，故掌客次之。宾客自来至去皆有讶，故掌讶次之。掌交所以喻王志于天下之邦国也，朝大夫所以达王事于畿内之都家也，故以是终焉。其掌察、掌货贿、都则、都士、家士文阙，义无所考。"

卷十一　冬官考工记第六[①]

《周官·司空》之篇亡,汉兴,购之千金不得,河间献王以《考工记》续之,不知作者何代何人,然大抵秦以前书也。司空名冬官者,四时之有冬,积于空虚不用之地。而度地居民,立城邑,治沟洫川梁,于农事既毕为宜。司空者,盖主于空虚不用之时,而使民有兴事任力之实用也。冬日之闭冻也不固,则春夏之长草木也不茂,此天道之以虚为实也。事典不行,则三时之利不能尽,四民之业无所基,此圣人之以虚为实也。故官以司空名,而其职则曰:"以富邦国,以养万民,以生百物。"〇司空之职,居四民,时地利,工事其末耳。今其大经大法,无一存者,而所记惟工事,何也?盖诸侯恶其害己也,而皆去其籍,惟工事则民生所习用,百工世守之,故犹可传述耳。匠人营国为沟洫,仅具高阔广袤之度,而所以建立城邑,分处四民,因山川形势以辨井牧、别疆潦、规偃猪、町原防者,无一及焉。盖记者仅得之工师之传述,而未见故府之典籍故也。〇李广卿曰:"《考工记》虽言治器粗迹,而每有尽性至命之文。"

总　叙

国有六职,百工与居一焉。

[①] 标题原阙,据阮刻《周礼注疏》补。

【集注】

　　司空掌营城郭都邑，立宗庙社稷，造宫室、车服、器械，故百工属焉。六职即下所列。

　　或坐而论道，或作而行之；或审曲面势，以饬五材，以辨民器；或通四方之珍异以资之；或饬力以长地财，或治丝麻以成之。

【集注】

　　作，起也。辨，犹具也，或曰辨其所宜也。资，以资民用也。审曲面势者，审察五材曲直、方面、形势之宜及阴阳之背面也。五材，五方之材也。

　　坐而论道，谓之王公；作而行之，谓之士大夫；审曲面势，以饬五材，以辨民器，谓之百工；通四方之珍异以资之，谓之商旅；饬力以长地财，谓之农夫；治丝麻以成之，谓之妇功。

　　粤无镈，燕无函，秦无庐，胡无弓、车。

【集注】

　　此四地者，不置是工也。镈，田器，《诗》云："痔乃钱镈。"又曰："其镈斯赵。"函，铠也。庐，谓矛、戟柄。

　　粤之无镈也，非无镈也，夫人而能为镈也；燕之无函也，非无函也，夫人而能为函也；秦之无庐也，非无庐也，夫人而能为庐也;胡之无弓、车也,非无弓、车也,夫人而能为弓、车也。

【集注】
　　粤地涂泥多草秽,而山出金锡,铸冶之业,田器尤多。燕近强胡,习作甲冑。秦多细木,善作矜柲。胡无屋宅,田猎畜牧,逐水草而居,皆知为弓、车。

知者创物,巧者述之,守之世,谓之工。

【集注】
　　父子世以相教。

百工之事,皆圣人之作也。烁金以为刃,凝土以为器,作车以行陆,作舟以行水,此皆圣人之所作也。
　　天有时,地有气,材有美,工有巧,合此四者,然后可以为良。

【集注】
　　时,寒温也。气,刚柔也。良,善也。

材美工巧,然而不良,则不时、不得地气也。

【集注】
　　刘执中曰:"不言不得天时地气而曰'不时、不得地气'者,东西南北地气不均,故器有迁乎其地而不能为良者,以于地气有得有不得也。若天时则四方所同,非有不能得于天,而为之不以其时,人之过也。"

橘逾淮而北为枳,鸜鹆不逾济,貉逾汶则死,此地气然也。

【集注】
《春秋传》昭二十五年有鸜鹆来巢,《传》曰:"书所无也。"貉或为貆。汶水在鲁北。

郑之刀,宋之斤,鲁之削,吴粤之剑,迁乎其地而弗能为良,地气然也。

【集注】
去此地而作之,虽用其材与工,不能使良。

燕之角,荆之干,妢胡之笴,吴粤之金、锡,此材之美者也。

【集注】
荆,荆州也。干,柘也,可以为弓弩之干。妢胡,胡子之国,在楚旁。笴,矢干也。《禹贡》:"荆州贡杶、干、栝、柏及箘簵楛。"

天有时以生,有时以杀;草木有时以生,有时以死;石有时以泐;冰有时以凝①,有时以泽:此天时也。

【集注】
　　石有时以泐,谓盛夏易解散,不可烧为灰,若久而剥落,则非天时使然也。泽,润泽也,冰将解,必先见润泽,然后化而为水。

　　凡攻木之工七,攻金之工六,攻皮之工五,设色之工五,刮摩之工五,搏埴之工二。

【集注】
　　攻犹治也。搏之言拍也。埴,黏土也。故书"七"为"十","刮"作"捥"。

　　攻木之工,轮、舆、弓、庐、匠、车、梓。攻金之工,筑、冶、凫、栗、段、桃。攻皮之工,函、鲍、韗、韦、裘。设色之工,画、缋、钟、筐、㡛。刮摩之工,玉、楖、雕、矢、磬。搏埴之工,陶、瓬。

【集注】
　　梓,榎属也。鲍,书或为"鞄",《苍颉篇》有"鞄䩵"。凡工曰某人者,若匠人、梓人、韗人、鲍人之类,以其事名也。曰某氏者,义有二,或官有世功为氏,若韦氏、裘氏、冶氏之类;或族有世业,以氏名官,若凫氏、栗氏之类。

---

①　冰,阮刻《周礼注疏》作"水"。

有虞氏上陶，夏后氏上匠，殷人上梓，周人上舆。

【集注】

虞氏至质，故贵陶器，甒泰、瓦棺是也。夏后氏始治沟洫，故上匠。殷敬鬼神，重礼乐之器，故上梓。周贵贵尚文，以车辨爵等礼仪，故上舆。

故一器而工聚焉者，车为多。

【集注】

易氏曰："攻木之工七，弓、庐、梓、匠各居其一，而轮人、舆人、车人乃居其三。又有辀人为辀。此一器而工多，惟车为最。"○陈君举曰："车制用在轮，故察车自轮始。轮之外楺为围，围之中直指凑毂者为辐，辐之所蓄而利转者谓之毂，毂里之大穿谓之贤，毂外之小穿谓之轵，毂中空处谓之薮，毂上横通通载者谓之轴，轴末以防轮而固谓之牵，轴上横伏而纳辀者谓之轐，轐上所载三面材谓之任正，任正之上谓之轸，舆前掩帆版谓之阴，舆深谓之隧，植于舆两旁谓之輢，蔽风尘谓之茀，横于两輢而为人所凭者谓之式，中系骖马内辔处谓之觼，式下之植从者谓之轛，两輢之上出于式者谓之较，较之下从者谓之轵，以革挽式、以皮覆式谓之鞎，以簟衣式谓之车帆，纳辔之环谓之靷，着车之众环谓之指，有曲轐而出从前稍曲而上谓之辀，辀前持衡者谓之颈，颈下衡者谓之冲，冲下两马谓之服，服外两马谓之骖，两服之四辔、两骖之四辔谓之八辔，两骖之内辔系于式、其在手者外辔与服马之四辔谓之六辔，前系于衡、后系于轸，以防骖马之入者谓之胁驱，骖马之系车四条谓之靷，内两条纳于阴者谓之阴靷，外系于轴者谓之外靷，拘二靷以绊其背者谓之靼，背为环以管外内辔谓之游环,削革三就当胸谓之繁缨,缕金以当卢谓之钖,着铃于两镳谓之鸾,置铃于式谓之和,两骖内辔谓之勒,车上之覆则有盖,盖之斗谓之部,盖上橑谓之弓,盖之小柄谓之达常,大扛长八尺谓之桯。此车之通制也。"

车有六等之数。

【集注】
车有天地之象,人在其中。六等之数,法《易》之三才六画。

车轸四尺,谓之一等;戈柲六尺有六寸,既建而迤,崇于轸四尺,谓之二等;人长八尺,崇于戈四尺,谓之三等;殳长寻有四尺,崇于人四尺,谓之四等;车戟常,崇于殳四尺,谓之五等;酋矛常有四尺,崇于戟四尺,谓之六等。

【集注】
此所谓兵车也。轸,舆后横木。崇,高也。八尺曰寻,倍寻曰常。建,树也。戈、殳、戟、矛,皆插车輢。迤,谓邪倚也。矛有二:一曰酋,一曰夷。○杨谨仲曰:"此以轸为舆后横木,注以轸为舆,故学者惑焉。轸正是舆之名,盖四畔各以木加于舆上,以闲其所载,《诗》所谓'俴收'也。其四方则象地,故曰'轸方象地'。车广六尺六寸六分,其广以一为轸围,则是舆后横木围一尺一寸,径三寸三分寸之二,軹高三尺三寸,并后轸与轐七寸,共高四尺,故指后横木为高之度。轸之义,不止后横木也。"

车谓之六等之数。

【集注】

上文曰"车有六等之数",似车之制有六等,故申明之。见后五等,虽非车之数而人在车中,戈、殳、戟、矛建于车上,故并谓之车之等数也。

凡察车之道,必自载于地者始也,是故察车自轮始。

【集注】

李耜卿曰:"凡车材皆载于轮上,惟轮载于地。"

凡察车之道,欲其朴属而微至。不朴属,无以为完久也;不微至,无以为戚速也。

【集注】

朴属,附着坚固貌。戚,疾也,齐人语也。微至,谓至地者少,轮圜甚则着地者微而易转,故不微至无以为戚速。○属,附着无间也。凡功粗必待胶漆涂饰而后无间,方其为朴而已。无间则固可知。行山之轮倖,则至地者不能少,盖言其功之细致也。功细致则行戚速矣。

轮已崇,则人不能登也;轮已庳,则于马终古登阤也。

【集注】

已,太也,甚也。庳,卑也。齐人言终古,犹言常阤阪也。轮卑则难引。

故兵车之轮六尺有六寸,田车之轮六尺有三寸,乘车之轮六尺有六寸。

【集注】

此以马大小为节也。兵车,革路也。田车,木路也。乘车,玉路、金路、象路也。兵车、乘车驾国马,田车驾田马。

六尺有六寸之轮,轵崇三尺有三寸也,加轸与幞焉四尺也。人长八尺,登下以为节。

【集注】

轵,毂末也。轸,舆也。幞,伏兔也,伏于轴上,以纳辀而承轸。轸与幞共七寸,田车宜减焉。

轮 人

轮人为轮,斩三材,必以其时。

【集注】

三材,所以为毂、辐、牙也。毂宜榆,辐宜檀,牙宜檞。其木在阳,则于仲冬斩之;在阴,则于仲夏斩之。

三材既具,巧者和之。
毂也者,以为利转也;辐也者,以为直指也;牙也者,以为固抱也。

【集注】

牙读为讶,谓轮之周遭辏木也,俗谓之罔。

轮敝,三材不失职,谓之完。

【集注】

敝尽而毂辐牙不动。

望而视其轮,欲其幎尔而下迆也;进而视之,欲其微至也;无所取之,取诸圜也。

【集注】

轮,谓牙也。幎,均致貌。望,远视也。进,迫近也。曰"望而视"者,稍远而视之,所以别于甚远也。○以幎覆物必中穹,四周迆而下。轮之中央近毂处向内,其四周近牙处向外,亦如幎之覆物中穹,四周迆而下也。曰"下迆"者,辐之菑近毂,常在上;爪近牙,常在下也。

望其辐,欲其揱尔而纤也;进而视之,欲其肉称也;无所取之,取诸易直也。

【集注】

揱、纤,杀小貌。肉,谓干材之丰杀。称,丰杀之度如一也。易,治之熟而滑易也。辐与毂第曰"望"者，蒙上省文。

望其毂，欲其眼也；进而视之，欲其帱之廉也；无所取之，取诸急也。

【集注】

眼，突出貌。就牙轮侧视毂，须略见突出。或曰："毂中虚而容轴以转动，有似于眼也。"帱，幔毂之革也。革之裹木急则廉隅见。

视其绠，欲其蚤之正也。察其菑蚤不齵，则轮虽敝不匡。

【集注】

今时车牙，外以铁叶裹之，绠之制疑类此。谓之"绠"者，形若绳也。蚤读为"爪"，谓辐入牙中者。蚤之正以绠视者，按今辐爪每间一凿而穿牙，施绠，则疏数左右之度，均齐与否，不能掩矣。菑谓辐入毂中者。齿牙参差，谓之齵。匡，矫而正之也。菑与爪不相佹，则轮虽敝不至于偏挺，而无所用其匡。

凡斩毂之道，必矩其阴阳。

【集注】

矩，谓刻识之也。木之向日者为阳，背日者为阴。木之体圜，中分其阴阳，以绳墨引之，则方而如矩。

周 礼

阳也者,积理而坚;阴也者,疏理而柔。是故以火养其阴而齐诸其阳,则轮虽敝不甗。

【集注】
　　积,密致也。理,谓木之文理。火养其阴,炙而坚之也。甗当作耗。或曰:"甗,暴也。"疏理而柔者,不以火养之,久之必削减而帱革暴起。

毂小而长则柞,大而短则挚。

【集注】
　　柞读为"迫唶"之"唶",谓辐间柞狭也。挚读为絷,谓辐危絷也。或曰:小而长则菑中弱,大而短则毂末不坚。或曰"柞"、"窄"通。挚,捏机也。○《车人》云:"行泽欲短毂,行山欲长毂。"大车毂长半柯,其围一柯有半,是毂短则围必小也。柏车毂长一柯,其围二柯,是毂长则围必大也。若毂长而围小,毂短而围大,则制不称而不利于行。

是故六分其轮崇,以其一为之牙围。

【集注】
　　六尺六寸之轮,牙围尺一寸。

参分其牙围而漆其二。椁其漆内而中诎之,以为之毂长,以其长为之围。

【集注】

不漆其践地者也。漆者，七寸三分寸之一；不漆者，三寸三分寸之二。令牙厚一寸三分寸之二，则内外面不漆者各一寸也。椁者，度两漆之内相距之尺寸也。六尺六寸之轮，不漆者两畔，共减去二寸，则漆内止六尺四寸，中屈而得半，则毂长三尺二寸，围三径一，则围径一尺三分寸之二也。○《史记·平准书》："更铸五铢钱，周郭其下，令不可磨取镕。"盖古语以周遭为郭，而郭、椁义并同。

以其围阞捎其薮。

【集注】

阞与《王制》"祭用数之仂"同，盖十分之一也。捎，除也。薮者，众辐入毂三十孔丛聚处也。注疏谓毂径一尺三分寸之二，三分取一以为薮，得三寸九分寸之五，果尔，是以径之阞计，不当曰围之阞矣。盖围三尺二寸，其阞三寸二分，围径一尺三分寸之二，除三寸二分为薮之深，其中为内穿。

五分其毂之长，去一以为贤，去三以为轵。

【集注】

此毂长谓径也。毂长有以围径言者，车人毂长半柯，其围一柯有半是也。贤内穿轵，外穿去一，当为去二，去二则得六寸五分寸之二。凡内穿、外穿皆用金为之，设金厚一寸，则内穿内径当四寸五分寸之二，外穿内径二寸十五分寸之四，如是乃与薮相称。外穿小于内穿者，内穿不大则轴之承轸而运毂也无力，外穿不小则轴之末必突而出。

容毂必直,陈篆必正,施胶必厚,施筋必数,帱必负干。

【集注】

容毂者,辐菑齐入相抱,而毂居其中央也。必直者,众辐左右正相对也。篆,毂约也。陈,设也。帱,负干者。革毂相应,无赢、不足。

既摩,革色青白,谓之毂之善。

【集注】

郑刚中曰:"以革缦毂讫,以骨丸之。既干,以石摩之,然后漆焉。青者,东方之阳;白者,西方之阴。革色青白,则刚柔适中,所以善。"

参分其毂长,二在外,一在内,以置其辐。

【集注】

毂长三尺二寸者,令辐广三寸半,则辐内九寸半,辐外一尺九寸。

凡辐,量其凿深以为辐广。辐广而凿浅,则是以大扤,虽有良工,莫之能固。凿深而辐小,则是固有馀而强不足也。

【集注】

扤,摇动也。凡柄之广狭,未有不与凿相得者,而辐之广狭,亦必与凿之浅深相称。凿有浅深,以毂之围有大小也。大车之毂,其围一柯有半;柏车之毂,其围二柯。使围小凿浅而辐广,则凿之衔辐不固。围大凿深而辐小,则辐之支毂不强。大车任重而毂短围小,何也?牛驾行平地,无驰骋顿撼也。

故竑共辐广以为之弱,则虽有重任,毂不折。

【集注】
　　竑,谓度之。蒲本在水中者为弱,此弱谓菑之入毂深处以渐而杀者。度其辐广以杀其菑之端,则毂中肉好相称而完固,否则凿内受菑处磷薄,加重任必折矣。"折"当作"坼",毂不应有折也。

参分其辐之长而杀其一,则虽有深泥,亦弗之溓也。

【集注】
　　杀其向牙者。溓读为黏,谓泥不黏着辐也。

参分其股围,去一以为骹围。

【集注】
　　谓杀辐之数也。股,谓近毂者。骹,谓近牙者。人胫近足者细于股,谓之骹,羊胫亦然。

揉辐必齐,平沉必均。

【集注】
　　旧说以火揉其曲,非也。辐长不及三尺,不宜有曲,亦谓以火养其阴而齐诸其阳也。盖木之阴阳有偏,久之其力不齐,故揉而齐之。平沉,试辐材也。已为辐,则骰股异围,必不能平矣。或曰:"已合为轮而沉之也。"下文"水之以视其平沉之均",又合两轮而试之也。

直以指牙,牙得,则无繋而固;不得,则有繋,必足见也。

【集注】

《集韵》:"繋,木楔也。"辐与牙之凿枘不相得,虽加楔,久之楔之端必突而出。曰"足见"者,以繋施于爪之下而言也。

六尺有六寸之轮,绠参分寸之二,谓之轮之固。

【集注】

　　三分寸之二,绠之广也。轮有杼有侔,而绠皆不及寸者,牙侔而绠狭,于行无不利也。绠广则于杼者不可施矣。或谓"三分六寸之二",知不然者,大车之绠寸,则凡车必较狭可知矣。曰"绠三分寸之二,谓之轮之固"足矣,而冠以"六尺有六寸之轮"者,前言六分其轮,崇以其一为之牙围,而未著轮崇之度,故因绠而及之。且知径崇则知其围,三之而绠长竟围,故于绠言广而不言长也。又大车之绠寸,田车之轮六尺有三寸,其绠必较狭,绠三分寸之二者,惟六尺有六寸之轮耳。

凡为轮,行泽者欲杼,行山者欲侔。

【集注】

杼,谓削薄其践地者。侔,上下等。

杼以行泽,则是刀以割涂也,是故涂不附。侔以行山,则是搏以行石也,是故轮虽敝,不甐于凿。

【集注】

附,着也。搏,圜厚也。甐,亦敝也。牙不下迆则近地处厚,虽为石所啮,仅甐其两旁而不能甐中央之凿。

凡揉牙,外不廉而内不挫,旁不肿,谓之用火之善。

【集注】

古之车辋,屈一木为之。凡屈木多外廉绝理、内挫折中、旁肿负起,无此三疾,是用火之善也。○李广卿曰:"轮所以固者,在揉牙之工,使外不失理、笱簨相入而不挫、旁无负起,逐段相接,皆资火力。谓以全木为轮,无是理也。"

是故规之以视其圜也,矩之以视其匡也。

【集注】

以规合之,固可以求圜,而运矩于轮中,其四方四角有不圜处,亦可因矩以验之而矫正其偏挺处也。或曰:"既设轴,两轮相对,用矩以度其四面相去之分,稍偏挺则分不均,必矫而正之。"

县之以视其辐之直也。

周　礼

【集注】

　　三十辐上下相直,中绳则凿正辐直。

水之以视其平沉之均也,量其薮以黍以视其同也,权之以视其轻重之侔也。

故可规、可萬、可水、可县、可量、可权也,谓之国工。

轮人为盖。

【集注】

　　轮辐三十,盖弓二十有八,器类相似,故因使轮人造盖。

达常围三寸,桯围倍之,六寸。

【集注】

　　达常,斗柄下入杠中者。桯,杠也。围倍故足以含达常。○王光远曰:"盖之制,上为部,中为达常,下为桯,旁为弓。达常小于桯,桯小于部,故非部无以纳弓于其旁,非桯无以含达常于其中。"

信其桯围以为部广,部广六寸。

【集注】

　　部,盖斗也,四面凿孔以纳弓。广,谓径也。

部长二尺。

【集注】

此部即达常,以入部中,遂名部。○"部长"当作"达常",文误也。

桯长倍之,四尺者二。

【集注】

杠长八尺,谓达常以下也,加达常二尺,则盖高一丈,立乘也。

十分寸之一谓之枚,部尊一枚。

【集注】

尊,高也,盖斗上隆高,高一分。

弓凿广四枚,凿上二枚,凿下四枚。

【集注】

弓,伞骨也,汉世名为盖橑。广,当以凿之上下相去言。部高一寸,故凿之上下相去可容四枚。部周围二十八弓,若左右相去四枚,则好广而肉薄,不能固矣。广为横而曰"以上下言"者,部之体圜周回,而凿之则上下似横也。

凿深二寸有半,下直二枚,凿端一枚。

【集注】

部径六寸,凿深二面相对,共五寸,是以不伤达常也。凿上二枚,凿下四枚,不均,下直二枚则近上,内畔二枚不凿而凿上亦四枚矣。盖必如此而后上下之固同也。端,内题也。凿端一枚者,部之体圜,弓凿非以渐而狭不能容也。

弓长六尺,谓之庇轵,五尺谓之庇轮,四尺谓之庇轸。

【集注】

庇,覆也。轵,毂末也。舆广六尺六寸,两毂并六尺四寸,旁减轨内七寸,则两轵之广凡丈一尺六寸也。六尺之弓倍之,加部广凡丈二尺六寸,有宇曲之减可覆轵。

参分弓长而揉其一。

【集注】

其穹者二尺,下者二尺,揉而曲者,自高趋下之二尺也。

参分其股围,去一以为蚤围。

【集注】

蚤当为爪,近部者谓之股,宇曲之末谓之爪。弓凿广四枚,设以方围计之,四四十六,则股围一寸六分也。三分去一,则爪围一寸十五分之一。

参分弓长,以其一为之尊。

【集注】

六尺之弓,则以二尺近部为高。

上欲尊而宇欲卑,上尊而宇卑,则吐水疾而霤远。

【集注】

上,近部平者,隤下曰宇,盖主为雨设,乘车无盖。礼所谓"潦车",其盖车与?○郑刚中曰:"道右掌前道车,王下车以盖从,似不专为雨。巾车不言盖者,岂所辨者旗物,当建旗之时,无所用盖,故不言与?"

盖已崇则难为门也,盖已卑是蔽目也,是故盖崇十尺。

【集注】

盖十尺,宇二尺,而人长八尺,卑于此则蔽人目。

良盖弗冒弗纮,殷亩而驰不队,谓之国工。

【集注】

队,落也。弗冒以衣,弗系以纮,中亩横驰而弓不落,则其入凿者固也。

舆　人

舆人为车,轮崇、车广、衡长,参如一,谓之参称。

【集注】

车,舆也。指舆为车者,舆乃车之正体,轴、毂、轮、辁皆为舆而设也。衡,两服所驾。

参分车广,去一以为隧。参分其隧,一在前,二在后,以揉其式。

【集注】

隧,谓舆之纵也。兵车之隧,四尺四寸,植于舆之两旁者为輢,横于輢间当车前而为人所凭者为式。矫揉所以檃木材也。輢陷于隧间,式关于輢间,而不可动摇,故亦曰揉。

以其广之半为之式崇,以其隧之半为之较崇。

【集注】

兵车之式,高三尺三寸,较两輢上出。式者,兵车自较以下凡五尺五寸。〇林虙斋曰:"吕和叔解《诗》'重较'云'车箱长四尺四寸,以三分之,前一后二,横设一木',下云:'车床三尺三寸谓之式,又于式上二尺二寸横设一木,谓之较。古人立乘,平常凭较,敬则落手,下凭式而头得俯。较出式上,故云重较。较崇自式以上计之,式崇自车床以上计之也。'"

六分其广,以一为之轸围。参分轸围,去一以为式围;参分式围,去一以为较围;参分较围,去一以为轵围;参分轵围,去一以为轛围。

【集注】

　　此轵谓较下直竖者及较下衡者,非毂末也。轵,式之植者、衡者也。兵车轸围尺一寸,式围七寸三分寸之一,较围四寸九分寸之八,轵围三寸二十七分寸之七,轛围二寸八十一分寸之十四。○两輢者,较式之所托也。不宜详言舆制而独遗輢,又不宜较间之木与毂末同名,疑"轵"即"輢"字,剥蚀而误也。疏谓较式之下别有植木、横木,未知何据。较式宜贯于輢,或陷置輢间,不宜别有植木。较式之下亦不宜别有横木也。疑轛即輢之末上出于较而相对者,毛氏谓辀人所谓任正即轸,其围尺有四寸,与此不同,此言田车之轸,非也。无为舍乘车、兵车而独言田车,又不明著其为田车也。郑康成谓轸为舆后木,任正为舆下三面材,盖轸之围杀于前及左右三面材凡三寸,且轸去人立处远,不用力,非任正三面材之比也。

　　圜者中规,方者中矩,立者中县,衡者中水,直者如生焉,继者如附焉。

【集注】

　　如生,如水从地生。如附,如附枝之弘杀也。

　　凡居材,大与小无并,大倚小则摧,引之则绝。

【集注】

　　上言治材,此乃言居材也。居,积也。生木初斩不可用,其置之也,必大小各从其类。若合并之而以大倚小,则小者必摧而曲。及材干,欲引而直之,其理必绝。

栈车欲弇,饰车欲侈。

【集注】
　　士乘栈车,无革鞔,易坼坏,故车箱微向内为之,所谓弇也。大夫以上加饰以革鞔,故向外,所谓侈也。舆六尺有六寸,纵横深广,一定不移,惟箱版当旁者可微向内外耳。

辀　人

辀人为辀。

【集注】
　　辀,车辕也。于三十工无辀人之官,但车事是难,故车官别主此职也。

辀有三度,轴有三理。

【集注】
　　轴待辀而后运,辀待轴而后行,其势相资,故兼掌之。

　　国马之辀深四尺有七寸,田马之辀深四尺,驽马之辀深三尺有三寸。

【集注】

深,谓辕曲中。辀之形,自軓以前,稍曲而上,至衡,又下其颈以持衡,其形穹隆,如屋之梁,故《诗》曰:"五楘梁辀。"国马,谓种马、戎马、齐马、道马也。国马高八尺,兵车、乘车轵崇三尺有三寸,加轸与轐七寸,又并此辀深,衡高八尺七寸也。除马之高则馀七寸,为衡颈之间。田车轵崇三尺一寸半,加轸与轐五寸半,并此辀深,衡高七尺七寸,田马高七尺,则衡颈之间亦七寸,轮轵与轸轐大小之减率寸半。驽马之车轵崇三尺,加轸与轐四寸,并此辀深,衡高六尺七寸,驽马高六尺,则衡颈之间亦七寸。

轴有三理:一者以为美也,二者以为久也,三者以为利也。

【集注】

无节目则美,坚刃则久,滑密则利。

軓前十尺,而策半之。

【集注】

軓,谓式前也,书或作"𨏖"。策,所以驭也。○赵氏曰:"据下文'軓中有灂',则舆上置隧处乃是軓,正在隧之下、式之前,盖辀身一丈四尺四寸,入舆隧下,隧以前只十尺。

凡任木,任正者,十分其辀之长,以其一为之围;衡任者,五分其长,以其一为之围。小于度,谓之无任。

【集注】

凡任木，统下任正与衡任也。任者，用力持载，人在车，立凭式，故舆下前及左右三面材为任正，以力持舆之正载处也。曰"衡任"者，负辀而引车，衡之力也。辀长丈四尺四寸，则任正之围尺四寸五分寸之二。五分其长，谓衡之长也。兵车、乘车衡长六尺有六寸，则衡围尺三寸五分寸之一。无任，言不胜也。

五分其轸间，以其一为之轴围。

【集注】

轸间即舆广，则轴围一尺三寸五分寸之一也。

十分其辀之长，以其一为之当兔之围。

【集注】

辀当伏兔者，亦围尺四寸五分寸之二。

参分其兔围，去一以为颈围。五分其颈围，去一以为踵围。

【集注】

颈前下持衡者，其围九寸十五分寸之九。踵后承轸者，其围七寸七十五分寸之五十一。

凡揉辀，欲其孙而无弧深。

【集注】

孙,顺木之理也。辀之曲不得如弓之深,如弓则太曲矣。

今夫大车之辕挚,其登又难;既克其登,其覆车也必易。此无故,惟辕直且无桡也。

【集注】

大车,牛车也。"挚"亦当作"直",以音近而误也。登,上阪也。克,能也。既曰"辕直",又曰"且无桡"者,直言其无穹而上者也,无桡言其无曲而下以持衡者也。

是故大车平地既节轩挚之任,及其登阤,不伏其辕,必缢其牛。此无故,惟辕直且无桡也。

【集注】

轩,言其高而上干;挚,言其轻而下至。既节轩挚之任者,所载前后适相称,则高下适中也。阤,阪也。上经言"大车不利于登",此言大车虽行平地时多,而亦有不能不登阤之时,故必使人抑制而伏其辕。如不伏其辕,则车后仰而牛之吭膺间束绊者,必若绞缢矣。

故登阤者,倍任者也,犹能以登;及其下阤也,不援其邸,必緧其牛后。此无故,惟辕直且无桡也。

【集注】

倍任,谓视行平地所任如加倍也。此言下阤尤难,必手援舆底之向前者,以轻其任,然后无崩奔之患。若不援其底,则任重势猛,

641

其下若崩,而縋其牛后矣。知旧说不可通者,倘人不可辅,则制必有宜,而不当任其辕之直矣。

是故辀欲颀典。辀深则折,浅则负;辀注则利准,利准则久,和则安。

【集注】
　　此以下仍言四马车辕。颀典,坚刃貌。驷马之辕①,率尺所一缚,颀典似谓此也。辀太深则易折,浅则若负于马背而前引无力,惟形如注星则利注张星也。○注水之管,中穹而两端微下,辀之不浅不深似之,则马之引之也利,而车行如准之平。久者,言辀之难敝也。安者,言车之无倾也。和即利准之谓。

辀欲弧而无折,经而无绝。

【集注】
　　上言凡揉辀欲其孙而无弧深,此申明之,言其形亦近于弧,但不可太深而折,欲其孙,必循木之经而毋绝其理也。

进则与马谋,退则与人谋。

【集注】
　　谋,谓与人马之意相应也。车之进以马行为主,故曰"与马谋";车之退则人驭之而使然,故曰"与人谋"。

---
①　"马",抗希堂本作"车"。

终日驰骋，左不楗，行数千里，马不契需，终岁御，衣衽不敝，此唯辀之和也。

【集注】
楗读为蹇，辀调善则马不蹇。或曰："书或作'券'，今'倦'字也。"乘车，尊者居左，辀和则久驰骋，而居左者不罢倦。契，谓蹄不伤也。需，谓行道濡滞也。衽，谓裳也。辀和则乘者安于舆、马安于驾、仆安于驭，故无是数者之病。○郑刚中曰："契者，停而相合也。需者，迟而相待也。辀若不和，则马必拘阂而相契，或前后而相需。"

劝登马力，马力既竭，辀犹能一取焉。

【集注】
登，进也。马止，辀犹能一前取道，所谓劝登也。

良辀环灂，自伏兔不至軓七寸，軓中有灂，谓之国辀。

【集注】
环灂，周遭皆漆也。凡物之漆者，中必被以筋胶，故以环灂为良。伏兔至軓，盖如式深，式深尺四寸三分寸之二。灂下至軓七寸，则是軓中亦有灂也。此下应有脱文，不应以此一节而谓之"国辀"。

轸之方也，以象地也；盖之圜也，以象天也；轮辐三十，以象日月也；盖弓二十有八，以象星也。

【集注】

轮象日月者,以其运行也。日月三十日而合宿。

龙旂九斿,以象大火也。

【集注】

交龙为旂,诸侯之所建也。大火,苍龙宿之心,其属有尾,尾九星。车上皆建旌旂,故并陈其义。

鸟旟七斿,以象鹑火也。

【集注】

鸟隼为旟,州里所建。鹑火,朱鸟宿之柳,其属有星,星七星。

熊旗六斿,以象伐也。

【集注】

熊虎为旗,师都所建。伐属白虎宿,与参连体而六星。

龟蛇四斿,以象营室也。

【集注】

龟蛇为旐,县鄙所建。营室,玄武宿,与东壁连体而四星。

弧旌枉矢,以象弧也。

【集注】

《觐礼》曰："侯氏载龙旂弧韣。"则旌旗之属皆有弧也。弧以张縿之幅，有衣谓之韣。又画枉矢焉，象弧星之有矢也。枉矢，妖星，蛇行有尾。

攻金之工，筑氏执下齐，冶氏执上齐，凫氏为声，栗氏为量，段氏为镈器，桃氏为刃。

【集注】

多锡为下齐，少锡为上齐。镈器，田器钱镈之属。据下文六等言之，四分以上为上齐，三分以下为下齐，则凫氏宜入上齐，桃氏入下齐，其栗氏、段氏亦当入上齐中。

金有六齐：六分其金而锡居一，谓之钟鼎之齐；五分其金而锡居一，谓之斧斤之齐；四分其金而锡居一，谓之戈戟之齐；参分其金而锡居一，谓之大刃之齐；五分其金而锡居二，谓之削杀矢之齐；金锡半；谓之鉴燧之齐。

【集注】

大刃，刀剑之属，所以别于削也。鉴燧，即《司烜职》所谓夫遂及鉴也。凡金多锡，则刃白且明。○郑刚中曰："攻金之工独无为鼎、为斧斤、为鉴燧者，鼎亦钟之属，可附于凫氏；斧斤亦上齐，可附于戈戟；鉴燧无可附意者，自有其官，而记者亡之耳。"○钟、量、戈、戟皆有度数，惟鼎与斧斤大小轻重无常，故不见其制。鉴燧则其用至少，为官府之守器，一成之则不复更造，故无其官。

筑　氏

筑氏为削,长尺博寸,合六而成规。

【集注】

　　削,书刀也。秦时蒙恬造笔,汉时蔡伦造纸,古者未有纸笔,以削刻字,至汉则兼用刀。书削之体,偃曲若弓之反张,故合六而成规也。

欲新而无穷,敝尽而无恶。

【集注】

　　常如新而无穷已,谓其利也。其金如一,虽至锋锷敝尽,无瑕恶。

冶　氏

冶氏为杀矢,刃长寸,围寸,铤十之,重三垸。

【集注】

　　杀矢与戈戟异齐而同其工,似脱误在此。铤,箭足入槀中者。垸,量名。五矢独举杀矢者,杀矢尚用下齐,则馀不必言矣。○李耜卿曰:"'杀矢'一十三字当属上筑氏'敝尽无恶'之下,盖削、杀矢皆下齐,筑氏所执,观上序可见。"○李广卿曰:"'杀矢'一十三字当在'筑氏为削合六而成规'下,'欲新而无穷',谓杀矢也,刃常如新而不绣涩,则利而能入。'敝尽而无恶'谓削也,锋锷敝尽而无恶败,则其用可久。'冶氏为'三字当移置'戈广二寸''戈'字上。"○削时砥淬,无事以常新言,矢刃又不宜以敝尽言,广卿此说不可易也。

戈广二寸,内倍之,胡三之,援四之。

【集注】

戈,汉时谓之句子戟。胡,谓矛之旁出者。援,直上尖头刺刃也。内,谓胡以内下接柲处,盖铁筒纳木柄者。戈广二寸,总内与援与胡三者,皆径广二寸也。内倍之,其长四寸;胡三之,长六寸;援四之,长八寸。

已倨则不入,已句则不决,长内则折前,短内则不疾。

【集注】

戈之制,进则用其锋以刺,退则用其斜势以句。胡太直,则其体横而刺难入;胡太曲,则其锋直前无斜势,而以句则不决。句必穿所敌之衣甲而后固,锋直前而以句,则不能决穿其衣甲矣。胡之句,用力与援分。内长则胡之折处太近,前与援同向而句无力。胡之刺,贵与援并入;内短则胡之去援远,其入缓而人易避矣。

是故倨句外博。重三锊。

【集注】

倨,谓胡之上。句,谓胡之下。胡上下近本处皆增之使博,自然合于磬折而无四者之病也。锊,量名,《说文》云:"锾也。"锾重六两。○倨句谓其形微倨、微句而不过也。胡之下为内,则外谓其上近援处。胡本近援处加广,则无折伤。

戟广寸有半寸,内三之,胡四之,援五之,倨句中矩,与刺重三锊。

【集注】

戟,三锋并直前。胡之横贯者与直前者同度,其形正方,故中矩也。既中矩而又曰"倨句"者,援长于胡,循胡之末,至援之末弦之则倨句也。郑司农谓"刺即援",非也。既曰"援五之",不应复曰"与援"。康成谓"著柲直前如鐏"者,亦非也。戟三锋直前,不应又有物直前如鐏。盖戟,句兵也,如图所载三锋直前,则可刺而不可句,岂锋刃旁有横而句物者,其名为刺,而后世失其制与?

桃 氏

桃氏为剑,腊广二寸有半寸。两从半之。

【集注】

腊,谓两刃。两从半之,谓自脊分断,一边广一寸四分寸之一也。脊之广必半于刃,而特设此文者,明脊之居中而无偏倚也。脊直上至剑末,故曰从。

以其腊广为之茎围,长倍之。

【集注】
茎,谓剑之铤入夹中者。人所把握谓之夹者,穿其中以夹铤也。

中其茎,设其后。

【集注】
中其茎者,外包以革木也。设其后者,于后设镡也。

参分其腊广,去一以为首广,而围之。

【集注】
剑把接刃处有盘形隋圜,疑剑首即谓此。围之,谓环于剑外也,周遭距剑身皆一寸三分寸之二。

身长五其茎长,重九锊,谓之上制,上士服之;身长四其茎长,重七锊,谓之中制,中士服之;身长三其茎长,重五锊,谓之下制,下士服之。

【集注】
服,佩之也。

凫　氏

凫氏为钟,两栾谓之铣。

周　礼

【集注】

　　铣,钟口两角也。古者应律之钟不圜,状如后世之铃,故有两角。

铣间谓之于,于上谓之鼓,鼓上谓之钲,钲上谓之舞。

【集注】

　　此四名者,钟之正体也。于,钟口两间之中央也,鼓所击处。

舞上谓之甬,甬上谓之衡。

【集注】

　　此二者,钟柄之名也。

钟县谓之旋,旋虫谓之干。

【集注】

　　旋,系钟柄以县者。旋虫,旋上作虫形为饰也。○若旋上为虫形,不宜别名为干。疑旋虫乃着于簴以为固者,旋则下系钟柄而上结于旋虫。

钟带谓之篆,篆间谓之枚,枚谓之景。

【集注】

　　钟有铣、有于、有鼓、有钲、有舞,其名不可辨,乃为之带以介之。凡四,名之曰篆,每篆处有乳各九,名之曰枚。枚、景一物而二名,犹栾、铣也。

于上之攠谓之隧。

【集注】

攠,所击之处。隧,在鼓中,窐而生光,有似夫燧。

十分其铣,去二以为钲,以其钲为之铣间,去二分以为之鼓间;以其鼓间为之舞修,去二分以为舞广。

【集注】

此言钲之径居铣径之八,而铣间与钲之径相应;鼓间又居铣径之六,与舞修相应。舞修,舞径也。舞上下促,以横为修、从为广。钟之大数,以律为度,广长与围径,假设之耳。铣间与上"铣间谓之于"异,上谓两铣之中央①,此谓铣与鼓相去之分也。鼓间,鼓与钲相去之分也。舞广,舞与钲相去之分也。铣间、鼓间、舞广皆以从度上下相去言,惟舞修以横度左右相去言。独无鼓径者,介于钲、铣间,不必言也。○李耜卿曰:"钟有三层:铣至鼓为一层,鼓至钲为一层,钲至舞为一层。假如铣径一尺,则钲径八寸,舞径六寸。钟弇上侈下,故其分如此。"

以其钲之长为之甬长。

---

① "上",原作"止",据抗希堂本改。

【集注】

并衡之数言之。

以其甬长为之围,参分其围,去一以为衡围。

【集注】

甬之围乃环其外而计之,非除其内空而计三方之围也。去一以为衡围,亦环其外而计之也。若除内空而计三方之围,则衡围小于左右甬围,视甬体必校薄,于下文"三分甬长,二在上、一在下,以设其旋"不可通矣。甬中设旋,向衡处得三分之二,不宜反薄于左右二方。

参分其甬长,二在上,一在下,以设其旋。

【集注】

钟之县以甬,而用力尤在衡。一在下,甬之附于钟者,虽少薄,无虞也;二在上,乃衡之横于甬上者,非倍其厚则力不强,而易至崩折矣。

薄厚之所震动,清浊之所由出,侈弇之所由兴,有说。

【集注】

说即下文"已厚、已薄、侈、弇"之说也。厚、薄言其体,侈、弇言其形,清、浊言其声。谓体之厚薄所震动,乃声之清浊所由出,而声之清浊又或兴于形之侈弇,故必厚薄侈弇适其宜,而后清浊得其分也。下文言"薄厚侈弇"而不及"清浊",以此。

钟已厚则石,已薄则播,侈则柞,弇则郁,长甬则震。

【集注】
大厚则声不发,大薄则声散。柞读为"咋",声外大也。郁,声不舒扬也。震,掉也,言其动摇不定也。○李耜卿曰:"大钟宜厚,小钟宜薄。上宜狭,下宜宽。但过则为病。不言清浊者,不外于此也。"

是故大钟十分其鼓间,以其一为之厚;小钟十分其钲间,以其一为之厚。

【集注】
据上文鼓间、钲间分数同,岂"鼓间"乃"铣间"之误与?

钟大而短,则其声疾而短闻;钟小而长,则其声舒而远闻。

【集注】
浅则躁,躁易竭;深则安,安难息。上文自铣至衡,长短详矣,故惟言其不合者以为戒。

为遂,六分其厚,以其一为之深而圜之。

【集注】
厚,钟厚也。深,谓窐之也。其窐圜。或曰隧、燧通。钟受击处为圜形,微起,光明似镜。深,高也,犹《觐礼》"为坛深四尺"之"深"。

653

栗 氏

栗氏为量,改煎金锡则不耗。

【集注】

　　栗,古文或作"历"。改煎者,煎而又煎也,消涷之精故不复减。量,当与钟鼎同齐,而异工者,大器也。

不耗然后权之,权之然后准之,准之然后量之。

【集注】

　　准,击平正之,又当齐大小。量,谓铸之于法中也。○准之谓定其厚薄之分也。金锡既不耗,然后权取一钧,按鬴身及臀耳之尺度形制计其厚薄,则厚薄之制有准矣。量之谓为模范也,厚薄有准,然后可为模范。

量之以为鬴,深尺,内方尺而圜其外,其实一鬴。

【集注】

　　四升为豆,四豆曰区,四区曰鬴,受六斗四升。其内四方,每方一尺,而其外则为圜形也。方尺积千寸。《汉书·律历志》自龠而斛皆以十计之,殆倍半于周量之数,未可与栗氏同论也。

其臀一寸，其实一豆；其耳一寸，其实一升；重一钧；其声中黄钟之宫。

【集注】

臀一寸，谓覆之，其底深一寸也。耳，在旁，所用以举也。不曰"中黄钟之声"而曰"之宫"者，黄钟之管本具宫、商、角、徵、羽五声，所中者特宫声耳。

概而不税。

【集注】

官铸鬴使为量者，概取则焉。又禁取税，俾典司者不得借以牟利也。

其铭曰："时文思索，允臻其极。嘉量既成，以观四国。永启厥后，兹器维则。"

【集注】

铭，刻之也。时，是也。允，信也。臻，至也。极，中也。观，示也。则，法也。言是文德之君思求可以为民立法者，而作此量，信至于道之中，故以观示四国，永为后世所取则也。栗氏所铸鬴，必藏于王府，颁之邦国而副在司市，使凡为量者皆取则焉。为升者以耳为则，为斗者以臀为则，非以给市肆之用也。古人既知以木为鼓穹，则民间通用之量亦或以木为之，若必以金锡，则鬴重一钧而实六斗四升，难为运矣。

凡铸金之状,金与锡,黑浊之气竭,黄白次之;黄白之气竭,青白次之;青白之气竭,青气次之,然后可铸也。

【集注】

铸金之状,不列于凫氏,而列于栗氏者,金石之乐皆天子所赐,而量民间所通用,故使众著于铸之之状也。

段　氏阙

函　人

函人为甲,犀甲七属,兕甲六属,合甲五属。

【集注】

合甲,削革之里而合其表也。不言其物,即合犀兕而为之也。七属、六属、五属,谓札叶相续之数。

犀甲寿百年,兕甲寿二百年,合甲寿三百年。
凡为甲,必先为容,然后制革。

【集注】

凡造衣甲必先称服者形容长短丰瘠而为之,然后制札之广袤。

权其上旅与其下旅,而重若一。

【集注】

上旅谓衣,下旅谓裳。《春秋传》"得其甲裳"。谓之旅者,以札叶众多也。重若一者,长短广狭不能一也。

以其长为之围。

【集注】

注"围谓札要广厚",盖以一札叶言之,然文承"权其上旅下旅"之后,必通计上旅、下旅之长也。甲裳之下尚有胫缴,则甲裳当下被于膝,自肩及膝之长围之,正与腰身相称。郑刚中谓"取一旅之长以为之围",误矣。

凡甲,锻不挚则不坚,已敝则桡。

【集注】

锻,锻革也。挚,谓熟之极至也。已敝,谓熟之过而伤其质也。桡,柔而易曲也。

凡察革之道,视其钻空,欲其惌也;视其里,欲其易也;视其朕,欲其直也;櫜之,欲其约也;举而视之,欲其丰也;衣之,欲其无齘也。

【集注】

惌,小孔貌。易者,治之精而无败秽也。朕,谓革制,即线缝处也。櫜,甲衣也。櫜之,谓卷置櫜中。齘,人齿差参貌,故以喻札叶。

视其钻空而惌,则革坚也;视其里而易,则材更也;视其朕而直,则制善也;橐之而约,则周也;举之而丰,则明也;衣之无齘,则变也。

【集注】

更,变化也。治革,功粗则坚强,变而熟易则其材化矣。制,裁制也。周,密致也。明,有光耀,或曰:"札叶相续处分明可观也。"变,随人身便利。

鲍　人

鲍人之事,望而视之,欲其荼白也;进而握之,欲其柔而滑也;卷而抟之,欲其无迆也;视其著,欲其浅也;察其线,欲其藏也。

【集注】

荼,茅莠也,白色。握,以手烦挱之也。抟,谓迫卷之也。迆,斜也。若革有厚薄,则迫卷之,必斜迆而不正。著,谓革内皱起如絮者。著浅则治之熟而筋膜尽矣,故曰"则革信也"。线,谓革缝之缕。

革欲其荼白而疾澣之,则坚。

【集注】

革不宜久居水中。○赵氏曰:"甲用生皮,鲍人乃熟皮,当是为毂约、矢箙、韠舄之类,必柔白皮方可用。韦氏似主穿缚皮条及为韦弁等物。"

欲其柔滑而腥脂之,则需。

【集注】

腥,读如"沾渥"之"渥"。需,如"薄其帘则需"之"需",谓柔缓也。厚脂之则革柔缓。

引而信之,欲其直也。信之而直,则取材正也;信之而枉,则是一方缓、一方急也。若苟一方缓、一方急,则及其用之也,必自其急者先裂。若苟自急者先裂,则是以博为帴也。

【集注】

帴,狭也。覆释上文而别出此节者,水瀚脂柔之后,正当引而信之也。取材正而无缓急,则用之无先裂之患,而卷而抟之,亦不迤矣。

卷而抟之而不迤,则厚薄序也;视其著而浅,则革信也;察其线而藏,则虽敝不甐。

【集注】

序,舒也,谓厚薄均也。信,无缩缓也。甐,读为"磨而不磷"之"磷",谓缝缕藏于韦革之中,则革虽敝而缕不伤。

韗 人

韗人为皋陶,长六尺有六寸,左右端广六寸,中尺,厚三寸。

【集注】

韗,书或为"鞠"。皋陶,鼓木也。版中广两端狭,为穹隆也。

穹者三之一。

【集注】

鼓腹穹隆者,居鼓面三分之一,则其鼓四尺者,版穹一尺三寸三分寸之一也。倍之为二尺六寸三分寸之二,加鼓四尺,则穹之径六尺六寸三分寸之二也。此鼓言版之广狭,下二鼓言面径,互见也。合版之广狭与面径计之,此鼓应二十版。

上三正。

【集注】

此鼓版长六尺六寸,中央穹者二尺二寸,两端各二尺二寸,其长短无偏,所谓三正也。上谓穹而上者,举中以该两端也。

鼓长八尺,鼓四尺,中围加三之一,谓之鼖鼓。

【集注】

面径四尺,其围十二尺,加以三分之一四尺,则中围十六尺,径五尺三寸三分寸之一也。此鼓亦合二十版,一相版穹六寸三分寸之二耳。大鼓谓之鼖,以鼖鼓鼓军事。上穹者三之一,据一相之穹,此则于面四尺总加三分之一也。

为皋鼓,长寻有四尺,鼓四尺,倨句,磬折。

【集注】

以皋鼓鼓役事。磬折者,桷处近上中曲之,不三正也。○赵氏曰:"凡磬之折股为二,则在上者大而短,鼓为三,则在下者小而长。此鼓丈有二尺,则自四尺而上,曲而大;自八尺而下,直而小。"○旧说长六尺有六寸者,乃晋鼓,以《鼓人》六鼓四面、六面、八面者,乃祀神之鼓,非凡事所通用,故不载其制。此记下列鼖鼓、鼛鼓之制,则首所言必晋鼓也。但《考工》不皆周制,或六尺六寸者为上下通用之鼓,故于后独举鼖、鼛,以明异制耳。于鼛鼓曰"倨句磬折",则"上三正"兼上二鼓可知矣。于鼖鼓曰"中围加三之一",则鼛鼓视此矣。穹者三之一,知为一相者,所言鼓木之版也,必合二相乃与中尺之围合也。曰"中围加三之一",则计围之共数可知矣。厚三寸,乃三鼓之所同,故鼖、鼛不复言厚也。

凡冒鼓,必以启蛰之日。

【集注】

启蛰,孟春之中也。蛰虫始闻雷声而动,鼓所以取象也。冒,蒙鼓以革也。

良鼓瑕如积环。

【集注】

瑕者,漆之文理也。冒鼓之革,苟调而急,则漆之也,其瑕如累积玉环然。○瑕,隙纹也,谓鼓木合缝处。鼓二十版,两端狭而中穹,取材正直,则缝之左右相值者,合而视之如环。如积环,谓众版之辐辏也,惟良鼓为然。若材偏斜而工拙,则左右缝不相值,而望之不如环矣。

鼓大而短,则其声疾而短闻;鼓小而长,则其声舒而远闻。

【集注】

大小长短得宜,如上三鼓之制,则无此病。

韦 氏阙

裘 氏阙

画 缋

画缋之事,杂五色。

【集注】

下有六色而此第云"五色"者,玄与墨类也。画缋见《司几筵》。

东方谓之青,南方谓之赤,西方谓之白,北方谓之黑,天谓之玄,地谓之黄。青与白相次也,赤与黑相次也,玄与黄相次也。

【集注】

此言画缋六色所象及布采之次第。○赵氏曰:"注谓此缋于衣者,其说恐拘。盖木者金之配,故青与白相次;火者水之配,故赤与黑相次;地者天之配,故玄与黄相次。凡布采时,必以此二色相对耳。"

青与赤谓之文,赤与白谓之章,白与黑谓之黼,黑与青谓之黻,五采备谓之绣。

【集注】

此言刺绣采所用,绣以为裳。凡绣,亦须画,乃刺之,故画、绣二工共职。上言六采之相对者,此又以四时相续之义次之。○易彦祥曰:"《书》言六章之裳:宗彝、藻、火、粉米、黼、黻。缔绣言藻而继之以火,青与赤之文也;言火而继之以粉米,赤与白之章也;言粉米而继之以黼,白与黑之黼也;言黼而继之以黻,青与黑之黻也。惟黄之色无所见,而宗彝绣以虎蜼,则亦以黄为色,兹实五采备之证。"

土以黄,其象方,天时变。

【集注】

　　上言"天谓之玄、地谓之黄",此独言"黄",且变"地"而言"土"者,明黄为中央之色也。不言玄者,玄与黑类也。"其象方,天时变"为句,方与"方物出,谋发虑"之方同,盖承上文言青、赤、白、黑为四方之色而黄为中央之色。其象则依仿天时而变,如《月令》四时各服其方色而中央土服黄是也。

火以圜,山以章,水以龙,鸟兽蛇。

【集注】

　　火以其象,水以其物,惟山则明章其本质而已,盖即画为山也。鸟兽蛇,其毛鳞有文采者,所谓华虫也。火在裳,馀皆在衣。

杂四时五色之位以章之,谓之巧。

【集注】

　　章,明也。四时所用车服旗章,色各有主,而以他时之色间杂成文,所谓"杂四时五色之位以章之"也。《礼记》"五色六章十二衣还相为质",即谓此。盖如春三月,虽衣青衣,而其绣缋则杂四采耳。

凡画缋之事,后素功。

【集注】

　　素,白采也。后布之,为其易渍污也。不言"绣",绣以丝也。

钟　氏

钟氏染羽，以朱湛丹秫三月，而炽之。

【集注】
　　湛，渍也。朱，砾砂也。丹秫，赤粟也。炽，炊也。染羽以饰旌旗及王后之车。

　　淳而渍之。三入为纁，五入为緅，七入为缁。

【集注】
　　淳，沃也。汤沃所炽之秫，烝之以渍羽也。纁，赤黄色也。緅，爵头色，赤多黑少，与绀相类。《尔雅》曰："一染谓之縓，再染谓之赪，三染谓之纁。"凡玄色在緅、缁之间，其六入者与？独言纁、緅、缁者，岂羽可染者独此三色与？○郑刚中曰："设色之工五：画、缋、钟、筐、慌。今以《天官·染人》考之，春暴练者，其慌氏与？夏纁玄者，其钟氏与？若夫染夏虽不见于《考工》而经有'五采备'之文，其筐人之职乎？"

筐　人阙

慌　氏

慌氏湅丝，以涗水沤其丝七日，去地尺暴之。

周　礼

【集注】

　　涗水,灰所沸水也。沤,渐之也,楚人曰"沤",齐人曰"涹"。

昼暴诸日,夜宿诸井,七日七夜,是谓水湅。

【集注】

　　宿诸井,谓县井中。

湅帛,以栏为灰,渥淳其帛,实诸泽器,淫之以蜃。

【集注】

　　栏,木名,似白檀而细,黄华。渥,渍之厚也。泽器,谓滑泽之器。蜃,谓灰也。"淫"当为"涅",书亦或为"湛"。

清其灰而盝之,而挥之。

【集注】

　　清,澄也。盝,晞之也。晞而挥去蜃灰。

而沃之,而盝之,而涂之,而宿之。

【集注】

　　沃之,沃以清水也。涂之,更涂以蜃灰也。宿,谓经宿。

明日,沃而盝之。昼暴诸日,夜宿诸井,七日七夜,是谓水湅。

卷十二　冬官考工记第六

玉　人

玉人之事。

【集注】

《王氏详说》曰："玉人一职与典瑞同，典瑞言其名以及其用，玉人言其名及所制之尺寸，然文多缺误，不若典瑞之文有伦理也。"

镇圭尺有二寸，天子守之；命圭九寸，谓之桓圭，公守之；命圭七寸，谓之信圭，侯守之；命圭七寸，谓之躬圭，伯守之。

【集注】

命圭者，王所命之圭也。朝觐执焉，居则守之。子守谷璧，男守蒲璧，不言者，阙文也。故书或云："命圭五寸，谓之躬圭。"杜子春云："当为七寸。"康成谓五寸者，璧文之阙乱存焉。

天子执冒四寸，以朝诸侯。

【集注】

赵氏曰:"冒,所以冒诸侯圭,以齐信瑞。方四寸,其形方正而邪刻其下。诸侯来朝则辑而合之,故诸侯瑞圭,邪锐其首,以合天子之冒也。"

天子用全,上公用龙,侯用瓒,伯用将。

【集注】

郑刚中曰:"凡祼器,前有龙口以流注,中有瓒,如盘,以盛鬯,后有柄,以执持,用圭为之,谓之将。天子则三者用一玉成之,故谓之全;上公之祼器,惟龙得如天子用玉,其瓒、其将皆石之似玉者;侯之祼器,惟瓒得如天子用玉,其龙、其将皆石之似玉者;伯之祼器,惟将得如天子用玉,其龙、其瓒皆石之似玉者。"

继子男执皮帛。

【集注】

郑刚中曰:"有天子之孤,有公之孤,《大宗伯》曰:'孤执皮帛,天子之孤也。'《典命》曰:'公之孤四命,以皮帛视小国之君。'二者皆执皮帛,但天子之孤饰以虎皮,公之孤饰以豹皮耳。天子之孤不当继子男之后,故注谓此公之孤,然《典命》又有'诸侯適子未誓,则以皮帛继子男'之文,此文独立,上无所承,意其断简失次也。"

天子圭中必。

【集注】

必,读如"鹿车縪"之"縪",谓以组约其中央也。《聘礼记》五等诸侯及聘使所执圭璋,皆有繅藉及绚组,绚组所以约圭中央,以备失坠。若然,圭之中必,尊卑皆有,此独言"天子",举上以明下也。盖群下皆执圭以将事,而天子端拱于上,举诸侯以下则疑于天子之不必然,天子且用縪,则执以将事者不必言矣。

四圭尺有二寸,以祀天。

【集注】

赵氏曰:"《典瑞》疏谓用一大玉,琢出中央为璧形,亦肉倍好,四面琢出四圭,各尺二寸,与镇圭同。其璧为邸,径六寸,总三尺,与大圭三尺等,皆一玉俱成两圭,祀地者亦然。据此则四圭是就璧平出,非植起者,邸则于璧中琢成寓穴。"

大圭长三尺,杼上,终葵首,天子服之。

【集注】

王所搢大圭也。或谓之班,服之者搢于衣带间也。杼,杀也。终葵,椎也。圭首六寸,方正如椎,六寸下则两畔各减杀,以下复方正。○以文义推之,似大圭三尺,自下而上渐杀,而所杀至葵首而终。葵首谓上端不杀之六寸也。据注疏,终葵为椎,则文义俱不可通。

土圭尺有五寸,以致日,以土地。
祼圭尺有二寸,有瓒,以祀庙。

669

【集注】

惟人道用祼，故独云"祀庙"。

琬圭九寸而繅，以象德。
琰圭九寸，判规，以除慝，以易行。

【集注】

赵氏曰："琰之为言剡也。规，圜也。半其圜而剡之，故曰判规。"

璧羡度尺，好三寸，以为度。

【集注】

好，璧孔也。《尔雅》曰："肉倍好谓之璧，好倍肉谓之瑗，肉好若一谓之环。"馀见《典瑞职》。

圭璧五寸，以祀日月星辰。
璧琮九寸，诸侯以享天子。

【集注】

《聘礼》享君以璧，享夫人以琮，此不言后者，统于尊也。此据上公九命，若侯、伯当七寸，子、男当五寸。

谷圭七寸，天子以聘女。
大璋、中璋九寸，边璋七寸，射四寸，厚寸，黄金勺，青金外，朱中，鼻寸，衡四寸，有缫，天子以巡狩，宗祝以前马。

【集注】

　　祼圭之盛邕者，谓之瓒。璋之盛邕者，谓之勺。其形略同。射四寸，剡之以贯勺也。边，所雕饰惟边旁也。鼻，以前注如瓒之龙口，朱中，谓鼻内通流处以朱漆饰之也。衡，横也。勺如盘，横于中央，故谓之衡。天子巡狩，过大山川用事，则以大璋灌焉。中山川用中璋，小山川用边璋。其牲用马。宗祝执勺以先之，《校人职》曰"将事于四海山川，则饰黄驹"。

　　大璋亦如之，诸侯以聘女。

【集注】

　　陈用之曰："以文考之，当继天子以聘女之后。亦如之者，如谷圭之七寸也。盖聘女，天子以圭，诸侯以璋，以是为降杀之等。若以继边璋之后，则边璋有勺，用酌以灌，以加于聘女之束帛，何义哉？"

　　瑑圭璋八寸，璧琮八寸，以覜聘。

【集注】

　　以瑑圭聘于王，而享用璧；以瑑璋聘后，而享用琮。制八寸者，上公之臣所执也，其自相聘亦然。侯伯之臣宜用六寸，子男之臣宜用四寸。或曰："既以瑑异，其制不嫌于皆以八寸也。"天子之下聘、诸侯之上交，同用之。

　　牙璋、中璋七寸，射二寸，厚寸，以起军旅，以治兵守。

671

【集注】

二璋皆有鉏牙之饰于剡侧,但牙璋文饰多,故得牙名。《典瑞》文无中璋,以大小等,故不见也。军多用牙璋,军少用中璋。

驵琮五寸,宗后以为权。

【集注】

驵读为组,以组系之,因名焉。权,称锤也。

大琮十有二寸,射四寸,厚寸,是谓内镇,宗后守之。

【集注】

如王之镇圭也。琮本八寸,两旁各射二寸,故十有二寸。宗,尊也。天子继世,故尊无与并。若后,则有尊有卑,惟祭祀宾客,夫妇亲之,必时王之后。若宫中内治,王之母若祖母在焉,则卑者不敢专也。故内镇必宗后守之,而驵琮以为权,亦称宗后焉。

驵琮七寸,鼻寸有半寸,天子以为权。

【集注】

以为权,故有鼻也。后权不言鼻者,见于此,则彼可知也。琮或五寸,或七寸,皆可以为权者,以斤两分寸决于衡也。

两圭五寸,有邸,以祀地,以旅四望。
瑑琮八寸,诸侯以享夫人。

【集注】

　　献于所朝聘君之夫人也。不言"璋璧以享君",文略可知也。诸侯享后,以琮九寸,则享夫人降用八寸而璋焉,宜也。此亦据上公侯伯当六寸,子男则用琥璜,四寸,若其臣聘,璋圭、璋、璧、琮亦皆降一等,而寸数则与君同。○《浆人职》主之夫人有致饮于宾客之礼,则诸侯亦宜有享夫人之礼。三夫人视三公,其亦用璋琮享与?

　　案十有二寸,枣栗十有二列,诸侯纯九,大夫纯五,夫人以劳诸侯。

【集注】

　　案,以玉饰案也。十有二寸,高广之数也。枣栗十有二列,总该果实之数。每列用一案,非一案之上具十二列,亦非十二案皆列枣栗也。纯,皆也。夫人,诸侯之夫人,举下以该上也。曰"后以劳诸侯",则似夫人之礼异,举夫人则后可知矣。知后无异礼者,上物不过十二,无以加也。王合诸侯具十有二牢,诸侯之长十有再献。盖二王之后,不敢以臣礼待也。凡劳,以宾客之爵命为等,故诸侯之相劳,其数同于王,夫人之劳诸侯,其数同于后,三夫人之劳诸侯亦然。

　　璋邸射,素功,以祀山川,以致稍饩。

【集注】

　　素功,无瑑饰也。

柳　人阙

雕　人阙

磬　氏

磬氏为磬,倨句一矩有半。

【集注】

必先度一矩为句、一矩为股,而求其弦,既而以一矩有半触其弦,则磬之倨句也。磬之大小各以律制,此假矩以定倨句,非用其度也。○俞氏曰:"上曲者为句,下直者为倨。句即股也,倨即鼓也。股在上,广而短;鼓在下,狭而长。以长掩短,则鼓长于股者半矩,是倨得一矩有半也。以广掩长,则股广于鼓者亦半矩,是句得一矩有半也。"

其博为一,股为二,鼓为三。

【集注】

博谓股之广也,其长则倍于广,故曰"股为二"。鼓之长又加一焉。

参分其股博,去一以为鼓博;参分其鼓博,以其一为之厚。

已上则摩其旁,已下则摩其帘。

【集注】

太上,声清也。摩其旁,则渐薄而就浊。太下,声浊也,摩其帘,则渐短而就清。

矢　人

矢人为矢,镞矢参分,茀矢参分,一在前,二在后。

【集注】

参订之而平者,前有铁重也。据《司弓矢职》,茀当为杀。○易彦祥曰:"三分其橐之三尺,则一尺在前,二尺在后,后二尺之重与前一尺等,则橐前之铁极重,故其发迟而近射用焉。"

兵矢、田矢五分,二在前,三在后。

【集注】

铁差短小也。兵矢谓枉矢、絜矢也,此二矢亦可以田。田矢谓矰矢。○易彦祥曰:"橐前之铁比杀矢短小,故其发远而火射用焉。"

杀矢七分,三在前,四在后。

【集注】

铁又差短小也。《司弓矢职》,杀当为莦。不言"矰矢"者,与莦矢同制也。○易彦祥曰:"槀前之铁比兵矢又短小,故其发高而弋射用焉。不言恒矢、痺矢者,亦与莦矢同也。镞之轻至莦矢而极矣。"

参分其长而杀其一,五分其长而羽其一。

【集注】

矢槀长三尺,杀其前一尺,令趣镞也。

以其笱厚为之羽深。

【集注】

笱读为"槀",谓矢干,古文假借字。厚之数未闻。

水之以辨其阴阳,夹其阴阳以设其比,夹其比以设其羽。

【集注】

辨,正也。阴沉阳浮,就其浮沉而刻记之。比谓括也。盖箭受弦处就阴阳之中间设比,则两畔各有阴阳,而其分均;否则阴阳各居一偏,而矢行不直矣。弓矢比在槀两旁,弩矢比在上下,其设羽于四角同。

参分其羽以设其刃,则虽有疾风,亦弗之能惮矣。

【集注】

羽六寸,则刃二寸,矢之轻重及羽刃皆相称,则其发不可御。"弗之能惮",言不畏风之震撼也。

刃长寸,围寸,铤十之,重三垸。

【集注】

赵氏曰:"上文'三分其羽以设其刃',当二寸意者,一寸刃也,二寸则并铤之出于稾外者言之。"

前弱则俯,后弱则翔,中弱则纡,中强则扬,羽丰则迟,羽杀则趮。

【集注】

俯,低也。翔,回旋也。纡,曲也。扬,高飘也。趮,旁掉也。上言其法,此又言其不中法之状。

是故夹而摇之,以视其丰杀之节也;桡之,以视其鸿杀之称也。

【集注】

赵氏曰:"以指夹而摇之,则羽丰杀之节可见。桡其干而屈之,则强弱之称可知。羽欲有节,故于'丰杀'言'节';笴体欲相称,故于'鸿杀'言'称'。"

凡相筍,欲生而抟,同抟欲重,同重节欲疏,同疏欲栗。

【集注】

相,犹择也。抟,如"抟黍"之"抟",谓圜也。生而抟其圜,出于自然也。欲重者,贵其材之实也。节欲疏者,密则轻重不等也。栗,谓缜密而坚也。

陶　人

陶人为甗,实二鬴,厚半寸,唇寸。

【集注】

甗,无底甑也。唇寸,口边加厚也。

盆,实二鬴,厚半寸,唇寸。

【集注】

毛氏曰:"盆以盛物,亦以为量,《荀子》曰:'亩数盆。'"

甑,实二鬴,厚半寸,唇寸,七穿。

【集注】

穿其底,使气上蒸以熟物也。然则甗亦必以他物为底,如今竹算之类与?

鬲，实五觳，厚半寸，唇寸。庾，实二觳，厚半寸，唇寸。

【集注】
鬲，盛水于下，甑加于上，炊以熟物。觳读为斛，受三斗。或曰："豆实三而成觳，受斗二升。"十六斗曰庾。

旅　人

旅人为簋，实一觳，崇尺，厚半寸，唇寸。豆，实三而成觳，崇尺。

【集注】
崇，高也。豆，实四升。祭宗庙皆用木簋，此瓦簋，盖祭天地尚质，器用陶匏，或外小祀亦用之也。

凡陶旅之事，髺垦薜暴不入市。

【集注】
为其不任用也。髺读为刮，或读为朔，谓器不正欹邪也。垦，有伤也。薜，破裂也。暴，坟起不坚致也。

器中膊，豆中县。膊崇四尺，方四寸。

【集注】

　　膊读如"车轫"之"轫"。既捬泥而转其均,斲膊其侧以拟度,端其器也。县,县绳,以正豆之柄。膊崇四尺,以正其高也。方四寸,谓埒捬四畔各一寸,以正其厚也。凡器高于此则埒,不能胜;厚于此则火起不交,因取式焉。此言高与厚之所极,其卑者、薄者分有减杀,皆可就此以拟度也。

梓　人

梓人为筍虡。

【集注】

　　乐器所县,横曰筍、植曰虡。

天下之大兽五:脂者,膏者,臝者,羽者,鳞者。

【集注】

　　脂,牛、羊属。膏,豕属。臝,虎、豹、貔、貙浅毛者之属。羽,鸟属。鳞,龙、蛇之属。凝者为脂,释者为膏。

　　宗庙之事,脂者、膏者以为牲;臝者、羽者、鳞者以为筍虡;外骨、内骨,却行、仄行、连行、纡行,以脰鸣者,以注鸣者,以旁鸣者,以翼鸣者,以股鸣者,以胸鸣者,谓之小虫之属,以为雕琢。

【集注】

　　刻画祭器，博庶物也。外骨，龟属。内骨，鳖属。却行，螾衍之属。仄行，蟹属。连行，鱼属。纡行，蛇属。脰鸣，蛙黾属。注鸣，精列属。旁鸣，蜩蜺属。翼鸣，发皇属。股鸣，蚣蝑动股属。胸鸣，荣原属。"注"当作"咪"，虫喙也。

　　厚唇弇口，出目短耳，大胸燿后，大体短脰，若是者谓之臝属，恒有力而不能走，其声大而宏。有力而不能走，则于任重宜；大声而宏，则于钟宜。若是者以为钟虡，是故击其所县，而由其虚鸣。

【集注】

　　燿读为"哨"，顉小也，哨亦细小之义。凡猛兽有力者，皆前粗后细。由，自也。

　　锐喙决吻，数目顅脰，小体骞腹，若是者谓之羽属，恒无力而轻，其声清阳而远闻。无力而轻，则于任轻宜；其声清阳而远闻，于磬宜。若是者以为磬虡，故击其所县，而由其虡鸣。

【集注】

　　吻，口䐉也。鸟喙长，食物时则以近喙本决之，故云"决吻"。数目，目数开闭也。顅，长脰貌。《庄子》曰："其脰肩肩。"小体，股胫细也。骞，腾而上也。凡羽物，胸腹多向上。

681

小首而长,抟身而鸿,若是者谓之鳞属,以为笋。

【集注】
言身圜且钜也。

凡攫閷援簭之类,必深其爪,出其目,作其鳞之而。

【集注】
攫閷者,攫着则杀之。援簭者,援揽则噬之也。之而,颊颔也。作,犹起也。

深其爪,出其目,作其鳞之而,则于视必拨尔而怒。苟拨尔而怒,则于任重宜。且其匪色,必似鸣矣。

【集注】
匪,采貌,与"斐"通。

爪不深,目不出,鳞之而不作,则必颓尔如委矣。苟颓尔如委,则加任焉,则必如将废措,其匪色必似不鸣矣。

【集注】
措,顿也。

梓人为饮器,勺一升,爵一升,觚三升。献以爵而酬以觚,一献而三酬,则一豆矣。

【集注】

勺,所以酌酒也。觚当为觯,豆当为斗。刘氏曰:"一献而三酬者,献以一升,酬以三升也。并而计之,则四升为豆。豆虽非饮器,其计数则然。"

食一豆肉,饮一豆酒,中人之食也。

【集注】

一豆酒,亦当为斗。

凡试梓,饮器乡衡而实不尽,梓师罪之。

【集注】

衡,平也,谓平爵乡口而酒不尽也。

梓人为侯,广与崇方,参分其广而鹄居一焉。

【集注】

崇,高也。方,犹等也。高广等者,谓侯中也。天子射礼以九为节,侯道九十弓,弓二寸,以为侯中,则丈八尺。诸侯于其国亦然。鹄以皮为之,居侯中三分之一,则侯中丈八尺者,鹄方六尺。馀仿此。

上两个,与其身三,下两个半之。

【集注】

个读若"齐人搚干"之"干",上个、下个皆为舌也。身,躬也。

《乡射礼记》曰："倍中以为躬,倍躬以为左右舌,下舌半上舌。"然则九节之侯,身三丈六尺,上个七丈二尺,下个五丈四尺,其制身夹中,个夹身,中上下各一幅函之,身与个齐焉。个或谓之舌者,取其出而左右也。侯制上广下狭,盖取象于人也。张臂八尺,张足六尺,是取象率焉。

上纲与下纲出舌寻,緆寸焉。

【集注】

纲,持侯绳所以系于植也。緆,所以联侯而系于纲也。

张皮侯而栖鹄,则春以功。

【集注】

皮侯,以皮饰者。《司裘职》曰："王大射则共虎侯、熊侯、豹侯设其鹄。"盖各以其皮为鹄也。《诗》曰："射夫既同,献尔发功。"曰"春以功"者,春祭择士用此,则夏、秋、冬不必言矣。

张五采之侯,则远国属。

【集注】

五采之侯,谓以五采画正,《射人》所谓"五正之侯"也。远国属者,若诸侯朝会,王与之射则张此侯,所谓宾射也。正之方,外如鹄,内二尺。五采者,内朱,白次之,苍次之,黄次之,黑次之,此九十弓之侯。若七十弓者,则三正。五十弓者,则二正。远国,对畿内诸侯为远也。

张兽侯,则王以息燕。

【集注】
　　兽侯,画兽之侯也。《乡射记》曰:"凡侯,天子熊侯白质,诸侯麋侯赤质,大夫布侯画以虎豹,士布侯画以鹿豕。凡画者,丹质。"息者,休农息老物也。燕谓劳使臣,若与群臣饮酒而射。

祭侯之礼,以酒脯醢。

【集注】
　　谓司马实爵而献获者于侯,荐脯醢折俎,获者执以祭侯。三等射皆同。

其辞曰:"惟若宁侯,毋或女不宁侯,不属于王所,故抗而射女。强饮强食,诒女曾孙诸侯百福。"

【集注】
　　宁,安也。若,如也。属,系也。抗,举而张之也。诒,遗也。此假祭侯以警诸侯也。祭侯,祭先有功德之侯。若射侯则射不宁侯,故两言之。

庐　人

庐人为庐器,戈柲六尺有六寸,殳长寻有四尺,车戟常，酋矛常有四尺，夷矛三寻。

【集注】

秘，犹柄也。酋矛差短，夷矛极长，故异名以别之。五兵长短，皆通柄与刃为尺数，于戟独曰"车"者，步卒所用止戈殳为便，自戟以上长，用于车上为多也。

凡兵无过三其身，过三其身，弗能用也而无已，又以害人。

【集注】

人长八尺，故兵之长极于三寻。无已，不但已也。害人，害于用之者。

故攻国之兵欲短，守国之兵欲长。攻国之人众，行地远，食饮饥，且涉山林之阻，是故兵欲短；守国之人寡，食饮饱，行地不远，且不涉山林之阻，是故兵欲长。

【集注】

按《司马法》云："弓矢围，殳矛守，戈戟助。"

凡兵，句兵欲无弹，刺兵欲无蜎，是故句兵椑，刺兵抟。

【集注】

句兵，戈戟属。刺兵，矛属。或曰："句兵谓矛，刺兵谓戈戟也。"

弹,谓掉也。蜎,谓桡也。齐人谓斧柄为椑,则椑为隋圜也。○弹,丸圜而滑易。《诗》曰:"蜎蜎者蠋。"盖蠕动之貌。皆以物喻也。句兵握之固,然后傅人无转移,故以弹为病,椑则不虑其弹矣。刺兵抟则体圜而力强,不虑其蜎矣。

毂兵同强,举围欲细,细则校,刺兵同强,举围欲重,重欲傅人,傅人则密,是故侵之。

【集注】
　　同强,上下同也。举,手所操也。校,疾也。傅,近也。密,审也,正也。操细以击,则运之便而势疾;操重以刺,则审而正。侵之义如阴阳之道,侵谓其分偏胜也。举围欲重,则必增其分,使偏强。

凡为殳,五分其长,以其一为之被而围之。参分其围,去一以为晋围;五分其晋围,去一以为首围。凡为酋矛,参分其长,二在前,一在后而围之。五分其围,去一以为晋围;参分其晋围,去一以为刺围。

【集注】
　　被,把中也。围之,圜之也。殳柲八棱,惟把中则圜。晋,谓柲下铜鐏,所以插地及建车上者。首,殳上鐏也。刺,矛刃胸也。○为之被者,以物裹之也。凡兵,把中必圜而以物裹之,乃与手相得。所握不过数寸,而被围五分之一者,以渐而杀,乃坚固而无折伤也。殳之举围在下端而矛之举围在一分二分之间者,殳,击兵也,执其下端乃便于击;矛,句兵也,其长二丈,举围必近中乃便于运。矛不言被围之长短,必与殳同也。柲身则短者必粗,长者必细,盖柲围与刃广必相称。戈柲六尺有六寸,刃广二寸,则短者必粗可知矣。戟常刃广寸有半寸,则长者必细可知矣。殳长于戈,则柲必细于戈;矛长于戟,则柲必细于戟,然后人力可胜。经不明著其围径者,上士、中士、下士力各有所胜,故柲之长短可制而粗细不可制也。不言举围之径,亦以人所握为度也。殳去三分之一以为晋围者,其柲围较粗也;矛去五分之一以为晋围者,其柲围本细也,更细则过弱而不可建矣。

凡试庐事,置而摇之,以视其蜎也;炙诸墙,以视其桡之均也;横而摇之,以视其劲也。

【集注】
　　置,犹树也。竖于地上以手摇之,以视其蜎蜎然均否。炙,犹柱也。以柱两墙之间,挽而内之,本末胜负可知也。横而摇之,谓横置于膝上,以手握其两端而摇之,以视其坚劲与否。○句兵欲无蜎而此又视其蜎者,彼言用以直刺,此言树而摇之也。用以直刺,则虑其太弱而桡,横摇之而蜎,则知其材坚忍而上下强弱之分均矣。

六建既备,车不反覆,谓之国工。

【集注】
　　六建,五兵与人也。车不反覆,谓兵之建于车上者,驰骋动摇而其柄无偏挺曲桡也。

匠　人

匠人建国,水地以县。

【集注】

　　欲造国城,必先以器贮水,平置地上,然后于四角立四柱,县绳以正柱,以水遥望其高下,定其则以平地,地既平,乃可施视景正方之事。○毛氏曰:"谓环地之四边为沟而注水,高下以水为平,依水县绳以为准,水虽干,绳可正也。"

　　置槷以县,视以景。

【集注】

　　置槷,立表也。于所平之地中央立八尺之表,县绳以正之。视以景者,视东西南北方位皆以此表之景也。

　　为规,识日出之景与日入之景。

【集注】

　　河间王氏曰:"为规,画圜于表周也。自日出以至日入,记景端于圜周,弦其两端,则东西正分,中作线以指表,则南北亦正。"

　　昼参诸日中之景,夜考之极星,以正朝夕。

【集注】

　　河间王氏曰:"日中之景,最短者也。按景作线,即南北之正。极,北辰也。北辰无星,测近极之星以得北辰之位,则南北亦可正。《司仪》'凡行人之仪不朝不夕',朝夕即东西也。不曰'东西'而曰'朝夕'者,示不独东西方位可正,即日之出入、昼夜之永短皆可正也。"○易彦祥曰:"以日出入之景与日中之景三者相参,故曰'参'。

复以日中之景与极星之度两者相考,故曰'考'。"

匠人营国,方九里,旁三门。

【集注】

　　每方九里,而四旁各有三门也。旧说此公之城制,非也。下经"内有九室,九嫔居之;外有九室,九卿朝焉"。又曰:"宫隅之制以为诸侯之城制,环涂以为诸侯经涂。"则言王城之制明矣。方九里者,以径言,其周遭则三十六里。〇王氏曰:"匠人既曰'建国',又曰'营国',盖作而立之谓之'建',言其始也;周围而治之,以定其宫室涂巷之制而兴造焉,谓之'营',言其终也。"

国中九经九纬,经涂九轨。

【集注】

　　经、纬,谓涂也。轨,谓辙广。乘车六尺六寸,两旁各加七寸,凡八尺,是谓辙广。九轨积七十二尺,则此涂十二步也。不言纬涂者,与经同也。下经"经涂九轨,环涂七轨,野涂五轨"而不及纬涂,则与经同可知矣。

左祖右社,面朝后市。

【集注】

　　王宫所居也。祖,宗庙。面,犹向也。王宫当中经之涂。

市朝一夫。

【集注】

　　方各百步。○或疑一夫地隘，不足以容市朝之众，然市有三市者，各有所主，易期而入，则无壅矣。大朝虽曰"诸侯万民咸在"，然不过适来朝之诸侯，万民必耆德为乡邑之望者，然后致而询之，非必遍致万民也。惟大合诸侯，朝庙不足以容，然后为坛三成，则四时朝、觐、宗、遇，无不能容之患明矣。

夏后氏世室，堂修二七，广四修一。

【集注】

　　世室，宗庙也。修，南北之深也。夏度以步，如堂修十四步，其广益以四分修之一，则堂广十七步半。

五室，三四步，四三尺。

【集注】

　　堂上为五室，象五行也。三四步，室方也。四三尺，以益广也。木室于东北，火室于东南，金室于西南，水室于西北，其方皆三步，其广益三尺。土室于中央，方四步，其广益四尺。此五室居堂南北六丈、东西七丈。倒其文曰"四三尺"者，接上"三四步"，明四步者广益四尺，三步者广益三尺也。修馀四步为堂之前后檐阶，广馀五步六分步之五为堂之东西屋翼。堂之广过于修，故室所馀广亦过于修。

九阶，四旁两夹，窗白盛。

【集注】

　　九阶,南面三,三面各二。《明堂位》:"三公中阶之前,北面东上;诸侯之位阼阶之东,西面北上;诸伯之国西阶之西,东面北上。"故知南面三阶也。窗,助户为明,每室四户八窗。白盛,蜃灰也。盛之言成也。以蜃灰垩墙,所以饰成宫室。

　　门堂,三之二,室,三之一。

【集注】

　　门堂,门侧之堂。正堂如上制,则门堂南北九步二尺,东西十一步四尺。室三之一者,两室与门各居一分。《尔雅》:"门侧之堂谓之塾。"〇门堂得正堂三之二,而门之左右各隔其半以为室,厂其半以为堂,则室所占与门与堂校,又居三之一也。

　　殷人重屋,堂修七寻,堂崇三尺,四阿,重屋。

【集注】

　　重屋者,王宫正堂,若大寝也。四阿,四面皆注霤也。重屋,重檐也。或曰:"四面皆重檐,不言广者,准复制之广,四修一也。"周制南北七筵、东西九筵,则不止于四之一矣,故特著之。

　　周人明堂,度九尺之筵,东西九筵,南北七筵,堂崇一筵,五室,凡室二筵。

【集注】

　　明堂者,明政教之堂,于三代或举宗庙、或举王寝、或举明堂,明一代三者皆同制也。曰"凡室二筵"者，夏制，三四步四三尺，中央室较深广，周则五室皆同也。不言东西广者，准以堂之广也。旧说四室在四隅，按《月令》四时中月皆居大庙，而馀月居左右个，则四室当在四面之中。今堂深七筵，而南北中央三室已占六筵，所馀一筵为前后檐阶，尚苦其狭，岂周之五室竟连接为之，而中央室之四面即用四室之户牖与？殷周制加备而堂室修广，转约于夏，未审何故。

室中度以几，堂上度以筵，宫中度以寻，野度以步，涂度以轨。

【集注】

此记据周而作，故详于周，以下皆周制也。室中坐时凭几，堂上行礼用筵，宫中合院之内无几无筵，故用手之寻也。在野论里数皆以步，故用步。涂有三道，车从中央，故用车之轨。

庙门容大扃七个，闱门容小扃参个，路门不容乘车之五个，应门二彻参个。

【集注】

大扃，牛鼎之扃，长三尺。庙中之门曰"闱门"。小扃，膷鼎之高，长二尺。乘车广六尺六寸，言"不容"者，两门乃容之。五个，三丈三尺，此门半之，丈六尺五寸也。或曰："曰'不容五个'，则自四个以上之数惟所取之，但其数大广，理不宜然，岂五字乃三之误与？"二彻之内八尺，参个，二丈四尺。二门以乘车为度者，王乘五路所出入也。于庙门度以鼎扃，于朝门度以乘车，皆因物宜而为之数也。

693

内有九室,九嫔居之;外有九室,九卿朝焉。

【集注】

内,路寝之里也。外,路门之表也。外九室为朝堂治事处,则内九室亦九嫔治事处也。六卿三孤为九卿。

九分其国以为九分,九卿治之。

【集注】

以九职任万民,各为一类,故曰"九分"。三孤佐三公论道,六卿治六官之属。

王宫门阿之制五雉,宫隅之制七雉,城隅之制九雉。

【集注】

雉长三丈,高一丈。阿,谓门之屋脊。隅者,浮思,谓小楼也。浮思,盖刻画云气并虫兽者,城隅及阙皆有之。五雉、七雉、九雉,皆言高也,兼广则不可通。

经涂九轨,环涂七轨,野涂五轨。

【集注】

环涂,谓环城之道。国外谓之野。

门阿之制以为都城之制。宫隅之制以为诸侯之城制。

环涂以为诸侯经涂,野涂以为都经涂。

【集注】
　　古《周礼》说天子城高七雉,隅高九雉;公之城高五雉,隅高七雉;侯伯之城高三雉,隅高五雉。都城之高,皆如子男之城高。据此经,都城之制与侯伯等,则子男之城不应降于都,亦宜与侯伯等。然则此经所言,独上公之城制也。

　　匠人为沟洫,耜广五寸,二耜为耦;一耦之伐,广尺,深尺,谓之甽;田首倍之,广二尺,深二尺,谓之遂。

【集注】
　　古者耜一金,两人并发之。其垄中曰甽,甽上曰伐。伐之言发也。甽,畎也,田中水所流也。后世之耜岐头两金,象古之耦也。田首,一夫百亩之畔。

　　九夫为井,井间广四尺,深四尺,谓之沟;方十里为成,成间广八尺,深八尺,谓之洫;方百里为同,同间广二寻,深二仞,谓之浍。专达于川,各载其名。

【集注】
　　载其名者,识水所从出。先儒谓遂人、匠人之法不同,盖以遂人百夫有洫,而匠人成间谓之洫,乃九百夫之地也;遂人千夫有浍,而匠人同间谓之浍,乃九万夫之地也。不知百夫有洫,而九百夫之地不过为洫者八,其外始有浍环之;千夫有浍,而九千夫之地不过为浍者八,其外始有川环之。积至于九万夫之地,亦不过为浍者七十有

二、环浍之川九而已。其环于百里之外者,即环于三十里外之川也。同间之浍,积数虽多,而其实即千夫之浍。同间之浍所达之川,即千夫之浍所达之川。然则遂人、匠人之法实一而已。曰"专达于川"者,沟洫必由浍以达,浍则直达于川,而无或旁行侧注于沟洫也。

凡天下之地势,两山之间必有川焉,大川之上必有涂焉。

【集注】
　　遂人万夫有川,人力所为之川也。此经"两山之间必有川",天作地成之川也。天作地成之川,或数百里而后有之,以人为之川通焉,然后尺寸之流,皆距四海,而无壅涨之患矣。

凡沟逆地阞,谓之不行;水属不理孙,谓之不行。

【集注】
　　阞,谓脉理。属,读为注。孙,顺也。既曰"逆地阞",又曰"水属不理孙"者,或强障遏使水注焉,而非理之所顺,终必决溢也。曰"凡沟",凡造沟渎以引水者皆是也。

梢沟三十里而广倍。

【集注】
　　梢谓水漱啮之沟。水行漱啮,下流必广。

凡行奠水,磬折以参五。

【集注】

奠,定也。磬折以参五,谓沟形当如磬,直行三折行五也。凡行水欲其行,又欲其定,太疾则易冲决,故必纡曲,使少停,以定其势也。

欲为渊,则句于矩。

【集注】

大曲则流转,流转则其下成渊。

凡沟必因水势,防必因地势。善沟者水漱之,善防者水淫之。

【集注】

漱,犹啮也。淫谓侵淫,使泥沙淤积,助防之厚也。

凡为防,广与崇方,其𥶑参分去一。大防外𥶑。

【集注】

崇,高也。方,犹等也。𥶑者,薄其上。外𥶑,谓三分去一之外更去也。或曰:"非更杀其上,乃益厚其下也。下愈厚则上愈杀矣。"

凡沟防,必一日先深之以为式。

【集注】

欲造沟筑防,先按一日所作尺数,后则以此程功赋,其丈尺步数。防言高而亦曰深之者,自上以视下也,与《聘礼》"坛十二寻深四尺"义同。

里为式,然后可以傅众力。

【集注】

傅,附合也。既以一日所作为式,而又以一里为式者,人力有强弱,功作有久暂,以一里为式则所用非一人、所积非一日,可以度众力所能任,附合以就功役也。

凡任,索约大汲其版,谓之无任。

【集注】

任,用也。索,绳也。约,缩也。汲,引也。筑防若墙者,用绳缩其版,引之大急,则版挠而鼓,土不坚矣。《诗》曰:"缩版以载。"又曰:"约之阁阁。"

葺屋参分,瓦屋四分。

【集注】

葺屋,草屋也。三分屋之南北深,以其一为屋脊,高四分亦然。草之去水迟,瓦之去水疾,故其峻之势宜有差也。

囷、窌、仓、城,逆墙六分。

【集注】

囷,圜仓。穿地曰窌。逆,却也。筑此四者,六分其厚,却一分以为杀。窌入地中,亦为此杀者,虽入地,口宜宽,则牢固也。

堂涂十有二分。

【集注】

堂涂,堂前砖甃之道也。《尔雅》曰:"堂涂谓之陈。"于两旁之广十分取二,以为中央之峻,则水旁泻。

窦其崇三尺。

【集注】

宫中水道。

墙厚三尺,崇三之。

【集注】

高厚以是为率,足以相胜。

车　人

车人之事,半矩谓之宣,一宣有半谓之欘,一欘有半谓之柯,一柯有半谓之磬折。

【集注】

矩，法也。所法者，人也。人长八尺而大节三：头也，腹也，胫也。以三通率之，则矩二尺六寸三分寸之二。头发皓落曰宣，尺三寸三分寸之一，人头之长也。欘，斫斤柄，长二尺。伐木之柯，柄长三尺。人带以下四尺五寸，磬折立则上俯。以下造耒云磬折，故先列其名。

车人为耒，庛长尺有一寸，中直者三尺有三寸，上句者二尺有二寸。

【集注】

庛，谓耒下前曲接耨者。句，谓人手所执处。庛上句下为中直。以金刺土者曰耨，耨前接于耨。《易》曰："斫木为耨。"岂上古以木为之，后世乃接以金而谓之耨与？

自其庛，缘其外，以至于首，以弦其内，六尺有六寸与步相中也。

【集注】

缘外六尺有六寸，而内弦则六尺，应一步之尺数。弦其内，谓据庛面至句下直量之。耕者以田器为度，耨异材，故不在数中。

坚地欲直庛，柔地欲句庛。直庛则利推，句庛则利发。倨句磬折，谓之中地。

【集注】

推者,推而前也。发者,举而起也。中地之耒,其庛与直者,如磬折则调矣。调则弦六尺。

车人为车,柯长三尺,博三寸,厚一寸有半,五分其长,以其一为之首。

【集注】

首谓金刃,柯其柄也。凡造作用斧,因以量物,故先论斧柄长短及其刃之大小。

毂长半柯,其围一柯有半。辐长一柯有半,其博三寸,厚三之一。渠三柯者三。

【集注】

大车毂径尺五寸。渠,车辋也,其径九尺。渠二丈七尺,辐长一柯有半,亦大概言之。毂径九尺,尚有毂空壶中,辐不应有四尺五寸也。

行泽者欲短毂,行山者欲长毂。短毂则利,长毂则安。

【集注】

泽泥苦其迟重,山险虑其倾摇。

行泽者反輮,行山者仄輮。反輮则易,仄輮则完。

【集注】

　　反揉,使木心在外也。行泽者,杼轂地处薄,必用木心乃坚久。行山者侔,可顺面执之所向而为之矣。曰"仄"者,轮材必用曲木,因其斜仄之势而揉之也。

　　六分其轮崇,以其一为之牙围。

【集注】

　　轮崇,轮径也。此大车之轮,宜在"渠三柯者三"之下。

　　柏车毂长一柯,其围二柯,其辐一柯,其渠二柯者三,五分其轮崇,以其一为之牙围。

【集注】

　　柏车,山车也。两辐相对,六尺,渠围丈八尺,亦通毂空壶中,并数而言。不言柏车轮崇之度者,大车辐长一柯有半,而柏车长一柯。大车之渠三柯者三,而柏车二柯者三,则轮崇六尺,不待言矣。

　　大车崇三柯,绠寸,牝服二柯有参分柯之二。

【集注】

　　大车,平地任载之车,毂长半柯者也。牝服见《山虞职》。乘车崇六尺有六寸,绠三分寸之二,大车轮加崇,故绠加广也。羊车、柏车不言绠度者,凡车之绠,皆三分寸之二,独大车较广耳。乘车之轸六尺有六寸又三分,去一以为隧者,御与左右并乘,必衡广乃能容,而从不必长也。大车彻广六尺而牝服则八尺者,衡狭而从长,然后载物多而车行安也。

羊车二柯有参分柯之一，柏车二柯。

【集注】
　　羊，善也。羊车，汉时谓之定张车，宫中所用，较长七尺。羊车不言轮者，与柏车无异也。

凡为辕，三其轮崇，参分其长，二在前，一在后，以凿其钩。

【集注】
　　钩，辕之钩心也，就其中而凿之，以钩车箱也。

彻广六尺，鬲长六尺。

【集注】
　　鬲，谓辕端厌牛领者。牛车两辕，一牛在辕内，故鬲狭也。不言四马车之彻轭者，轮崇、车广、衡长参如一，已见于《舆人职》也。

弓　人

弓人为弓，取六材必以其时。六材既聚，巧者和之。

【集注】

取干以冬,取角以秋,丝、漆以夏,筋、胶未闻。

干也者,以为远也;角也者,以为疾也;筋也者,以为深也;胶也者,以为和也;丝也者,以为固也;漆也者,以为受霜露也。

【集注】

王光远曰:"弓所以及远者,其力在干。所以疾发者,其势在角。角干资筋以为坚忍,以射则中深。三者得胶,然后相合,结而固之在丝,饰而坚之在漆。"

凡取干之道七,柘为上,檍次之,檿桑次之,橘次之,木瓜次之,荆次之,竹为下。

【集注】

《尔雅》曰:"杻檍。"又曰:"檿桑,山桑。"《国语》曰:"檿弧箕箙。"〇李耕卿曰:"檍,梓属,叶似杏而尖。木瓜,状如柰。"

凡相干,欲赤黑而阳声。赤黑则乡心,阳声则远根。

【集注】

阳声,清声也。

凡析干,射远者用势,射深者用直。

【集注】

势,谓用木之曲势,反之以为弓也。曲势则宜薄,薄则力少。直则可厚,厚则力多。

居干之道,菑栗不迆,则弓不发。

【集注】

菑栗,谓以锯齫析干也。迆,谓邪行绝理者。发,起也。有发起处则损动。○居,居积也。"菑"当作"榴",木之立死者。栗,坚栗也。冬析干而秋合之,待其槁也。木有生而心不直、文理皆邪者,初析不觉,久槁则必偏挺。居干之道,必待槁燥,如立枯之木,坚栗而不邪迆,然后合之,永不发动,正与下"苟有贱工,必因干之湿以为柔。善于外而动于内"反对。如旧说,乃析干必伦之义,非居干之道也。

凡相角,秋杀者厚,春杀者薄;稚牛之角直而泽,老牛之角紾而昔。

【集注】

泽,润气也。紾,绞缠之纹也。昔读为"错",谓其纹绞缠而交错也。

疢疾险中,瘠牛之角无泽。

【集注】

险,伤也。中,角里。

角欲青白而丰末。夫角之本,蹙于剉而休于气,是故柔。柔故欲其势也。白也者,势之征也。

【集注】
蹙,近也。休读为"煦"。欲其势者,欲其形之自曲可反,以为弓也。○《春秋传》:"而或噢休之。"盖煦养之义,不必易读。

夫角之中,恒当弓之畏。畏也者必桡,桡故欲其坚也。青也者,坚之征也。

【集注】
畏读为"隈",弓渊也。

夫角之末,远于剉而不休于气,是故脆。脆故欲其柔也。丰末也者,柔之征也。

【集注】
末之大者,必脑气及煦之。

角长二尺有五寸,三色不失理,谓之牛戴牛。

【集注】
三色,本白、中青、末丰也。牛戴牛,谓角直一牛。

凡相胶,欲朱色而昔。昔也者,深瑕而泽,紾而抟廉。

【集注】

郝仲舆曰:"色欲其朱,文欲其错。其纹瑕深透光泽,其质紾密团结、廉隅坚利,此胶之善也。"

鹿胶青白,马胶赤白,牛胶火赤,鼠胶黑,鱼胶饵,犀胶黄。凡昵之类不能方。

【集注】

皆煮其皮为之,或用角饵粉饼也。《说文》言其"坚洁若玉珥"。鱼胶近之。昵,粘也。方,比也。凡昵之类,虽或可用以粘,而不能比方六者。

凡相筋,欲小简而长,大结而泽。小简而长,大结而泽,则其为兽必剽,以为弓,则岂异于其兽。

【集注】

竹简一条为一札,谓筋条之直相似也。结,谓细聚而不散。筋之小者,贵乎条直而长;筋之大者,贵乎积密而润。剽,疾也。

筋欲敝之敝。

【集注】

嚼之当熟。

漆欲测。

【集注】

测,测度也。漆有真伪,测之者挹而下注,其细如丝而不断,乃无滓秽之杂。

丝欲沉。

【集注】

如在水中时色。

得此六材之全,然后可以为良。

凡为弓,冬析干而春液角,夏治筋,秋合三材,寒奠体,冰析灂。

【集注】

液,渍也。三材,谓胶、丝、漆。奠,定也。至冬胶坚,内之檠中定往来体。冰凝之时,下弓于檠,辨析其漆之坚完与否而复内之。

冬析干则易,春液角则合,夏治筋则不烦,秋合三材则合,寒奠体则张不流,冰析灂则审环,春被弦则一年之事。

【集注】

易,理滑致也。以春和之时液角,则其气浃洽。夏则筋缓散,故治之不烦。流,犹移也。体既定则张之,不至流移。审环义未详,旧说"审,定也,其漆之灂环则定后不鼓动"。或曰"回环而审定之也"。

析干必伦,析角无邪,斫目必茶。

【集注】
伦,谓木之理也。茶读为舒,徐也。目,干之节,目茶之义,犹《庄子》所谓"斫轮徐"也。盖木之节目,强斫之使其分少宽,乃不与筋相摩。

斫木不茶,则及其大修也,筋代之受病。夫目也者必强,强者在内而摩其筋,夫筋之所由幨,恒由此作。

【集注】
修,犹久也。幨,绝起也。

故角三液而干再液。

【集注】
凡木材先以水渍而后干之,则调适而不偏挺。先儒多谓以火出其液,非也。盖液之再三,所以伸其材、达其性也,将合之而微有偏挺,然后以火挢之,下经挢角、挢干之法是也。

厚其帤则木坚,薄其帤则需。

【集注】
帤,谓弓中㚢干虽用整木,仍以木片细䰐之,故厚薄有节。

是故厚其液而节其帤。约之不皆约,疏数必侔。

【集注】

厚,犹多也。节,适中也。约,谓以丝横缠之。不皆约,谓有间也。疏数必侔,其相间之分必均也。

斫挚必中,胶之必均。

【集注】

挚之言致也。中,谓上下如一。均,谓厚薄无偏。

斫挚不中,胶之不均,则及其大修也,角代之受病。夫怀胶于内而摩其角,夫角之所由挫恒由此作。

【集注】

挫,蹙折也。前以不中、不均并列,而后独言"怀胶"者,明斫干虽中而施胶不均,亦能摩角而使之挫也。

凡居角,长者以次需。

【集注】

注、疏"弓隈谓之需"、"长者当弓之隈,短者居箫",非也。角介于柎而上不达于箫,两畔各一角,无所谓长者、短者。所谓居角,亦以居积言。盖弓有上、中、下三制,故居角取其长者,以次排列而待用也。

恒角而短，是谓逆桡，引之则纵，释之则不校。

【集注】

　　恒读为桓，竟也。竟其角而短于渊干。引之，角纵不用力，若欲反桡然。释，放弦也。校，疾也。○桡，曲也。柎角长短强弱得宜，然后引之以渐而曲，其体如环顺也。角短则柎必长，柎太长则中央强直而畏之曲也如折，是谓逆桡。惟畏过曲而如折，是以引之则纵，释之则不校也。

恒角而达，譬如终绁，非弓之利也。

【集注】

　　注、疏谓"达于箫头"，非也。箫与干异材而逆傅，角虽长，无上达于箫之理。盖谓直通挺臂也。弓之制，柎强畏弱，两端微强，然后张如流水。若角长，直通挺臂，则中弱，挽之则中央先曲而畏，与末反直挺而不应弦，如绁于柲。近世有通角弓，试之良然。

今夫茭解中有变焉，故校；于挺臂中有柎焉，故剽。恒角而达，引如终绁，非弓之利。

【集注】

　　茭解，谓隈与箫相接之处。变，谓箫臂用力异也。引之则臂中用力，放矢则箫用力，用力异故校。挺，直也，直臂谓人所把握处。柎，侧骨也。把处两畔有侧骨助为力，故剽疾。○校言其势之疾，剽言其力之劲，举是二者，正释"恒角而达，引如终绁"之义也。盖角之用，两端不达于箫，中央不达于柎，乃调顺而能助干以为疾。若角达于箫,而茭解中无变,则送矢不疾;角通于敝,而挺臂中无柎,则负干无力,转为不利于弓矣。再言角长之不利者,角短不足用,凡工能辨之,其或贪角材之长而用之,不得其节,尤可惜也。○旧说"中有变"谓"箫与臂用力异",果尔,则辞不足以指事矣。盖抗弦送矢,全力在箫,所谓末应也。弹弓无箫,故引之常纵。弓干尽处,忽以箫逆插干间,勾而向前,其形制有变,故抗弦有力而送矢疾也。茭从交,弓干之端析为两岐,而以箫剚入,故曰"茭"。箫别一木,虽以筋胶合于弓干,而体本两判,故曰"解"。

挢干欲孰于火而无赢,挢角欲孰于火而无燂,引筋欲尽而无伤其力,鬻胶欲角而水火相得,然则居旱亦不动,居湿亦不动。

【集注】

赢,过孰也。燂,炙烂也。

苟有贱工,必因角干之湿以为之柔。善者在外,动者在内,虽善于外,必动于内,虽善,亦弗可以为良矣。

【集注】

湿,生用之也。

凡为弓,方其峻而高其柎,长其畏而薄其敝,宛之无已,应。

【集注】

峻,谓箫也。敝即把握处。宛,引之也。无已应,谓引之不休止,常应弦不罢需也。○峻疑当箫隈之中而拄弦者,以其隆起,故谓之峻。箫狭而长,不得云"方"也。高其柎,谓于挺臂中置骨,穹而隆起也。宛,疑当作"挽",以音同而误也。无已应,谓引之过度,而其体能应,不至于折伤也。○赵氏曰:"柎与敝,人往往不能分别,尝见造弓把处稍细,把处上下皆堆起稍高,搀接着角面。盖敝即把处稍细者,柎乃把处两头两侧畔稍高接角隈者。敝以正面言,故云'薄'。柎则置于两侧,侧目视之,故不言'厚'而言'高'。"

下柎之弓,末应将兴。

【集注】

末即箫也。兴,谓把握中摇撼也。柎下力弱,则箫应弦而动,把握中必摇撼。

为柎而发,必动于䪆。弓而羽䪆,末应将发。

【集注】

䪆即接中。羽读为扈,缓也。接中动则缓,箫末应之,角干必至发伤。○发即兴也。兴者动于内,发则暴裂于外也。䪆当为角之接柎者,旧说以为"菱解",菱解发动则末,已发动不应又云"末应将发"矣。盖柎既摇撼,则角之接柎者必发动;角之接柎者既发动,则弦偏斜而箫必应之而反脱也。羽䪆者,角之两旁甚薄,其暴起有似于羽。

弓有六材焉,维干强之,张如流水。

【集注】

　　干强而又能张如流水者,质坚而柔忍也。

　　维体防之,引之中参。

【集注】

　　体,谓内之檠中定其体。防,谓浅深所止。若王弧之弓,往体寡,来体多,弛之五寸,张之则一尺五寸;夹庾之弓,往体多,来体寡,弛之一尺五寸,张之则五寸;唐弓、大弓,往来体若一,弛之一尺,张之亦一尺。体虽不同,及其引之皆三尺,以矢长三尺须满故也。

　　维角堂之,欲宛而无负弦。引之如环,释之无失体,如环。

【集注】

　　角用反势以掌拄于柎与峻之间,故曰"堂之"。负弦,谓不应弦也。"释之无失"句,失谓反脱也。弓不调则释矢时多反脱。体如环,谓既弛之后。

　　材美,工巧,为之时,谓之参均。角不胜干,干不胜筋,谓之参均。量其力有三均。均者三,谓之九和。

【集注】

　　有读为又。量其力又三均者,谓若干胜一石,加角而胜二石,被筋而胜三石,引之中三尺。弛其弦,以绳缓擩之,每加物一石,则张一尺。

九和之弓，角与干权，筋三侔，胶三锊，丝三邸，漆三斞。上工以有馀，下工以不足。

【集注】
权，平也。侔，犹等也。角干既平，筋三而又与角干等也。邸、斞，轻重未闻。

为天子之弓，合九而成规；为诸侯之弓，合七而成规；大夫之弓，合五而成规；士之弓，合三而成规。

【集注】
材良则句少也，此据弓体之不张者言。

弓长六尺有六寸，谓之上制，上士服之；弓长六尺有三寸，谓之中制，中士服之；弓长六尺，谓之下制，下士服之。凡为弓，各因其君之躬志虑血气。

【集注】
躬有长短，血气有强弱，志虑有缓急。丰肉而短，骨直以立，躬与血气之异也。宽缓以荼，忿势以奔，志虑之异也。

丰肉而短，宽缓以荼，若是者为之危弓，危弓为之安矢。骨直以立，忿势以奔，若是者为之安弓，安弓为之危矢。

【集注】

骨直,谓强毅。忿势以奔,谓势若有忿而奔赴,状其急也。隈狭而箫甚曲者,谓之危弓,以其易反脱也。隈广而箫微曲,则安笴弱而羽杀者,谓之危矢,以其飘摇难定也。笴强而羽丰则安。

其人安,其弓安,其矢安,则莫能以速中,且不深。其人危,其弓危,其矢危,则莫能以愿中。

【集注】

愿,悫也。三舒则矢行常不及,故不能疾中,中又不能深;三疾则矢行常过,故不能确,然必中。

往体多,来体寡,谓之夹庾之属,利射侯与弋。

【集注】

弛之则弓体往,张之则弓体来。来庾,弓之弱者也。豻侯与弋,皆近射也,《司弓矢职》"夹弓、庾弓以授射豻侯鸟兽者"。弋,缴射也。

往体寡,来体多,谓之王弓之属,利射革与质。

【集注】

射深者用直,王弓合九而成规,则直之极,于射坚宜也。《司弓矢职》"王弓、弧弓以授射甲革椹质者",此不言"弧弓",与"王弓"同也。被弦之度有定,而以"多"、"寡"言者,以往体之多而见为寡也,以往体之寡而见为多也。

往体来体若一,谓之唐弓之属,利射深。

【集注】
射深用直,唐弓合七而成规,大弓亦然。

大和无灂,其次筋角皆有灂而深,其次有灂而疏,其次角无灂。

【集注】
大和,尤良者也。筋在背,角在隈。深,谓灂在中央而两边无有也。疏,谓两边皆有灂而所用薄也。角无灂,则箫及背皆有之。

合灂若背手文。

【集注】
弓表里灂合处,若人合手背,文相应。或曰:"用灂合法则文理如人手背,言其细而均也。"

角环灂,牛筋蕡灂,麋筋斥蠖灂。

【集注】
角滑易,故漆文如环。筋用牛则漆文如麻子,用麋则如斥蠖。

和弓毄摩。

【集注】

　　和,犹调也。毄,拂也。弓久不用,恐其性辟戾,故将用必先调之。拂摩所以调也。《大射礼》:"小射正授弓,大射正以袂顺左右隈,上再下一。"

　　覆之而角至,谓之句弓。覆之而干至,谓之侯弓。覆之而筋至,谓之深弓。

【集注】

　　覆,犹察也。至,犹善也。弓有六材,独言角、干、筋者,弓以角、干、筋为主,胶、漆、丝则为之辅而已。故秋合三材,则谓之献成,而良苦可试也。三者皆善为上、二善为次、一善为下,不言"王弧",王弧必六材皆善故也。

附　录

四库全书总目提要

　　《周官集注》十二卷,国朝方苞撰。苞字凤九,号灵皋,亦号望溪。桐城人。康熙丙戌会试中式举人,官至内阁学士兼礼部侍郎,后落职修书,特赐侍讲衔致仕。是编集诸家之说诠释《周礼》,谓其书皆六官程式,非记礼之文。后儒因《汉志》、《周官》五篇列于礼家,相沿误称《周礼》,故改题本号,以复其初。其注仿朱子之例,采合众说者不复标目,全引一家之说者,乃著其名;凡其显然舛误之说,皆置不论,惟似是而非者,乃略为考正;有推极义类旁见侧出者,亦仿朱子之例,以圈外别之。训诂简明,持论醇正,于初学颇为有裨。其书成于康熙庚子,后苞所著《望溪集》指《周官》之文为刘歆窜改以媚王莽,历指某节某句为歆所增,言之凿凿,如目睹其笔削者,自以为学力既深,鉴别真伪,发千古之所未言,而究不免于臆断,转不及此书之谨严矣。乾隆四十二年六月恭校上。

《国学典藏》丛书已出书目

周易 [明] 来知德 集注
诗经 [宋] 朱熹 集传
尚书 曾运乾 注
周礼 [清] 方苞 集注
仪礼 [汉] 郑玄 注 [清] 张尔岐 句读
礼记 [元] 陈澔 注
论语·大学·中庸 [宋] 朱熹 集注
孟子 [宋] 朱熹 集注
左传 [战国] 左丘明 著 [晋] 杜预 注
孝经 [唐] 李隆基 注 [宋] 邢昺 疏
尔雅 [晋] 郭璞 注
说文解字 [汉] 许慎 撰

战国策 [汉] 刘向 辑录
　　　　[宋] 鲍彪 注 [元] 吴师道 校注
国语 [战国] 左丘明 著
　　　[三国吴] 韦昭 注
史记菁华录 [汉] 司马迁 著
　　　　　　[清] 姚苧田 节评
徐霞客游记 [明] 徐弘祖 著

孔子家语 [三国魏] 王肃 注
　　　　　(日) 太宰纯 增注
荀子 [战国] 荀况 著 [唐] 杨倞 注
近思录 [宋] 朱熹 吕祖谦 编
　　　　[宋] 叶采 [清] 茅星来等 注
传习录 [明] 王阳明 撰
　　　　(日) 佐藤一斋 注评
老子 [汉] 河上公 注 [汉] 严遵 指归
　　　[三国魏] 王弼 注
庄子 [清] 王先谦 集解
列子 [晋] 张湛 注 [唐] 卢重玄 解
　　　[唐] 殷敬顺 [宋] 陈景元 释文
孙子 [春秋] 孙武 著 [汉] 曹操 等注

墨子 [清] 毕沅 校注
韩非子 [清] 王先慎 集解
吕氏春秋 [汉] 高诱 注 [清] 毕沅 校
管子 [唐] 房玄龄 注 [明] 刘绩 补注
淮南子 [汉] 刘安 著 [汉] 许慎 注
金刚经 [后秦] 鸠摩罗什 译 丁福保 笺注
维摩诘经 [后秦] 僧肇等 注
楞伽经 [南朝宋] 求那跋陀罗 译
　　　　[宋] 释正受 集注
坛经 [唐] 惠能 著 丁福保 笺注
世说新语 [南朝宋] 刘义庆 著
　　　　　[南朝梁] 刘孝标 注
山海经 [晋] 郭璞 注 [清] 郝懿行 笺疏
颜氏家训 [北齐] 颜之推 著
　　　　　[清] 赵曦明 注 [清] 卢文弨 补注
三字经·百家姓·千字文
　　　　[宋] 王应麟等 著
龙文鞭影 [明] 萧良有等 编撰
幼学故事琼林 [明] 程登吉 原编
　　　　　　　[清] 邹圣脉 增补
梦溪笔谈 [宋] 沈括 著
容斋随笔 [宋] 洪迈 著
困学纪闻 [宋] 王应麟 著
　　　　　[清] 阎若璩 等注

楚辞 [汉] 刘向 辑
　　　[汉] 王逸 注 [宋] 洪兴祖 补注
曹植集 [三国魏] 曹植 著
　　　　[清] 朱绪曾 考异 [清] 丁晏 铨评
陶渊明全集 [晋] 陶渊明 著
　　　　　　[清] 陶澍 集注
王维诗集 [唐] 王维 著 [清] 赵殿成 笺注
杜甫诗集 [唐] 杜甫 著 [清] 钱谦益 笺注
李贺诗集 [唐] 李贺 著 [清] 王琦等 评注

李商隐诗集 [唐]李商隐 著
　　　　　[清]朱鹤龄 笺注
杜牧诗集 [唐]杜牧 著 [清]冯集梧 注
李煜词集（附李璟词集、冯延巳词集）
　　　　　[南唐]李煜 著
柳永词集 [宋]柳永 著
晏殊词集·晏幾道词集
　　　　　[宋]晏殊 晏幾道 著
苏轼词集 [宋]苏轼 著 [宋]傅幹 注
黄庭坚词集·秦观词集
　　　　　[宋]黄庭坚 著 [宋]秦观 著
李清照诗词集 [宋]李清照 著
辛弃疾词集 [宋]辛弃疾 著
纳兰性德词集 [清]纳兰性德 著
六朝文絜 [清]许梿 评选
　　　　　[清]黎经诰 笺注
古文辞类纂 [清]姚鼐 纂集
乐府诗集 [宋]郭茂倩 编撰
玉台新咏 [南朝陈]徐陵 编
　　　　　[清]吴兆宜 注 [清]程琰 删补
古诗源 [清]沈德潜 选评
千家诗 [宋]谢枋得 编
　　　　　[清]王相 注 [清]黎恂 注
瀛奎律髓 [元]方回 选评
花间集 [后蜀]赵崇祚 集
　　　　　[明]汤显祖 评
绝妙好词 [宋]周密 选辑
　　　　　[清]项絪 笺 [清]查为仁 厉鹗 笺

词综 [清]朱彝尊 汪森 编
花庵词选 [宋]黄昇 选编
阳春白雪 [元]杨朝英 选编
唐宋八大家文钞 [清]张伯行 选编
宋诗精华录 [清]陈衍 评选
古文观止 [清]吴楚材 吴调侯 选注
唐诗三百首 [清]蘅塘退士 编选
　　　　　[清]陈婉俊 补注
宋词三百首 [清]朱祖谋 编选
文心雕龙 [南朝梁]刘勰 著
　　　　　[清]黄叔琳 注 纪昀 评
　　　　　李详 补注 刘咸炘 阐说
诗品 [南朝梁]锺嵘 著
　　　　　古直 笺 许文雨 讲疏
人间词话·王国维词集 王国维 著

戏曲系列
西厢记 [元]王实甫 著
　　　　　[清]金圣叹 评点
牡丹亭 [明]汤显祖 著
　　　　　[清]陈同 谈则 钱宜 合评
长生殿 [清]洪昇 著 [清]吴人 评点
桃花扇 [清]孔尚任 著
　　　　　[清]云亭山人 评点

小说系列
封神演义 [明]许仲琳 编 [明]锺惺 评
儒林外史 [清]吴敬梓 著
　　　　　[清]卧闲草堂等 评

部分将出书目

公羊传	水经注	古诗笺	清诗别裁集
穀梁传	史通	李白全集	博物志
史记	日知录	孟浩然诗集	温庭筠诗集
汉书	文史通义	白居易诗集	聊斋志异
后汉书	心经	唐诗别裁集	
三国志	文选	明诗别裁集	